Jetzt lerne ich

Joomla! 3

Christoph Prevezanos

Jetzt lerne ich

Joomla! 3

Websites erstellen und gestalten

Markt+Technik

Bibliografische Information der Deutschen Nationalbibliothek
Die Deutsche Nationalbibliothek verzeichnet diese Publikation in der
Deutschen Nationalbibliografie; detaillierte bibliografische Daten sind
im Internet über <http://dnb.dnb.de> abrufbar.

10 9 8 7 6 5 4 3 2 1

15 14 13

ISBN 978-3-8272-4826-8

© 2013 by Markt+Technik Verlag,
ein Imprint der Pearson Deutschland GmbH,
Martin-Kollar-Straße 10-12, D-81829 München/Germany
Alle Rechte vorbehalten

Covergestaltung: Thomas Arlt, tarlt@adesso21.net
Lektorat: Boris Karnikowski, bkarnikowski@pearson.de
Fachlektorat: Angie Radtke, der-auftritt.de
Korrektorat: Brigitte Hamerski, Willich
Herstellung: Martha Kürzl-Harrison, mkuerzl@pearson.de
Satz: text&form GbR, Fürstenfeldbruck
Druck und Verarbeitung: Drukarnia Dimograf, Bielsko-Biala
Printed in Poland

Inhaltsübersicht

Inhaltsverzeichnis

1 Willkommen bei Joomla 3

 Sie haben sich also entschlossen, Joomla zu erlernen und damit zu arbeiten. Das ist sehr gut, denn damit haben Sie gleich zwei richtige Entscheidungen getroffen. Erstens werden Sie Ihre Webseite in Zukunft mit einem sogenannten »Content Management System« verwalten und zweitens werden Sie dafür Joomla verwenden – eines der besten freien Systeme überhaupt.

Mit Joomla lässt sich so ziemlich jede Webseite erstellen. Das kann die private Homepage sein, ein persönlicher Blog, der gemeinschaftliche Auftritt des Vereins, eine Präsentation der Firma, ein Online-Shop oder vieles mehr. Mit Joomla sind hier kaum Grenzen gesetzt, denn das System kann problemlos ein Dutzend Artikel verwalten oder auch viele Tausende. Auch die Funktionsvielfalt ist riesig, sodass es kaum etwas gibt, das sich nicht mit Joomla umsetzen lässt.

Allerdings hat die Arbeit mit Joomla kaum etwas mit herkömmlichen Homepages zu tun. Sie arbeiten nicht direkt mit HTML-Dokumenten, müssen keinen Code schreiben und auch nicht direkt die Dateien und Ordner organisieren. Stattdessen verwalten Sie Ihre Inhalte, ähnlich wie in einem großen Online-Office. Man muss aber zugeben, dass das am Anfang nicht einfach ist, denn Joomla ist umfangreich, komplex und gleichzeitig flexibel. Das ist leider nicht unbedingt intuitiv zu erlernen – aber dafür haben Sie ja dieses Buch. Wir werden uns von Anfang an durch das System arbeiten, bis Sie alle Joomla-Funktionen kennen und Ihre Webseite voll im Griff haben.

Joomla 3 Schritt für Schritt

Dieses Buch führt Sie Schritt für Schritt in Joomla 3 ein. Dabei fangen wir fast ganz am Anfang an. Sie müssen also keine Vorkenntnisse zu Joomla oder einem CMS im Allgemeinen mitbringen. Allerdings ist es sehr von Vorteil, wenn Sie bereits mit herkömmlichen Webseiten gearbeitet haben. Ein paar Schnipsel HTML-Code sollten Ihnen nicht unbekannt sein, der sichere Umgang mit FTP und Telnet ist ebenso notwendig wie die Grundlagen zu Ihrem Konto beim Webhoster. Sie müssen also wissen, wie Sie sich dort einloggen, eine Datenbank erstellen oder wie Sie Ihre Domäne dort verwalten. Das sollte alles selbstverständlich sein, wenn Sie sich bereits mit einer eigenen Homepage beschäftigt haben.

Content Management Systeme

Joomla ist ein Content Management System. Das bedeutet, dass die Inhalte nicht mehr in einzelnen HTML-Dateien gespeichert werden, sondern zentral in einer großen Datenbank. Das ist viel übersichtlicher, besser zu organisieren und trennt die Inhalte vollständig vom Design. Das Aussehen wird über sogenannte Templates gesteuert. Das sind zentrale Layout-Vorlagen, die Joomla automatisch über Ihre Inhalte legt. So lässt sich das Design über eine zentrale Stelle für die gesamte Webseite verän-

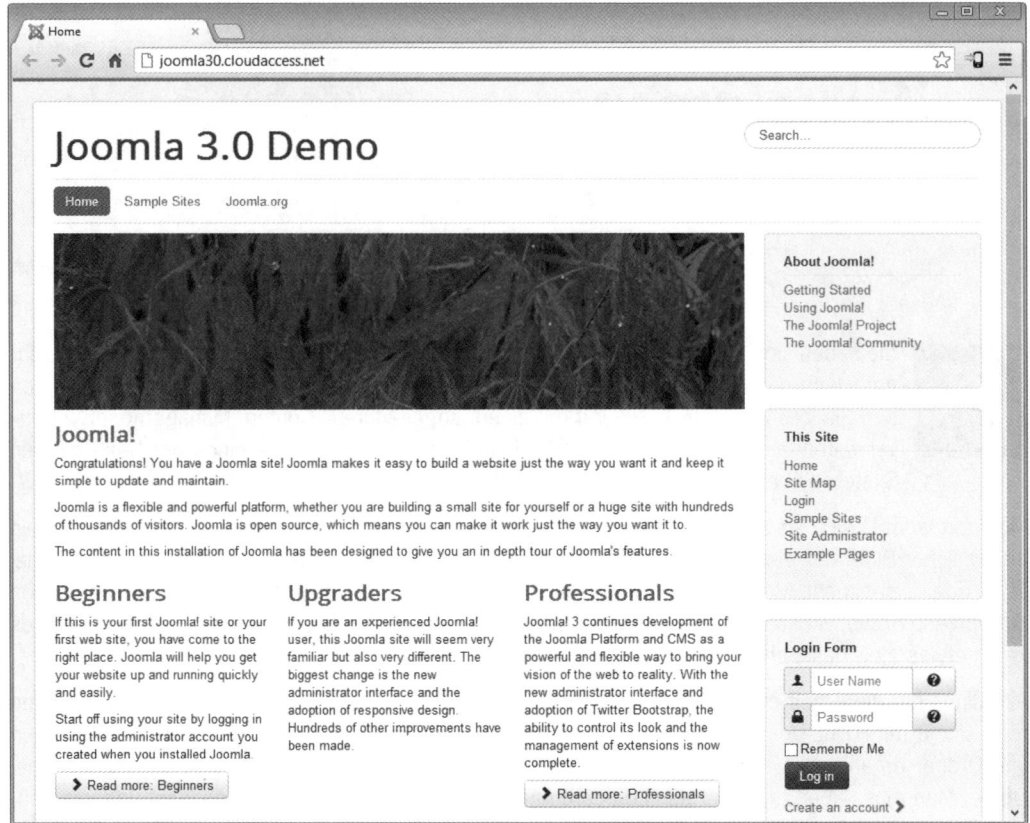

Abbildung 1.1: Joomla 3 Webseite (Demo-Frontend)

dern. Ein Content Management System ist wie ein Online-Office für Ihre Webseite – das ist modern, bequem und übersichtlich.

Joomla ist ein nicht-seitenbasiertes CMS

Der Umstieg von herkömmlichen HTML-Dokumenten zu einem CMS ist in der Regel schon mit vielen Umstellungen verbunden. Dazu kommt, dass Joomla im Gegensatz zu vielen anderen Content Management Systemen nicht seitenbasiert arbeitet. Stattdessen werden die Inhalte als eigenständige Objekte gespeichert. Das können einzelne Artikel sein, Links, Bilder, Kontakte usw. Diese Inhalte lassen sich in Kategorien organisieren. Dabei sind Unterkategorien und weitere Verschachtelungen problemlos möglich. Doch es gibt keine Hierarchie innerhalb der Artikel bzw. Objekte selbst. Sie bauen also nicht aufeinander auf, sondern erhalten ihre Organisationsstruktur nur durch die Kategorien. Damit aus dieser Inhalte-Datenbank tatsächlich Webseiten werden, gibt es weitere Elemente wie Menüs, Ansichten, Verknüpfungen usw. Ähnlich wie bei einem Baukasten wird aus diesen Elementen dann eine Webseite zusammengebaut und für den Besucher ausgegeben. Die Bausteine lassen sich jederzeit neu zusammensetzen, in ihrer Position verschieben oder anders sortieren. Ein Joomla-Dokument stellt somit eine vom Verwalter zusammengestellte Konfiguration von Joomla-Elementen dar, die beliebig variabel sind. Echte Webseiten oder Seitenstrukturen gibt es nicht.

Der Funktionsumfang von Joomla

Joomla bringt von Haus aus einen riesigen Funktionsumfang mit. Sie können praktisch jede Art von Inhalt damit verwalten. Ob es sich dabei um einen regelmäßigen Blog handelt, eine Artikel-Sammlung, Nachrichten, Weblinks oder eine Fotogalerie, spielt dabei keine Rolle. Falls Ihnen doch einmal die eine oder andere Funktion fehlt, lässt sich Joomla mit zusätzlichen Funktionen erweitern. Das können Plug-Ins sein, Module oder auch große Komponenten. Dadurch wächst Joomla immer mit.

Die Joomla-Versionen

Von Joomla gibt es derzeit verschiedene Versionen. Die gesamte Systemlinie 1.5/1.6/1.7 steht für das »alte« Joomla und wird vorübergehend noch unterstützt. Für Neueinsteiger macht dieser Zweig überhaupt keinen Sinn mehr. Joomla 2.5 steht für die neue Generation und brachte deutliche Veränderungen mit sich. Ganz aktuell ist Joomla 3, das eine Weiterentwicklung zu Joomla 2.5 darstellt. Natürlich ist die Unterstützung durch Templates und Erweiterungen beim neuesten Joomla 3 noch nicht so groß wie bei den Vorgängern. Das dauert immer ein wenig. Es sollte auch erwähnt werden, dass Joomla 3 als Zwischenstufe zum zukünftigen Joomla 3.5 angesehen wird.

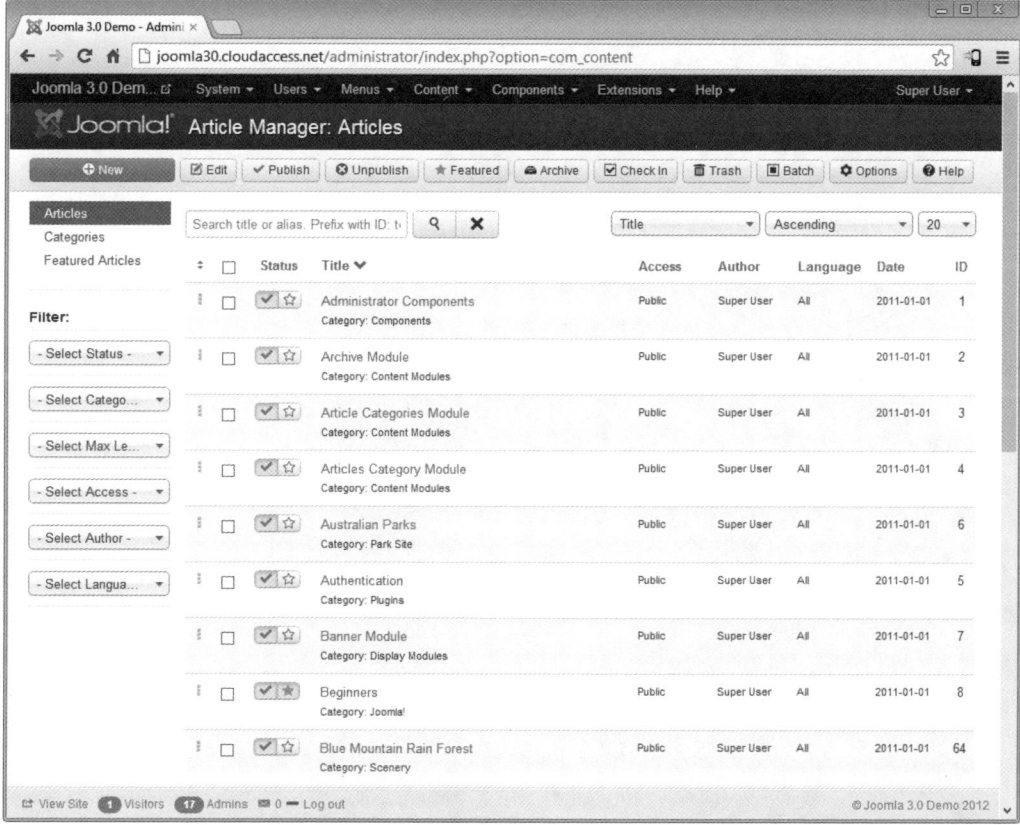

Abbildung 1.2: Joomla 3-Verwaltung (Demo-Backend)

15

1.1   Fragen

1. Was unterscheidet ein CMS von einer herkömmlichen Webseite?

2. Warum ist Joomla ein »nicht-seitenbasiertes« CMS?

3. Kennen Sie noch andere Content Management System?

SIE LERNEN IN DIESEM KAPITEL,

• DIE INSTALLATION
  VORBEREITEN
• WEBSERVER UND DATENBANK
  EINRICHTEN
• JOOMLA-DATEIEN HERUNTER-
  LADEN
• DIE INSTALLATION DURCH-
  FÜHREN

2 Joomla 3 installieren

Um Joomla 3 verwenden zu können, müssen Sie sich erst einmal die Software besorgen und installieren. Der Vorgang selbst ist nicht besonders kompliziert und auch mit wenig Server-Erfahrung gut zu erledigen. Allerdings erlaubt die Installation keine Abweichungen oder gar Fehler. Eine leicht falsche Konfiguration führt schnell dazu, dass überhaupt nichts mehr geht. Sie müssen also sehr genau aufpassen, dass sich keine Fehler einschleichen. Deshalb gehen wir in diesem Kapitel die Voraussetzungen, die Vorbereitungen und auch die eigentliche Installation Schritt für Schritt durch. So dürfte nichts schiefgehen und schon bald haben Sie ein vollständiges Joomla auf Ihrer Webseite laufen.

2.1 Vorbereitungen für die Installation

Bevor es mit der Installation losgeht, müssen Sie einen Blick auf die Systemvoraussetzungen, auf Ihr Homepage-Konto sowie auf die notwendigen Werkzeuge werfen. Ebenso müssen Sie alle Zugangsdaten und Servernamen parat haben, damit Joomla installiert werden kann. In diesem Abschnitt kümmern wir uns um diese Vorbereitungen, sodass die anschließende Installation schnell und problemlos ablaufen kann.

2.1.1 Voraussetzungen für Joomla 3

Joomla ist eine eigenständige Software, die allerdings nur innerhalb eines Webservers mit den passenden Modulen ausgeführt werden kann. In den meisten Fällen kommt dafür ein Webkonto bei einem sogenannten Hosting-Provider oder auch Webhoster zum Einsatz. Darin enthalten ist die eigene Homepage inkl. einer Domain, Zugriff auf wichtige Dienste usw. Weil Joomla ein vollwertiges Content Management System ist, benötigen Sie unbedingt ein solches Konto mit vollwertigen Webdiensten. Eine Homepage bei T-Online, AOL, Google usw. reicht nicht aus.

Abbildung 2.1: Ein Webhoster-Konto für Joomla 3

Sicherlich besitzen Sie bereits ein Konto bei einem Webhoster und haben damit bisher Ihre herkömmliche Homepage verwaltet. Deshalb soll an dieser Stelle auch keine Empfehlung für einen bestimmten Hoster ausgesprochen werden. Die Bilder in diesem Buch zeigen lediglich beliebige Beispiele ohne irgendeine Präferenz. Die meisten Webhoster arbeiten dabei mit einem Unix-Betriebssystem – typischerweise mit Linux oder FreeBSD. Das ist ideal, denn Joomla wurde auf diesen Systemen und für diese Systeme entwickelt. Grundsätzlich werden auch Microsoft-Server unterstützt, aber es ist nicht das präferierte System. Bietet Ihnen Ihr Hosting-Provider die Wahl an, entscheiden Sie sich immer für Unix. Damit Joomla vollständig funktioniert, muss Ihr Webhoster bzw. Ihr Homepage-Paket gewisse technische Voraussetzungen erfüllen. Die meisten davon sind heute Standard, trotzdem sollen sie hier kurz erwähnt werden.

- **HTTP-Server** – Auf dem Server mit Ihrer Webseite muss ein soge-
nannter HTTP-Server installiert sein. Das ist ein Programm, welches die
Anfragen der Besucher entgegennimmt, die Joomla-Dateien verarbeitet
und als HTML-Dateien zurückschickt. Auf den meisten Systemen ist der
Apache-Webserver in der aktuellen Version 2.x installiert. Das ist prima,
denn er gehört zu den besten HTTP-Servern und arbeitet bestens mit
Joomla zusammen.

Abbildung 2.2: Der Apache-Webserver

- **PHP-Engine** – PHP (Hypertext Preprocessor) ist eine Programmier-
sprache, die auf Hypertextdokumente wie HTML spezialisiert ist. Streng
genommen ist es eine Skriptsprache, weil sie den Sourcecode nicht
kompiliert, sondern direkt verarbeitet. PHP bietet viele Schnittstellen wie
z. B. zu Apache, zu Datenbanken, zu FTP, E-Mail usw. Weil Joomla vollständig in PHP programmiert ist, benötigen Sie die aktuelle PHP-Engine,
mindestens die Version 5.3.1, damit die Dateien verarbeitet und ausgeführt werden können. Meist ist PHP als Apache-Modul vorhanden – es ist
also direkt in den Webserver integriert und muss nicht einzeln gestartet
werden.

Abbildung 2.3: Die PHP-Engine

- **Datenbank** – Joomla speichert als Content Management System alle
seine Inhalte in einer Datenbank. Deshalb benötigen Sie in Ihrem Webserver unbedingt eine eigene Datenbank, die nur für Joomla zur Verfügung gestellt wird. Auf den meisten Servern ist MySQL installiert, was
für Joomla auch die beste Wahl darstellt. Sie benötigen mindestens die
Version 5.1. Arbeitet Ihr Provider mit PostgreSQL (ab Version 8.3.18),
können Sie diese Datenbank auch problemlos verwenden. Joomla 3
unterstützt auch MSSQL ab Version 10.50.1600, allerdings findet man
diese Datenbank nur auf den sowieso eher seltenen Windows-Servern.

Abbildung 2.4: Die MySQL-Datenbank

- **FTP-Zugang** – Sie benötigen für Ihr Webhosting-Konto in jedem Fall
einen Zugang per FTP (File Transfer Protocol). Damit übertragen Sie
die Joomla-Dateien auf Ihren Server und installieren diese. Auch später
benötigen Sie immer wieder FTP-Zugriff, um weitere Dateien wie Bilder,
Musik, Videos usw. zu veröffentlichen oder auch um Backups der Seite
zu erstellen.

Abbildung 2.5: FTP-Zugang

- **Telnet** – Sehr hilfreich ist auch ein Serverzugriff per Telnet. Damit melden Sie sich bei Ihrem Webserver an und können auf der Kommandozeile
beliebige Befehle und Programme ausführen. Telnet ist nicht zwingend
notwendig und vor allem Einsteiger arbeiten nicht gern damit. Für erfahrene Administratoren ist die Kommandozeile aber ein wichtiges Werkzeug bei der Installation und Wartung des Webservers.

Abbildung 2.6: Zugriff per Telnet

2.1.2 Die Datenbank einrichten

Die Datenbank stellt den Dreh- und Angelpunkt für Joomla dar. Dort werden sämtliche Inhalte, Menüs, Kategorien usw. gespeichert. Sie ist wie ein großer Container, in dem alle Inhalte bzw. Daten Ihrer Homepage liegen. Auf der Festplatte und in den Verzeichnissen liegen fast nur die Joomla-Dateien sowie Bilder und Templates. Für Ihr Joomla benötigen Sie eine eigene Datenbank. Da in jedem größeren Webhosting-Paket eine oder mehrere Datenbanken enthalten sind, sollte dies überhaupt kein Problem darstellen. Allerdings müssen Sie diese Datenbank vor der Verwendung erstellen und einrichten.

Wie die Einrichtung im Einzelnen funktioniert, ist bei jedem Webhoster ein wenig anders. In jedem Fall müssen Sie sich mit Ihrem Kundenkonto in der Verwaltungsoberfläche anmelden. Sie finden die entsprechende Schaltfläche oder den Link zu dieser Verwaltungsoberfläche in der Regel direkt auf der Startseite Ihres Anbieters. Melden Sie sich dort mit Ihrem Benutzernamen und Kennwort an.

Abbildung 2.7: Im Webhosting-Konto anmelden (Beispiel Strato)

Innerhalb des Verwaltungsbereichs finden Sie verschiedene Funktionen, z. B. für die Domain, für E-Mails, für FTP usw. Wählen Sie dort die Verwaltung der Datenbanken aus. Dadurch gelangen Sie in ein Menü, mit dem Sie neue Datenbanken erstellen und diese verwalten können. Legen Sie eine neue Datenbank für Joomla an und geben Sie dieser einen eindeutigen Namen.

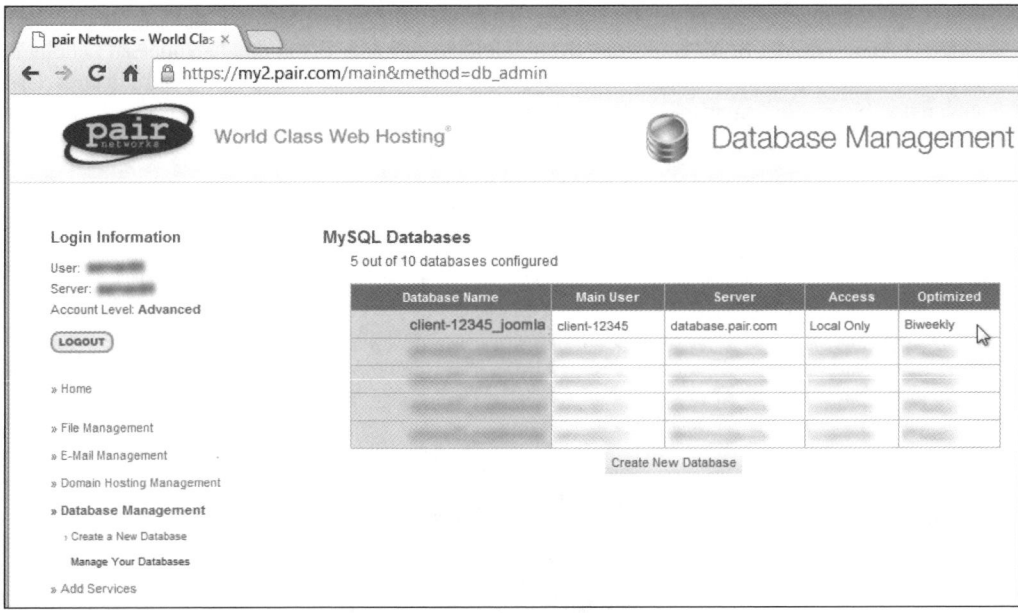

Abbildung 2.8: Eine Datenbank für Joomla erstellen (Beispiel pair Networks)

Nachdem die Datenbank eingerichtet ist, erhalten Sie automatisch die Zugangsdaten für diese Datenbank. Schreiben Sie sich diese unbedingt auf, denn Sie müssen diese später bei der Installation eingeben.

- Den Namen bzw. die Adresse des Datenbankservers

- Den Namen Ihrer neuen Joomla-Datenbank

- Ihren Benutzernamen und Ihr Passwort für die Datenbank

2.1.3 Werkzeuge für die Arbeit

Für die Joomla-Installation benötigen Sie ein paar Werkzeuge bzw. Programme. Es ist keine aufwändige oder spezielle Software, aber diese kleinen Hilfsprogramme sind unbedingt notwendig. Haben Sie vorher bereits eine Homepage gepflegt, besitzen Sie diese Werkzeuge wahrscheinlich sowieso. Trotzdem sollen sie an dieser Stelle kurz erwähnt werden, damit später bei der eigentlichen Installation nichts fehlt.

- Sie benötigen ein **FTP-Programm**. Über den Dienst *File Transfer Protocol* werden im Internet Dateien von einem Computer zum anderen übertragen. Mit FTP kopieren Sie also die Joomla-Dateien von Ihrem lokalen PC auf den Webserver. Sie können dazu jedes beliebige FTP-Programm verwenden – das kann ein aufwändiger Dateimanager sein oder ein ganz simples Freeware-Programm. Sie müssen damit nichts weiter tun, als Dateien zu kopieren. Sehr wichtig ist aber die Möglichkeit, verschlüsselte Verbindungen herstellen zu können. Dadurch kann niemand Ihre Sitzung abhören und somit die Zugangsdaten für den Server und die Datenbank abfangen.

- Bietet Ihr Hosting-Provider einen Zugriff per Telnet an, können Sie sich auf dem Webserver einloggen und dort an der Kommandozeile Systembefehle aufrufen. Damit das funktioniert, benötigen Sie ein Telnet-Programm. In vielen Betriebssystemen sind einfache Telnet-Clients bereits integriert. Ansonsten bietet der Freeware-Markt eine ganze Menge guter Programme. Auch hier sollten Sie Wert auf eine verschlüsselte Verbindung legen, damit niemand Ihre Zugangsdaten abhören kann.

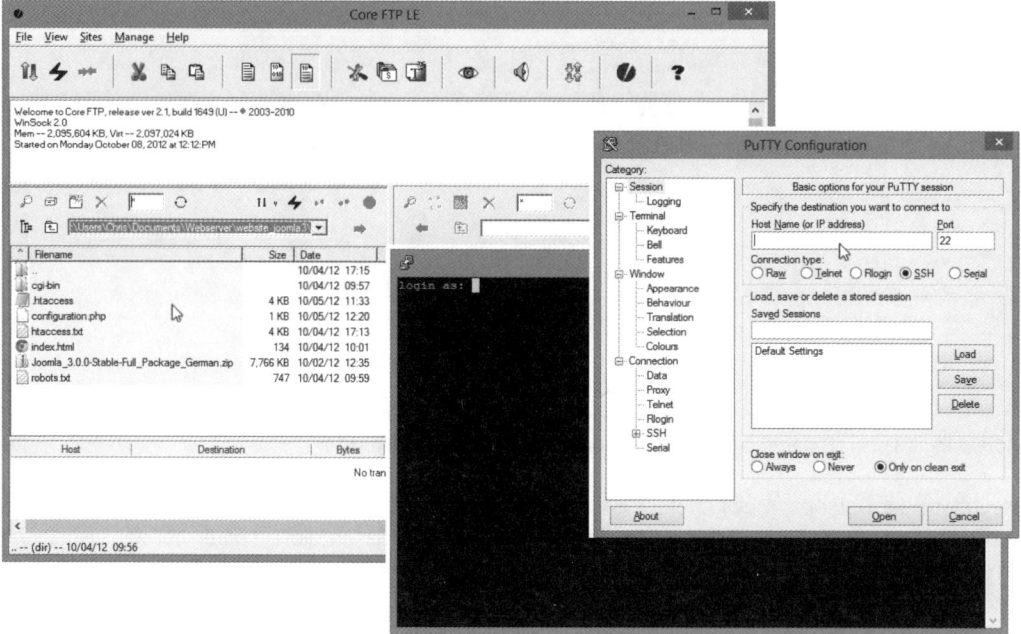

Abbildung 2.9: Ein FTP-Programm und ein Telnet-Client

- Außerdem brauchen Sie einen *Texteditor*. Damit müssen Sie gelegentlich Konfigurationsdateien, Templates oder sonstige Dateien von Joomla bearbeiten. Es reicht hierbei ein ganz einfacher Editor ohne Sonderfunktionen. Die Dateien werden nämlich immer im reinen ASCII-Code ohne jede Formatierung gespeichert, sodass Sonderfunktionen sogar störend sein können.

- Selbstverständlich brauchen Sie auch noch einen *Webbrowser*. Sie können dafür Mozilla Firefox, Google Chrome, den Internet Explorer, Safari oder jeden anderen Browser verwenden. Wichtig ist nur, dass er aktuell ist und mit allen modernen HTML- und JavaScript-Standards zurechtkommt.

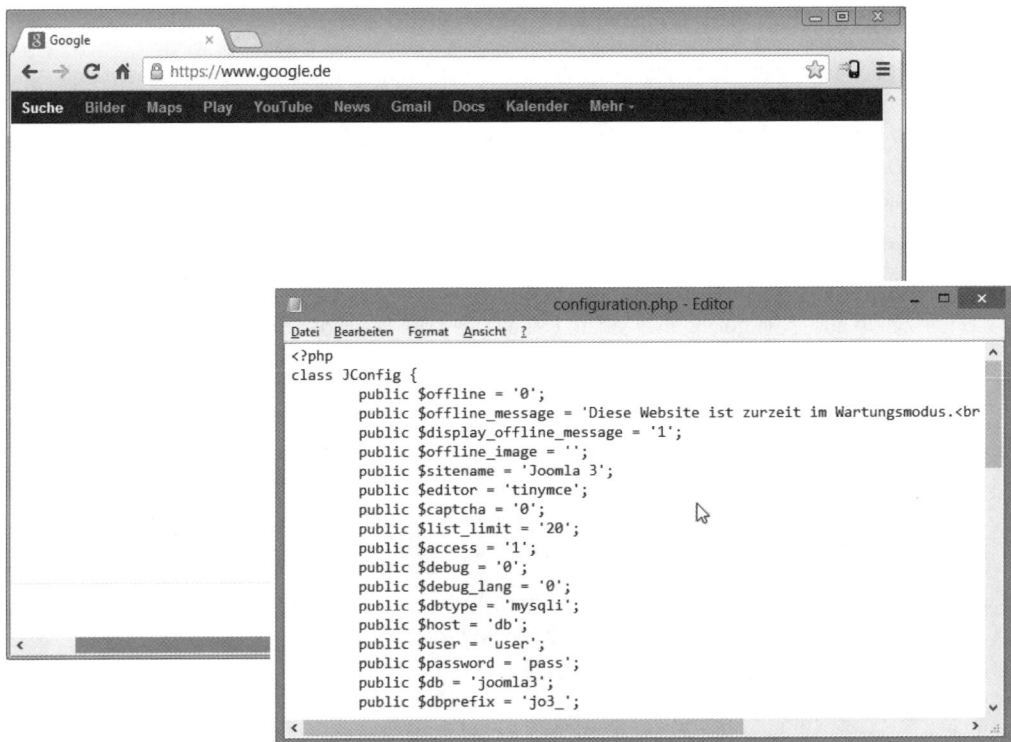

Abbildung 2.10: Ein Webbrowser und ein Texteditor

Legen Sie sich alle Zugangsdaten bereit

Bevor Sie mit der Joomla-Installation loslegen, sollten Sie sich alle notwendigen Zugangsdaten heraussuchen und zurechtlegen. Es macht den Vorgang recht beschwerlich, wenn Sie diese Daten erst finden müssen. Falsche Daten führen zu einem defekten Joomla, welches Sie erst wieder reparieren müssen. Das sollten Sie unbedingt vermeiden.

- Sie benötigen einen Benutzernamen und ein Passwort für die Anmeldung per FTP. Dies ist in der Regel Ihr Haupt-Login beim Webhoster.

- Der Telnet-Client benötigt ebenfalls einen Benutzernamen und ein Passwort. Auch hier ist in der Regel das Haupt-Login für Ihr Hosting-Konto notwendig.

- Die Datenbank läuft hingegen immer mit einem eigenen Login, welches vollkommen unabhängig von der Anmeldung im Hauptkonto ist. Legen Sie sich diese Zugangsdaten sowie den Namen der Datenbank und des Servers bereit.

2.1.4   Die Installationsdateien besorgen

Bevor es mit der Installation losgehen kann, müssen Sie sich natürlich noch das Joomla-Installationspaket besorgen. Das ist zum Glück ganz unkompliziert, weil Sie die Dateien direkt im Internet herunterladen können. Die erste Anlaufstelle dafür ist natürlich die offizielle Joomla-Homepage. Dort erhalten Sie immer die Originaldateien, ohne irgendwelche Modifizierungen. Außerdem sind diese Dateien immer auf dem neuesten Stand.

1. Die Joomla-Homepage erreichen Sie über die Adresse *http://www.joomla.org*.

2. Dort finden Sie im Hauptmenü den Punkt Download. Wählen Sie diesen Hauptpunkt oder einen der Unterpunkte aus – Sie gelangen in jedem Fall auf dieselbe Download-Seite.

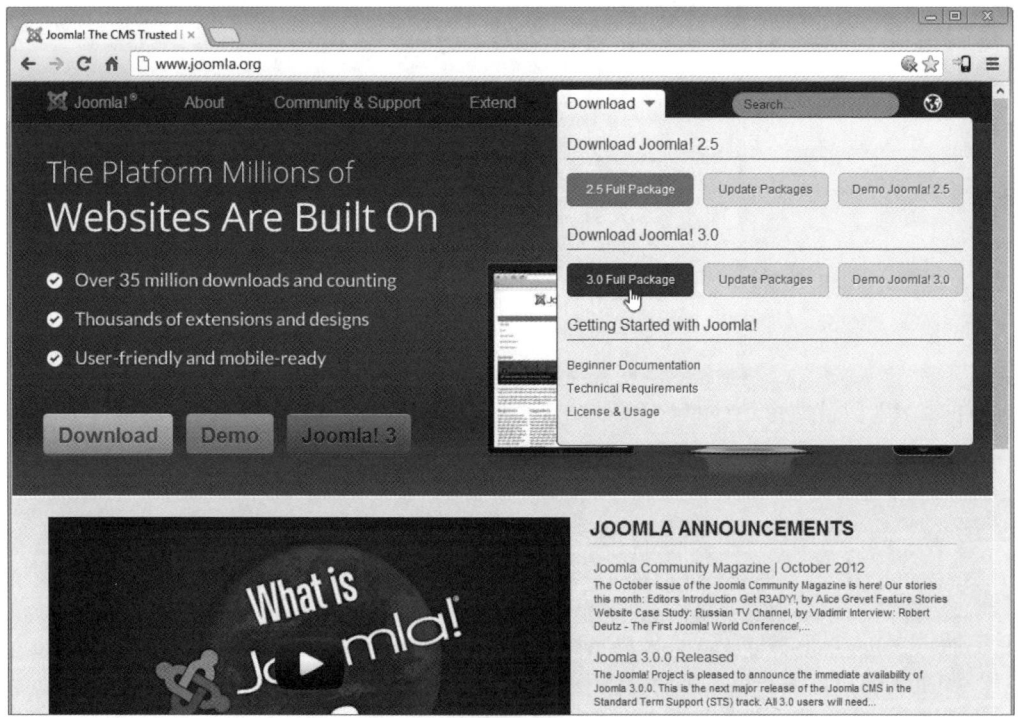

Abbildung 2.11: Die Joomla-Webseite – Downloadbereich öffnen

3. Auf der Download-Seite werden Ihnen verschiedene Pakete und Versionen von Joomla angeboten. Klicken Sie auf die Schaltfläche für das vollständige Joomla-3-Paket.

4. Dadurch öffnet sich automatisch ein weiteres Browserfenster und bietet Ihnen das Speichern der Zip-Datei an. Wählen Sie dafür ein beliebiges Verzeichnis auf Ihrem Computer aus, z. B. *Downloads*.

Abbildung 2.12: Die Joomla-Dateien herunterladen

Obwohl die Joomla-Seite immer die erste Anlaufstelle für alle Fragen rund um Joomla darstellen sollte, gibt es durchaus lohnende Alternativen. So ist das Original-Joomla-Paket nur in englischer Sprache verfügbar. Die Installation sowie das System selbst sind also komplett in Englisch gehalten. Später können Sie das durch die Installation zusätzlicher Sprachpakete ändern, aber das erfordert ein wenig Joomla-Erfahrung und hilft Ihnen am Anfang nicht. Stattdessen gibt es viele deutsche Joomla-Seiten, die ein Installationspaket anbieten, in dem diese Sprachdateien bereits integriert sind. So arbeiten Sie von Anfang an auf Deutsch und sparen sich weitere Arbeit. Sehr gute Download-Seiten sind z. B. die Communities von *Joomla OS DE* (*http://www.joomlaos.de*) oder *J!German Projekt* (*http://www. jgerman.de*).

1. Öffnen Sie mit Ihrem Webbrowser eine der beiden Seiten, z. B. die von Joomla OS DE.

2. In den jeweiligen Menüs der Seiten finden Sie Links zum Download-Bereich. Häufig ist die Version Joomla 3 direkt als Download verlinkt.

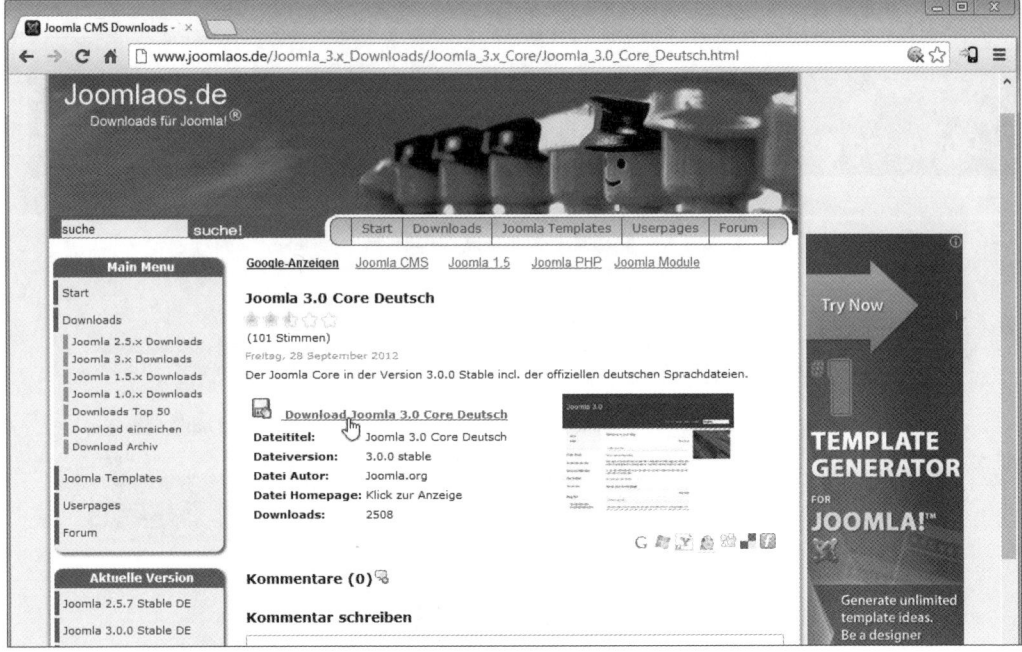

Abbildung 2.13: Das deutsche Joomla-Paket herunterladen

3. Jetzt öffnet sich automatisch ein Browserfenster und bietet den Download des Joomla-Pakets an. Es handelt sich dabei ebenfalls um eine Zip-Datei.

4. Speichern Sie diese Datei in einem beliebigen Verzeichnis auf Ihrem Computer, z. B. in *Downloads* oder in einem Ordner mit allen Ihren Projektdateien usw.

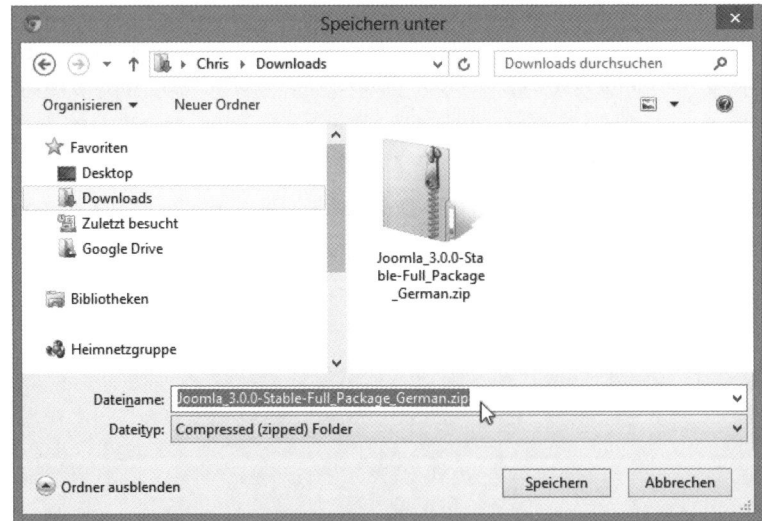

Abbildung 2.14: Das Joomla-Paket als Zip-Datei

2.2 Die Installation durchführen

Nun sind alle Vorbereitungen getroffen und Sie können mit der Installation von Joomla 3 beginnen. Dieser Vorgang lässt sich gut in drei Abschnitte einteilen. Zuerst laden Sie die Joomla-Dateien auf Ihren Server, anschließend führen Sie die eigentliche Installation durch und zuletzt überprüfen Sie das fertige System. Hat alles funktioniert, läuft auf Ihrem Webserver das neue Joomla 3 als Content Management System und zeigt auch bereits die ersten Inhalte an.

2.2.1 Die Dateien hochladen und entpacken

Als Erstes müssen Sie die Installationsdateien für Joomla auf Ihren Webserver kopieren. Dafür ist es besonders praktisch, dass es sich dabei um eine kompakte Zip-Datei handelt. Sie lässt sich schnell übertragen und kann auf dem Server bequem entpackt werden. Das spart eine Menge Arbeit. Damit das funktioniert, müssen Sie auf Ihrem Webserver Zugriff per FTP und per Telnet haben.

1. Starten Sie Ihr FTP-Programm und verbinden Sie sich mit Ihrem Webserver.

2. Wechseln Sie auf dem Webserver in das Verzeichnis, in das Sie Ihr Joomla installieren möchten.

3. Jetzt laden Sie die Zip-Datei mit den Joomla-Elementen auf den Server. Achten Sie darauf, dass Sie in Ihrem FTP-Programm den binären Übertragungsmodus gewählt haben.

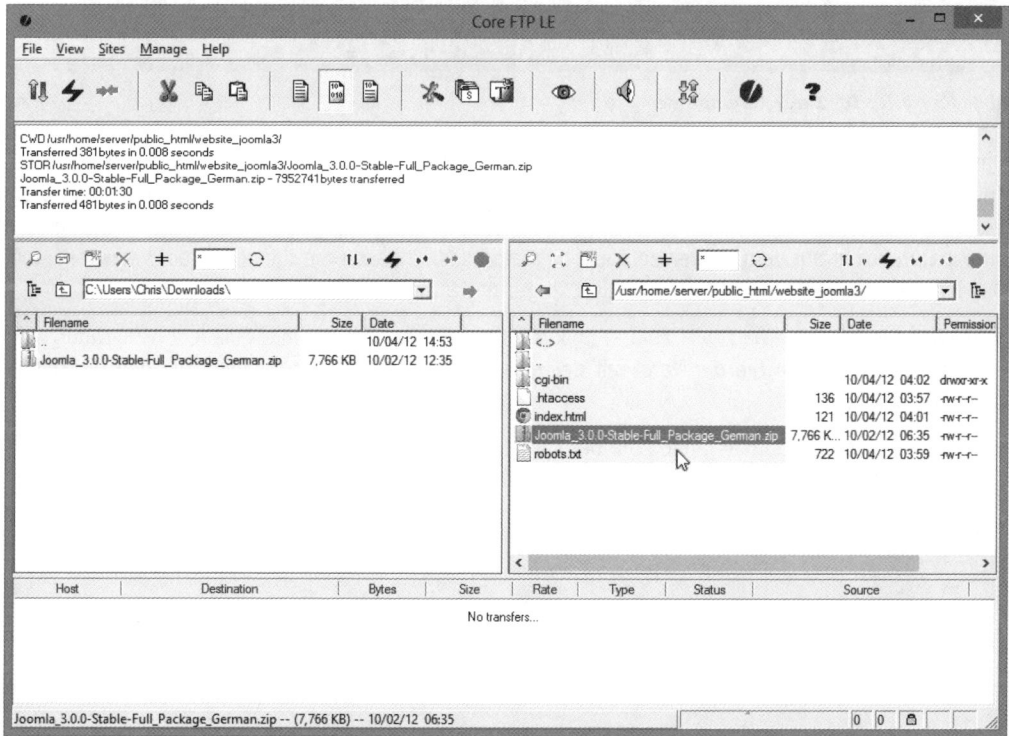

Abbildung 2.15: Das Joomla-Paket hochladen

4. Ist die Datei vollständig hochgeladen, starten Sie Ihr Telnet-Programm und verbinden sich mit Ihrem Webserver.

5. Wechseln Sie dort in das Verzeichnis mit der gerade hochgeladenen Datei.

6. Jetzt entpacken Sie das Zip-Packet mit dem Befehl `unzip` und dem dazugehören Dateinamen. Nach ein paar Momenten gelangen Sie zurück auf die Kommandozeile.

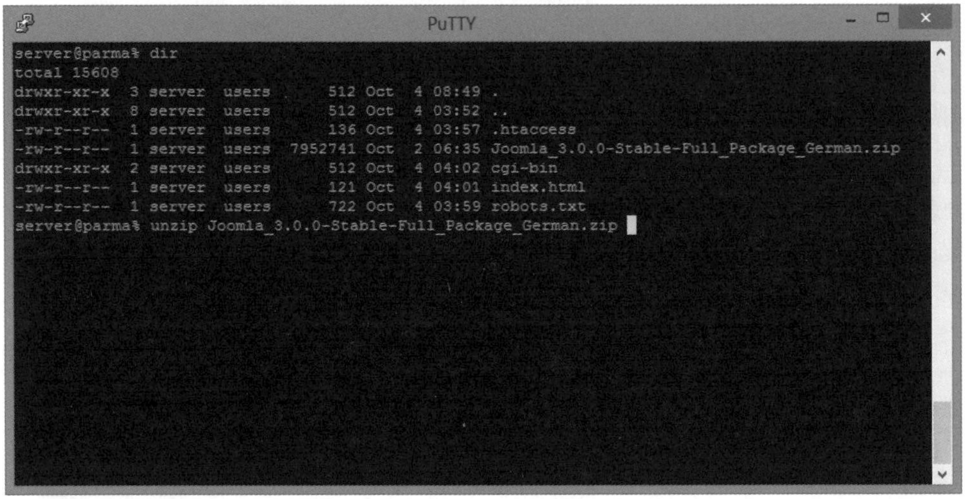

Abbildung 2.16: Die Zip-Datei entpacken

Damit die beschriebene Methode funktioniert, benötigen Sie in jedem Fall einen vollwertigen Telnet-Zugang zu Ihrem Webserver. Bei guten Hosting-Providern sollte das zu den Standarddiensten gehören. Sollten Sie auf Ihrem Webserver aus irgendeinem Grund keinen Zugriff per Telnet haben, können Sie die Zip-Datei nicht auf dem Server entpacken. Stattdessen müssen Sie das auf Ihrem lokalen PC tun. Das ist aber sehr viel umständlicher, dauert länger und ist fehleranfällig.

1. Gehen Sie mit dem Windows-Explorer in das Verzeichnis mit der heruntergeladenen Zip-Datei, z. B. *Downloads*. Klicken Sie die Datei mit der rechten Maustaste an und wählen Sie den Punkt ALLE EXTRAHIEREN aus.

2. Jetzt werden die Joomla-Dateien auf der lokalen Festplatte entpackt und dabei auch die Verzeichnisstrukturen für die Installation erzeugt. Das kann einen Moment dauern.

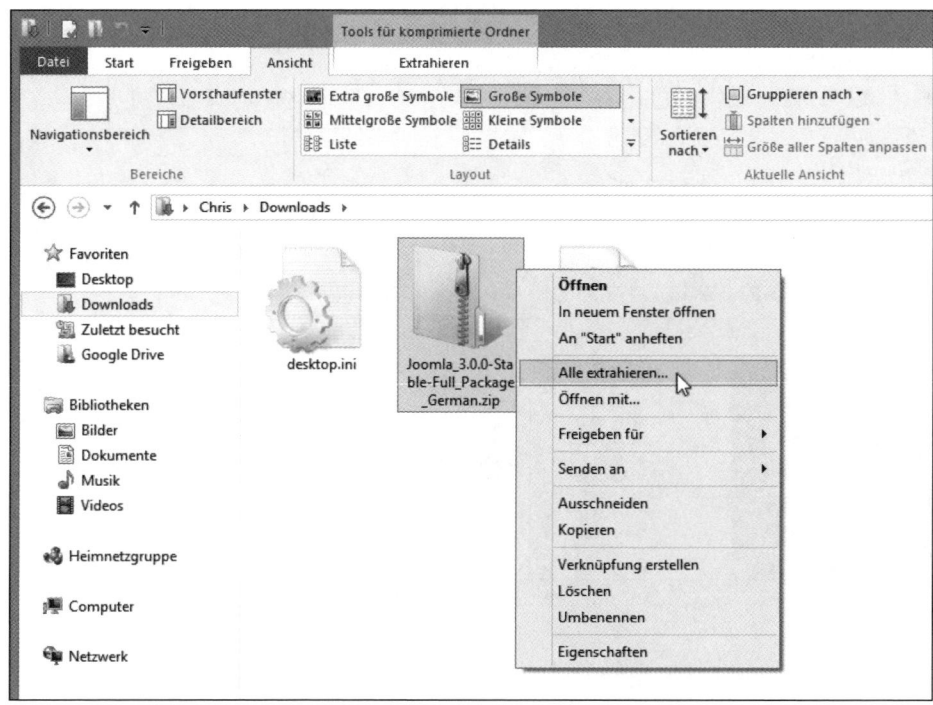

Abbildung 2.17: Die Joomla-Dateien lokal entpacken

3. Nun starten Sie Ihr FTP-Programm und verbinden sich mit Ihrem Webserver.

4. Wechseln Sie in das Verzeichnis, in das Sie Joomla installieren möchten.

5. Hier markieren Sie im linken Fenster des FTP-Programms die gesamten Joomla-Verzeichnisse und -Dateien und laden diese über die Schaltflächen des Programms auf Ihren Server.

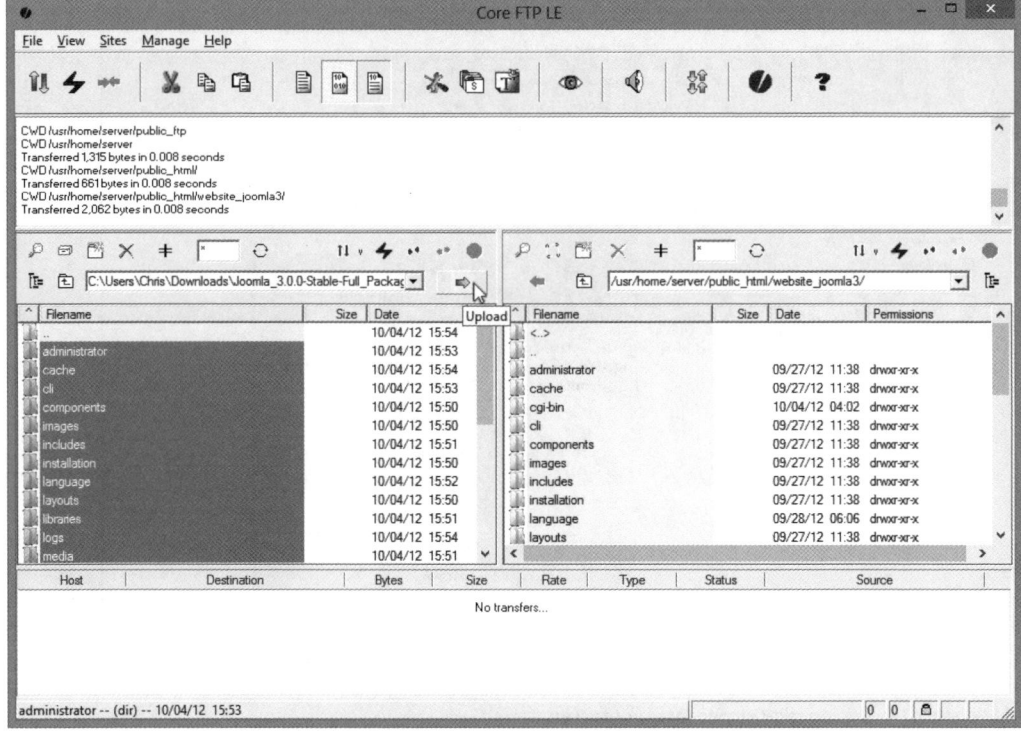

Abbildung 2.18: Die entpackten Dateien manuell hochladen

6. Ganz wichtig ist dabei, dass Text- und Medien-Dateien in unterschiedlichen Modi übertragen werden müssen.

   – **ASCII** – keine Endung, .css, .htm, .html, .ini, .js, .php, .php-dist, .ser, sql, .txt, .xml

   – **Binär** – .eot, .gif, .ico, .jpg, .otf, .pdf, .png, .psd, .swf, .wof

7. Über die Schaltflächen Ihres FTP-Programms können Sie zwischen diesen beiden Übertragungsmodi wechseln. Besonders bequem ist es natürlich, wenn Ihr Programm mit einem automatischen Modus ausgestattet ist. Dann erkennt es den Dateityp selbstständig und wechselt jeweils den Übertragungsmodus.

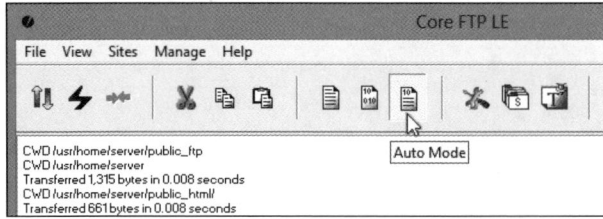

Abbildung 2.19: Übertragungsmodus – ASCII, Binär oder Auto

2.2.2 Die Konfigurationsdatei vorbereiten

Während der Einrichtung von Joomla werden verschiedene Konfigurationen vorgenommen. Das sind die Einstellungen für den Webserver, für die Datenbank, Verzeichnisnamen und vieles mehr. Diese Basiskonfiguration wird in einer eigenen Datei gespeichert, damit Joomla jederzeit darauf zugreifen kann. Allerdings kann Joomla diese Datei nicht selbst erstellen und sie ist auch nicht im Installationspaket enthalten. Das müssen Sie selbst tun.

1. Erstellen Sie auf Ihrem Computer eine neue Textdatei. Es muss sich in jedem Fall um eine reine ASCII-Datei ohne Formatierungen handeln.

2. Klicken Sie dazu z. B. im Windows-Explorer mit der rechten Maustaste und wählen Sie den Punkt NEU/TEXTDOKUMENT aus.

3. Geben Sie der Datei den Namen *configuration.php*.

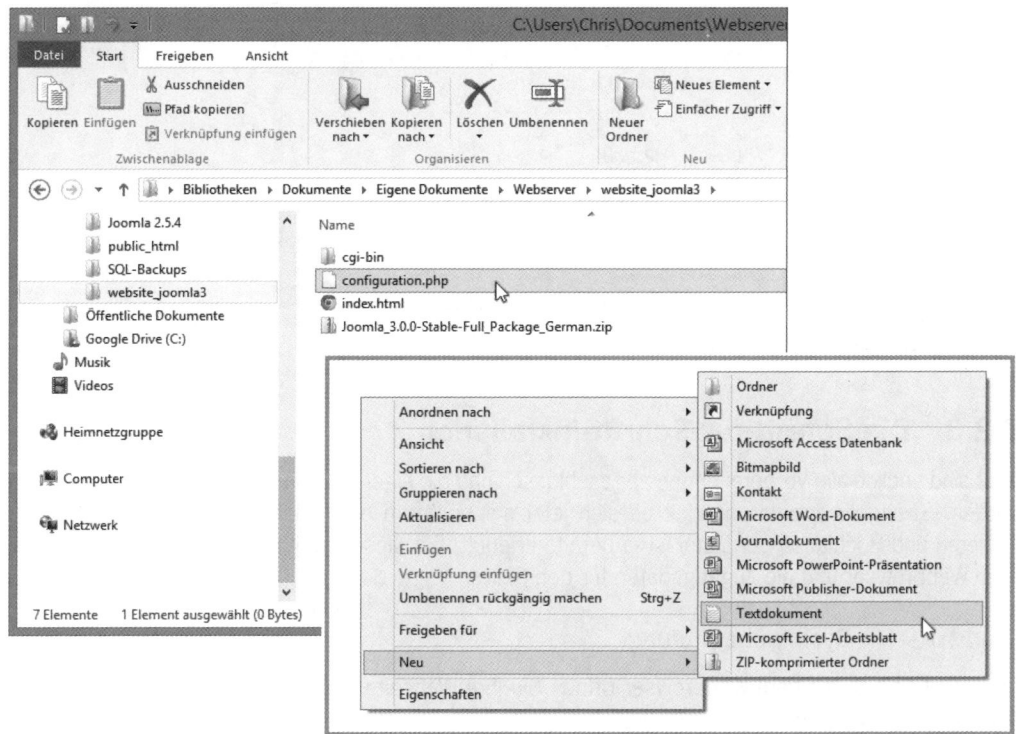

Abbildung 2.20: Die Konfigurationsdatei erstellen

4. Diese Konfigurationsdatei kopieren Sie jetzt mit Ihrem FTP-Programm im ASCII-Modus auf Ihren Webserver. Sie gehört in das Oberverzeichnis der Joomla-Installation.

5. Damit Joomla die Datei beschreiben kann, müssen Sie dieser jetzt noch die passenden Rechte zuweisen. Klicken Sie dafür mit der rechten Maustaste auf die Konfigurationsdatei auf dem Server. Das passende Menü heißt meistens *Eigenschaften*, *Properties*, *Rechte*, *CHMOD* oder so ähnlich.

6. Dadurch öffnet sich ein neues Fenster mit den Attributen der Konfigurationsdatei. Erlauben Sie das Lesen (r = read) und Schreiben (w = write) für den Besitzer, die Gruppe und die Welt (chmod-Wert = »666« oder »rw- rw- rw-«). Bestätigen Sie die Änderung mit OK.

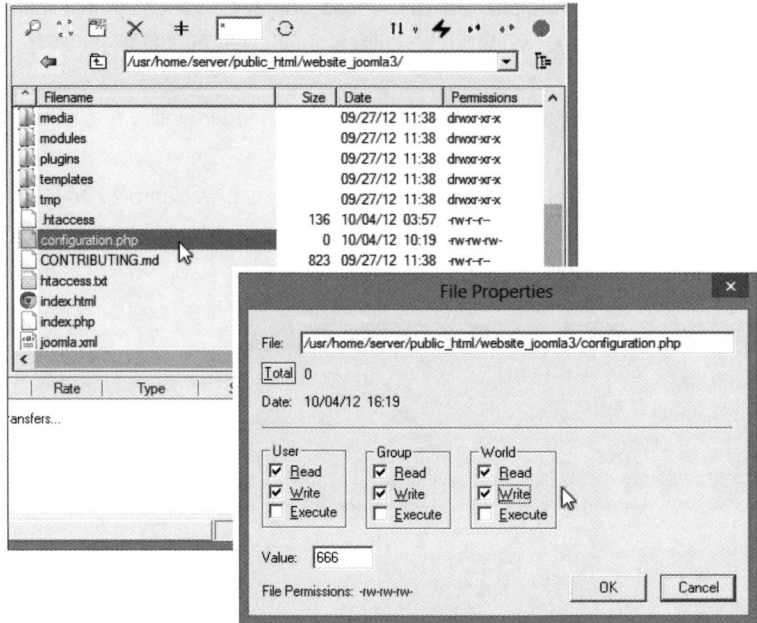

Abbildung 2.21: Die Schreibrechte für die Datei setzen

2.2.3 Die Schritt-für-Schritt-Installation

Jetzt sind endlich alle Vorbereitungen abgeschlossen und die eigentliche Installation kann durchgeführt werden. Streng genommen handelt es sich jetzt nur noch um eine Konfiguration, denn das ganze Kopieren und Hochladen der Datei ist ja bereits erledigt. Für diesen Vorgang benötigen Sie nur noch Ihren Webbrowser und die Zugangsdaten für den Server.

Schritt 1 – Die Systemüberprüfung

Jetzt geht es los. Mit dem Webbrowser öffnen Sie Ihre Webseite und starten damit automatisch die Konfiguration von Joomla.

1. Starten Sie Ihren Webbrowser und öffnen Sie die Adresse Ihrer Homepage, z. B. *www.meine-seite.de* oder Ähnliches. Haben Sie Joomla in einem Unterverzeichnis installiert, müssen Sie natürlich dieses öffnen, z. B. *www.meine-seite.de/joomla/*.

2. Sie werden automatisch zur Installation von Joomla weitergeleitet. Das erste Fenster stellt eine Installationsprüfung dar. Dabei wird untersucht, ob Ihr Webserver, PHP und sonstige Konfigurationen den Anforderungen von Joomla entsprechen.

- Die linke Spalte listet Konfigurationen auf, die unbedingt passen müssen. Sonst kann Joomla nicht installiert werden.

- Die rechte Spalte zeigt optionale Einstellungen an. Sie helfen Joomla oder verbessern die Leistung, sind aber nicht unbedingt notwendig.

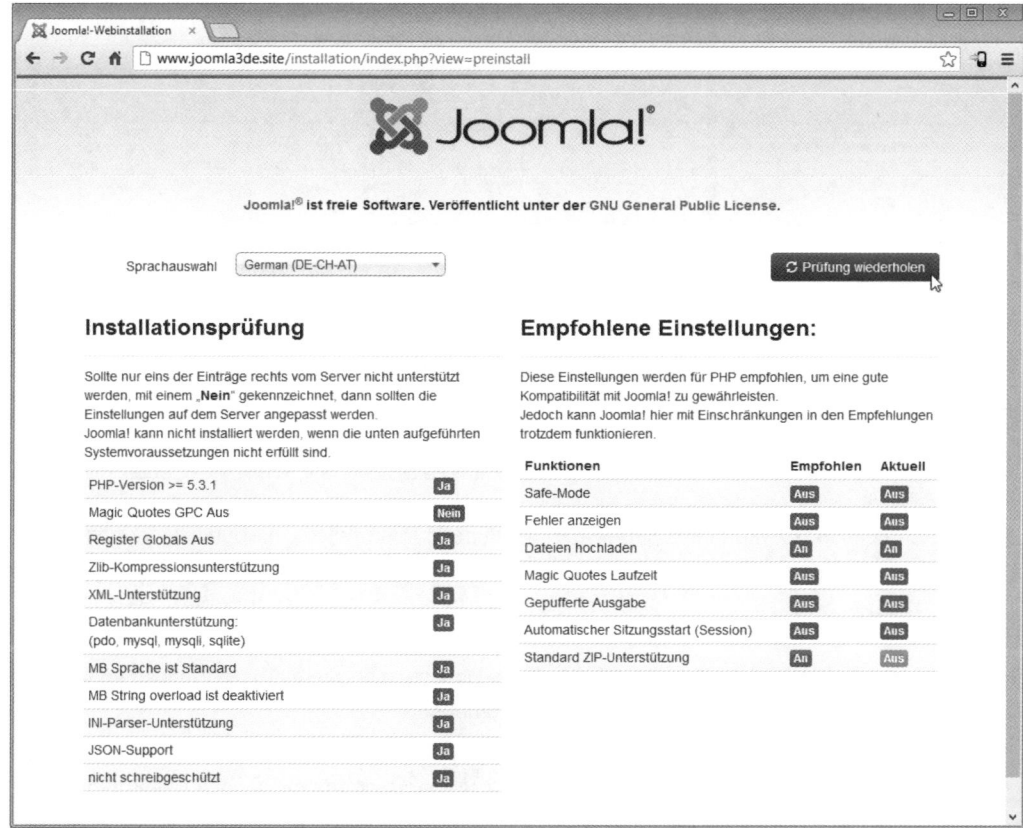

Abbildung 2.22: Die Überprüfung des Webservers

3. Zeigt Ihnen die Überprüfung in der linken Spalte ein *Nein* an, müssen Sie die Konfiguration Ihres Servers und der PHP-Installation überprüfen. Am besten schreiben Sie sich die Punkte auf.

- Bei vielen Webhostern können Sie die PHP-Einstellungen über die Dateien *php.ini* oder auch *.htaccess* selbst steuern. Setzen Sie damit die notwendigen PHP-Optionen.

- Erlaubt Ihr Webhoster keine eigene PHP-Konfiguration, müssen Sie sich an den Support wenden. Dort ist es sicherlich möglich, die Einstellungen für Ihr Konto anzupassen.

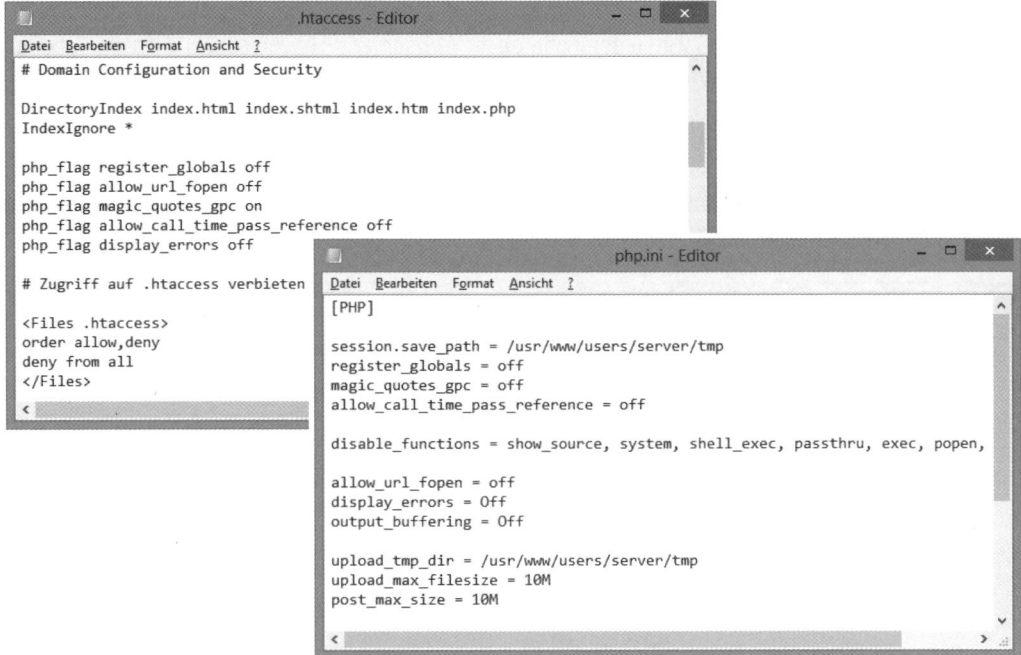

Abbildung 2.23: Die PHP-Konfiguration anpassen

4. Nachdem Sie die PHP- und Server-Konfiguration angepasst haben, klicken Sie oben rechts auf die Schaltfläche Prüfung wiederholen. Sind alle Probleme behoben, gelangen Sie automatisch zum nächsten Fenster. Ist auf Ihrem Server die Konfiguration von Anfang an optimal, wird Ihnen das Überprüfungsfenster übrigens erst gar nicht angezeigt.

Schritt 2 – Die Hauptkonfiguration

Nun gelangen Sie in das erste Konfigurationsfenster. Dort müssen Sie ein paar grundlegende Daten für Ihre neue Joomla-Webseite festlegen. Das ist unkompliziert.

1. Oben links geben Sie Ihrer Webseite zunächst einen *Namen* bzw. *Titel*. Dieser erscheint dann auf der Startseite und in der Titelleiste der Browser. Direkt darunter geben Sie noch eine Kurzbeschreibung für den Meta-Text und Suchmaschinen ein.

2. Jede Joomla-Seite benötigt mindestens einen Administrator. Das ist der Hauptverwalter, der über sämtliche Systemrechte verfügt. Dieses Konto legen Sie in der rechten Spalte fest. Geben Sie dafür eine *E-Mail-Adresse*, einen *Benutzernamen* und das *Passwort* ein.

3. Normalerweise wird die Joomla-Seite nach der Installation sofort aktiviert. Falls Sie das aus irgendeinem Grund nicht wünschen, setzen Sie unten den Schalter *Site offline* auf Ja. Sie können die Seite dann später manuell freischalten.

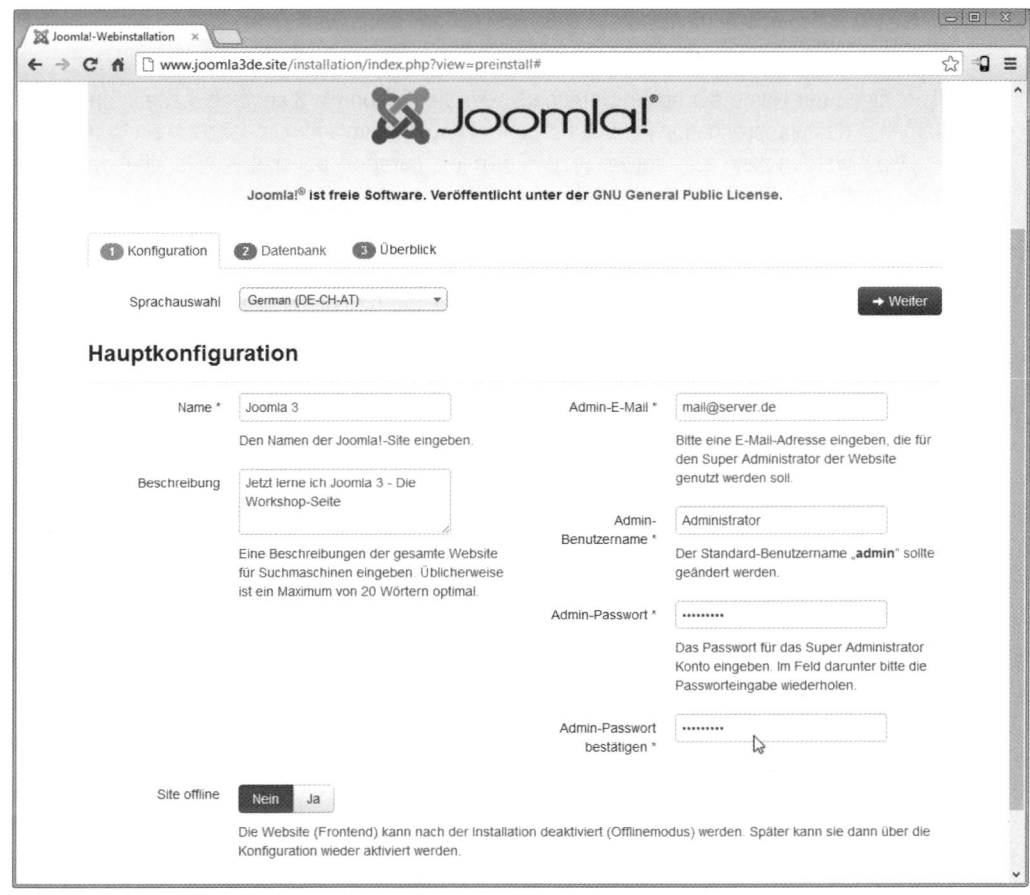

Abbildung 2.24: Den Titel und den Admin festlegen

Schritt 3 – Die Datenbank konfigurieren

Im nächsten Fenster müssen Sie Ihre Datenbank für Joomla konfigurieren. Das ist ein sehr wichtiger Schritt, denn später werden alle Ihre Inhalte in dieser Datenbank gespeichert und von Joomla dort verwaltet.

1. Wählen Sie oben links zunächst den *Datenbanktyp* aus. In der Regel ist das *MySQLi*, oder auf älteren Systemen auch mal das herkömmliche *MySQL*. Ist auf Ihrem Server *PostgreSQL* oder *MSSQL* installiert, werden diese mit Joomla 3 erstmals ebenfalls unterstützt.

2. Direkt darunter geben Sie den Namen des Datenbankservers an. Manchmal lautet er schlicht *localhost* oder Sie haben von Ihrem Webhoster einen eigenen Datenbankserver zugewiesen bekommen.

3. Tippen Sie Ihren *Benutzernamen* und das *Passwort* für den Datenbankserver in die Felder darunter ein.

4. Ganz wichtig ist der Name der neuen Datenbank, die Sie für Joomla 3 angelegt haben. Tippen Sie den Namen in das entsprechende Feld. Außerdem benötigt Joomla für alle Tabellen ein Präfix, z. B. »*jo3_*«. Damit werden dann alle Tabellen in der Form *jo3_category* benannt. Das ist übersichtlicher und schützt vor Problemen mit anderen Daten.

5. Verwenden Sie eine Datenbank, in der vorher schon einmal Joomla installiert war, kann es zu Problemen kommen. Deshalb wird Joomla die Datenbank komplett neu aufbauen. Die vorhandenen Daten lassen sich mit der Schaltfläche ganz unten entweder LÖSCHEN oder SICHERN.

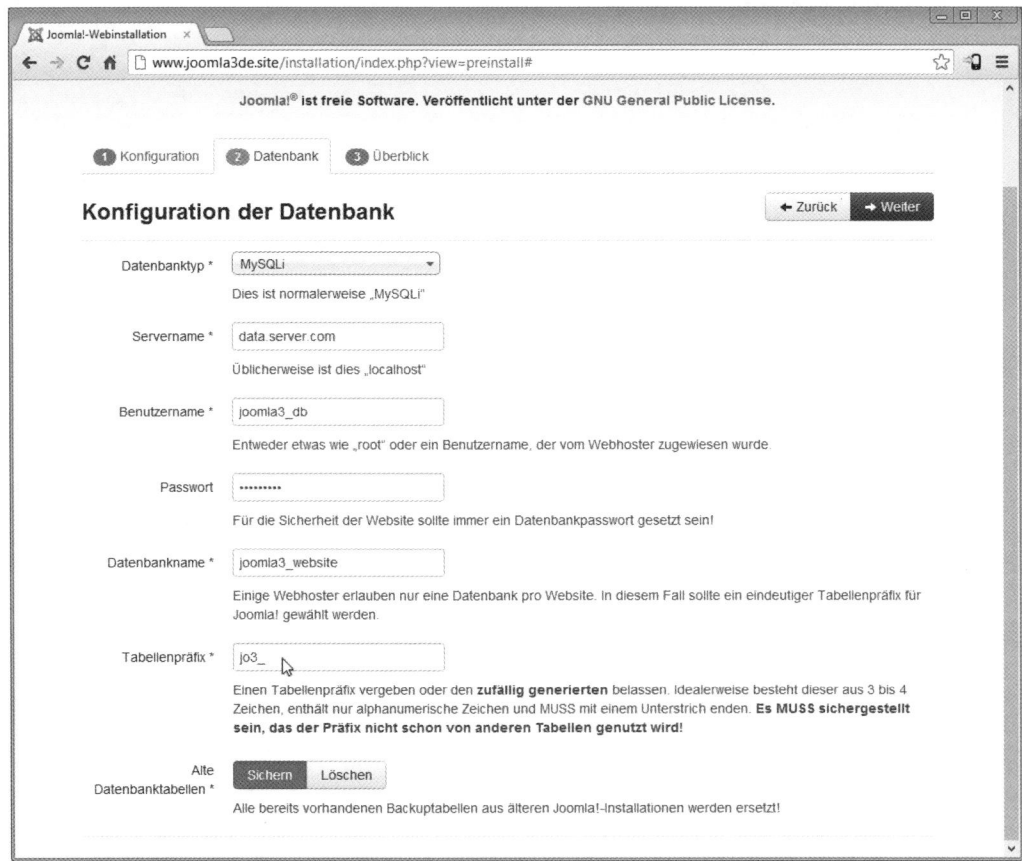

Abbildung 2.25: Die Datenbank konfigurieren

Schritt 4 – Inhalte und Beispiel installieren

Im nächsten Fenster bietet Joomla Ihnen an, ein paar Beispieldaten zu installieren. Dann enthält Ihr System bereits ein paar Artikel, Bilder, Menüs usw. Das ist zum Erlernen von Joomla sehr hilfreich und deshalb dringend zu empfehlen. Ansonsten erhalten Sie eine komplett leere Webseite.

Wählen Sie aus der Liste die zu installierenden Beispieldateien aus. Bis auf das eine deutsche Paket, sind sämtliche Inhalte auf Englisch.

- **Keine** – Hiermit werden keine Beispieldaten installiert. Das ist vor allem für Einsteiger nicht empfehlenswert.

- **Bloginhalte** – Mit dieser Auswahl werden einige Blog-Artikel, Kategorien und Menüs installiert.

- **Prospektinhalte** – Dieser Inhalt ist wie ein Prospekt über die grundlegenden Joomla-Funktionen gestaltet.

- **Standardinhalte** – Hiermit installieren Sie ein paar grundlegende Inhalte aus allen Bereichen, also Artikel, Kategorien, Menüs usw. Das ist ein guter Grundstock, um die Arbeit mit Joomla zu erlernen.

- **Deutsche Standardinhalte** – Diese Option installiert die Beispieldateien in Deutsch. Allerdings sind es derzeit nur sehr wenige, sodass der Nutzen noch sehr eingeschränkt ist.

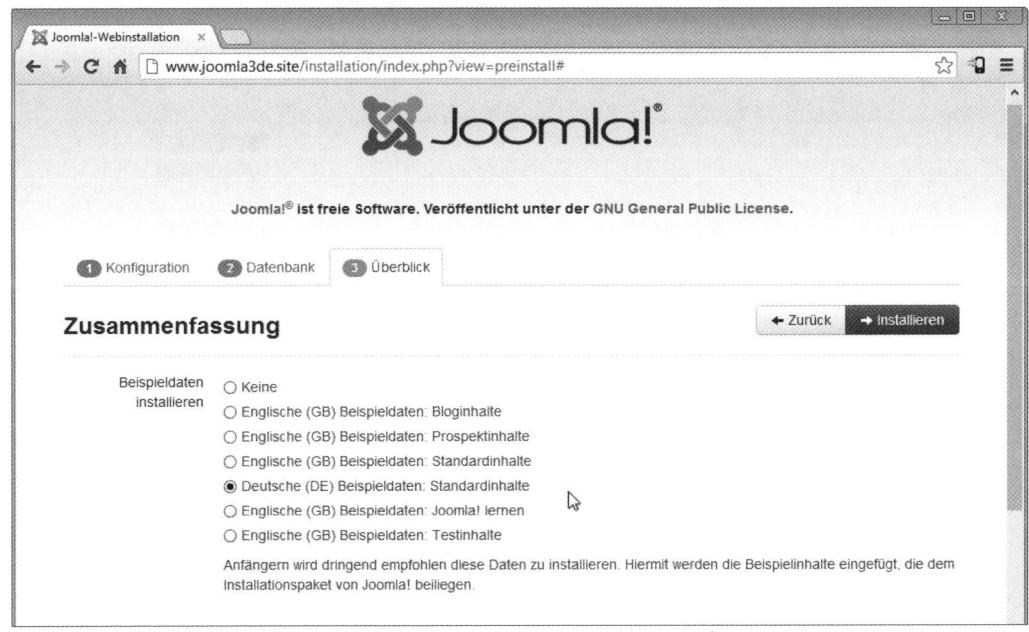

Abbildung 2.26: Die Beispieldaten installieren lassen

- **Joomla! lernen** – Diese Option installiert verschiedene Artikel, die wie ein Einführungskurs in Joomla aufgebaut sind. Das ist praktisch, allerdings sind alle Texte in Englisch und sehr kurz und knapp gehalten.

- **Testinhalte** – Dies ist das größte Beispielpaket, weil es Inhalte aus allen Bereichen mitbringt. Dazu gehören neben Artikeln, Kategorien und Menüs auch Weblinks, Kontakte, eigene Profilseiten innerhalb Joomlas und vieles mehr.

Schritt 5 – Der letzte Check

Der untere Bereich dieses Fensters listet Ihnen noch einmal sämtliche Einstellungen und Konfigurationen auf. Überprüfen Sie nochmals die Angaben zur Datenbank, für das Administratorkonto und die PHP-Konfiguration. Auf Wunsch lassen sich alle diese Daten auch an die Mail-Adresse des Verwalters schicken.

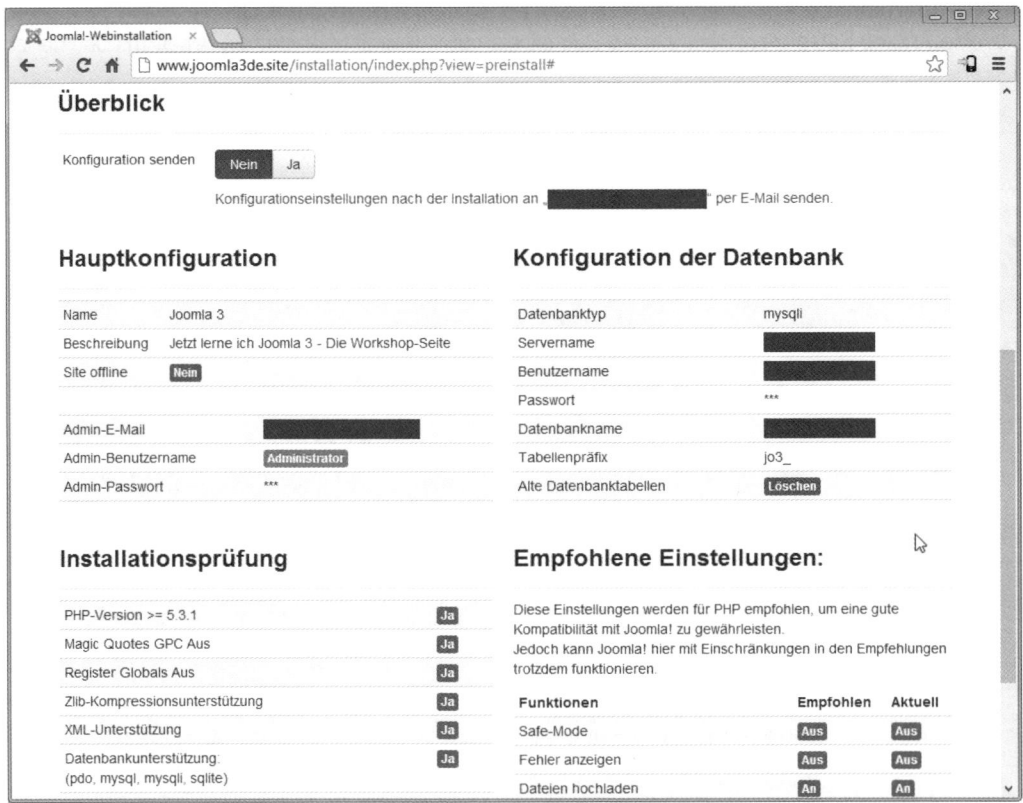

Abbildung 2.27: Zusammenfassung der Konfiguration

Möchten Sie an den Daten etwas ändern, klicken Sie oben rechts auf die Schaltfläche ZURÜCK. Ist alles in Ordnung, klicken Sie auf die Schaltfläche INSTALLIEREN.

Schritt 6 – Die Installation durchlaufen lassen

Jetzt erstellt Joomla alle notwendigen Tabellen in der Datenbank, richtet Menüs, Kategorien und Beispielartikel ein und erstellt die Daten für die Konfigurationsdatei. Diese werden anschließend in die von Ihnen vorbereitete Datei geschrieben. Das alles dauert nur wenige Momente.

Abbildung 2.28: Joomla wird installiert.

Nachdem Joomla alle Installationsaufgaben erledigt hat, erscheint das Abschlussfenster. Es beglückwünscht Sie zur neuen Installation, listet unten noch einmal Ihren Anmeldenamen auf und bietet einen Link zu Ihrer Webseite an.

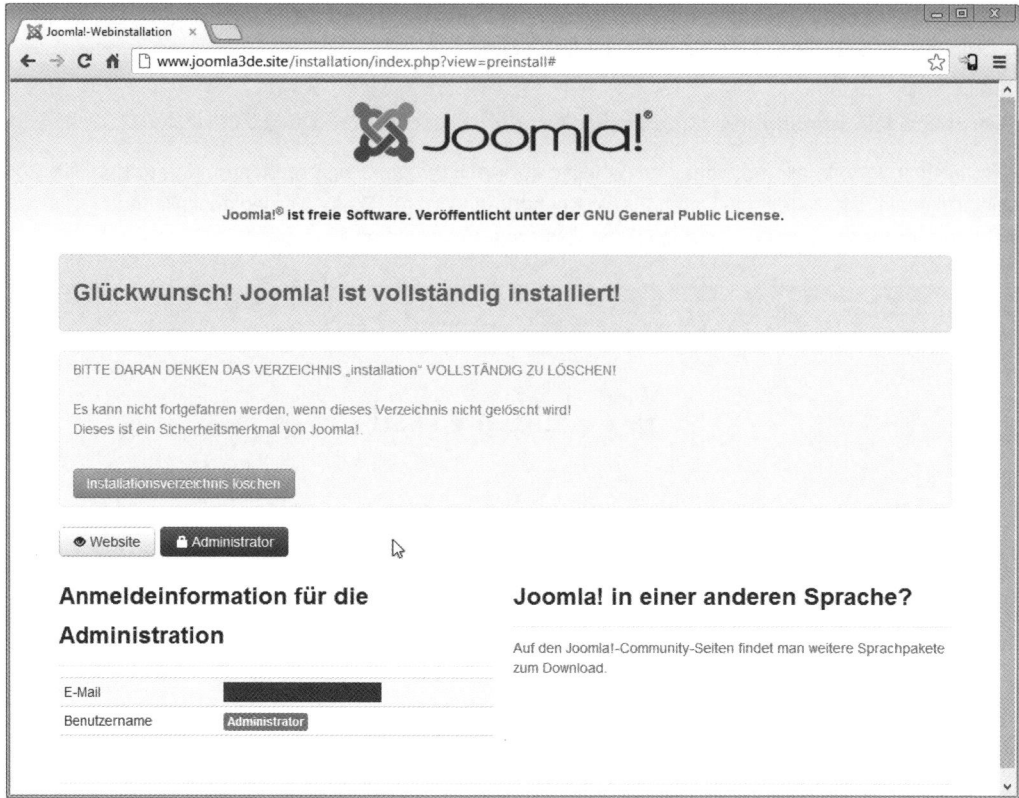

Abbildung 2.29: Joomla ist vollständig installiert.

2.2.4 Aufräumen …

Nachdem Joomla vollständig installiert wurde, sind noch ein paar Aufräumarbeiten notwendig. Joomla läuft nur, wenn die Installationsdateien gelöscht werden. Damit will man verhindern, dass irgendein Besucher die Installation erneut aufruft und somit Ihren Server durcheinanderbringt. Dafür gibt es im letzten Installationsfenster eine eigene Lösch-Schaltfläche. Allerdings funktioniert das mit dem Browser aufgrund fehlender Rechte häufig nicht. Außerdem kann es ganz sinnvoll sein, diese Dateien für später aufzubewahren. Vielleicht möchten Sie Ihr Joomla nach einer ausgiebigen Testphase selbst neu aufsetzen.

1. Starten Sie Ihr FTP-Programm und verbinden Sie sich mit Ihrem Webserver. Gehen Sie dort in das Verzeichnis mit der Joomla-Installation.

2. In dem Verzeichnis *installation* liegen alle Dateien für die Joomla-Installation. Sie müssen dieses Verzeichnis umbenennen, damit Joomla es als gelöscht akzeptiert, z. B. in *installation-erledigt*, *inst-dateien* oder was immer Sie möchten.

3. Damit niemand mehr darauf zugreifen kann, müssen Sie unbedingt die Lese- und Schreibrechte für die Öffentlichkeit entziehen. Wählen Sie dafür in Ihrem FTP-Programm die Funktion für die Dateieigenschaften aus. Meist heißt sie *Eigenschaften*, *Properties*, *Rechte*, *CHMOD* oder so ähnlich.

4. Jetzt setzen Sie die Rechte für diese Datei so, dass nur noch Sie selbst lesen und schreiben dürfen. Die Gruppe oder die Welt soll keinerlei Rechte mehr besitzen (chmod-Wert = »700« oder »drwx — —«).

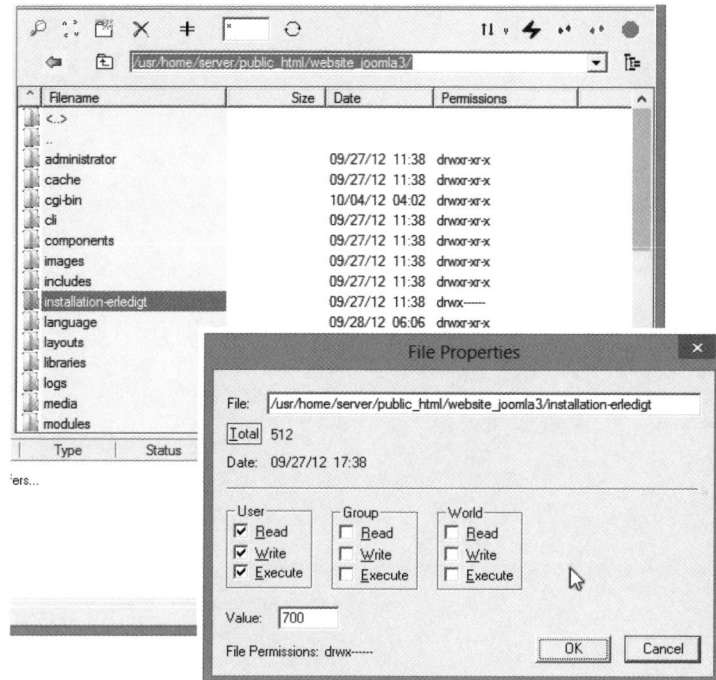

Abbildung 2.30: Joomla ist vollständig installiert.

5. Auf Ihrem Webserver befindet sich auch noch die hochgeladene Zip-Datei, mit allen Joomla-Installationsdaten. Diese benötigen Sie ebenfalls nicht mehr. Sie können die Datei problemlos löschen.

6. Während der Installation hat Joomla in der von Ihnen erstellten Datei *configuration.php* die gesamte Konfiguration für den Server und die Datenbank gespeichert. Wenn Sie möchten, können Sie diese Datei sichern, indem Sie diese auf Ihren lokalen PC kopieren. Verwenden Sie dabei den ASCII-Modus, denn es handelt sich um eine reine Textdatei.

2.3 Fragen

1. Welche Systemvoraussetzungen muss Ihr Webserver für Joomla erfüllen?

2. Welche Hilfsprogramme/Werkzeuge benötigen Sie für die Installation?

3. Was steckt hinter den Begriffen »ASCII-« und »Binär-Modus«?

3 Erste Schritte mit Joomla 3

Sie haben den ersten Schritt getan und Joomla 3 auf Ihrem Webserver installiert. Damit besitzen Sie ein vollständiges Content Management System, das sofort verwendet werden kann. Arbeiten Sie das erste Mal mit einem solchen CMS, ist alles zunächst neu und ungewohnt. Schließlich hat ein CMS nichts mit herkömmlichen Webseiten oder HTML-Editoren zu tun. Das Ganze ist eher mit einem Online-Office oder einer Textdatenbank zu vergleichen. Damit Sie sich in den folgenden Kapiteln besser zurechtfinden, die beschriebenen Funktionen schneller finden und sich auch sonst in dem neuen System wohler fühlen, schauen wir uns in diesem Kapitel die einzelnen Elemente von Joomla kurz an.

3.1 Die eigene Homepage besuchen

Nach der Installation ist Joomla sofort aktiviert und läuft auf Ihrem Webserver. Starten Sie Ihren Webbrowser und rufen Sie die Adresse Ihrer Webseite auf, z. B. *http://www.meine-seite.de*. Sie gelangen dadurch in den öffentlich sichtbaren Bereich von Joomla. Er stellt die eigentliche Webseite dar, wie sie von allen Besuchern betrachtet und verwendet werden kann. Joomla bezeichnet dies als das *Frontend*.

3.1.1 Überblick der Joomla-Homepage

Die Joomla-Startseite zeigt normalerweise natürlich Ihre eigenen Inhalte an. Weil es die noch nicht gibt, sehen Sie zunächst nur die während der Installation ausgewählten Beispielinhalte. Abhängig von Ihrer Auswahl sehen Sie also ein paar deutsche oder englische Artikel, Menüs, Kategorien usw.

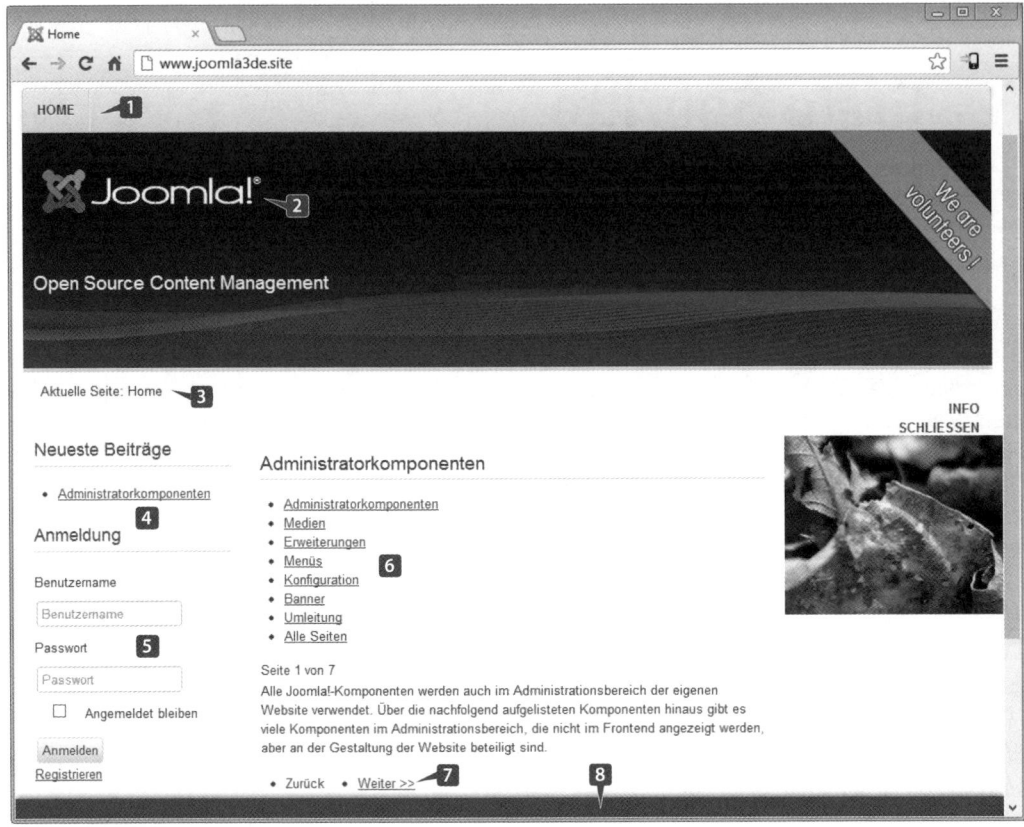

Abbildung 3.1: Die Joomla-Startseite

1 Top Menü – Dies ist ein zusätzliches Menü, welches ganz oben die wichtigsten Elemente der Seite auflistet.

2 Logo – Dieser Bereich beinhaltet eine Grafik, ein Logo oder Ähnliches. Größe und Aussehen variieren je nach Layout-Vorlage.

3 Navigator – Diese Zeile hilft dem Besucher bei der Orientierung, denn sie zeigt immer die aktuelle Position auf der Webseite an, die sogenannten »Breadcrumbs«.

4 Hauptmenü – Dies ist das wichtigste Menü der Homepage, welches alle Bereiche und Elemente anzeigt.

5 Benutzeranmeldung – Über dieses Formular können sich alle registrierten Teilnehmer dieser Homepage anmelden.

6 Inhalte – Dieser Bereich zeigt die Inhalte der Seite an. Art, Umfang und Aussehen lassen sich beliebig anpassen.

7 Seitennavigation – Mit den Schaltflächen ZURÜCK und WEITER bewegt sich der Besucher durch mehrseitige Inhalte.

8 Fußzeile – Ganz unten befindet sich die Fußzeile, die ebenfalls individuell gestaltet werden kann.

Am Anfang ist der Inhalt Ihrer Webseite natürlich noch sehr schlicht und überschaubar. Trotzdem funktionieren sämtliche Elemente bereits. Klicken Sie in das Menü, wählen Sie dort Kategorien und Inhalte aus, lesen Sie Artikel und verwenden Sie die Navigationslinks. Genau so sehen auch alle anderen Besucher Ihre Seite. Im Laufe dieses Buchs werden wir natürlich ganz neue Menüs, Inhalte und Designs erstellen, sodass Ihre ganz individuelle Webseite entsteht.

3.1.2 Auf der Seite anmelden

Sicherlich ist Ihnen im linken Menü das Formular zur Benutzeranmeldung aufgefallen. Damit können sich alle Mitarbeiter oder Teilnehmer Ihrer Webseite direkt bei Joomla anmelden. Voraussetzung dafür ist nur, dass diese Personen zuvor ein Benutzerkonto in Joomla erhalten haben. Das kann über eine Registrierung geschehen oder in dem Sie diesen Personen ein Konto einrichten. Wie das genau funktioniert und welche Zugriffsrechte dabei zu beachten sind, schauen wir uns später genauer an.

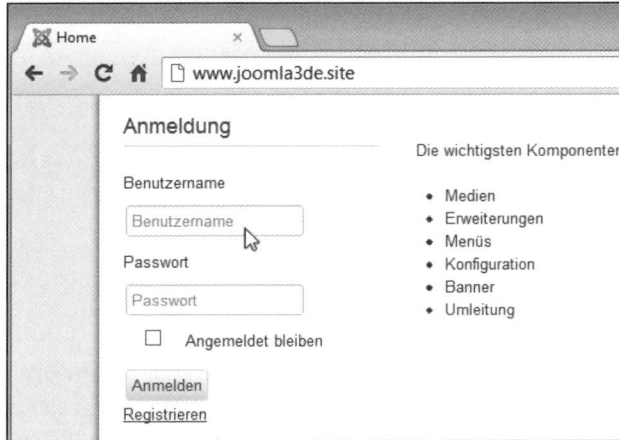

Abbildung 3.2: Auf der Webseite anmelden

Generell hat die Anmeldung gleich mehrere Funktionen:

- Sie können bestimmte Inhalte so veröffentlichen, dass diese nur von Personen mit Joomla-Benutzerkonto gelesen werden können. Das eignet sich bestens für interne Artikel, z. B. im Verein, in der Firma usw. Für die Öffentlichkeit sind diese Artikel komplett unsichtbar.

- Ihre Autoren und Mitarbeiter können sich so bei Joomla anmelden und die Artikel pflegen. Dabei steht ein vollständiger Frontendeditor mit zahlreichen Funktionen zur Verfügung. Der Zugriff auf die Verwaltungsoberfläche von Joomla ist nicht notwendig, was mehr Sicherheit bietet.

- Mit Joomla sind Verbindungen zu vielen anderen Benutzersystemen und Foren möglich. Sie nutzen dann nur noch eine Benutzeranmeldung, sodass Ihre Besucher gleichzeitig in Joomla und z. B. in Ihrem Forum unterwegs sind. Das erlaubt den Aufbau eigener Online-Communities.

Abbildung 3.3: Artikel auf der Webseite betrachten und bearbeiten

3.2 Die Admin-Oberfläche

Neben der öffentlich sichtbaren Webseite besitzt Joomla noch einen zweiten, gänzlich abgetrennten Bereich. Dabei handelt es sich um die Verwaltungsoberfläche, über die der Administrator das gesamte System verwalten kann. Deshalb wird auch häufig von der Administrationsoberfläche bzw. Admin-Oberfläche gesprochen. Joomla selbst bezeichnet diesen Bereich als das *Backend*.

Öffnen Sie in Ihrem Webbrowser die Adresse Ihrer Webseite. Dabei verlängern Sie die Adresse um das Administratorverzeichnis. Die Adresse lautet dann also z. B. *http://www.meine-seite.de/administrator/*. Diese Seite besitzt keine Inhalte, sondern bietet lediglich ein Anmeldefenster. Tippen Sie dort Ihren Benutzernamen und das Passwort für Ihr Administratorkonto ein. Über die Schaltfläche ANMELDEN gelangen Sie in den Verwaltungsbereich.

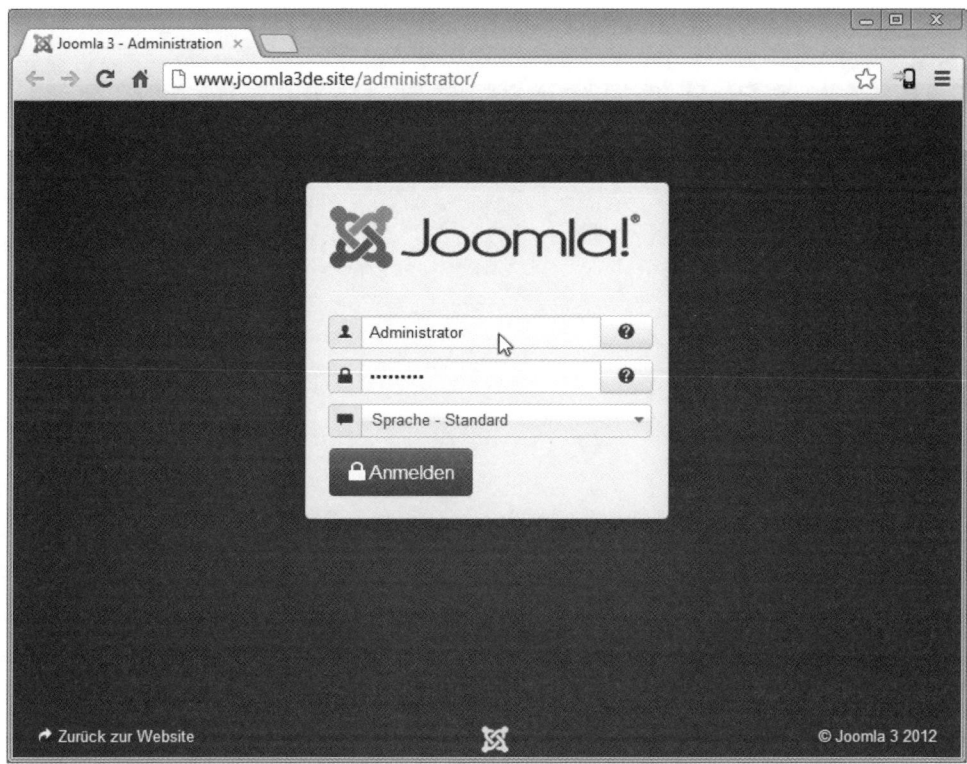

Abbildung 3.4: Im Admin-Bereich anmelden

3.2.1 Überblick über die Admin-Oberfläche

Nachdem Sie sich in der Administrationsoberfläche angemeldet haben, gelangen Sie in den Verwaltungsbereich von Joomla. Die Übersichtsseite wird als Kontrollzentrum oder Dashboard bezeichnet. Sie erscheint automatisch bei jeder Anmeldung und bietet Ihnen Zugang zu allen anderen Bereichen der Verwaltung.

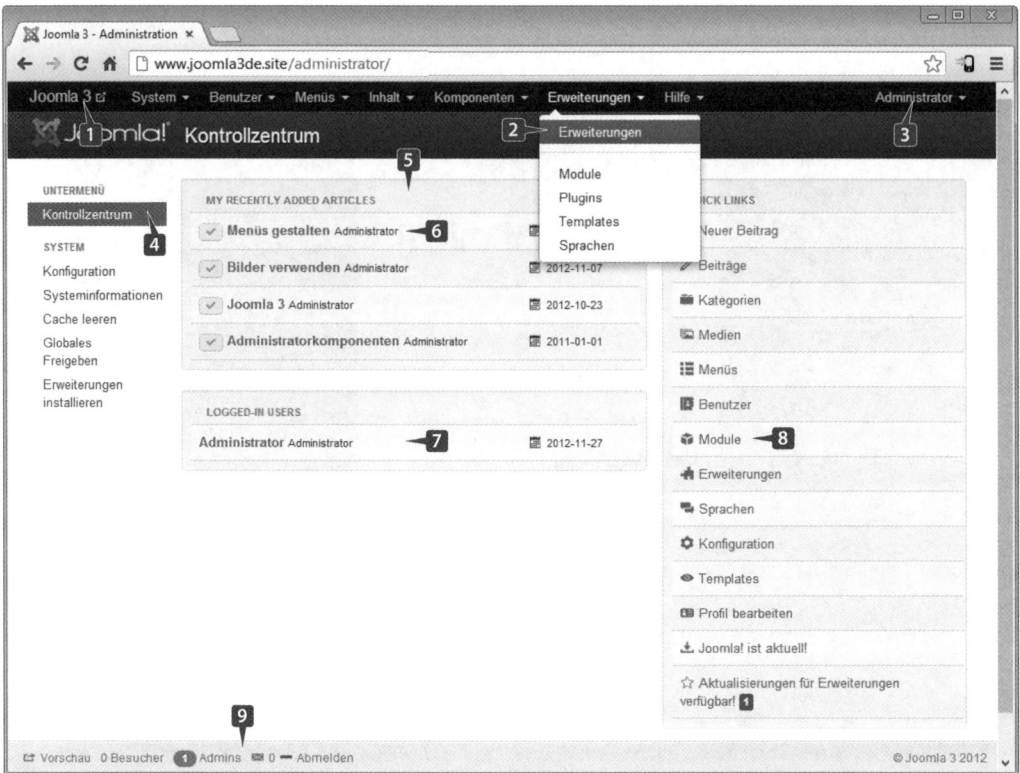

Abbildung 3.5: Die Admin-Oberfläche in Joomla

1 Webseite – Mit der Schaltfläche JOOMLA 3 öffnet sich ein neues Fenster und Sie gelangen auf Ihre Joomla-Webseite (Frontend).

2 Hauptmenü – Über das Hauptmenü verwenden Sie sämtliche Verwaltungsfunktionen von Joomla. Klicken Sie auf einen Eintrag, öffnet sich ein Menü mit Unterpunkten.

3 Profilmenü – Mit diesem Menü verwalten Sie Ihr eigenes Konto und melden sich aus dem Verwaltungsbereich ab.

4 Untermenü – Dieses Menü passt sich der aktuell gewählten Funktion aus dem Hauptmenü an und zeigt die jeweiligen Untermenüs.

5 Symbolleiste – Diese Leiste passt sich der im Hauptmenü gewählten Funktion an und zeigt Schaltflächen zum Speichern, Bearbeiten, Schließen usw. an.

6 Letzte Artikel – Dieser Bereich zeigt die zuletzt erstellten und veröffentlichten Artikel und Inhalte an.

7 Logged in – Dieser Bereich zeigt Ihnen an, welche Benutzer derzeit in Ihrer Joomla-Webseite angemeldet sind.

8 Quick Links – Diese Spalte bietet Ihnen einen Schnellzugriff auf häufig verwendete Funktionen an.

9 Fußzeile – Die Fußzeile zeigt ein paar Statusinformationen an, z. B. die aktuelle Anzahl von Besuchern, die eingeloggten Admins und Ihre Nachrichten. Außerdem können Sie zur Homepage wechseln oder sich abmelden.

Die Arbeit mit der Admin-Oberfläche ist also sehr einfach und intuitiv, weil sie mit ihren Menüs und Symbolleisten sehr an ein herkömmliches Office-Programm angelehnt ist. Wählen Sie im Menü die jeweils gewünschte Funktion aus und schon erscheinen in diesem Fenster die dazugehörigen Menüs, Schaltflächen und Optionen. Falls Sie versehentlich etwas verändert haben, können Sie den aktuellen Vorgang immer mit der Schaltfläche ABBRECHEN beenden, ohne etwas zu speichern. Außerdem genügt ein Mausklick auf das Joomla-Symbol oben links, um zurück auf die Übersichtsseite bzw. das Kontrollzentrum zu gelangen.

3.2.2 System

Mit dem Menüpunkt SYSTEM gelangen Sie in einen Bereich mit Grundeinstellungen für Ihre Webseite. Dieser Abschnitt ist sehr wichtig, weil damit wichtige Funktionen und Einstellungen angepasst werden, damit Joomla optimal auf Ihrem Webserver läuft. Deshalb ist hier auch immer Vorsicht angesagt, denn eine falsche Einstellung führt schnell zu Problemen. Am Anfang sind die Standardeinstellungen sicherlich in Ordnung. Im Laufe des Buchs schauen wir uns die Details der Konfiguration genauer an.

- **Kontrollzentrum** – Über diesen Punkt gelangen Sie jederzeit zurück auf die Übersichtsseite der Admin-Oberfläche.

- **Konfiguration** – Dahinter steckt ein aufwändiges Menü mit vielen Feldern und Einstellungen, die für die Konfiguration von Joomla notwendig sind.

- **Globales Freigeben** – Damit werden inaktive Elemente oder in der Datenbank als »in Bearbeitung« markierte Artikel wieder freigegeben – häufig auch als »einchecken« bezeichnet.

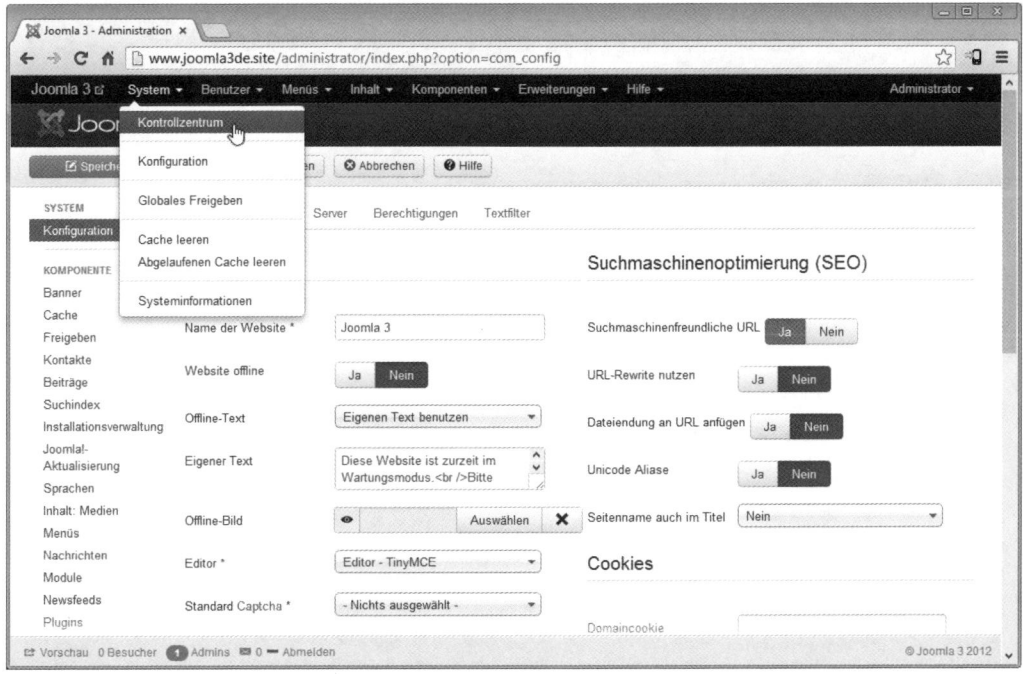

Abbildung 3.6: Der Bereich System

- **Cache leeren** – Joomla kann mit einem Cache für die Datenbank arbeiten, um den Zugriff bei sehr stark frequentierten Seiten zu beschleunigen. Hiermit wird der Cache geleert.

- **Abgelaufenen Cache leeren** – Sie können eine Laufzeit bzw. Gültigkeit für den Cache angeben. Hiermit werden ältere Einträge gelöscht.

- **Systeminformationen** – Dieser Menüpunkt öffnet verschiedene Register mit sehr detaillierten Informationen zu Joomla, Ihrem Webserver, der Datenbank, PHP usw.

3.2.3   Benutzer

Das Menü BENUTZER beinhaltet alle Funktionen, mit denen sich die Benutzer Ihres Joomla-Systems verwalten lassen. Wenn Sie alleine Ihre Homepage aufbauen und pflegen, ist das natürlich kaum interessant. Arbeiten Sie hingegen zusammen mit anderen Personen an Ihrer Webseite, z. B. in der Familie, im Verein, in der Firma usw., ist das sehr wichtig. Mit diesen Funktionen steuern Sie, wer welche Rechte besitzt. So regeln Sie z. B., wer neue Artikel erstellen darf, wer Einblick in die Verwaltungsoberfläche hat, wer das Aussehen steuern kann usw.

- **Benutzer** – Mit diesem Menüpunkt verwalten Sie die Benutzerkonten in Ihrem Joomla-System. Sie können hier auch neue Benutzer erstellen.

- **Gruppen** – Damit Sie die Rechte nicht für jeden Benutzer einzeln festlegen müssen, sortieren Sie diese in Gruppen ein. So verwalten Sie die Zugriffsrechte bequem für viele Personen auf einmal.

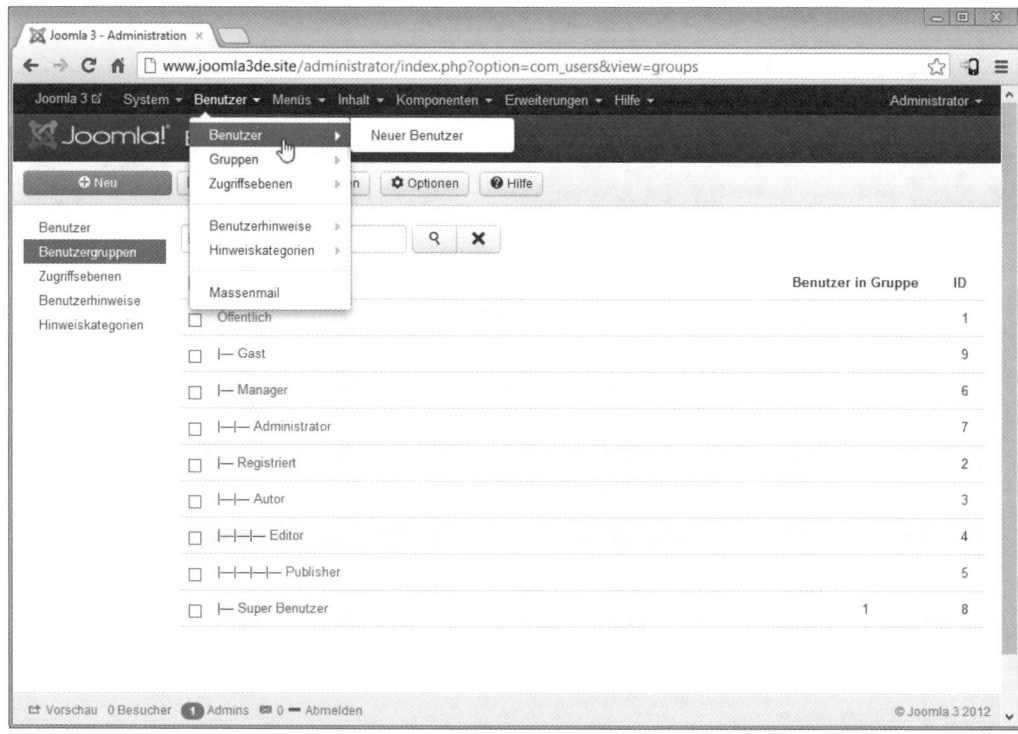

Abbildung 3.7: Der Bereich Benutzer

- **Zugriffsebenen** – Die Zugriffsebenen stellen die Rechte dar, die Sie einem Benutzer bzw. einer Gruppe zugestehen. Sie legen also die Rechte fest, die Sie anschließend einer Benutzergruppe zuordnen.

- **Benutzerhinweise** – Hiermit lassen sich interne Hinweise für die Benutzer erstellen und verwalten.

- **Hinweiskategorien** – Die Benutzerhinweise lassen sich in Kategorien organisieren. Diese verwalten Sie hiermit.

- **Massenmail** – Mit Joomla können Sie auch herkömmliche E-Mails an die Benutzer Ihres Systems verschicken. Das tun Sie hiermit.

3.2.4 Menüs

Wählen Sie den Punkt Menüs aus, um in die Menüverwaltung von Joomla zu gelangen. Damit erstellen Sie das Hauptmenü für Ihre Webseite und verlinken dort alle Ihre Inhalte. Joomla kennt aber viel mehr als nur ein Menü. Sie können für einzelne Bereiche eigene Untermenüs erstellen, Menüs die nur von bestimmten Benutzern verwendet werden können und vieles mehr. Außerdem steuern Sie mit den Menüs, wie ein Bereich angezeigt werden soll, z. B. als Liste, als Blog, als Kategorie usw.

- **Menüs** – Über diesen Punkt verwalten Sie Ihre verschiedenen Menüs. Bearbeiten Sie ein vorhandenes Menü oder erstellen Sie neue.

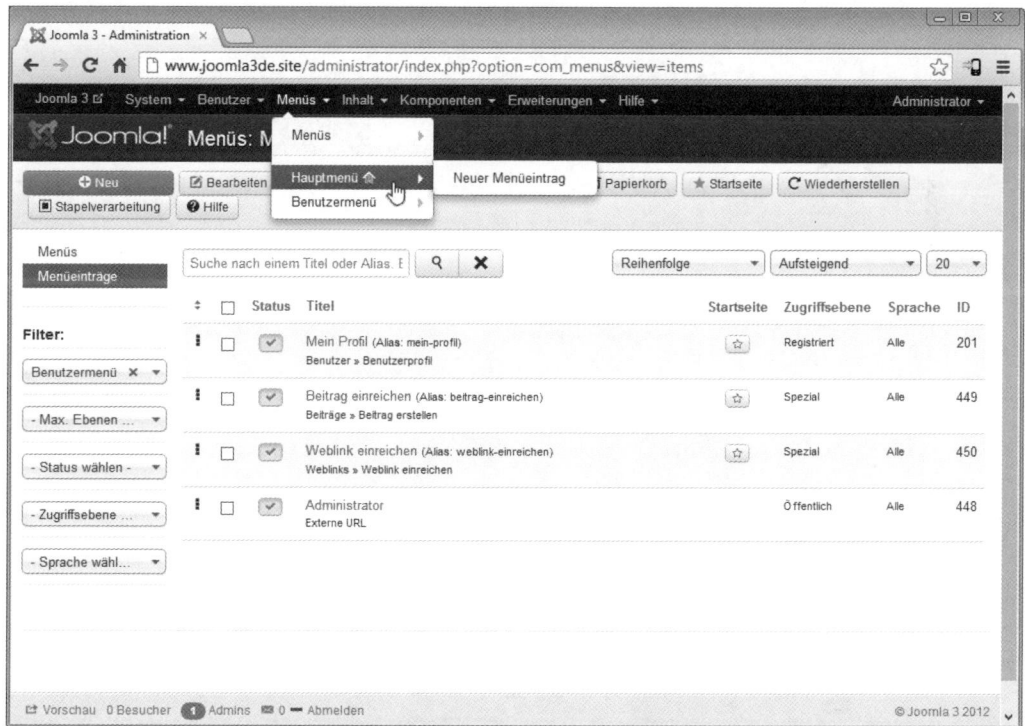

Abbildung 3.8: Der Bereich Menüs

- **Hauptmenü** – Dies ist das Standardmenü und deshalb bereits vorhanden. Sie können es hiermit direkt auswählen und somit bearbeiten.

- **Benutzermenü** – Dieses Menü ist ebenfalls immer in Joomla enthalten und ist nur für angemeldete Benutzer sichtbar. Klicken Sie es an, um es zu bearbeiten.

3.2.5 Inhalt

Der Punkt INHALT führt Sie in den vielleicht wichtigsten Bereich von Joomla, denn dort verwalten Sie alle Ihre Inhalte. In Joomla stellen alle Inhalte einen Beitrag oder einen Artikel dar. Dabei muss es sich nicht unbedingt um einen Artikel im Sinne eines Magazins handeln. Es ist einfach ein allgemeiner Oberbegriff für alles, was sich in Joomla erstellen, bearbeiten und veröffentlichen lässt. Diese Inhalte können Sie in Kategorien einsortieren. Das sorgt für Ordnung und hilft auch gleich, die Inhalte in den Menüs zu organisieren. Natürlich gibt es in diesem Bereich sehr viele zusätzliche Funktionen und Untermenüs, die wir uns in den weiteren Kapiteln des Buchs sehr genau anschauen werden.

- **Beiträge** – Hiermit verwalten Sie sämtliche Beiträge bzw. Inhalte Ihrer Seite. Erstellen Sie neue Artikel oder bearbeiten Sie die vorhandenen.

- **Kategorien** – Hier erstellen Sie Kategorien, mit denen Sie Ihre Inhalte in verschiedene Gruppen und Bereiche für die Webseite organisieren.

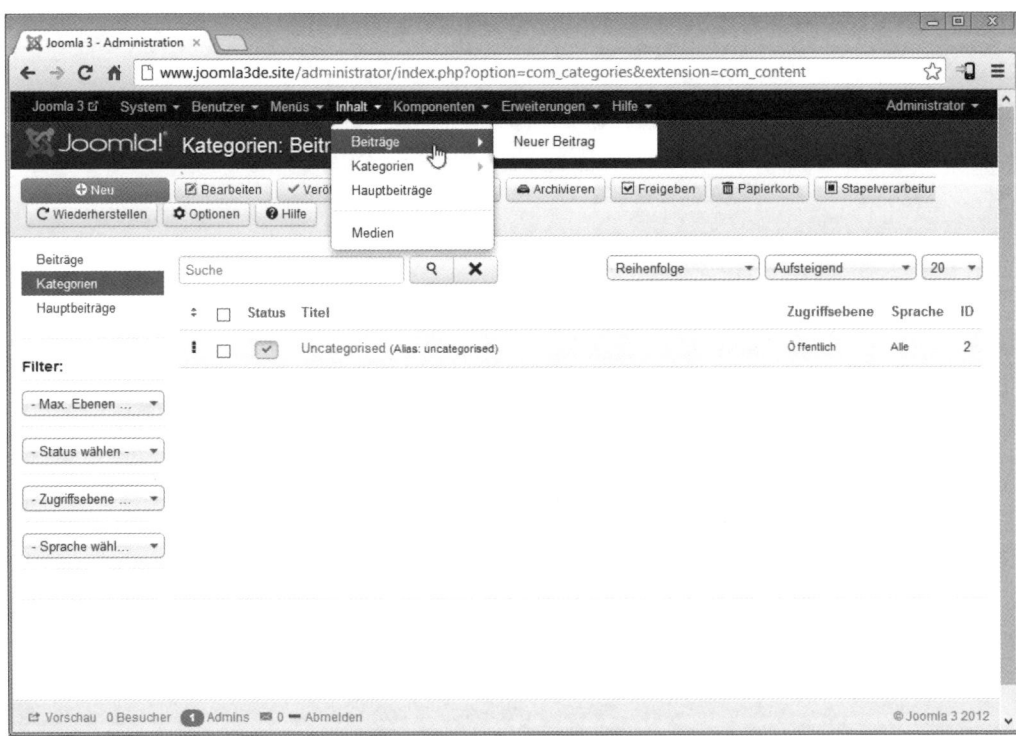

Abbildung 3.9: Der Bereich Inhalt

- **Hauptbeiträge** – Dieser Begriff bezeichnet Inhalte, die auf der Startseite von Joomla angezeigt werden. Hiermit organisieren Sie diese Hauptbeiträge und legen das Aussehen auf der Startseite fest.

- **Medien** – Neben Ihren Beiträgen kann Joomla auch Ihre Fotos, Videos, PDFs oder sonstige Mediendateien verwalten. Dies tun Sie mit den Werkzeugen hinter diesem Menüpunkt.

3.2.6 Komponenten

In dem Menüpunkt KOMPONENTEN werden die in Ihrem System installierten Joomla-Erweiterungen aufgelistet. Obwohl Joomla von Haus aus bereits sehr leistungsfähig ist und alle für ein CMS notwendigen Funktionen mitbringt, lässt sich Joomla erweitern. Dazu gibt es verschiedene Module, Plug-Ins und andere Komponenten. Die großen Erweiterungen werden als Komponenten bezeichnet und beinhalten ganz eigene Verwaltungswerkzeuge. Diese öffnen Sie hierüber. Von Haus aus bringt Joomla bereits folgende Komponenten mit:

- **Banner** – Verwalten Sie Werbebanner auf Ihrer Webseite und rechnen Sie diese mit dem Auftraggeber ab.

- **Joomla!-Aktualisierung** – Die automatische Aktualisierung von Joomla läuft ebenfalls über eine eigene Erweiterung.

- **Kontakte** – Verwalten Sie Kontakte und Adressen in Joomla.

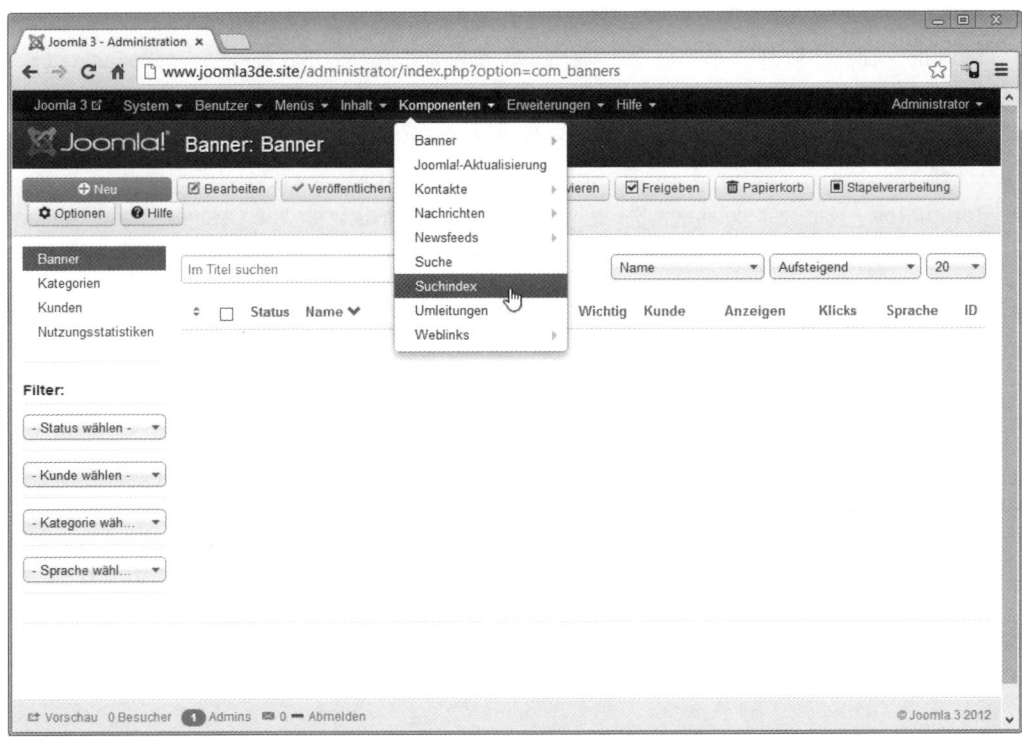

Abbildung 3.10: Der Bereich Komponenten

- **Nachrichten** – Dies ist ein internes Nachrichtensystem für die registrierten Benutzer Ihrer Webseite.

- **Newsfeeds** – Erstellen Sie ein Newsfeed, welches auf Ihrer Webseite abonniert werden kann.

- **Suche** – Verfolgen Sie, nach welchen Begriffen die Besucher auf Ihrer Webseite suchen.

- **Suchindex** – Erstellen Sie einen Index aus Ihren Inhalten, damit die Besucher schneller und gezielter suchen können.

- **Umleitungen** – Leiten Sie Besucher beim Öffnen einer Seite auf eine andere um. Das ist praktisch, wenn sich die Adresse zu bestimmten Inhalten geändert hat.

- **Weblinks** – Verwalten Sie Links zu Ihren liebsten Webseiten und veröffentlichen Sie diese auf Ihrer Homepage.

3.2.7 Erweiterungen

Der Menüpunkt ERWEITERUNGEN führt Sie in die Verwaltung der zusätzlichen Joomla-Funktionalitäten. Das können kleine Zusatzfunktionen sein oder auch große Erweiterungspakete wie z. B. Galerien, Foren, Bibliotheken und vieles mehr. Hier können Sie diese Erweiterungen und Komponenten installieren, und aktivieren oder auch deaktivieren und deinstallieren. Außerdem verwalten Sie hierüber die Templates für Ihre Webseite. Das sind die Designs und Layouts, die das Aussehen Ihrer Webseite bestimmen.

- **Erweiterungen** – Mit diesem Menüpunkt gelangen Sie in die Installationsfunktion, um neue Erweiterungen in Ihrem System zu installieren.

- **Module** – Dieser Punkt listet die installierten Module auf, sodass Sie diese verwalten und deinstallieren können.

- **Plugins** – Hiermit werden Ihnen alle installierten Plug-Ins aufgelistet, sodass sie sich verwalten lassen.

- **Templates** – Hierüber gelangen Sie in eine Verwaltungsfunktion für Ihre Designs. Damit steuern Sie das Aussehen von Joomla und Ihrer gesamten Homepage.

- **Sprachen** – Mit Joomla lassen sich auch mehrsprachige Webseiten erstellen und verwalten. Hierüber legen Sie zusätzliche Sprachbereiche an und verwalten diese.

3.2.8 Hilfe

Hinter dem Menüpunkt HILFE steckt das eigene Hilfesystem von Joomla. Es sieht ganz ähnlich aus, wie die Hilfefenster eines herkömmlichen Desktop-Programms. Dabei werden Hilfe-Seiten in Form von HTML-Dokumenten von der Joomla-Homepage geladen und innerhalb der Admin-Oberfläche angezeigt. Das ist sehr praktisch und lädt auch gern mal zum Stöbern ein. Doch weil Sie gerade dieses tolle Joomla-Buch hier lesen und Schritt für Schritt durcharbeiten, werden Sie dieses Menü hoffentlich nicht oft benötigen. Zusätzlich finden Sie dort Links zur Joomla-Homepage, Links zum offiziellen Support-Forum sowie Links zu vielen anderen Joomla-Informationsquellen im Internet.

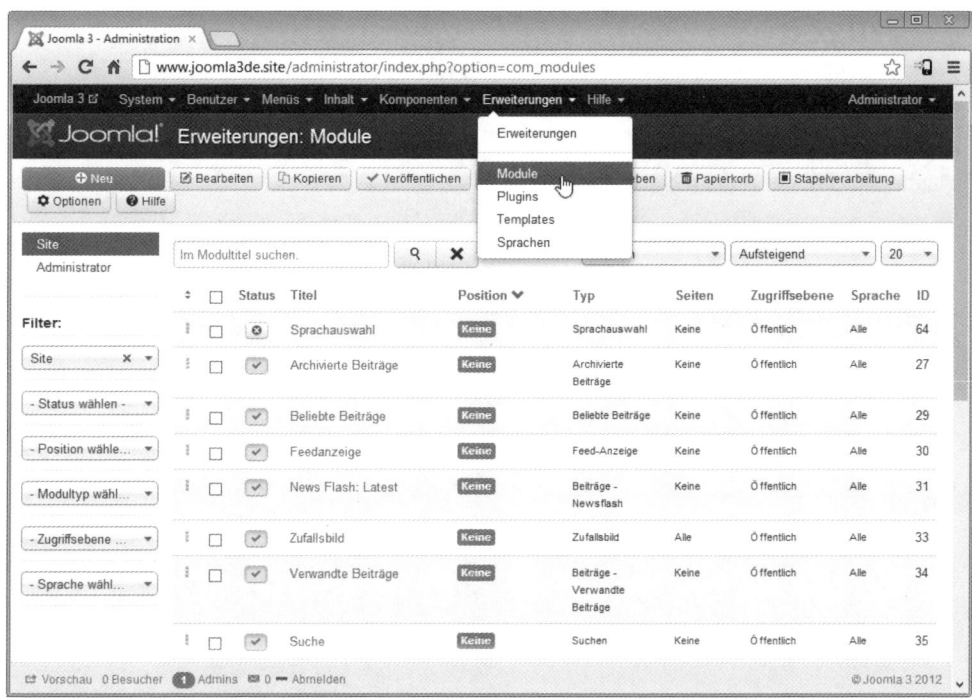

Abbildung 3.11: Der Bereich Erweiterungen

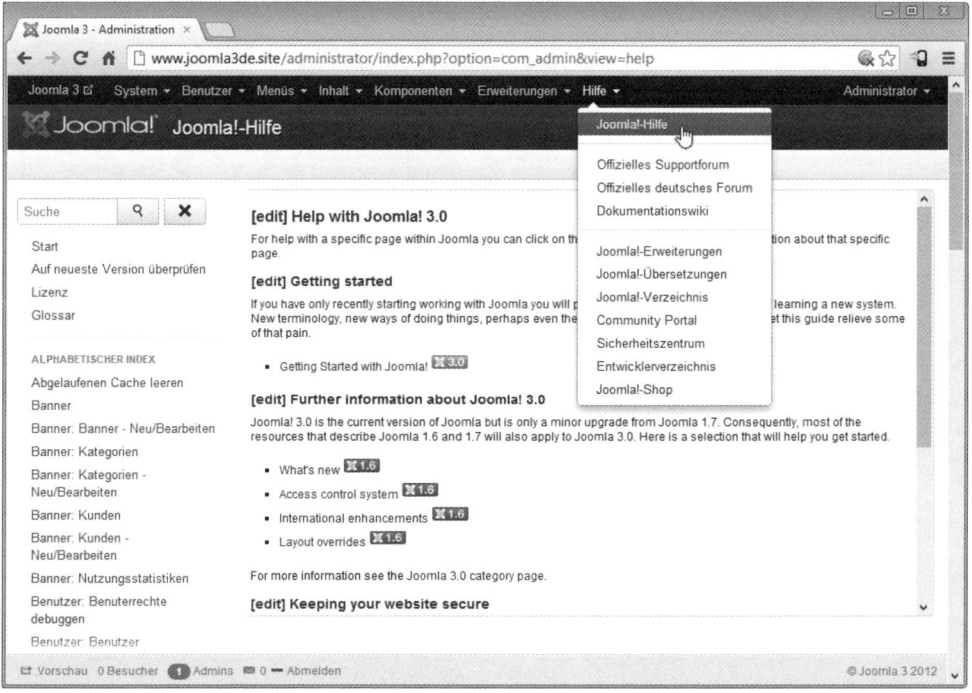

Abbildung 3.12: Der Bereich Hilfe

3.3   Fragen

1. Was versteht Joomla unter den Begriffen »Frontend« und »Backend«?
2. Welche Vorteile bringt eine Benutzeranmeldung im Frontend?
3. Wie lautet die URL der Admin-Oberfläche?
4. Welche Funktionen stehen Ihnen in der Admin-Oberfläche zur Verfügung?

4 Inhalte erstellen und verwalten

Auf einer Webseite sind die Inhalte natürlich das Wichtigste. Joomla bezeichnet diese allgemein als *Artikel* oder als *Beiträge*. Das bedeutet aber nicht, dass es sich dabei auch um Texte im Sinne eines Magazinartikels handeln muss. Stattdessen sind Joomla-Beiträge in sich geschlossene Elemente innerhalb der Datenbank, die z. B. Texte, Bilder, Videos usw. enthalten. In diesem Kapitel schauen wir uns Schritt für Schritt an, wir Sie neue Beiträge erstellen, vorhandene bearbeiten und Ihre Sammlung verwalten. Sie fangen jetzt an, Ihre Webseite mit den ersten eigenen Inhalten zu füllen. Dabei können Sie auch problemlos Texte aus vorherigen Webprojekten übernehmen und somit in Joomla weiter veröffentlichen.

4.1 Beiträge erstellen und bearbeiten

Im Bereich INHALT erstellen und bearbeiten Sie alle Ihre Beiträge. Dabei ist erst einmal wichtig, dass Sie die grundlegenden Funktionen dafür kennen und so Ihre Webseite mit Leben füllen. Dabei unterscheidet sich das Erstellen neuer Beiträge kaum vom Bearbeiten bereits vorhandener Beiträge. Das Editor-Fenster sieht jeweils gleich aus. Der Unterschied besteht nur darin, dass bei neuen Beiträgen alle Felder noch leer sind und bei vorhandenen Beiträgen dort bereits Daten eingetragen sind. Deshalb kann man auch allgemein vom Bearbeiten von Beiträgen sprechen, was durchaus beide Vorgänge gut beschreibt. Kennen Sie sich mit den Grundlagen aus, erfahren Sie im nächsten Abschnitt, wie Sie weitere Funktionen für Ihre Beiträge nutzen.

4.1.1 Das Übersichtsfenster für Beiträge

Alle Ihre Inhalte werden in dem Bereich INHALT verwaltet. Klicken Sie im Hauptmenü auf den Eintrag INHALT. Dadurch öffnet sich das Menü und bietet Ihnen verschiedene Unterpunkte an. Zunächst ist hier nur der Punkt BEITRÄGE interessant, weil Sie damit Ihre Beiträge erstellen und bearbeiten. Nun gelangen Sie in das Übersichtsfenster, das alle Inhalte anzeigt, die Sie und Ihre Mitarbeiter in Joomla erstellt haben. Am Anfang wird diese Liste entweder leer sein oder nur ein paar Beispielartikel beinhalten.

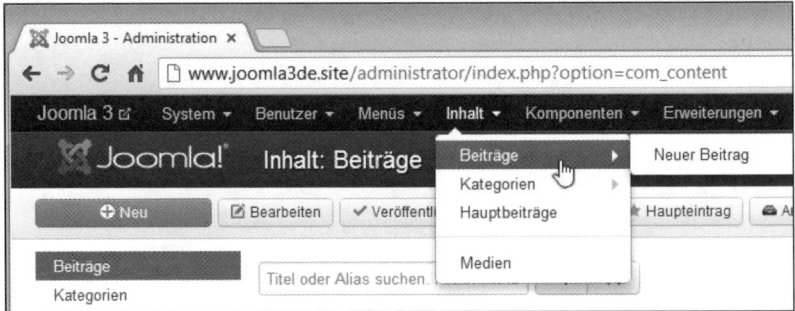

Abbildung 4.1: Den Bereich für Inhalte öffnen

Die Symbolleiste

Am oberen Rand des Übersichtsfensters befindet sich die Symbolleiste. Sie besitzt mehrere Schalt-flächen für typische Verwaltungsaufgaben. Damit lassen sich die Beiträge z. B. bearbeiten, veröffent-lichen, löschen usw. Alle diese Aufgaben lassen sich auch in den Beiträgen selbst durchführen. Die Symbolleiste hat allerdings gleich zwei Vorteile. Zum einen müssen Sie den betreffenden Beitrag nicht erst öffnen und zum anderen lassen sich damit auch mehrere Beiträge auf einmal verwalten. Dazu müssen Sie lediglich die gewünschten Beiträge in der Liste mit einem Haken versehen und anschlie-ßend die gewünschte Schaltfläche auf der Symbolleiste anklicken.

Abbildung 4.2: Die Symbolleiste für Inhalte

- **Neu** – Hiermit erstellen Sie neue Beiträge und gelangen in den Editor.

- **Bearbeiten** – Haben Sie einen Beitrag in der Liste markiert, können Sie ihn hiermit bearbeiten. Sie gelangen automatisch in das Editor-Fenster.

- **Veröffentlichen** – Hiermit geben Sie einen oder mehrere Beiträge für die Veröffentlichung auf der Webseite frei.

- **Verstecken** – Hier können Sie einen oder mehrere bereits freigegebene Beiträge wieder für die Veröffentlichung sperren.

- **Haupteintrag** – Diese Schaltfläche setzt den Beitrag auf die Startseite.

- **Archivieren** – Möchten Sie einen Beitrag nicht mehr veröffentlichen, können Sie ihn hiermit ins Archiv schieben und somit aufbewahren.

- **Freigeben** – Hat sich ein Autor beim Bearbeiten eines Artikels nicht ordnungsgemäß abgemeldet, wird er weiterhin als *in Bearbeitung* angezeigt. Hiermit geben Sie ihn in der Datenbank wieder frei.

- **Papierkorb** – Löschen Sie einen oder mehrere Artikel bzw. schieben Sie diese in den Papierkorb.

- **Stapelverarbeitung** – Möchten Sie viele Beiträge auf einmal veröffentlichen, verstecken oder innerhalb der Kategorien verschieben, können Sie das mit den Funktionen hinter dieser Schaltfläche tun.

- **Optionen** – Damit gelangen Sie in die Konfiguration für die Anzeige von Beiträgen.

- **Hilfe** – Öffnen Sie die Hilfe-Seiten von Joomla.

Die Auflistung der Beiträge

In der Mitte des Übersichtsfensters befindet sich die Beitragsliste. Sie zeigt Ihnen alle bisher in Joomla vorhandenen Beiträge bzw. Artikel an. Dabei sehen Sie in den Spalten sofort die wichtigsten Daten zu den Artikeln – den Freigabestatus, den Titel, die vergebenen Zugriffsrechte, den Autor sowie die Sprache, das Datum und die interne Identifikationsnummer.

Abbildung 4.3: Die Auflistung aller Inhalte/Beiträge

- **Suchen** – Links oben finden Sie ein Suchfeld. Geben Sie dort einen Begriff ein, nach dem in den Beiträgen gesucht werden soll. Dann werden nur die passenden Beiträge in der Liste angezeigt.

- **Sortierung** – Mit den drei Auswahllisten auf der rechten Seite sortieren Sie die Liste mit den angezeigten Beiträgen. Wählen Sie aus der ersten Liste aus, ob die Anzeige z. B. nach Titel, Autor, Kategorie usw. sortiert werden soll. Mit der zweiten Liste sortieren Sie die Anzeige auf- oder absteigend. Die dritte Liste bestimmt, wie viele Artikel auf einer Bildschirmseite angezeigt werden sollen.

- **Spalten** – Die Sortierung können Sie auch direkt mit den Spalten bestimmen. Klicken Sie dafür auf die verlinkten Titel der jeweiligen Spalte, um diese für die Sortierung zu verwenden. Der Pfeil daneben gibt an, ob die Sortierung auf- oder absteigend ist.

- **Sichtbarkeit** – In der Spalte *Status* können Sie zusätzlich einen Artikel mit einem Mausklick veröffentlichen bzw. verstecken sowie als Hauptbeitrag an- bzw. abwählen.

Die Filter

Normalerweise zeigt die Liste in der Mitte alle Beiträge an. Um das zu ändern, befinden sich am linken Fensterrand ein paar Filter für die Beiträge. Damit legen Sie fest, dass nur bestimmte Beiträge aufgelistet werden sollen. Sie müssen dazu nur auf den jeweiligen Filter klicken und in der Liste das gewünschte Kriterium auswählen.

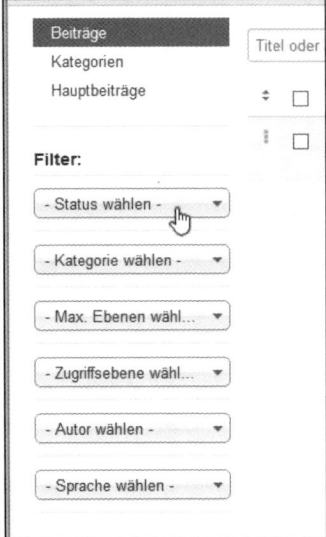

Abbildung 4.4: Die Liste für die Beiträge filtern

- **Status** – Lassen Sie sich z. B. nur veröffentlichte, nur versteckte oder gelöschte Beiträge anzeigen.

- **Kategorie** – Wählen Sie eine Ihrer Kategorien aus, die angezeigt werden soll.

- **Ebenen** – Arbeiten Sie mit Kategorien und Unterkategorien, können Sie hier die Ebenen der Unterkategorien auswählen.

- **Zugriffsebene** – Lassen Sie sich nur Beiträge anzeigen, die z. B. öffentlich sind, nur für Mitarbeiter usw.

- **Autor** – Wählen Sie einen Autor aus, dessen Beiträge Sie sehen möchten.

- **Sprache** – Haben Sie in Joomla mehrsprachige Inhalte aktiviert, wählen Sie hiermit Beiträge in einer bestimmten Sprache aus.

4.1.2 Beiträge erstellen oder bearbeiten

Das Übersichtsfenster ist der Ausgangspunkt für sämtliche Arbeiten an Ihren Inhalten. Von dort aus erstellen Sie neue Inhalte oder bearbeiten die bereits vorhandenen. Das geht mit den verfügbaren Schaltflächen schnell und einfach.

1. Möchten Sie einen neuen Beitrag erstellen, klicken Sie oben links auf die Schaltfläche Neu. Dadurch gelangen Sie direkt in das Editor-Fenster. Dort schreiben Sie Ihren Beitrag und nehmen alle anderen Einstellungen vor.

Abbildung 4.5: Einen neuen Beitrag erstellen

2. Natürlich können Sie Ihre bereits gespeicherten Beiträge jederzeit wieder bearbeiten. Dazu müssen Sie in der Beitragsliste lediglich auf den Titel des gewünschten Beitrags klicken. Sie gelangen dadurch automatisch in das Editor-Fenster und können den Beitrag beliebig überarbeiten.

3. Alternativ können Sie auch den gewünschten Beitrag in der Liste mit einem Haken markieren und oben in der Symbolleiste auf die Schaltfläche Bearbeiten klicken. Das ist allerdings etwas umständlicher und bringt keinen Vorteil.

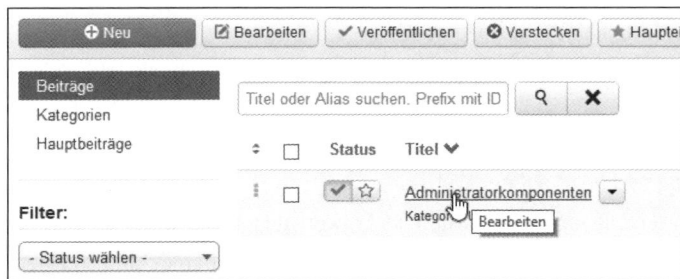

Abbildung 4.6: Einen Beitrag zum Bearbeiten öffnen

4. In jedem Fall gelangen Sie in das Editor-Fenster. Dort bearbeiten Sie Ihren Beitrag. Geben Sie einen Titel ein, schreiben Sie einen beliebigen Text, weisen Sie Kategorien zu, fügen Sie Bilder ein usw.

4.1.3 Die Basis-Daten eingeben

Wie Ihre Beiträge im Einzelnen aussehen, liegt natürlich ganz bei Ihnen. Es können lange oder kurze Texte sein, Fotos, Videos, Tabellen und vieles mehr. Ihnen sind in Joomla kaum Grenzen gesetzt. Ein paar grundlegende Daten sind aber immer notwendig und müssen von Ihnen eingegeben werden. Ohne diese Basisdaten kann Joomla den Beitrag sonst nicht speichern und verwalten. Die Eingabefelder sind dabei immer gleich – unabhängig, ob Sie einen neuen Beitrag erstellen oder einen vorhandenen bearbeiten.

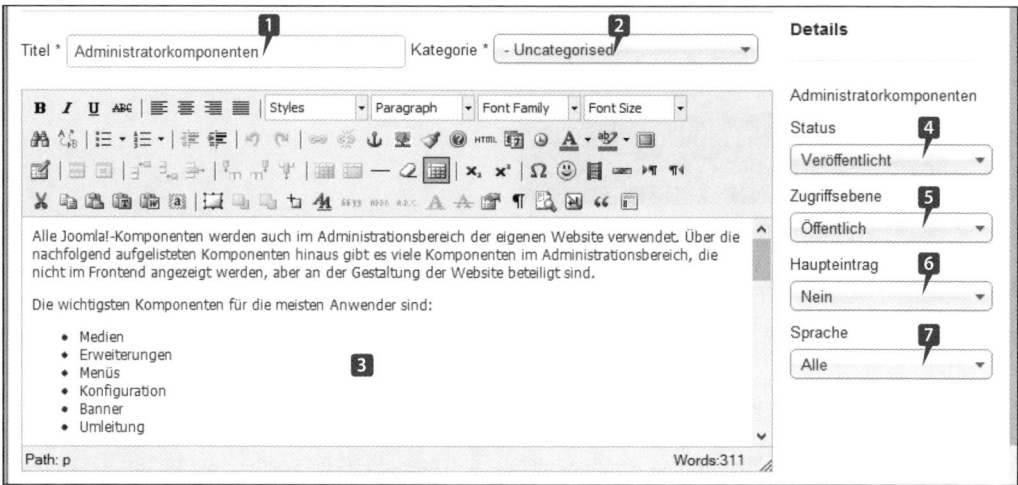

Abbildung 4.7: Den neuen oder bearbeiteten Beitrag speichern

1 Geben Sie hier den *Titel* für diesen Beitrag ein. Es spielt keine Rolle, wie lang oder kurz der Titel ist, aber es muss für jedes Element einer vorhanden sein.

2 In dieser Liste wählen Sie die *Kategorie* für diesen Beitrag aus. Am Anfang ist die Liste wahrscheinlich sehr kurz, weil wir noch keine eigenen Kategorien ausgewählt haben. Alternativ können Sie auch die Gruppe *Uncategorised* (= unkategoriert) verwenden.

3 In das Editor-Feld tippen Sie den *Inhalt* dieses Beitrags ein. Das kann ein Text sein, ein Bild, Videos usw. Damit beschäftigen wir uns im weiteren Verlauf dieses Kapitels.

4 Ganz rechts müssen Sie unter *Status* angeben, wie Joomla mit diesem Beitrag umgehen soll.

– **Veröffentlicht** – Der Beitrag erscheint auf der Webseite.

– **Versteckt** – Der Beitrag wird nicht veröffentlicht und als Entwurf gespeichert.

– **Archiviert** – Damit lassen sich Beiträge, die Sie nicht mehr veröffentlichen möchten, in einem Archiv speichern.

– **Papierkorb** – Hiermit wird ein Beitrag als gelöscht markiert und in den Papierkorb geschoben.

5 Die *Zugriffsebene* legt fest, wer diesen Beitrag sehen darf. Mit der Option Öffentlich kann jeder Besucher den Beitrag lesen, mit Registriert können das nur Personen mit Benutzerkonto in Ihrem System. Alle anderen Optionen beziehen sich auf spezielle Zugriffsrechte, die wir uns später genauer ansehen.

6 Unter *Haupteintrag* wählen Sie mit JA oder NEIN aus, ob dieser Beitrag explizit auf der Startseite angezeigt werden soll. Auch das schauen wir uns später noch genauer an.

7 Haben Sie mit Joomla eine mehrsprachige Webseite erstellt, geben Sie hiermit an, bei welchen Sprachen dieser Beitrag angezeigt werden soll. Als Standard ist immer ALLE ausgewählt.

4.1.4 Arbeiten mit dem Text-Editor

Im Bearbeitungsfenster für die Artikel bietet Ihnen Joomla einen eigenen Texteditor an. Genauer gesagt handelt es sich dabei um den TinyMCE (Tiny Moxiecode Content Editor). Das ist ein freier JavaScript-Editor, welcher bei vielen Webprojekten zum Einsatz kommt. Er wurde an Joomla angepasst und vollständig in das System integriert. TinyMCE ist schnell, zuverlässig und bietet viele tolle Funktionen. Durch seine WYSIWYG-Fähigkeit (What you see is what you get) sehen Sie alle Formatierungen sofort am Bildschirm. Dadurch arbeiten Sie fast so komfortabel wie in einem kleinen Office-Programm.

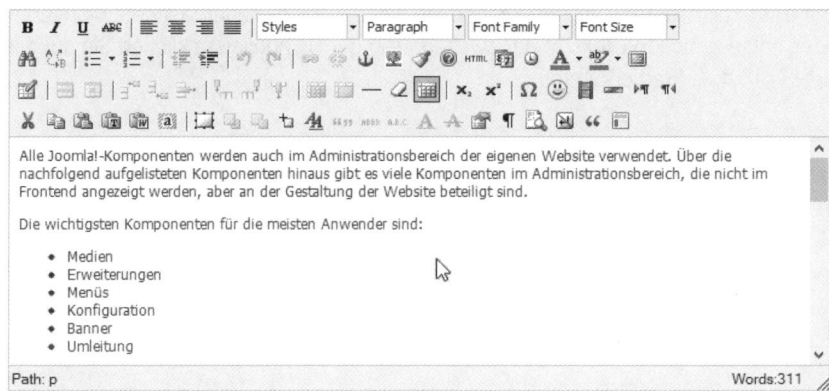

Abbildung 4.8: Mit dem Editor die Inhalte verfassen

Der Editor besitzt über dem Textfeld viele verschiedene Schaltflächen, Symbole und Auswahllisten:

- Die obere Zeile bietet die üblichen Standardformatierungen wie FETT, KURSIV, UNTERSTRICHEN, TEXTAUSRICHTUNG sowie die Auswahl von ABSATZTYPEN, SCHRIFTEN und GRÖSSEN.

- Die zweite Zeile bieten links die Formatierung mit diversen LISTENTYPEN, EINRÜCKUNGEN sowie eine RÜCKGÄNGIG-Funktion an. Rechts finden Sie ein LINK-Werkzeug, eine FOTO-Schaltfläche, einen Code-Bereiniger, Farbwerkzeuge und einiges mehr.

- Die dritte Zeile besitzt überwiegend Werkzeuge für TABELLE. Sie können neue erstellen, diese Formatierungen, Zeilen und Spalten einfügen usw. Außerdem können Sie FORMELN, SMILEYS und MULTIMEDIA-Inhalte einfügen.

- Die vierte Zeile bietet die üblichen Werkzeuge wie KOPIEREN, AUSSCHNEIDEN, EINFÜGEN usw. an. Außerdem finden Sie dort zusätzliche Werkzeuge wie z. B. LAYER, ATTRIBUTE, BLOCKQUOTE und PRE-Tags.

Insgesamt ist der TinyMCE mit seiner Optik und den Schaltflächen einem herkömmlichen Office-Programm nachempfunden. Sie werden sich also sehr schnell darin zurechtfinden und mit allen Funktionen problemlos klarkommen. Tippen Sie Ihre Texte so ein, wie Sie es von anderen Textverarbeitungsprogrammen gewohnt sind. TinyMCE funktioniert genauso.

1. Tippen Sie Ihre Inhalte direkt in das Bearbeitungsfenster. Ihnen stehen sämtliche Zeichen, Sonderzeichen und auch Umlaute wie gewohnt zur Verfügung. Auch Leerstellen, Zeilenumbrüche und Absätze erzeugen Sie wie üblich.

2. Um einen Text zu formatieren, markieren Sie ihn zunächst mit der Maus. Anschließend klicken Sie in der Symbolleiste auf die gewünschte Formatierung, z. B. FETT, KURSIV, UNTERSTRICHEN usw.

3. Möchten Sie größere Abschnitte formatieren, z. B. für eine Liste oder Aufzählung, markieren Sie den gesamten Abschnitt. Anschließend wählen Sie auch hier im Menü die entsprechende Schaltfläche oder den Listeneintrag aus.

4. Haben Sie sich mit einer Formatierung vertan, können Sie diese einfach wieder löschen. Markieren Sie dazu erneut den entsprechenden Text. In der zweiten Zeile der Symbolleiste klicken Sie auf die Schaltfläche REMOVE FORMATTING (Radiergummi).

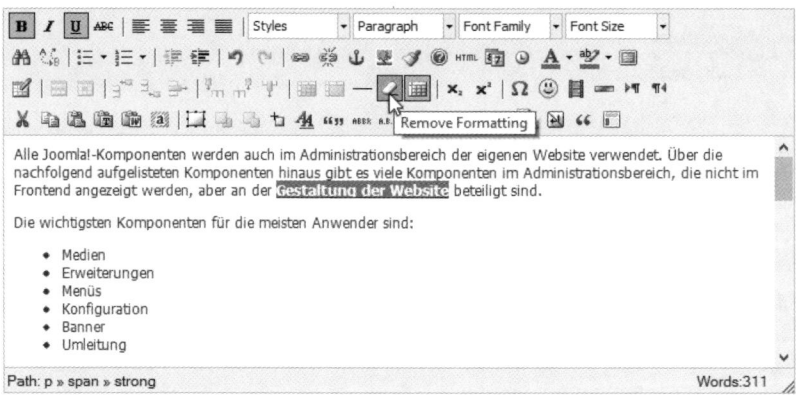

Abbildung 4.9: Formatierungen hinzufügen oder wieder löschen

5. Benötigen Sie in Ihrem Text bestimmte Sonderzeichen, bietet der Editor dafür eine eigene Funktion. Klicken Sie dafür in der zweiten Zeile der Symbolleiste auf die Schaltfläche INSERT SPECIAL CHARACTER (Omega-Symbol). Dadurch öffnet sich ein neues Fenster, aus dem Sie ein Sonderzeichen auswählen können.

6. Der Editor verfasst Ihre Texte in reinem HTML. Manchmal ist es auch notwendig, den Code direkt zu bearbeiten. Das ist bei Korrekturen, Sonderzeichen, besonderen Formatierungen usw. praktisch. Klicken Sie dafür auf die Schaltfläche HTML. Dadurch öffnet sich ein neues Bearbeitungsfenster mit reinem Code. Schließen Sie den Vorgang mit der Schaltfläche UPDATE ab, um das Ergebnis zurück in den Editor zu übertragen.

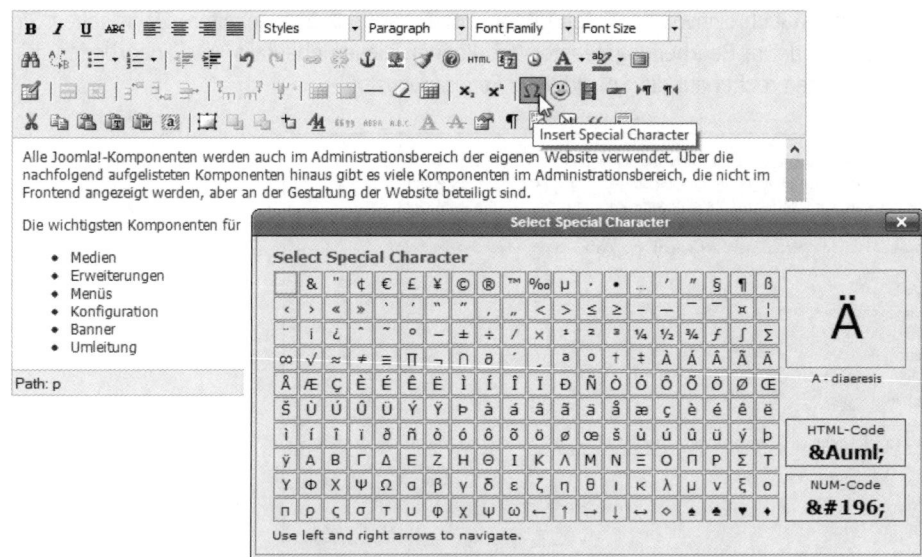

Abbildung 4.10: Sonderzeichen per Tabelle einfügen

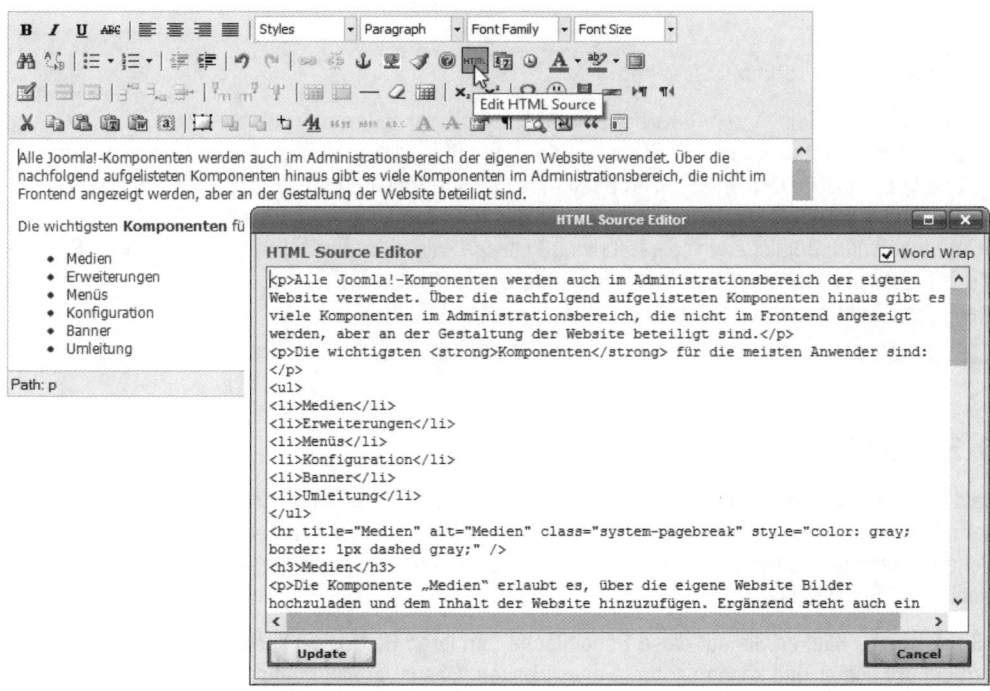

Abbildung 4.11: Den HTML-Code direkt bearbeiten

7. Manchmal kann es auch sinnvoll sein, den Editor kurzfristig ganz abzuschalten. Dann sehen Sie den reinen Text-Code im Bearbeitungsfenster und können diesen ebenfalls »pur« bearbeiten. Klicken Sie dafür unten rechts auf die Schaltfläche Editor an/aus.

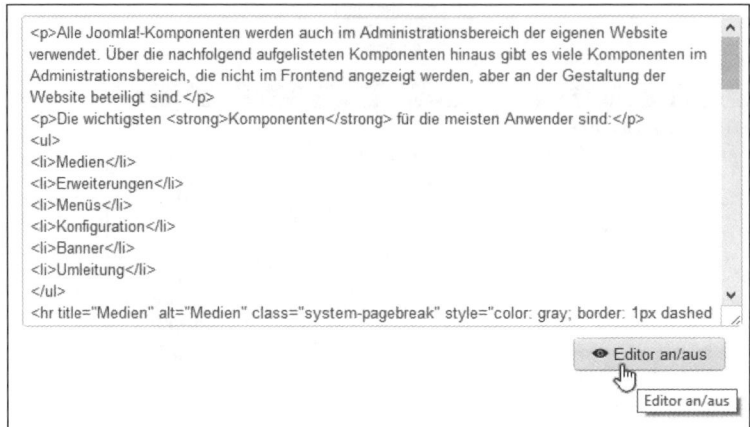

Abbildung 4.12: Den Editor kurzfristig abschalten

HTML-Code oder Editor abschalten

Die beiden Funktionen zum Bearbeiten des HTML-Codes oder zum Abschalten des Editors sind auf den ersten Blick sehr ähnlich. Mit beiden Möglichkeiten bearbeiten Sie den reinen Code Ihres Textes. Der Unterschied besteht in der Kontrolle durch den Editor. Bearbeiten Sie den HTML-Code über die Schaltfläche in der Symbolleiste, überprüft TinyMCE Ihren Code auf Richtigkeit und möglicherweise gefährliche Einträge, wie z. B. durch JavaScript. Schalten Sie den Editor ab, gibt es diese Kontrolle nicht und bei Code-Fehlern wird Ihr Text falsch oder auch gar nicht mehr angezeigt.

4.1.5   Artikel speichern und schließen

Sobald Sie mit der Bearbeitung eines neuen oder vorhandenen Beitrags fertig sind, müssen Sie die Änderungen natürlich speichern. Generell ist es bei längeren Texten empfehlenswert, öfters mal zu speichern, damit nichts verloren gehen kann. Dafür besitzt das Bearbeitungsfenster am oberen Rand verschiedene Schaltflächen.

- **Speichern** – Klicken Sie auf diese Schaltfläche, um Ihren Beitrag zu speichern. Sie bleiben dabei im Editor-Fenster und können sofort weiterarbeiten. Das ist genau richtig, um die Arbeit zwischendurch zu sichern.

- **Speichern & Schließen** – Hiermit speichern Sie Ihren Artikel in der Datenbank und beenden die Bearbeitung vollständig. Sie gelangen automatisch zurück in das Übersichtsfenster mit der Artikelliste.

- **Speichern & Neu** – Mit dieser Schaltfläche speichern Sie Ihren aktuellen Artikel und schließen ihn. Gleichzeitig öffnet sich ein neues Editor-Fenster, mit dem Sie sofort einen neuen Beitrag erstellen können.

- **Als Kopie speichern** – Mit dieser Schaltfläche speichern Sie eine zweite Version des aktuellen Artikels ab. Das kann z. B. sinnvoll sein, wenn Sie einen Artikel sehr stark überarbeiten wollen und beide Versionen aufbewahren möchten.

- **Schließen** – Betätigen Sie diese Schaltfläche, schließen Sie das Editor-Fenster und kehren auf die Übersichtsseite zurück. Der Artikel wird aber nicht gespeichert und alle Änderungen gehen verloren.

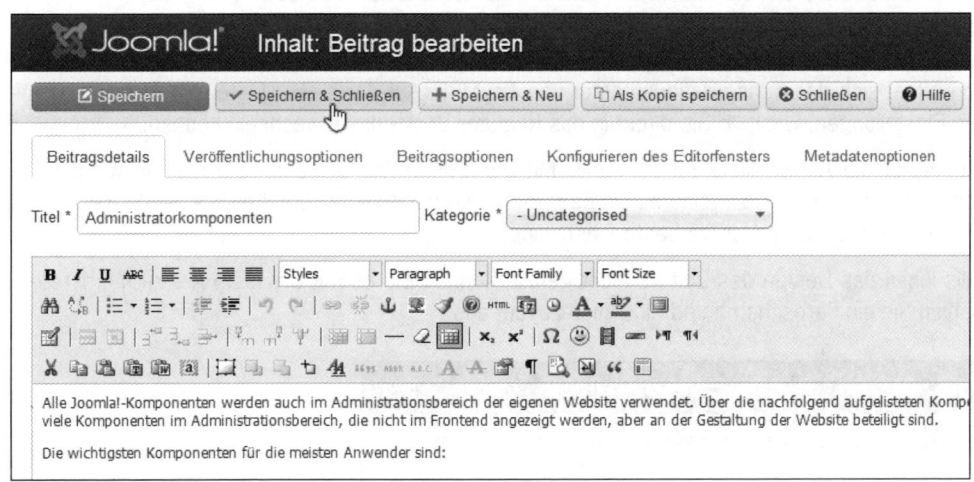

Abbildung 4.13: Den neuen oder bearbeiteten Beitrag speichern

4.1.6 Alle Funktionen des Editors aktivieren

Mit TinyMCE besitzen Sie einen wirklich guten und umfangreichen Editor für Ihre Joomla-Texte. Dabei bietet der Editor auch eine ganze Menge an Optionen und Einstellungen, die Sie an Ihre Wünsche anpassen können. Leider sind die Standardeinstellungen nicht optimal. Am Anfang zeigt der Editor in der Symbolleiste nämlich nur die nötigsten Funktionen, um den Joomla-Einsteiger nicht zu überfordern. Das ist gut gemeint, aber es fehlen im Alltag einfach zu viele Textbearbeitungsfunktionen. Deshalb sollten Sie das schnell umstellen.

1. TinyMCE ist in Joomla als Plug-In integriert. Deshalb wählen Sie nun im Hauptmenü den Punkt ERWEITERUNGEN/PLUGINS aus.

2. Dadurch gelangen Sie in eine Liste mit allen installierten Plug-Ins. Klicken Sie dort auf den Eintrag EDITOR - TINYMCE.

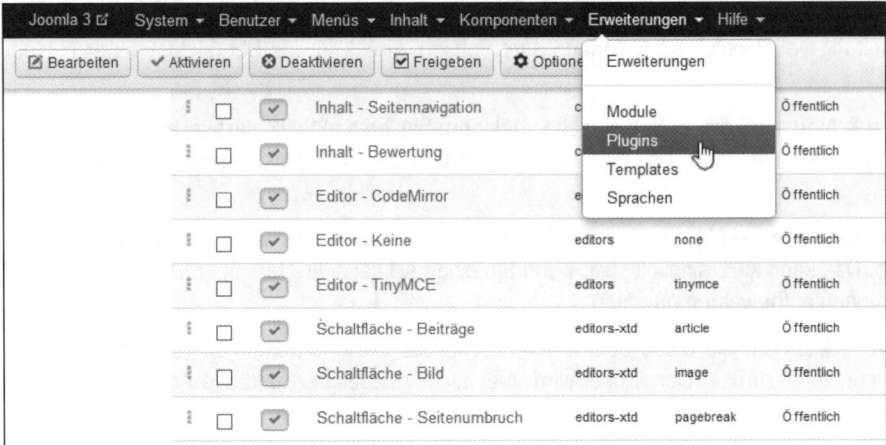

Abbildung 4.14: Die Plug-In-Verwaltung öffnen

3. Nun öffnet sich das Konfigurationsfenster von TinyMCE. Auf der ersten Seite gibt es keine wichtigen Einstellungen, weshalb Sie direkt in das Register BASISOPTIONEN wechseln können.

4. Wichtig ist die Auswahlliste FUNKTIONALITÄT. Mit der Option EINFACH sehen Sie nur die wichtigsten Schaltflächen, mit ERWEITERT sind es ein paar mehr und mit KOMPLETT erhalten Sie alle Schaltflächen und Auswahllisten. Dies ist die beste Einstellung.

5. Falls Ihnen das Design des Editors nicht gefällt, können Sie es mit der Liste AUSSEHEN umstellen. Wählen Sie ein Farbschema und ein Office-Layout aus.

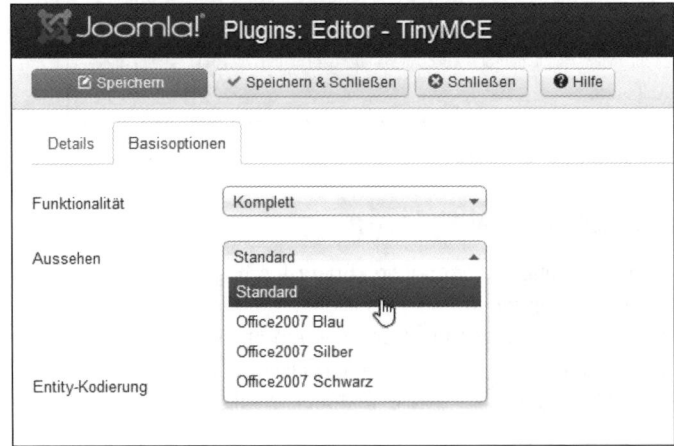

Abbildung 4.15: Funktionen und Aussehen anpassen

6. Die weiteren Optionen und Funktionen im unteren Bereich sind für die meisten Anwender in Ordnung und müssen nicht umgestellt werden. Speichern Sie Ihre Änderungen mit der Schaltfläche SPEICHERN & SCHLIESSEN.

4.2   Links in Beiträgen nutzen

Im Internet lassen sich sämtliche Inhalte miteinander verlinken. So kann man mit nur einem Mausklick von einer Webseite zur nächsten gehen. Weil das Surfen von Link zu Link zu den wichtigsten Eigenschaften des Internets zählt, bietet natürlich auch Joomla jede Menge Funktionen dafür. Auf diese Weise können Sie Ihre Beiträge mit wichtigen und interessanten Links ausstatten. Damit leiten Sie Ihre Besucher innerhalb der eigenen Webseite weiter oder führen ihn zu externen Datenquellen oder weiterführenden Webseiten. Dieser Abschnitt stellt Ihnen die verschiedenen Möglichkeiten vor.

4.2.1   Links im Text einfügen

Am häufigsten kommen im Internet Links in Form von Hypertext zum Einsatz. Das bedeutet, dass innerhalb eines herkömmlichen Artikels wichtige Schlagworte mit einem Link zu weiteren Informationen verknüpft sind. Damit der Besucher diese verknüpften Schlagworte auch erkennt, werden sie meist mit einer anderen Farbe dargestellt und sind zusätzlich unterstrichen. Mit Joomla erstellen Sie solche verlinkten Schlagworte schon mit wenigen Mausklicks.

1. Tippen Sie zunächst wie gewohnt Ihren Text in das Fenster des Editors. Nun markieren Sie mit der Maus den zu verlinkenden Inhalt.

    –   Meistens werden einzelne Worte verlinkt, z. B. wichtige Schlagworte, Fremdwörter usw. Sie können aber auch einen kompletten Satz verlinken.

    –   Sie können auch problemlos andere Inhalte im Text markieren, z. B. eine Liste, einen Absatz oder ein Bild.

    –   Alles, was Sie markieren, wird als Link angezeigt und mit der entsprechenden Funktion ausgestattet.

2. Jetzt gehen Sie mit der Maus in die Symbolleiste des Editors und klicken dort auf die Schaltfläche INSERT/EDIT LINK (Link einfügen/bearbeiten). Dadurch öffnet sich ein neues Fenster, in das Sie die Einstellungen für diesen Link eingeben müssen.

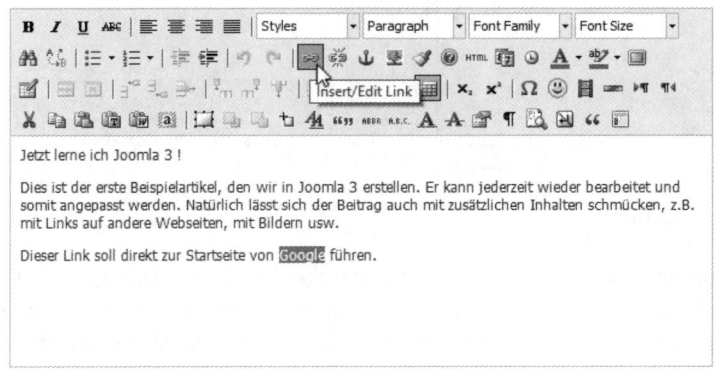

Abbildung 4.16: Wörter im Beitragstext verlinken

3. In das Feld *Link URL* geben Sie die Zieladresse für den Link ein.

    – Externe Links müssen Sie immer mit der vollständigen URL in der Form `http://www...` eintippen.

    – Interne Links lassen sich auch ohne vollständige Domäne eingeben, z. B. direkt mit einem Datei- oder Verzeichnisnamen bzw. einem Dateipfad.

4. Im Feld *Target* geben Sie an, wie dieser Link geöffnet werden soll. Wählen Sie dasselbe Fenster aus (*This Window*), wird Ihre Seite beim Anklicken verlassen. Sie können aber auch anweisen, dass der Link in einem neuen bzw. zusätzlichen Fenster (*New Window*) geöffnet wird. Die Optionen für Frames spielen in der aktuellen HTML-Spezifikation keine Rolle mehr und werden nicht mehr benötigt.

5. Geben Sie Ihrem Link im Feld *Title* noch einen Namen. Diese Bezeichnung wird im Browser als Tooltipp angezeigt, sobald der Besucher mit der Maus über den Link fährt.

6. Im Feld *Class* können Sie eine CSS-Klasse eingeben. Das macht natürlich erst Sinn, wenn Sie sich mit dem Design und Template Ihrer Seite beschäftigt und dort entsprechende Klassen definiert haben.

7. Mit der Schaltfläche Insert fügen Sie den Link ein und gelangen in den Texteditor zurück.

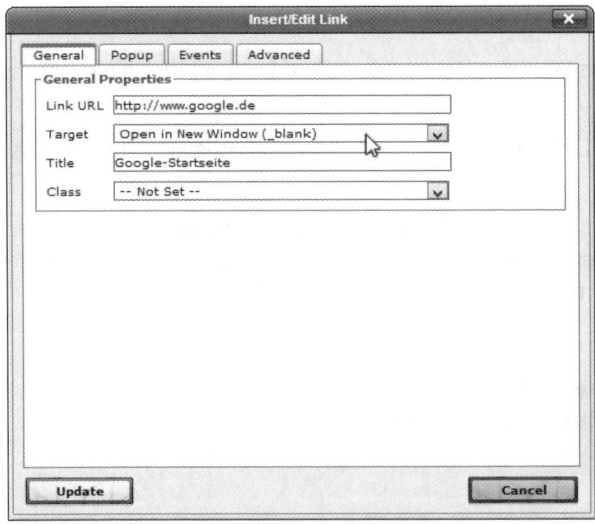

Abbildung 4.17: Den gewünschten Link erstellen

Sie gelangen zurück in das Editorfenster und können dort Ihren Text weiter bearbeiten. Das zuvor markierte Wort ist nun zu einem Link geworden. Joomla zeigt ihn mit blauer Schrift und Unterstreichung an. Das ist aber nicht unbedingt die Art und Weise, wie der Link später auf der Webseite angezeigt wird. Das können Sie später ganz individuell über die CSS-Dateien Ihrer Webseite regeln.

Sie können Ihre Links jederzeit wieder bearbeiten oder auch löschen. Dazu markieren Sie erneut das betreffende Wort, den Satz oder sonstige verlinkte Elemente.

- Um diesen Link zu bearbeiten, klicken Sie in der Symbolleiste erneut auf die Schaltfläche Insert/ Edit Link (Link einfügen/bearbeiten). Sie gelangen in dasselbe Fenster wie bei der Erstellung und können die Optionen anpassen.

- Möchten Sie einen Link hingegen ganz entfernen, klicken Sie in der Symbolleiste auf die Schaltfläche Unlink (Link löschen).

Abbildung 4.18: Links nachträglich bearbeiten/löschen

Das Fenster zum Erstellen und Bearbeiten von Links bietet Ihnen viele verschiedene Optionen, mit denen sich die Verlinkungen anpassen lassen. Vermutlich werden Sie die meisten Links nur über die Grundfunktionen erstellen, die Sie im Register General finden. Joomla bietet Ihnen aber noch deutlich mehr Optionen, mit denen sich die eigenen Links ausstatten lassen. So sind z. B. Popups, MouseOver-Events usw. überhaupt kein Problem. Allerdings handelt es sich dabei nicht um spezielle Joomla-Funktionen, sondern um JavaScript und CSS-Klassen. Sie müssen sich also mit diesen Techniken auskennen, um diese auf Ihrer Webseite nutzen zu können. Joomla bietet lediglich die Felder, in die Sie Ihre Befehle eintippen können.

- **Popup** – In diesem Register können Sie für diesen Link ein JavaScript-Popup aktivieren. Dazu müssen Sie eine URL, einen Namen sowie die Größe des Popups festlegen. Im unteren Bereich werden Ihnen weitere Anzeigeoptionen angeboten.

- **Events** – Dieses Register bietet Ihnen verschiedene Events an, die Sie für diesen Link definieren können. Das sind Standard-Events wie z. B. Anklicken, MouseOver, beliebige Taste usw. Dafür legen Sie in den Feldern die gewünschte Aktion entsprechend der HTML/Java-Spezifikation fest.

- **Advanced** – Dieses Register stellt weitere Felder bereit, über die sich der Link anpassen lässt. Dabei handelt es sich vor allem um CSS-Klassen bzw. IDs sowie um erweiterte HTML-Parameter für das referenzierte Ziel.

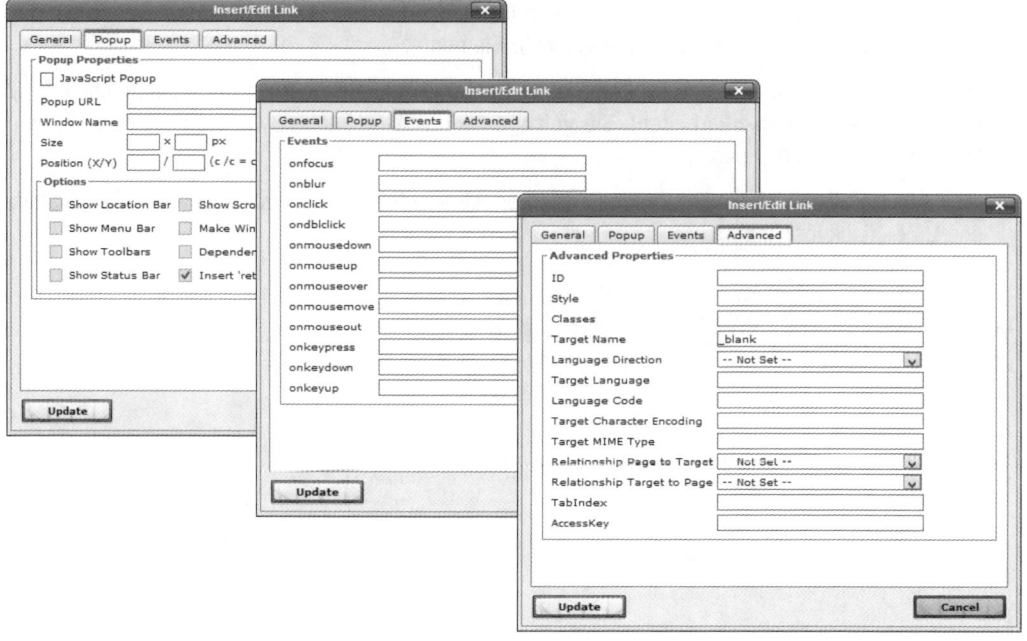

Abbildung 4.19: Erweiterte Optionen für Links

4.2.2 Auf Beiträge verlinken

Links lassen sich auf beliebige externe oder interne Inhalte setzen. Bei herkömmlichen Webseiten ist das sehr einfach, weil Sie lediglich den Pfad zum jeweiligen HTML-Dokument angeben müssen. Bei einem Content Management System wie Joomla funktioniert das aber nicht, denn es gibt keine herkömmlichen HTML-Dateien mehr. Damit Sie trotzdem auf Ihre eigenen Inhalte wie Beiträge und Artikel verlinken können, gibt es dafür eine eigene Funktion.

1. Setzen Sie im Text-Editor den Cursor an die Stelle, an der Sie den Link zu einem Beitrag einfügen möchten.

2. Nun klicken Sie links unter dem Eingabefeld auf die Schaltfläche BEITRÄGE.

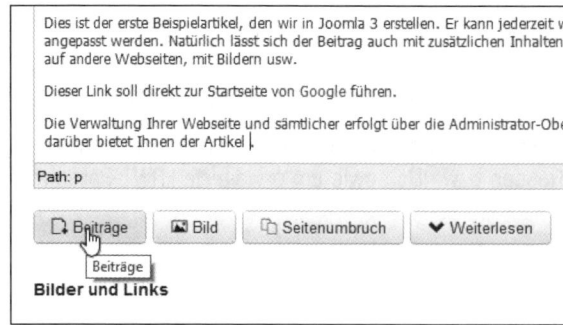

Abbildung 4.20: Links auf Beiträge erstellen

3. Es öffnet sich ein neues Fenster über der Admin-Oberfläche und listet Ihnen die vorhandenen Beiträge auf. Über die Filter und Auswahllisten können Sie die anzuzeigenden Beiträge bestimmen. Klicken Sie dann in der Liste den gewünschten Artikel an.

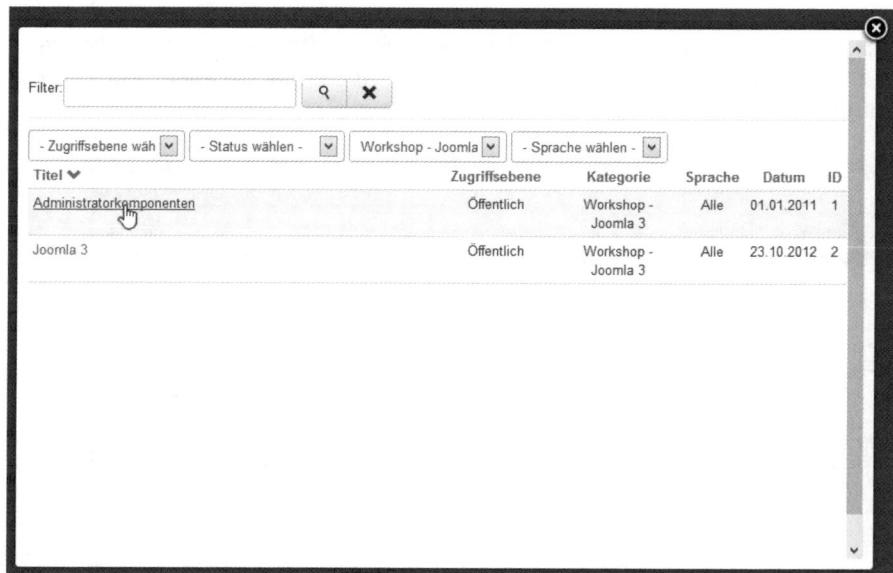

Abbildung 4.21: Die Liste der Beiträge

4. Der Editor fügt automatisch einen Link zum ausgewählten Artikel ein. Dabei erscheint der Titel als Wort in Ihrem Beitrag und stellt die Verlinkung zum Text dar.

5. Wenn Sie sich mit HTML und Links gut auskennen, können Sie diese Verknüpfung auch bearbeiten, indem Sie sie mit der Maus markieren und dann in der Symbolleiste die Schaltfläche INSERT/EDIT LINK (Link einfügen/bearbeiten) anklicken. Seien Sie aber vorsichtig und verändern Sie die URL nicht.

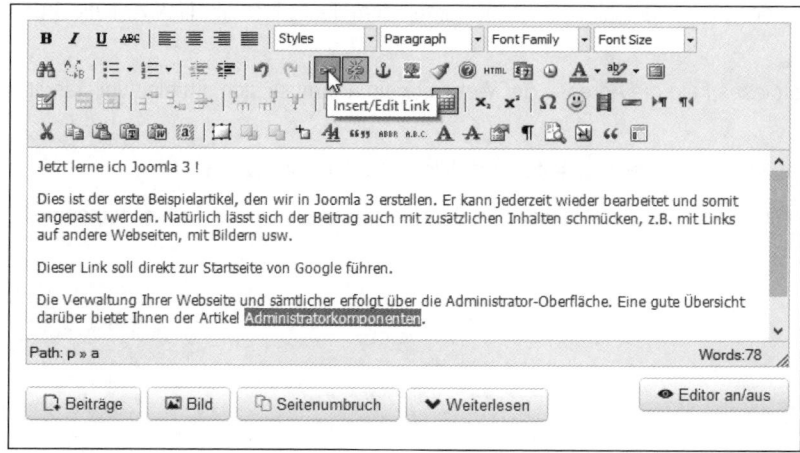

Abbildung 4.22: Links auf Artikel bearbeiten

4.2.3 Weiterführende Links auflisten

Die Link-Funktion innerhalb der Symbolleiste ist vor allem für das Erstellen von Hypertext innerhalb Ihres Artikels gedacht. Sie erstellen also anklickbare Schlagwörter in Ihrem Text. Häufig kommt es aber auch vor, dass Sie Ihren Lesern weitere Webseiten empfehlen möchten. Das kann eine Quelle zu Ihrem Artikel sein, eine Seite mit weiterführenden Infos oder Ähnliches. Dafür stellt Joomla eine eigene Link-Funktion zur Verfügung. Sie gibt Ihnen die Möglichkeit, bis zu drei Links in einer kleinen Liste in Ihrem Artikel aufzuführen.

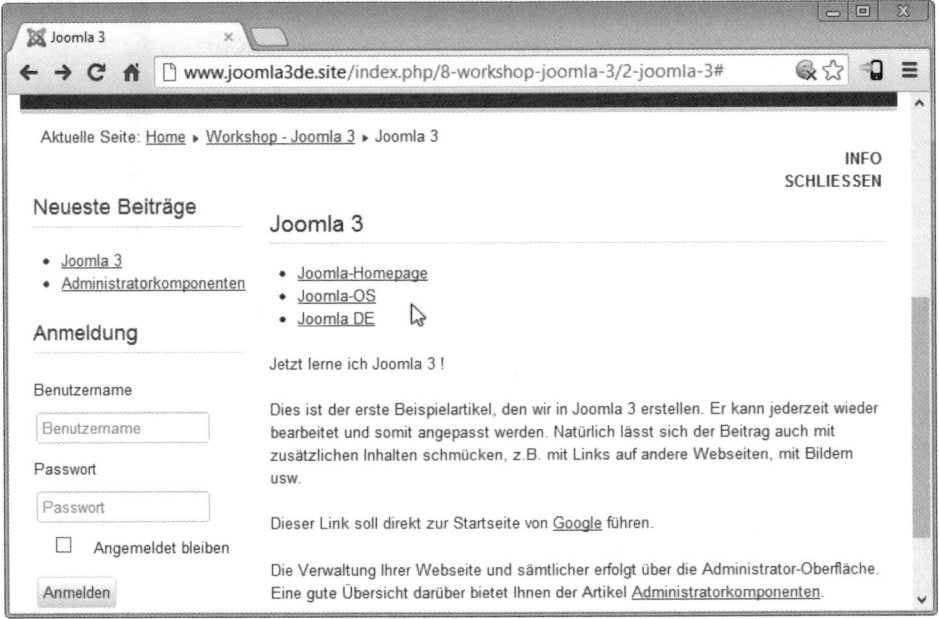

Abbildung 4.23: Link-Listen im Artikel

Sie finden die Eingabefelder für diese Link-Liste rechts unter dem Texteditor als *Link A*, *Link B* und *Link C*.

* **Link** – Geben Sie in dieses Feld die Adresse der Webseite ein. Es muss sich um eine vollständige URL handeln.

* **Linktext** – Dieser Text wird auf Ihrer Webseite als anklickbarer Link angezeigt.

* **URL-Zielfenster** – Hier wählen Sie aus, in welchem Fenster der Browser den Link anzeigen soll.

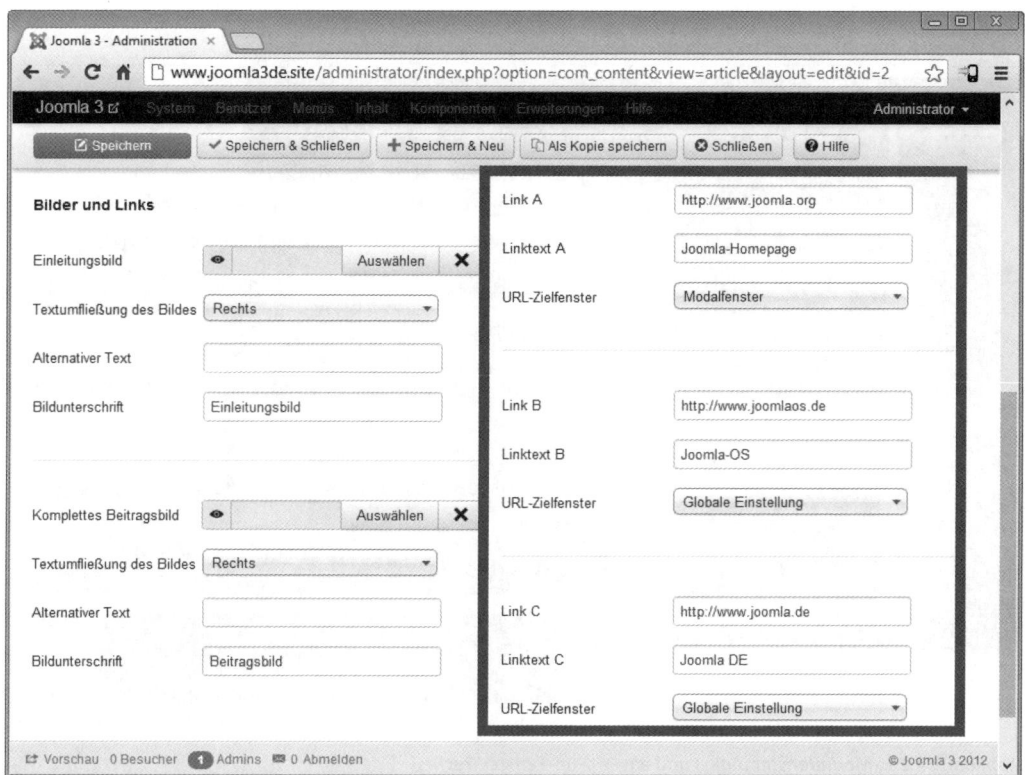

Abbildung 4.24: Rechte Spalte – Eingabefelder für die Links

Sie sollten dabei unbedingt einen Blick auf die Option *URL-Zielfenster* werfen. Damit bestimmen Sie, wie der Browser die Zielseite darstellt. Joomla bietet dabei verschiedene Optionen an. Der Punkt GLO-BALE EINSTELLUNG übernimmt die systemweite Konfiguration und auch die Möglichkeit als Ziel das gleiche Fenster oder ein neues Fenster zu verwenden, sind Ihnen sicherlich bekannt. Ganz anders ist hingegen die Option ALS POP-UP-FENSTER ÖFFNEN. Dabei wird ein kleines zusätzliches Browserfenster geöffnet, das neben dem Hauptbrowser schwebt. Die Option MODALFENSTER hingegen öffnet die verlinkte Webseite als neuen Layer über dem aktuellen Browserfenster. Dabei wird der Hintergrund automatisch abgedunkelt.

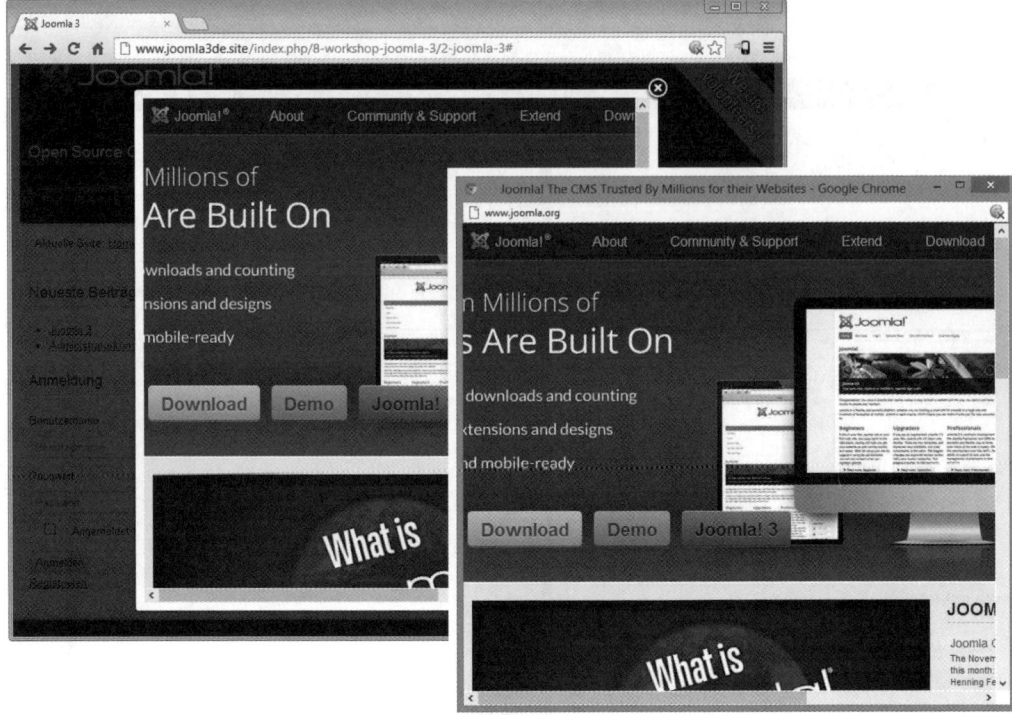

Abbildung 4.25: Modalfenster (links) und ein Pop-up-Fenster (rechts)

4.2.4   Weiterlesen – Vorschau und Hauptartikel

Im Laufe der Zeit werden Sie sicherlich viele Artikel bzw. Beiträge in Ihrer Joomla-Datenbank speichern. Beim Besuch Ihrer Webseite und beim Durchstöbern der Inhalte möchte der Besucher natürlich nicht gleich mit langen und ausführlichen Texten überhäuft werden. Stattdessen sollen auf der Startseite oder in den Rubriken nur kurze Vorschautexte (Intro) für jeden Artikel angezeigt werden. So lassen sich dann übersichtliche Magazin-Spalten oder Blog-Listen erstellen. Joomla bietet dafür eine komfortable WEITERLESEN-Funktion. Dadurch sieht der Besucher auf der Startseite oder in einer Blog-Ansicht zunächst nur den Anfang des Artikels. Klickt er auf die WEITERLESEN-Schaltfläche, öffnet sich der komplette Beitrag.

Öffnen Sie dafür den gewünschten Beitrag im Bearbeitungsfenster. Suchen Sie sich im Text eine gute Stelle aus, an der Sie einen Schnitt zwischen der Vorschau und dem Haupttext einfügen möchten. Setzen Sie den Textcursor an diese Stelle und betätigen Sie die Schaltfläche WEITERLESEN unter dem Bearbeitungsfenster. Dadurch fügt Joomla an dieser Stelle eine gepunktete Linie ein. Dies ist ein System-Trenner, der von Joomla intern ausgewertet und verarbeitet wird. Sie können ihn bei der Bearbeitung weitestgehend ignorieren – dürfen ihn aber auch nicht verändern.

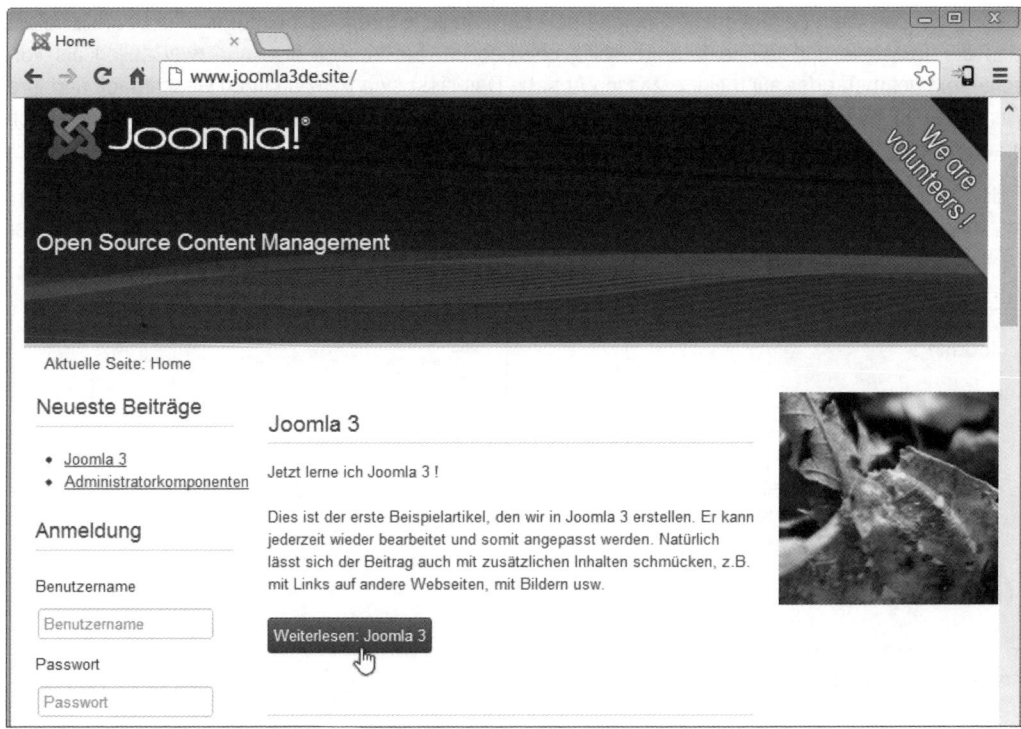

Abbildung 4.26: Artikelvorschau und Weiterlesen-Schaltfläche

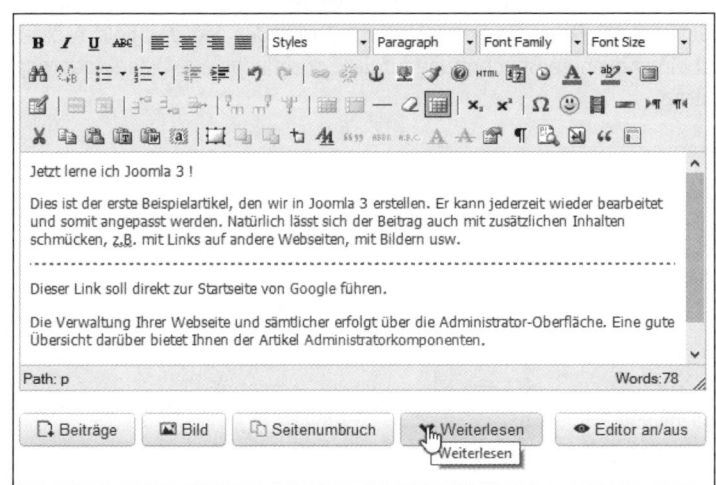

Abbildung 4.27: Den Weiterlesen-Trenner einfügen

Sie können den Weiterlesen-Trenner an jede beliebige Stelle in Ihrem Text einfügen. Für Joomla selbst sind die Textstelle und die Textmenge völlig unerheblich. Sie können also nur zwei Zeilen als Vorschautext nehmen oder auch einen ganzen Absatz. Das lässt sich ganz an Ihren Geschmack und Ihre Wünsche anpassen. Anschließend müssen Sie den Beitrag nur noch wie gewohnt speichern und schon erscheint er mit Weiterlesen-Schaltfläche auf Ihrer Webseite.

Falls Sie die Trennlinie später entfernen oder an eine andere Stelle setzen möchten, ist das problemlos möglich. Im Bearbeitungsfenster lässt sich die Linie wie normaler Text löschen, z. B. mit der ⌜Entf⌟-Taste oder mit ⌜←⌟.

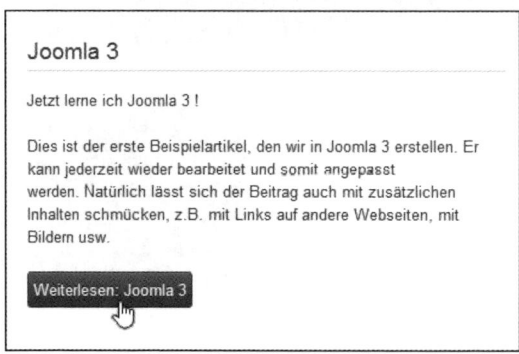

Abbildung 4.28: Weiterlesen plus Titel

Die Schaltfläche zum Öffnen des gesamten Artikels sieht in Joomla immer gleich aus. Sie trägt die Bezeichnung WEITERLESEN: und dann den Titel des jeweiligen Artikels. Ist dieser sehr lang, wird er automatisch abgekürzt. Sie können das für einen Artikel auch individuell anpassen. Gehen Sie dafür im Bearbeitungsfenster in das Register BEITRAGSOPTIONEN. Ganz unten finden Sie das Feld ANDERER »WEITERLESEN«-TEXT. Tippen Sie dort eine beliebige Beschriftung für die Schaltfläche ein. Diese Änderung gilt dann nur für diesen einen Beitrag.

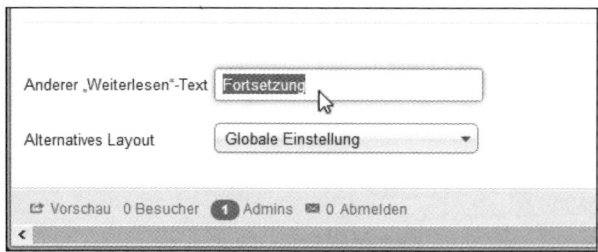

Abbildung 4.29: Die Schaltfläche umbenennen

4.2.5 Seitenumbruch für lange Artikel

Mit der Weiterlesen-Funktion können Sie Ihre Beiträge bereits sehr gut in eine Vorschau und den eigentlichen Hauptartikel unterteilen. Allerdings funktioniert das nur auf der Startseite und in der Blog-Ansicht. Wird der Artikel an sich geöffnet, wird er immer komplett angezeigt. Ist Ihr Text sehr lang oder möchten Sie mit abgeschlossenen Sinnabschnitten arbeiten, können Sie den Text in Seiten unterteilen. Dafür bietet Joomla eine eigene Seitenfunktion, die automatisch die Links sowie ein Inhaltsverzeichnis generiert. So muss der Besucher bei sehr langen Texten nicht extrem weit im Browser scrollen, sondern bewegt sich bequem mit Weiter- und Zurück-Schaltflächen. Außerdem erhält er eine Auflistung aller vorhandenen Artikelseiten.

1 Die Anzahl der Seiten für diesen Beitrag.

2 Das Inhaltsverzeichnis mit den Seitentiteln, Position und Aussehen lassen sich über Templates anpassen.

3 Die Schaltflächen/Links, um weiterzulesen oder zurückzugehen, sie lassen sich ebenfalls über CSS anpassen.

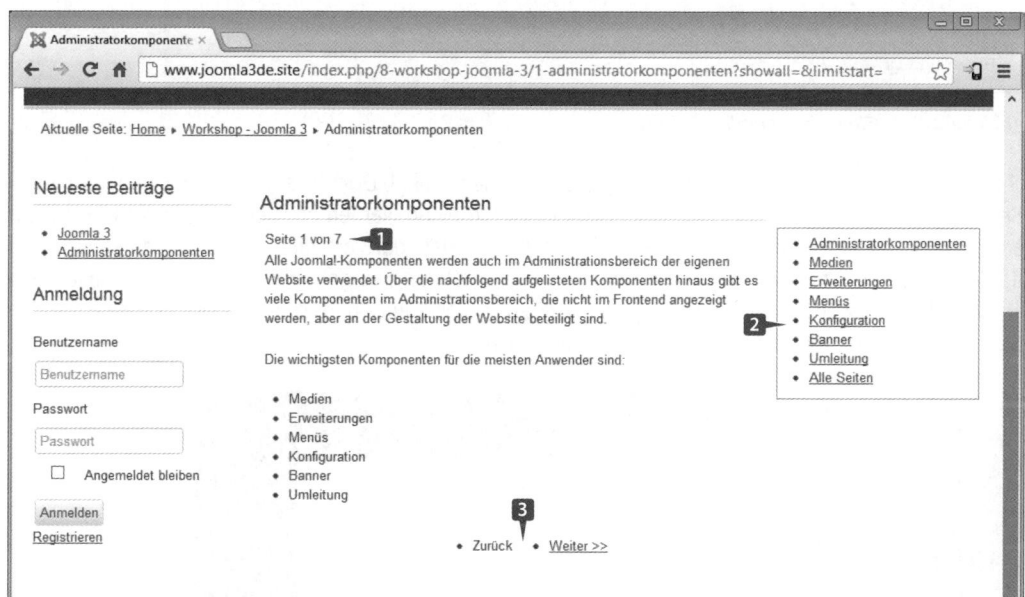

Abbildung 4.30: Navigation für mehrseitige Beiträge

Öffnen Sie den betreffenden Artikel im Bearbeitungsfenster von Joomla. Überlegen Sie sich die Abschnitte, die Sie in eigene Seiten unterteilen möchten. Nun setzen Sie den Textcursor an die Stelle, in der Sie den ersten Seitenumbruch einfügen möchten. Anschließend klicken Sie unter dem Eingabefenster auf die Schaltfläche SEITENUMBRUCH.

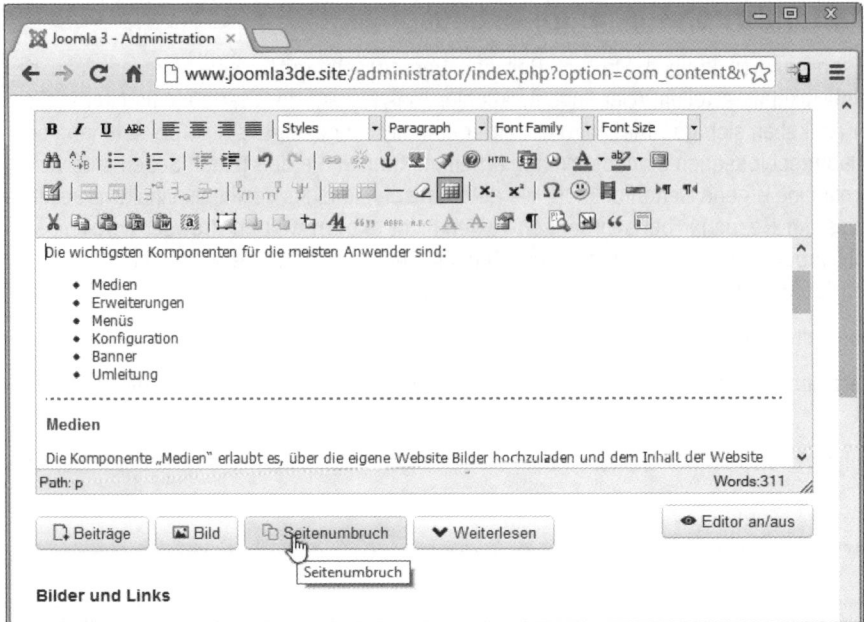

Abbildung 4.31: Einen Seitenumbruch einfügen

Jetzt öffnet sich ein neues Fenster und legt sich über den Artikel. Dort müssen Sie die Daten für diesen Seitenumbruch eingeben. Im Feld *Seitentitel* geben Sie einen Namen an, den Joomla als Überschrift auf dieser Seite anzeigen soll. Weil er Teil des Artikels ist, darf er ruhig etwas länger sein. Direkt darunter müssen Sie unter *Inhaltsverzeichnis* eine Bezeichnung eingeben, mit der Joomla diese Seite im Mini-Inhaltsverzeichnis auflisten wird. Dieser Eintrag sollte kurz und treffend sein. Erstellen Sie den Seitenumbruch mit der Schaltfläche SEITENUMBRUCH EINFÜGEN.

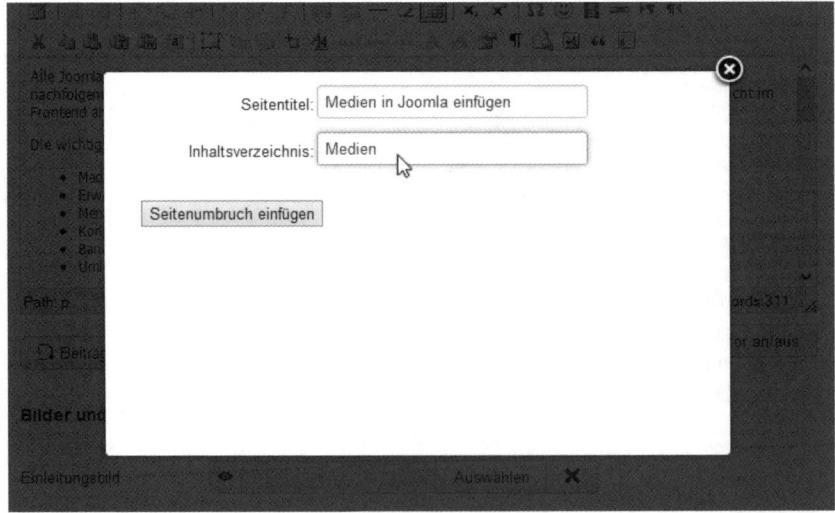

Abbildung 4.32: Die Daten für den Seitenumbruch

Auf diese Weise erstellen Sie beliebige Seitenumbrüche für Ihren Beitrag. Dabei wird jeder Seiten-umbruch als eine graue, gepunktete Linie dargestellt. Bei Bedarf lassen sich diese Linien und somit der Umbruch selbst auch wieder entfernen, z. B. mit der Taste ⌜Entf⌟ oder mit ⌜←⌟. Eine direkte Bearbeitung der Seitenumbrüche ist in Joomla allerdings nicht vorgesehen. Kennen Sie sich ein wenig mit HTML und Links aus, ist das aber trotzdem möglich. Klicken Sie dafür in der Symbolleiste auf die bereits bekannte Schaltfläche HTML. Dadurch öffnet ein Fenster mit dem HTML-Code dieses Beitrags. Dort können Sie auch den Seitenumbruch bearbeiten und anschließend speichern.

Abbildung 4.33: Seitenumbrüche im HTML-Code bearbeiten

4.3 Erweiterte Funktionen für Beiträge

Inzwischen wissen Sie, wie Sie in Joomla neue Beiträge erstellen und wie Sie bereits vorhandene Bei-träge wieder bearbeiten. Auch das Eingeben von Text mit dem Editor sowie das Festlegen der grund-sätzlichen Veröffentlichungsoptionen kennen Sie jetzt. Damit können Sie bereits die meisten Beiträge erstellen, verwalten und veröffentlichen. Dabei arbeitet Joomla jeweils mit Standardeinstellungen für die vielen Optionen – was in vielen Fällen auch ausreichend ist. Sie haben aber auch die Möglichkeit, viele Optionen für die Veröffentlichung und die Anzeige selbst anzupassen. Diese Optionen schauen wir uns in diesem Abschnitt an.

4.3.1 Optionen für die Veröffentlichung

Beim Erstellen eines neuen Beitrags haben Sie die wichtigsten Basisinformationen angegeben, wie z. B. Titel, Freigabe, Kategorie usw. Diese Daten sind wichtig und müssen für jeden Beitrag unbedingt festgelegt werden. Darüber hinaus gibt es noch weitere Einstellungen und Optionen, die für einen Artikel bzw. Beitrag festgelegt werden können. In der Regel nimmt Joomla diese Einstellungen auto-matisch vor, sodass Sie sich nicht unbedingt darum kümmern müssen. Wenn Sie möchten, können Sie mit diesen Optionen aber die Art und Weise der Veröffentlichung beeinflussen.

Abbildung 4.34: Die Veröffentlichungsoptionen (linke Spalte)

1. Wechseln Sie über dem Bearbeitungsfenster des Editors in das Register *Veröffentlichungsoptionen*. Nun sehen Sie in der linken und rechten Spalte verschiedene Einstellungen.

2. In Joomla besitzen die Inhalte einen *Alias*. Dies ist ein kurzer Klartextname, der z. B. in der URL angezeigt wird. Joomla wandelt automatisch den Titel zu einem Alias um, wenn Sie hier nichts anderes eintragen. Dabei sind Leer- und Sonderzeichen verboten.

3. Im Feld *ID* sehen Sie die von Joomla intern vergebene Nummer für diesen Inhalt. Sie lässt sich nicht verändern und hat für Sie auch kaum großen Informationswert.

4. In das Feld *Autor* trägt Joomla automatisch den Namen der Person ein, die diesen Beitrag mit ihrem Benutzerkonto erstellt hat. Möchten Sie diesen Beitrag auf einen anderen Benutzer übertragen, klicken Sie auf den Link *Benutzer auswählen*. Sie gelangen in eine Liste aller Benutzerkonten und können das gewünschte auswählen.

5. Als Autor wird automatisch der im Benutzerkonto hinterlegte Name verwendet. Möchten Sie für diesen Beitrag einen anderen Namen anzeigen lassen, tippen Sie diesen in das Feld *Autoralias* ein.

6. Das *Erstellungsdatum* wird von Joomla automatisch beim ersten Speichern eingetragen. Auf Wunsch können Sie einem Beitrag hiermit ein gezieltes Datum mit Uhrzeit zuweisen. Klicken Sie auf den Kalender rechts neben dem Eingabefeld, um bequem einen Tag auszuwählen.

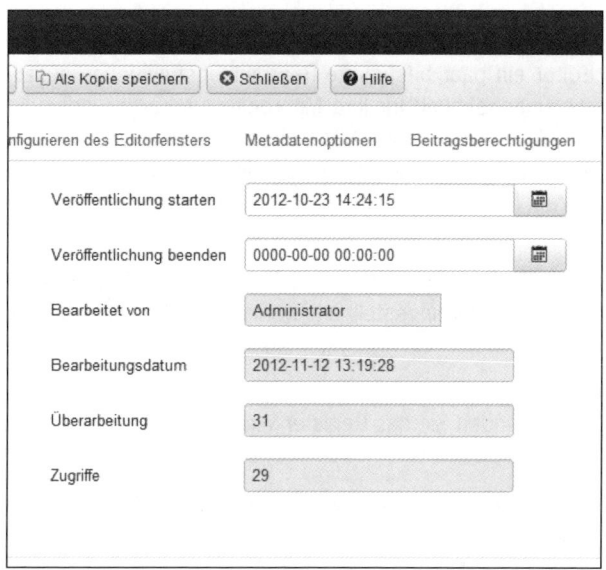

Abbildung 4.35: Die Veröffentlichungsoptionen (rechte Spalte)

7. Normalerweise startet Joomla die Veröffentlichung des Beitrags sofort. Möchten Sie ihn erst ab einem bestimmten Tag oder ab einer bestimmten Uhrzeit veröffentlichen, tragen Sie diese in das Feld *Veröffentlichung starten* ein. Mit einem Mausklick auf den Kalender können Sie den Tag bequem auswählen.

8. Die Beiträge werden immer unbegrenzt lange veröffentlicht. So können die Besucher auch in älteren Artikeln stöbern. Möchten Sie diesen Beitrag jedoch ab einem bestimmten Tag oder einer bestimmten Uhrzeit nicht mehr anzeigen lassen, tragen Sie diese im Feld *Veröffentlichung beenden* ein.

9. Nun folgen vier Felder, die lediglich zusätzliche Informationen anzeigen. Diese werden von Joomla beim Speichern automatisch aktualisiert und können von Ihnen nicht verändert werden.

   – **Bearbeitet von** – Dieses Feld zeigt den Benutzer an, der diesen Artikel zuletzt bearbeitet hat.

   – **Bearbeitungsdatum** – Hier stehen Datum und Uhrzeit der letzten Bearbeitung bzw. Speicherung.

   – **Überarbeitung** – Dies ist die Anzahl der bisher durchgeführten Bearbeitungen bzw. Speicherungen.

   – **Zugriff** – Hier sehen Sie, wie oft dieser Beitrag bereits auf der öffentlichen Webseite angeklickt wurde.

4.3.2 Einzelne Editor-Funktionen ein- oder ausblenden

Mit Joomla haben Sie die Möglichkeit, im Editor ein paar bestimmte Bearbeitungsfunktionen auszublenden. So können Sie z. B. die Veröffentlichungsoptionen für Ihre Mitarbeiter verbergen oder die Bildfunktionen ausblenden. Das klingt ganz praktisch, macht im Alltag aber oft wenig Sinn, weil es wirklich nur für ein paar einzelne Optionen gilt. Meist ist es sehr viel besser, dies über die allgemeinen Zugriffsrechte per Benutzerkonto zu kontrollieren. Deshalb schauen wir uns diese Editor-Konfiguration hier kurz an.

Gehen Sie dafür innerhalb eines Beitrags in das Register Konfigurieren des Editorfensters. Dort können Sie vier verschiedene Optionen ein- oder ausblenden. Voreingestellt ist jeweils die Option *Globale Einstellung*. Damit gilt automatisch die Einstellung, die in der Joomla-Systemkonfiguration vorgenommen wurde.

- **Veröffentlichungsparameter anzeigen** – Blenden Sie das Register Veröffentlichungsoptionen im Editorfenster ein- oder aus.

- **Beitragseinstellungen anzeigen** – Hiermit legen Sie fest, ob die Optionen für den einzelnen Beitrag angezeigt werden sollen oder nicht.

- **Bilder und Links im Backend** – Die Funktionen zum Einfügen von Links und Bildern lassen sich hiermit in der Admin-Oberfläche ein- oder ausblenden.

- **Bilder und Links im Frontend** – Mit dieser Option blenden Sie die Funktionen zum Einfügen von Bildern und Links im Bearbeitungsfenster im Frontend ein- oder aus.

Abbildung 4.36: Funktionen im Editor ein- oder ausblenden

4.3.3 Meta-Daten für Suchmaschinen

Damit die eigene Seite im Internet auch gefunden wird, ist es sehr wichtig, dass sie bei den großen Suchmaschinen gelistet ist. Dafür gibt es extra sogenannte Meta-Informationen, welche Auskunft über den Inhalt der Webseite geben und somit das Auffinden und Sortieren für die Suchmaschinen erleichtern. Joomla bietet dafür im Register Metaoptionen ein paar Eingabefelder, in die Sie diese Informationen für die Suchmaschinen eintippen können.

- **Meta-Beschreibung** – Geben Sie hier eine kurze Beschreibung des Artikels ein. Viele Suchmaschinen nutzen diesen Text in der Ergebnisliste. Dies entspricht dem Befehl »`meta name="description"`«.

- **Meta-Schlüsselwörter** – Hier geben Sie ein paar treffende Stichwörter für diesen Artikel ein. Dies entspricht dem Befehl »`meta name="keywords"`«.

- **Robots** – Geben Sie an, ob dieser Artikel in den Index aufgenommen werden soll (*index/noindex*) und ob die Suchmaschine auch den Links folgen darf (*follow/nofollow*). Dies entspricht dem Befehl »`meta name="robots"`«.

- **Autor** – Geben Sie den Namen des Autors ein. Dies entspricht dem Befehl »`meta name="author"`«.

- **Inhaltsrechte** – Hier können Sie einen Hinweis zum Copyright eingeben. Dies entspricht dem Befehl »`meta name="rights"`«.

- **Externe Referenz** – Binden Sie externe Datenquellen ein, teilen Sie hiermit die Quelle als Referenz mit. Dies entspricht dem Befehl »`meta name="xreference"`«.

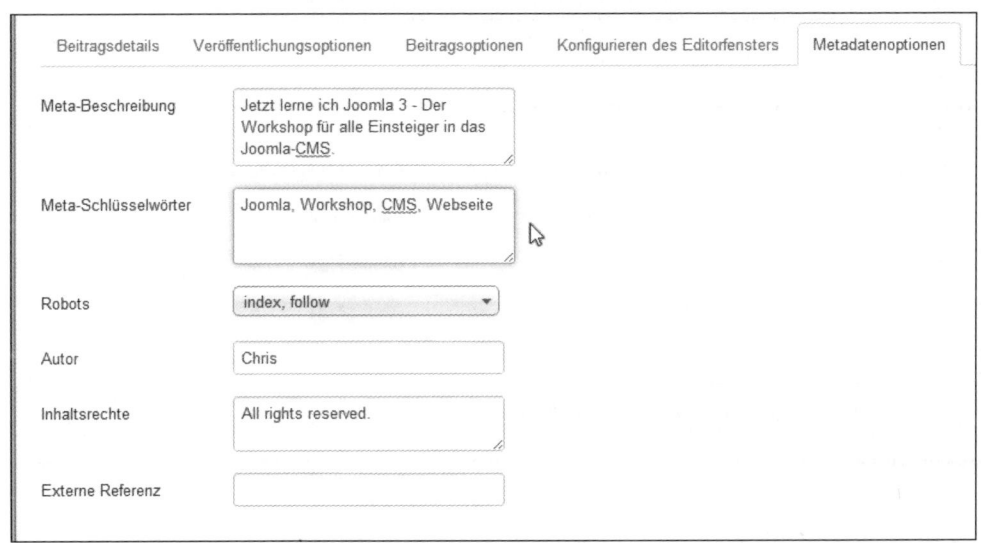

Abbildung 4.37: Die Meta-Daten für den Beitrag

Bei diesen Meta-Informationen handelt es sich natürlich nicht um eine Joomla-Eigenart, sondern um einen Standard für alle Webdokumente. Deshalb übernimmt Joomla die von Ihnen eingetragenen Daten und fügt sie dann im Header-Bereich der Seite mit korrekten HTML-Befehlen als Meta-Tags ein.

Es bleibt ein wenig fraglich, ob man diese Informationen wirklich für jeden Beitrag erstellen sollte. Einerseits gehören Meta-Informationen zu jeder vollständigen HTML-Seite, andererseits orientieren sich die großen Suchmaschinen kaum noch daran. Zu oft werden hier fehlerhafte, unvollständige oder mit Absicht falsche Informationen eingetragen. Deshalb analysieren die meisten Suchmaschinen gleich den Inhalt der Seite und generieren so eigene Informationen für die eigene Datenbank.

Beitragsberechtigungen

Im Bearbeitungsfenster jeden Beitrags gibt es ganz rechts das Register BEITRAGSBERECHTIGUN-GEN. In diesem Register finden Sie verschiedene Funktionen, um die Rechte zum Lesen und Bearbeiten dieses Beitrags gezielt festzulegen. Das ist vor allem sinnvoll, wenn Sie mit sehr vielen Personen an einer Webseite arbeiten.

Joomla arbeitet dabei mit einer Rechtevergabe über Gruppen. Dazu wählen Sie in der linken Spalte eine vorher definierte Benutzergruppe aus und legen dann in der rechten Spalte die jeweiligen Rechte zum Lesen und Bearbeiten fest.

Die Rechteverwaltung ist etwas aufwändiger und lässt sich nur zusammen mit den Benutzerkonten und den Benutzergruppen vernünftig erklären. Dazu kommt, dass sich diese Funktion auch an vielen anderen Stellen findet, z. B. bei den Kategorien, den Menüs usw. Deshalb wird das Thema für alle Bereiche zusammen in Kapitel 8, Benutzerverwaltung und Zugriffsrechte, betrachtet.

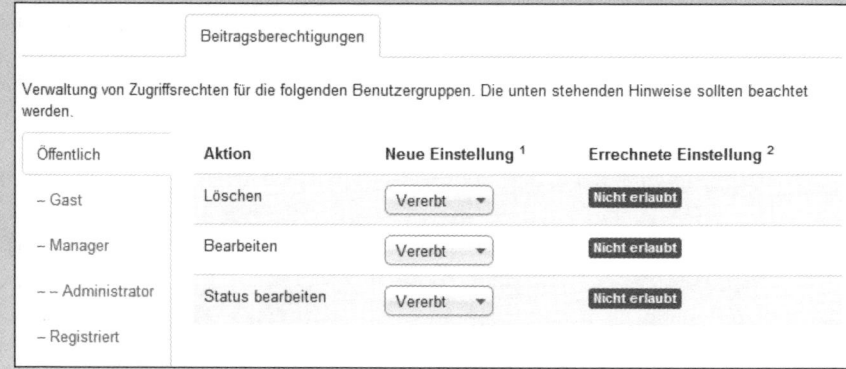

Abbildung 4.38: Die Berechtigungen für diesen Beitrag

4.3.4 Anzeigeoptionen und Darstellung steuern

Joomla besitzt eine sehr umfangreiche und flexible Funktion, um die Darstellung der Beiträge auf der Webseite zu steuern. Dazu findet sich in einem speziellen Menü eine Liste mit vielen einzelnen Details, die sich für einen Beitrag festlegen lassen. Damit steuern Sie die Anzeige des Titels, ob dieser verlinkt sein soll, wie Sie die dazugehörige Kategorie sehen möchten, ob der Besucher das Erstellungs- und Bearbeitungsdatum sehen soll, können Artikel ausgedruckt oder gemailt werden und vieles mehr. Das ist überaus praktisch, aber leider auch ein Stück weit kompliziert. Diese Anzeigeoptionen lassen sich an mehreren Stellen der Joomla-Hierarchie einstellen.

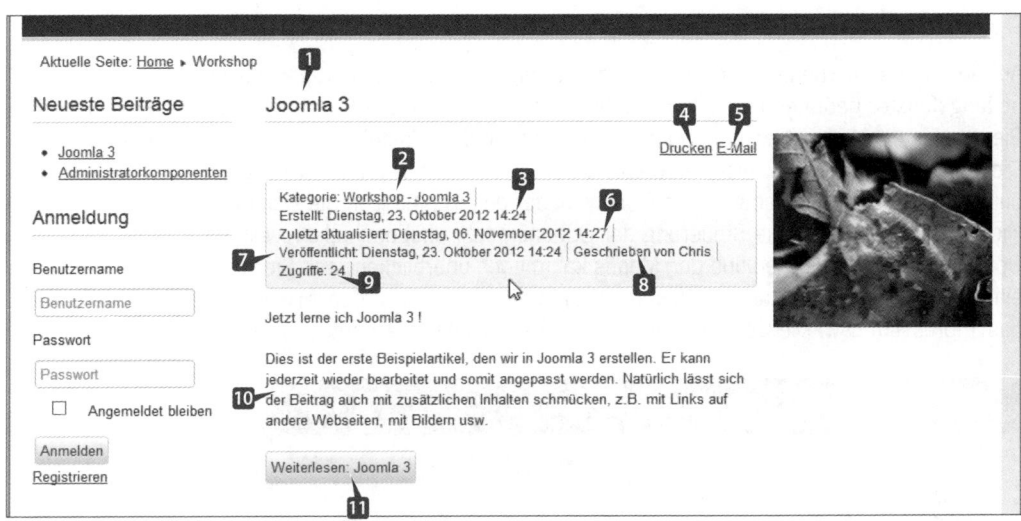

Abbildung 4.39: Die anzeigbaren Elemente und Optionen

1 Titel – Dies ist der Titel des Artikels. Er lässt sich auch als Link darstellen, sodass man beim Anklicken zum vollständigen Artikel gelangt.

2 Kategorie – Dies ist die Kategorie, in der sich der Artikel befindet. Der Name kann ebenfalls verlinkt werden, um weitere Artikel dieser Kategorie angezeigt zu bekommen.

3 Erstellungsdatum – An diesem Datum ist der Artikel erstellt und zum ersten Mal gespeichert worden.

4 Druck-Symbol – Diese Funktion erlaubt den Besuchern, diesen Beitrag auszudrucken. Die Anzeige kann als Textlink oder als Druckersymbol erfolgen.

5 E-Mail-Symbol – Diese Funktion erlaubt den Besuchern, diesen Beitrag per E-Mail zu verschicken. Die Anzeige kann als Textlink oder als E-Mail-Symbol erfolgen.

6 Bearbeitungsdatum – An diesem Datum wurde der Beitrag zuletzt bearbeitet und gespeichert.

7 Veröffentlichungsdatum – An diesem Datum wurde der Beitrag zur Veröffentlichung freigegeben. Durch die Entwurfs- und Archivierungsfunktion kann das beliebig vom Erstellungs- und Bearbeitungsdatum abweichen.

8 Autor – Dies ist der Name des Autors bzw. sein vergebener Alias.

9 Zugriffe – Dies zeigt, wie oft der Artikel bereits gelesen wurde. Dabei zählen nur Klicks auf den verlinkten Titel oder auf die Schaltfläche WEITERLESEN.

10 Haupttext – Dies ist der eigentliche Inhalt bzw. Beitrag. In der Regel wird hier nur die Vorschau (Intro) angezeigt, also die ersten Zeilen des Textes.

11 Weiterlesen – Mit dieser Schaltfläche gelangt der Besucher zum vollständigen Artikel.

Optionen für einzelne Beiträge

Auf der untersten Ebene steht der einzelne Beitrag. Während Sie den gewünschten Beitrag im Bearbeitungsfenster geöffnet haben, können Sie oben auf das Register BEITRAGSOPTIONEN klicken. Dort finden Sie eine Liste mit allen Anzeigeoptionen. Alles, was Sie dort einstellen, gilt nur für diesen einen Beitrag. Diese Vorgehensweise ist nicht empfehlenswert, weil das bei großen Webseiten mit viel Arbeit verbunden ist. Möchten Sie später eine Option wieder ändern, müssen Sie sich durch Hunderte Beiträge klicken. Außerdem wird die Steuerung der Optionen sehr unübersichtlich, weil Sie zusammen mit den Optionen in den Kategorien und den Menüs kaum noch überblicken, was Sie wo eingestellt haben. Für einzelne gezielte Artikel kann das hingegen sinnvoll sein, z. B. für den Willkommenstext der Webseite, das Impressum usw. Die Optionen für einzelne Beiträge haben Priorität vor den globalen Optionen.

Abbildung 4.40: Anzeigeoptionen im Beitrag festlegen

Globale Beitragskonfiguration

In der Systemkonfiguration von Joomla können Sie sämtliche Beitragsoptionen global für die gesamte Webseite festlegen. Alles, was Sie dort einstellen, gilt dann automatisch für sämtliche Beiträge in Joomla. Wählen Sie dazu im Hauptmenü den Punkt SYSTEM/KONFIGURATION aus. In der linken Spalte wählen Sie dann die Gruppe BEITRÄGE und anschließend das Register BEITRÄGE aus. Es ist sinnvoll, in dieser globalen Konfiguration alle Beitragseinstellungen vorzunehmen, die wirklich für alle Ihre Beiträge gelten sollen. Dadurch ist es nicht notwendig, in langwieriger Kleinarbeit die Anzeige in jedem Beitrag einzeln festzulegen. Außerdem erspart Ihnen das viel Arbeit bei der Anpassung der Kategorien und der Menüs. Sind in einem Beitrag individuelle Optionen festgelegt, haben diese Priorität gegenüber den globalen Einstellungen.

Abbildung 4.41: Globale Beitragsoptionen in der Systemkonfiguration

Anzeigeoptionen in Kategorien und Menüs

Zusätzlich zu den Anzeigeoptionen für die Beiträge, haben Sie auch die Möglichkeit, die Anzeige für einzelne Kategorien oder bestimmte Menüeinträge der Webseite festzulegen. Die Optionen unterscheiden sich ein wenig von denen in den Beiträgen selbst, weil eine Kategorie natürlich andere Anforderungen hat, als ein einzelner Beitrag. Die Konfiguration der Anzeige in den Kategorien und mit den Menüs schauen wir uns im jeweiligen Kapitel genauer an. Wichtig ist aber, dass Sie diese verschiedenen Optionen kennen und dass sie sich gegenseitig beeinflussen.

Die einzelnen Funktionen und Einstellungen sehen in den globalen Beitragsoptionen und in den individuellen Beiträgen gleich aus. Ihnen stehen also dieselben Optionen zur Verfügung. Lediglich ein paar wenige Punkte sind anders angeordnet. Aus diesem Grund schauen wir uns die Beitragsoptionen hier für beide Konfigurationsfenster zusammen an. Sie haben dabei immer die Wahl zwischen *Anzeigen & Verbergen* bzw. *Ja & Nein*. Die Auswahl *Globale Einstellung* ist nur im Bearbeitungsfenster des Beitrags vorhanden und übernimmt die Voreinstellung aus der Systemkonfiguration.

1. Legen Sie mit der Option *Titel* fest, ob der Titel des jeweiligen Beitrags angezeigt werden soll. In der Regel sollte das aktiviert sein.

2. Die Option *Titel verlinken* macht aus dem Titel einen Hyperlink, der beim Anklicken zum vollständigen Artikel führt. Das kann z. B. die Schaltfläche WEITERLESEN auf Wunsch ersetzen.

3. Der *Einleitungstext* ist der Vorschautext, den Sie per Weiterlesen im Texteditor festgelegt haben. Es gibt kaum einen Grund, ihn abzuschalten.

4. Zu jedem Beitrag gehören Informationen wie Autor, Datum, Kategorie usw. Mit der Auswahl bei *Position der Beitragsinfo* legen Sie fest, wo Joomla diese Informationen einblenden soll.

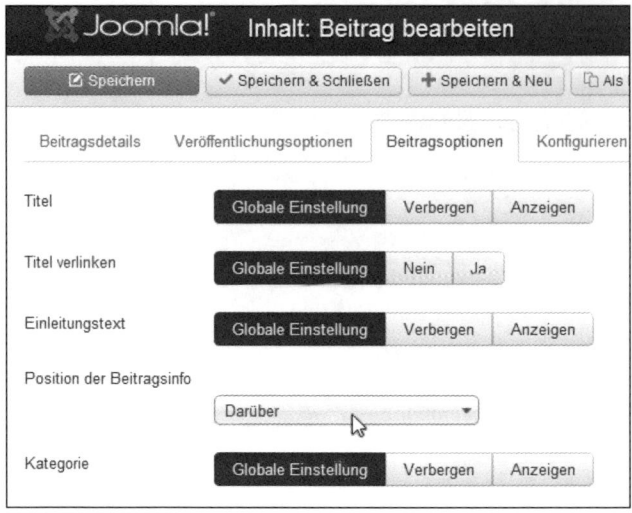

Abbildung 4.42: Die Beitragsoptionen (oben)

5. Mit der Option *Kategorie* geben Sie an, ob bei den Beitragsinfos die Kategorie mit angezeigt werden soll.

6. Zusätzlich geben Sie mit *Kategorie verlinken* an, ob der Name der Kategorie ein anklickbarer Link sein soll. Dadurch kann der Besucher direkt zu dieser Kategorie wechseln.

7. Befindet sich die aktuelle Kategorie innerhalb einer anderen Kategorie, können Sie mit der Option *Übergeordnete Kategorie* die nächsthöhere Kategorie ebenfalls anzeigen lassen.

8. Haben Sie die Anzeige der übergeordneten Kategorie aktiviert, erstellen Sie mit der Option *Übergeordnet verlinken* einen anklickbaren Link aus dem Kategorienamen.

9. Geben Sie mit der Option *Autor* an, ob bei den Beitragsinfos der Name des Autors angezeigt werden soll.

10. Die Option *Autor verlinken* macht aus dem angezeigten Namen des Autors einen Link, der beim Anklicken zur Profilseite des Autors führt.

11. Blenden Sie mit der Option *Erstellungsdatum* das Datum ein, an dem dieser Beitrag erstellt wurde. Das ist bei den meisten Artikeln sehr sinnvoll, denn sonst kann niemand die Aktualität einschätzen.

12. Die Option *Bearbeitungsdatum* zeigt das Datum an, wann dieser Beitrag zuletzt bearbeitet und gespeichert wurde. Oft ist diese Information nicht notwendig.

13. Das *Veröffentlichungsdatum* ist oft mit dem Erstellungsdatum identisch und muss deshalb nicht eingeblendet werden. Weichen diese jedoch stark voneinander ab, kann es sinnvoll sein, nur eines von beiden einzublenden.

Abbildung 4.43: Die Beitragsoptionen (mitte)

14. Mit der Option *Seitennavigation* zeigt Joomla am Ende jeden Beitrags die Schaltfläche Zurück und Weiter an. Dadurch kann der Leser direkt durch die verschiedenen Beiträge gehen.

15. Joomla kann bei den Beitragsinfos zwei Schaltflächen Drucken und Mail anzeigen. Mit *Symbole/Text* legen Sie fest, ob es sich dabei um Symbole oder um Text-Links handeln soll.

16. Legen Sie fest, ob das *Drucksymbol* zum Ausdrucken des Artikels angezeigt werden soll.

17. Hiermit legen Sie fest, ob das *E-Mail-Symbol* zum Verschicken des Artikels angezeigt werden soll.

18. Joomla besitzt eine Funktion, mit der die Leser die Artikel bewerten können. Legen Sie mit der Option *Beitragsbewertung* fest, ob diese Funktion aktiviert werden soll.

19. Mit *Seitenaufrufe* kann Joomla bei den Beitragsinfos anzeigen, wie oft dieser Artikel bereits angeklickt wurde.

20. Beiträge können Links zu internen oder gesperrten Bereichen enthalten. Diese sind nur nach einer Benutzeranmeldung einsehbar. Mit der Option *Nicht zugängliche Links* legen Sie fest, ob Joomla diese Links trotzdem in öffentlichen Beiträgen anzeigen soll. Beim Anklicken wird der Besucher dann zur Anmeldung aufgefordert.

21. In Ihren Beiträgen können Sie eine Liste mit bis zu drei Links erstellen. Geben Sie mit der Option *Linkpositionierung* an, ob diese Liste vor oder nach dem Haupttext angezeigt werden soll.

Abbildung 4.44: Die Beitragsoptionen (unten)

4.4   Bilder in Artikeln verwenden

Inzwischen kennen Sie sich mit dem Erstellen und Verwalten der eigenen Beiträge schon recht gut aus. Allerdings bestehen Ihre Inhalte bis jetzt nur aus reinem Text. Natürlich ist der Text bei einem Artikel meist das Wichtigste, trotzdem möchte niemand auf Bilder verzichten. Sie illustrieren den Text, erklären komplexe Zusammenhänge oder sind einfach schön anzusehen. Joomla bringt gleich mehrere Funktionen mit, über die sich Bilder in die eigenen Beiträge einbauen lassen. Sie unterscheiden sich vor allem in der Handhabung, führen am Ende aber alle zum selben oder sehr ähnlichem Ergebnis. Deshalb ist es auch Geschmackssache, welche Methode Sie wählen.

4.4.1   Bilder mit dem Editor einfügen

Um Bilder in Ihren Text einzufügen, können Sie direkt die Funktionen des Editors verwenden. Er besitzt in der Symbolleiste eine entsprechende Schaltfläche, die Ihnen den Vorgang sehr einfach macht. So fügen Sie Bilder mit nur wenigen Mausklicks ein und können auch die exakte Position innerhalb des Texts bestimmen. Allerdings funktioniert das nur, wenn sich die Bilddateien bereits auf dem Webserver befinden. Sie müssen sie also vorher per FTP hochgeladen haben.

1. Setzen Sie den Cursor in Ihrem Text an die Stelle, an der Sie das Bild einfügen möchten.

2. Jetzt klicken Sie in der Symbolleiste auf das Symbol INSERT/EDIT IMAGE (Bild einfügen/bearbeiten).

Abbildung 4.45: Ein neues Bild einfügen

3. Dadurch öffnet sich ein neues Fenster und bietet Ihnen das Einfügen eines neuen Bildes an. Sie müssen dazu nur die drei Felder ausfüllen.

- **Image URL** – Hier tippen Sie den Pfad zum gewünschten Bild ein. In der Regel beginnt er mit »/images«, aber Sie können auch jedes andere Bildverzeichnis wählen.

- **Image Description** – Tippen Sie hier einen alternativen Text für das Bild ein. Er wird angezeigt, falls das Bild aus irgendeinem Grund nicht sichtbar ist.

- **Title** – Der Bildtitel erscheint als Tooltipp, sobald man mit der Maus über das Bild fährt. Viele Galerien verwenden ihn auch als Bildunterschrift.

- **Preview** – Hier sehen Sie sofort eine Vorschau des gewählten Bildes.

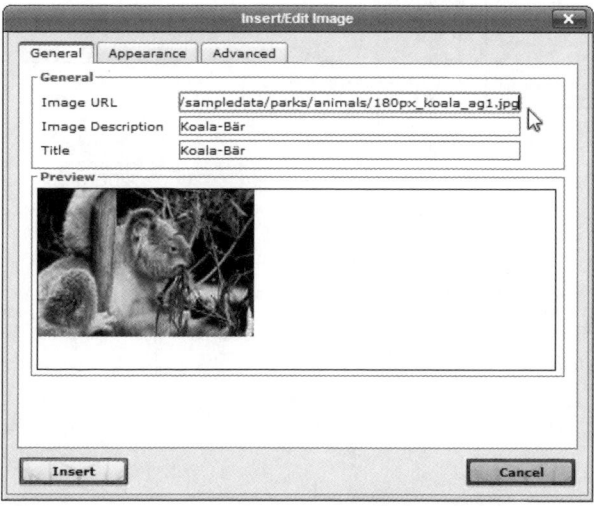

Abbildung 4.46: Bildpfad und Beschreibung/Titel eingeben

4. Wechseln Sie in das Register APPEARANCE. Dort finden Sie weitere Optionen, mit denen sich die Anzeige des Bildes anpassen lässt. Diese Angaben müssen Sie nicht unbedingt machen. Tun Sie es nicht, formatiert Joomla das Bild mit Standardwerten.

   – **Alignment** – In dieser Liste wählen Sie die Position für das Bild aus. Meistens werden Sie die Optionen *Left* oder *Right* (Links, Rechts) verwenden, aber auch *Top*, *Bottom*, *Middle* usw. können gelegentlich sinnvoll sein.

   – **Dimensions** – Hier geben Sie an, wie groß das Bild dargestellt werden soll. Joomla fügt automatisch die tatsächliche Pixelgröße ein, die Sie nun individuell verändern können. Aktivieren Sie die Option *Constrain Properties*, werden die Proportionen automatisch erhalten.

   – **Vertical/Horizontal Space** – In diese beiden Felder können Sie einen horizontalen oder vertikalen Abstand zum Text eingeben, z. B. *10* für 10 Pixel. Meist ist es aber besser, dies über die CSS-Datei zu definieren.

   – **Border** – Hier geben Sie den Rahmen für das Bild an. Per Standard setzt Joomla den Wert auf *0* (Null), aber Sie können ihn beliebig anpassen.

   – **Class** – Sie können dieses Bild einer beliebigen CSS-Klasse zuordnen. Haben Sie in Ihrer CSS-Datei z. B. die Klasse *artikel-bilder* erstellt, tippen Sie diese in das Feld ein. Damit lassen sich die Bilder gut per CSS formatieren.

   – **Style** – In diese Zeile trägt Joomla automatisch die gemachten Angaben in Form von CSS-Styles ein. Sie können auch manuell zusätzliche Anweisungen in das Feld eintippen.

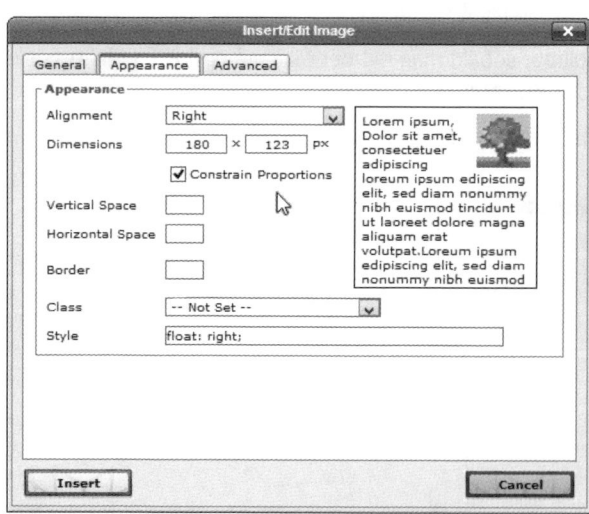

Abbildung 4.47: Position, Größe und Ränder einstellen

5. Zuletzt können Sie noch einen Blick in das Register ADVANCED werfen. Allerdings werden Sie die meisten dieser Optionen im Alltag nicht benötigen, weil sie recht speziell sind und zusätzliche Kenntnisse erfordern.

   – Im oberen Bereich können Sie ein alternatives Bild für den MouseOver und den MouseOut definieren.

   – Der untere Bereich beschäftigt sich mit weiteren Deklarationen, wie z. B. der ID, der Leserichtung, anklickbaren Karten (Image Maps) usw.

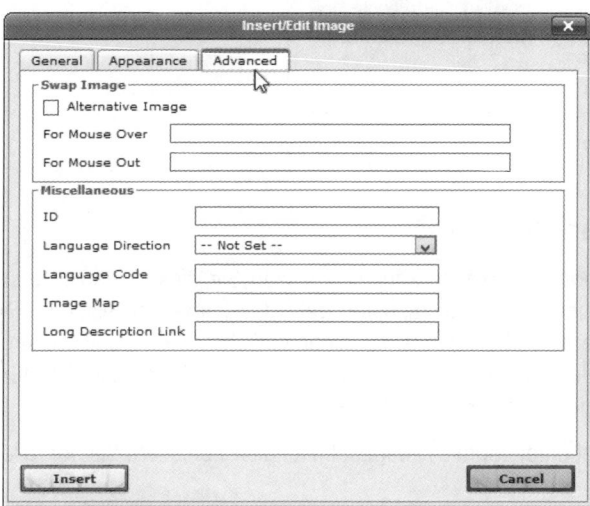

Abbildung 4.48: Erweiterte Optionen für das Bild

6. Sobald Sie auf die Schalfläche INSERT klicken, wird das Bild entsprechend Ihrer Angaben in den Text eingefügt.

7. Sind Sie mit der Darstellung des Bildes nicht ganz zufrieden, lässt sich das jederzeit wieder ändern. Dazu müssen Sie das Bild anklicken und somit markieren. Betätigen Sie jetzt die Schaltfläche INSERT/EDIT IMAGE, (Bild einfügen/bearbeiten) können Sie sämtliche Angaben bearbeiten.

8. Die Größe des Bildes lässt sich auch direkt im Texteditor verändern. Sobald Sie das Bild anklicken, erscheinen acht Anfasspunkte. Damit lässt sich das Bild in der Höhe und Breite oder auch Diagonal (= proportional) vergrößern oder verkleinern.

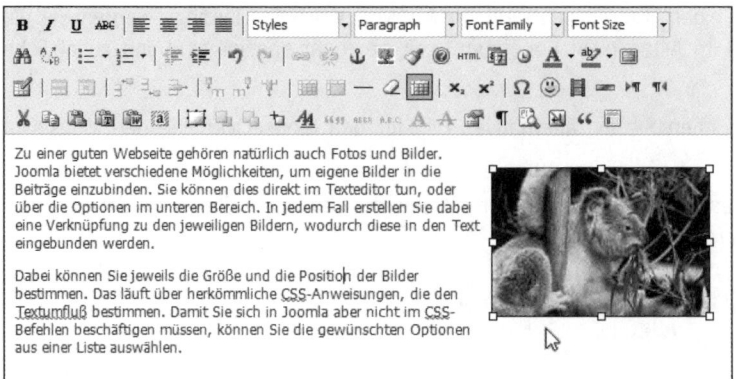

Abbildung 4.49: Das Bild nachträglich bearbeiten

4.4.2　Bilder per FTP hochladen

Damit Sie Ihre Fotos im Texteditor von Joomla einbinden können, müssen Sie diese natürlich erst einmal auf den Webserver laden. Am schnellsten und einfachsten geht das immer mit einem FTP-Programm am eigenen Computer. Auf diese Weise können Sie die Bilder zunächst in Ruhe aufbereiten, z. B. mit Photoshop, und in einem passenden Format speichern – meist JPEG für Fotos und PNG für Grafiken. Sind die Dateien fertig, müssen Sie diese nur noch hochladen.

- Das Standardverzeichnis für Bilder lautet unter Joomla */images*. Im Idealfall speichern Sie dort alle Ihre Bilder und Grafiken ab.

- Sie können problemlos Unterverzeichnisse innerhalb des *images*-Verzeichnisses anlegen. Das ist gut für eine saubere Trennung von Artikeln, Produkten, Anlässen usw.

- Verwenden Sie für die Namen nur Buchstaben und Zahlen sowie Unter- und Bindestriche. Leerstellen, deutsche Umlaute und andere Sonderzeichen sorgen für Probleme.

- Sie können Ihre Bilder auch in einem ganz anderen Verzeichnis speichern. Allerdings müssen dann in den meisten Beiträgen den kompletten Pfad manuell eingeben, weil Joomla immer vom *images*-Verzeichnis ausgeht.

Zum Hochladen der Bilder verwenden Sie Ihr gewohntes FTP-Programm. Wechseln Sie in das Verzeichnis *images* bzw. in ein Unterverzeichnis davon. Anschließend laden Sie alle gewünschten Bilder auf den Webserver. Achten Sie darauf, dass Bilder immer im binären Modus (Binary-Mode) hochgeladen werden müssen.

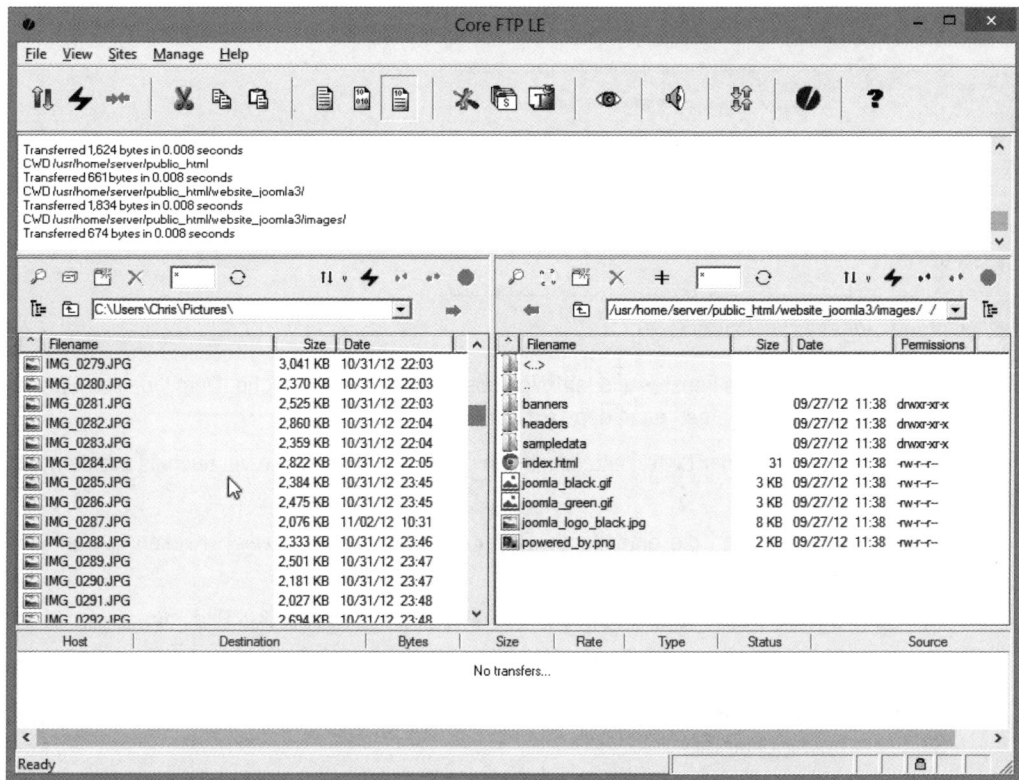

Abbildung 4.50: Bilder per FTP hochladen

4.4.3 Die erweiterte Bilder-Funktion nutzen

Joomla bietet eine weitere Funktion, mit der sich Bilder in die eigenen Beiträge einfügen lassen. Diese ist optisch aufwändiger gestaltet, bietet eine Vorschau der Bilder an und erlaubt direktes Anklicken der Bilder im *images*-Verzeichnis. Bei Bedarf lassen sich sogar neue Bilder von der lokalen Festplatte auf den Webserver kopieren. Das ist eigentlich ganz praktisch, wird von vielen Anwendern aber trotzdem nicht genutzt. Oft geht es einfach viel schneller, im Editor auf die BILD-Schaltfläche zu klicken und oben den Pfad der Datei einzutippen. Sind Sie hingegen unterwegs und haben keinen Zugriff auf Ihren FTP-Client, kann die Upload-Funktion sehr hilfreich sein. Zu Hause wird Ihnen das Hochladen per Browser aber sicherlich immer zu umständlich sein.

1. Klicken Sie im Texteditor an die Stelle, an der Sie das Bild einfügen möchten. Anschließend betätigen Sie unter dem Eingabefeld die Schaltfläche BILD.

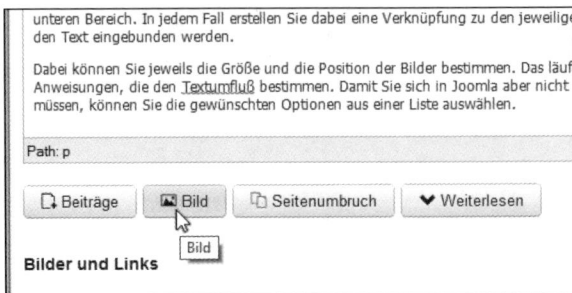

Abbildung 4.51: Die Bild-Funktion aufrufen

2. Jetzt öffnet sich ein neues Fenster und legt sich über die Admin-Oberfläche. Damit wählen Sie das gewünschte Bild aus und fügen es in den Text ein.

   – Wählen Sie oben aus der Liste *Verzeichnis* zunächst das gewünschte Verzeichnis mit dem Bild aus.

   – Direkt darunter werden die enthaltenen Bilder als *Vorschau* angezeigt. Klicken Sie auf das gewünschte Bild.

   – Im Feld *Bild-Webadresse* wird automatisch der Pfad zum ausgewählten Bild angezeigt.

   – Mit der Liste *Ausrichtung* können Sie das Bild im Text nach *Rechts* oder nach *Links* ausrichten.

   – Oben rechts klicken Sie auf Einfügen, um das Bild in den Text zu setzen. Mit Abbrechen beenden Sie den Vorgang ohne Bild.

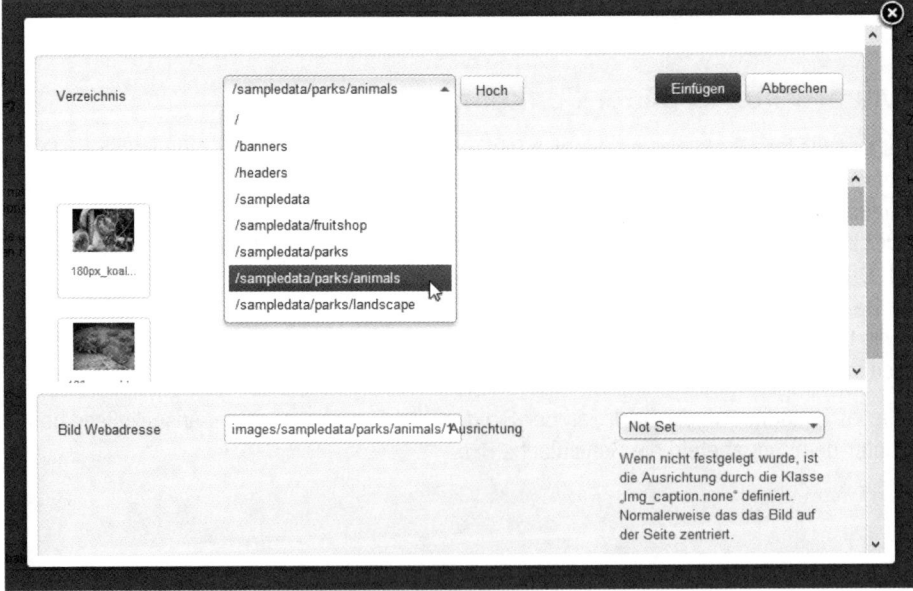

Abbildung 4.52: Verzeichnis und Bild auswählen

3. Jedes Bild benötigt in HTML einen alternativen Text und einen Titel. Deshalb finden Sie diese Option auch in diesem Fenster, Sie müssen nur ein wenig nach unten scrollen.

– Geben Sie bei *Beschreibung* den alternativen Text für das Bild ein. Er wird verwendet, wenn das Bild nicht angezeigt werden kann oder wenn die Vorlesefunktion für blinde Menschen im Browser aktiviert ist.

– In das Feld *Bildtitel* tippen Sie einen Titel ein. Er wird als Tooltipp sichtbar, wenn man mit der Maus über das Bild fährt.

– Auf Wunsch können Sie den Bildtitel als Bildunterschrift einblenden lassen. Diese Anzeige aktivieren oder deaktivieren Sie mit der Funktion *Bildbeschriftung*.

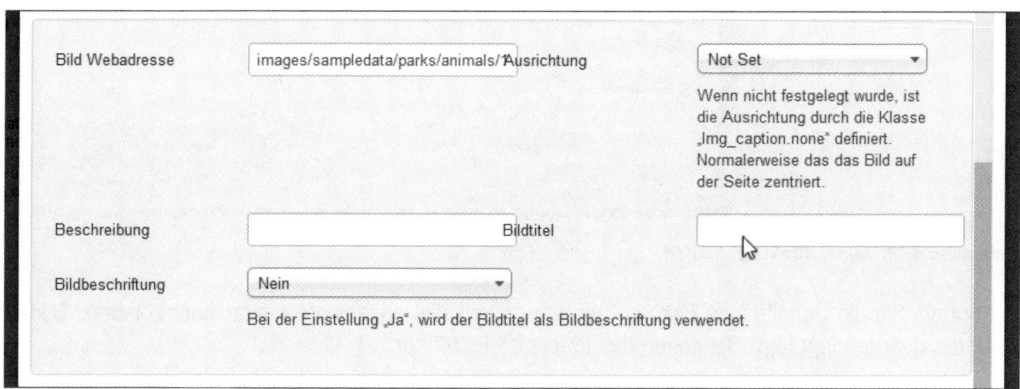

Abbildung 4.53: Alternativer Text und Titel

4. Mit der erweiterten Bildfunktion können Sie auch direkt neue Bilder von Ihrem Computer auf den Webserver hochladen. Die Funktion befindet sich ganz unten im aktuellen Fenster.

– Wählen Sie ganz oben unter *Verzeichnis* das gewünschte Zielverzeichnis aus.

– Klicken Sie auf die Schaltfläche DATEIEN AUSWÄHLEN. Dadurch öffnet sich ein Explorer-ähnliches Fenster zum Auswählen der gewünschten Datei.

– Mit der Schaltfläche HOCHLADEN STARTEN laden Sie das Bild auf den Webserver.

– Das hochgeladene Bild wird anschließend automatisch ausgewählt, sodass es in den Text eingefügt werden kann.

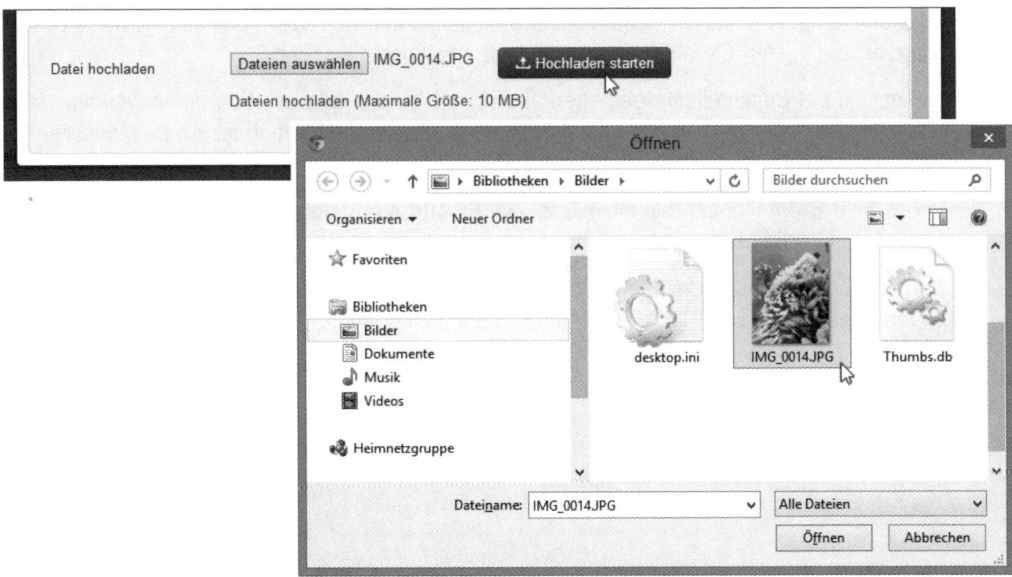

Abbildung 4.54: Bilder direkt hochladen

5. Sobald Sie die Schaltfläche EINFÜGEN betätigen, wird das ausgewählte oder hochgeladene Bild in Ihren Beitrag eingefügt. Sie sehen das sofort im Texteditor.

6. Weil es sich dabei um eine herkömmliche Verknüpfung handelt, können Sie das Bild jederzeit wieder bearbeiten. Markieren Sie es dazu mit einem Mausklick und klicken Sie in der Symbolleiste auf die Schaltfläche INSERT/EDIT IMAGE (Bild einfügen/bearbeiten).

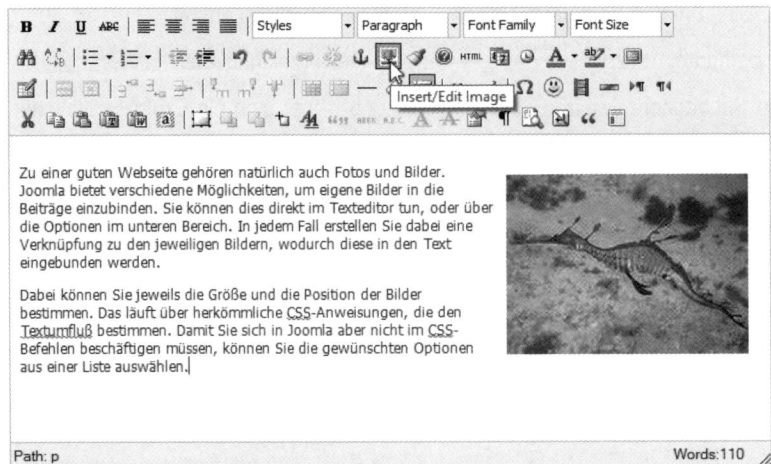

Abbildung 4.55: Das eingefügte Bild im Editor

4.4.4 Einleitungs- und Beitragsbilder

Die Bildfunktion innerhalb des Texteditors stellt den Standard für Joomla-Beiträge dar. Sie existiert bereits seit vielen Versionen und ist inzwischen zu einem guten Werkzeug gereift. Mit Joomla 3 wurde nun eine zusätzliche Option für Bilder integriert. Es handelt sich dabei um zwei fest definierte Bilder für den Einleitungstext und für den Hauptartikel. Dabei ist deren jeweilige Funktion und Anzahl vorgegeben und auch die Darstellung lässt sich kaum anpassen. Dafür ist die Handhabung unkomplizierter. Diese Bilder eignen sich also weniger für eine individuelle Illustration, sondern vielmehr für eine standardisierte Bebilderung vieler Artikel.

Abbildung 4.56: Ein kleines Vorschau- und ein großes Beitragsbild

Ähnlich wie die 3er-Linkliste werden diese Bilder über ein spezielles Formular definiert und nicht über den Texteditor. Sie finden es unter dem Texteditor in der linken Spalte. Der obere Bereich definiert das *Einleitungsbild*, welches immer in der Textvorschau angezeigt wird. Der untere Bereich definiert das *Komplette Beitragsbild*, das immer beim Öffnen des Hauptbeitrags angezeigt wird. Sie können eines dieser Bilder definieren oder auch beide. Die Funktionen und Formularfelder sind für beide Bilder identisch.

1. Klicken Sie auf die Schaltfläche Auswählen, um das gewünschte Bild festzulegen. Dadurch öffnet sich ein ähnliches Fenster wie bei der erweiterten Bildfunktion. Wählen Sie damit das Bild auf dem Webserver aus oder laden Sie ein neues hoch.

2. Gehen Sie mit der Maus links auf das Augen-Symbol, erhalten Sie eine Vorschau des aktuell eingestellten Bildes.

3. Mit der Schaltfläche X ganz rechts löschen Sie das jeweilige Bild wieder.

4. Über die Liste *Textumfließung des Bildes* wählen Sie zwischen den Positionen Rechts, Links oder Keine aus.

5. Der *Alternative Text* wird immer verwendet, falls das Bild nicht angezeigt werden kann oder wenn die Vorlesefunktion für blinde Menschen im Browser aktiviert ist.

6. Die *Bildunterschrift* wird automatisch direkt unter das Bild gesetzt, ähnlich einem Titel.

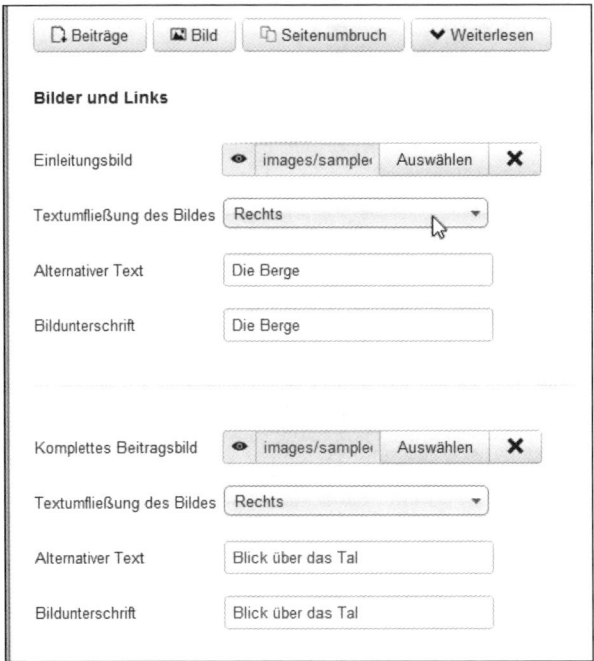

Abbildung 4.57: Einleitungs- und Beitragsbild festlegen

Nachdem Sie die Bilder eingefügt und den Beitrag gespeichert haben, scheinen diese automatisch auf der Webseite. Die Formatierung der Bilder ist am Anfang meist eher dürftig. Sie werden recht unschön über der Vorschau bzw. vor dem Beitrag angezeigt. Eine weitere Formatierung stellt Joomla in der Admin-Oberfläche nicht zur Verfügung. Sie können das Aussehen aber sehr einfach mit CSS-Befehlen beeinflussen. Die Bilder werden automatisch den Klassen *img-intro* und *img-fulltext* zugeordnet. Das erlaubt eine sehr konkrete Anpassung in Ihrer zentralen CSS-Datei, z. B. für die Größe, die Ausrichtung, den Abstand usw.

4.4.5 Der Medien-Manager

Joomla bietet für die Verwaltung der eigenen Medien-Dateien einen recht komfortablen Manager. Damit können Sie alle Dateien für Ihre Beiträge direkt im Browser verwalten. Das können z. B. JPEG- oder PNG-Bilder sein, PDF-Dokumente, ZIP-Dateien und vieles mehr. Ein vollwertiges FTP-Programm ist nicht notwendig, weil der Medien-Manager auch mit einer Upload-Funktion ausgestattet ist. Letztendlich ist ein guter FTP-Client immer schneller und komfortabler, aber für zwischendurch ist dieser Joomla-Manager wirklich gut zu gebrauchen.

Dateien und Verzeichnisse verwalten

1. Wählen Sie im Hauptmenü den Punkt INHALT/MEDIEN aus. Dadurch gelangen Sie direkt in das Fenster des Medien-Managers. Die Handhabung ist ganz ähnlich, wie bei einem Dateimanager auf einem lokalen Computer.

Abbildung 4.58: Den Medien-Manager öffnen

2. Auf der linken Seite sehen Sie den Verzeichnisbaum. Klicken Sie dort auf den gewünschten Ordner oder auch Unterordner, um ihn zu öffnen. Sie bewegen sich dabei immer innerhalb des Ordners *images*.

3. Auf der rechten Seite werden Ihnen die im jeweiligen Ordner befindlichen Dateien und Unterverzeichnisse aufgelistet.

4. Die Anzeige können Sie mit den beiden Schaltflächen VORSCHAUBILDER und DETAILS beliebig umschalten.

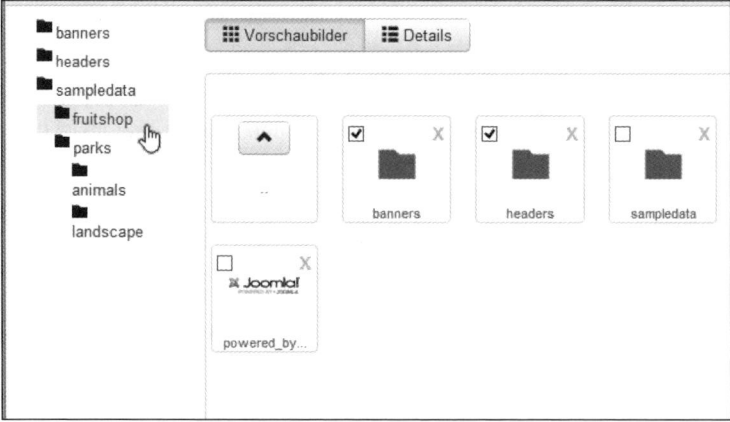

Abbildung 4.59: Verzeichnisse und Dateien auswählen

5. Möchten Sie eine Datei neu auf den Webserver laden, klicken Sie oben rechts auf die Schaltfläche HOCHLADEN. Dadurch öffnet sich eine zusätzliche Zeile mit den Schaltflächen DATEIEN AUSWÄHLEN und HOCHLADEN STARTEN. Sie funktionieren genauso wie die Upload-Funktion in der erweiterten Bildverwaltung.

6. Klicken Sie auf die Schaltfläche VERZEICHNIS ERSTELLEN, um im aktuellen Ordner ein neues Verzeichnis anzulegen. In einem Formularfeld tippen Sie den gewünschten Namen ein und schon erscheint der Ordner im Fenster.

7. Möchten Sie ein Verzeichnis oder eine Datei löschen, klicken Sie auf das graue X rechts über dem jeweiligen Verzeichnis bzw. der Datei. Vorsicht – es gibt keinen Papierkorb, sodass der Vorgang endgültig ist.

8. Möchten Sie mehrere Dateien oder Verzeichnisse löschen, markieren Sie diese im rechten Fenster mit einem Haken. Anschließend klicken Sie oben auf die Schaltfläche LÖSCHEN.

Abbildung 4.60: Die Funktionen in der Symbolleiste

Die Optionen anpassen

Der Medien-Manager bietet verschiedene Optionen, mit denen sich die Funktionsweise anpassen lässt. In den meisten Fällen sind die Standardeinstellungen ausreichend. Wünschen Sie hingegen eine Anpassung an Ihre Bedürfnisse, klicken Sie oben rechts auf die Schaltfläche OPTIONEN. Dadurch gelangen Sie in die Systemkonfiguration bzw. in die Auswahl *Inhalt: Medien*. Sie können dieses Fenster auch jederzeit über das Hauptmenü mit SYSTEM/KONFIGURATION öffnen.

Abbildung 4.61: Die Medien-Optionen öffnen

1. Ganz oben können Sie zunächst einmal festlegen, welche *Dateiendungen* für das Hochladen von Dateien erlaubt sind. Sie können die Liste beliebig mit neuen Einträgen durch Komma getrennt fortführen.

2. In das zweite Feld geben Sie die maximale *Dateigröße* in MByte an. Alles, was größer ist, wird von Joomla abgelehnt.

3. Mit *Dateiverzeichnis-Pfad* legen Sie das Oberverzeichnis für den Medien-Manager fest. Es gibt eigentlich kaum einen Grund, das Verzeichnis zu ändern. Auf keinen Fall sollten Sie Zugriff auf das Oberverzeichnis Ihres Webservers gewähren.

4. Das *Bildverzeichnis* muss dem Dateiverzeichnis oder einem Unterverzeichnis davon entsprechen. Auch hier gilt, dass eine Änderung für die meisten Webserver nicht notwendig ist.

SYSTEM Konfiguration	Komponente	Berechtigungen	
KOMPONENTE	Erlaubte Dateiendungen	bmp,csv,doc,gif,ico,jpg,jpeg,odg,odp	
Banner Cache	Max. Größe (in MB)	10	
Freigeben			
Kontakte	Das Ändern des „Dateiverzeichnis-Pfads" („images") in einen anderen könnte die Links der Website ungültig machen.		
Beiträge	Der „Bildverzeichnis-Pfad" muss das selbe Verzeichnis oder ein Unterverzeichnis des „Dateiverzeichnis-Pfads" sein.		
Suchindex			
Installationsverwaltung	Dateiverzeichnis-Pfad	images	
Joomla!- Aktualisierung	Bildverzeichnis-Pfad	images	
Sprachen			
Inhalt: Medien			
Menüs			

Abbildung 4.62: Grundeinstellungen für den Medien-Manager

5. Joomla besteht darauf, dass es die hochgeladenen Dateien über MIME Magic auf mögliche Gefahren überprüfen kann. Ist dies nicht möglich, können Sie mit der Option *Uploads blockieren* das Hochladen für einfache Benutzer verbieten. Dann dürfen das nur noch Benutzer tun, die mindestens in der Benutzergruppe *Manager* sind.

6. Möchten Sie diese Überprüfung per MIME Magic nicht, können Sie das mit der Option *Dateitypen überprüfen* abschalten.

7. Für die Überprüfung des MIME-Types können Sie unter *Erlaubte Bildendungen* angeben, welche Endungen die MIME-Prüfung akzeptieren darf.

8. Genauso geben Sie unter *Ignorierte Dateiendungen* an, welche Endungen die MIME-Prüfung nicht akzeptieren soll.

9. Weil die Dateiendungen nicht immer verbindlich sind, können Sie im Feld *Erlaubte Dateitypen* zusätzlich die erlaubten MIME-Types angeben.

10. Das Feld *Verbotene Dateitypen* listet alle verbotenen MIME-Types auf.

11. Der Medien-Manager von Joomla basiert komplett auf HTML, PHP und JavaScript. Wenn Sie möchten, können Sie mit der Option *Flash-Uploader aktivieren* eine Flash-Version des Managers einschalten. Allerdings ist Flash immer mehr auf dem Rückzug, sodass dies nicht unbedingt zu empfehlen ist.

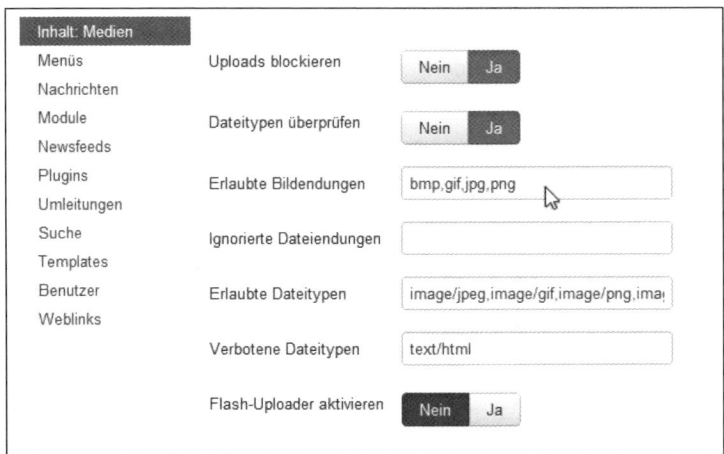

Abbildung 4.63: Erweiterte Optionen für den Medien-Manager

4.5   Fragen

1. Welches sind die Mindestangaben, die zum Erstellen eines Beitrags notwendig sind?

2. Wie legen Sie fest, dass ein Beitrag erst später veröffentlich werden soll?

3. Was ist ein Haupteintrag und wie wird er erzeugt?

4. Wie unterscheiden sich die Funktionen »Weiterlesen« und »Seitenumbruch«?

5. Was ist ein »Beitragsbild« und was ein »Inhaltsbild«?

5 Kategorien – die Inhalte organisieren

Auf jeder Webseite werden die Inhalte organisiert und übersichtlich sortiert. Das können eigene Bereiche innerhalb der Webseite sein, z. B. ein Bereich für den Blog, einen für Artikel, einen für Fotos usw. Innerhalb dieser Bereiche sind oftmals weitere Unterteilungen notwendig, z. B. Themengruppen für den Blog, Schwerpunkte für die Artikel, Anlässe für die Fotos usw. Es gibt beliebig viele Möglichkeiten, wie Sie Ihre Inhalte anhand von Bereichen, Gruppen, Stichwörtern usw. sortieren können. Joomla bietet dafür die Kategorien. Sie stellen ein allgemeines Organisationswerkzeug dar, welches sehr flexibel ist und sich so für praktisch jede Inhaltsstruktur eignet.

5.1 Kategorien erstellen und nutzen

Direkt nach der Installation gibt es in Joomla noch keinerlei Kategorien. Vermutlich mussten Sie Ihre bisherigen Artikel mit der Markierung *Uncategorized* versehen. Haben Sie hingegen bei der Installation ein paar Beispiel-Inhalte in die Datenbank kopiert, gibt es bereits einige Kategorien. Zum Lernen und Verstehen sind die sicherlich ganz nützlich, entsprechen aber vermutlich nicht Ihren eigenen Anforderungen. Deshalb werden wir in diesem Abschnitt neue Kategorien erstellen oder die vorhandenen bearbeiten. So schaffen Sie für Ihre Webseite die notwendige Sortierung der Beiträge.

5.1.1 Die Kategorienverwaltung

Auf vielen Webseiten und bei vielen Content Management Systemen wird mit Sektionen, Bereichen, Gruppen usw. gearbeitet. Damit sollen die Inhalte übersichtlich organisiert werden. In Joomla wird das alles über Kategorien abgewickelt. Sie eignen sich für jede Art von Strukturierung und Organisation und können somit problemlos für Sektionen, Bereiche, Gruppen usw. verwendet werden. Sie können dafür beliebig viele Kategorien anlegen und diese individuell benennen. Ebenso ist es möglich, Kategorien ineinander zu verschachteln, sodass auch mehrfache Untergruppen erstellt werden können.

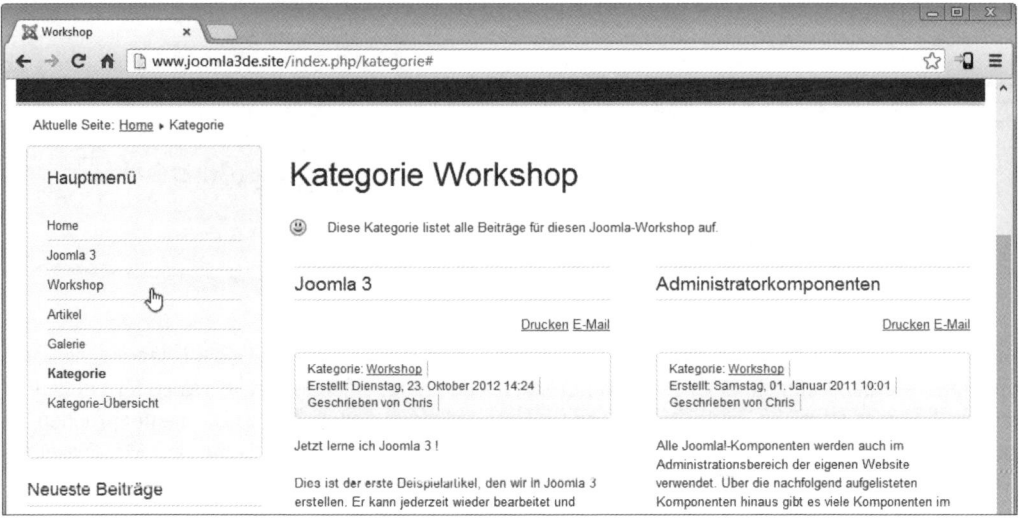

Abbildung 5.1: Die Webseite mit Kategorien organisieren

Für die Kategorien gibt es in Joomla einen eigenen Verwaltungsbereich. Sie sind im Hauptmenü bei den Inhalten untergebracht. Klicken Sie also im Menü auf den Punkt INHALT/KATEGORIEN.

Abbildung 5.2: Die Kategorien-Verwaltung öffnen

Sie gelangen in den Verwaltungsbereich für die Kategorien. Er ist genau so aufgebaut wie die Verwaltung der Artikel. Sie werden sich also vermutlich sehr schnell zurechtfinden.

1 Oben befindet sich ein *Suchfeld*, mit dem Sie die Kategorien durchsuchen können. Das macht erst bei sehr großen Sammlungen Sinn.

2 Rechts oben befinden sich die Optionen für die *Sortierung*. Damit bestimmen Sie, wie die Kategorien aufgelistet werden, z. B. nach welcher Spalte sortiert werden soll, auf- oder absteigend und wie viele Kategorien auf einer Seite stehen sollen.

3 Am linken Fensterrand befinden sich die *Filter*. Damit lassen Sie alle Kategorien anzeigen oder nur bestimmte. Filtern Sie z. B. nach den Ebenen, nach der Freigabe, der Sprache usw.

4 In der Mitte befindet sich die *Liste* mit Ihren Kategorien. Am Anfang ist die Liste noch leer oder zeigt nur die Beispieleinträge von Joomla an.

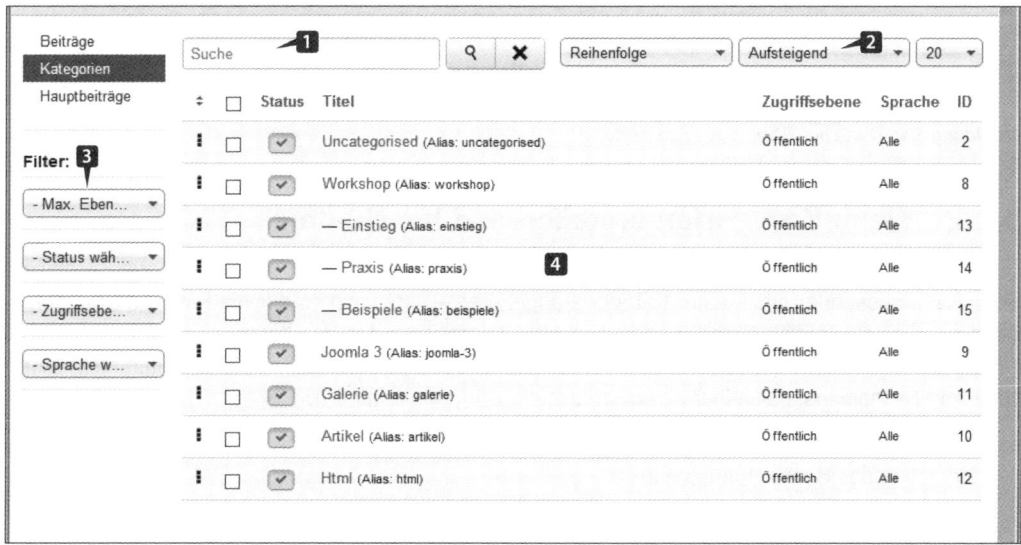

Abbildung 5.3: Überblick der Kategorien und Funktionen

Im oberen Bereich der Kategorienverwaltung finden Sie eine Reihe von Schaltflächen. Abhängig von der Größe des Browserfensters erscheinen die Schaltflächen in ein oder zwei Reihen. Damit erstellen und bearbeiten Sie die Kategorien in der unteren Liste.

- Mit der Schaltfläche Neu erstellen Sie eine neue Kategorie.

- Markieren Sie in der Liste eine Kategorie, können Sie diese mit der Schaltfläche Bearbeiten zur Bearbeitung öffnen.

- Die Schaltflächen Veröffentlichen und Verstecken dienen dazu, eine oder mehrere in der Liste markierte Kategorien für die öffentliche Webseite freizuschalten bzw. zu sperren.

- Soll eine Kategorie nicht mehr verwendet werden, können Sie diese mit der Schaltfläche Archivieren deaktivieren. Dann wird sie nicht gelöscht und bleibt erhalten.

- Wird eine Kategorie von Joomla fälschlicherweise als »in Bearbeitung« erkannt, können Sie diese mit der Schaltfläche Freigeben wieder freigeben.

- Markieren Sie eine oder mehrere Kategorien in der Liste, lassen sich diese mit der Schaltfläche Papierkorb löschen.

- Mit der Stapelverarbeitung lassen sich mehrere Kategorien auf einmal bearbeiten.

- Eine fälschliche Bearbeitung lässt sich mit Wiederherstellen korrigieren.

- Die Schaltfläche Optionen führt Sie zu den erweiterten Einstellungen für die Anzeige der Kategorien. Das schauen wir uns in einem gesonderten Abschnitt genauer an.

- Die Schaltfläche Hilfe öffnet die interne Hilfe von Joomla.

Abbildung 5.4: Die Schaltflächen zur Bearbeitung

5.1.2 Neue Kategorien erstellen und bearbeiten

Damit Sie Ihre Beiträge organisieren können, müssen Sie erst einmal neue Kategorien erstellen. Schließlich muss jeder Inhalt einer Kategorie angehören – und wenn es nur die Kategorie *Uncategorised* ist. Einmal erstellte Kategorien lassen sich jederzeit wieder bearbeiten und anpassen. Dabei gelangen Sie immer in dasselbe Fenster, sodass sich das Erstellen und das Bearbeiten nicht unterscheiden. Deshalb lässt sich hier beides sehr gut zusammen erläutern.

1. Um eine neue Kategorie zu erstellen, klicken Sie oben links auf die Schaltfläche Neu. Sie gelangen dadurch in das Bearbeitungsfenster.

2. Möchten Sie hingegen eine vorhandene Kategorie bearbeiten, klicken Sie in der unteren Liste auf den Namen der gewünschten Kategorie. Dadurch öffnet sich ebenfalls das Bearbeitungsfenster.

Abbildung 5.5: Eine neue Kategorie erstellen

3. Im Bearbeitungsfenster gehen Sie zunächst in das Register KATEGORIEDETAILS. Dort müssen Sie die grundlegenden Informationen für die Kategorie eingeben.

   – Geben Sie in das Feld *Titel* den sichtbaren Namen bzw. Titel für diese Kategorie ein.

   – Wie fast alle Inhalte in Joomla benötigen auch Kategorien einen *Alias*. Damit werden z. B. Links erstellt u. Ä.

4. Im unteren Bereich befindet sich der Texteditor. Damit können Sie Ihrer Kategorie einen beschreibenden Text geben. Dieser wird dann immer wie eine Einleitung am Anfang der Kategorie angezeigt, soweit die entsprechende Option aktiviert ist. Ihnen stehen dabei alle Funktionen des Editors zur Verfügung, z. B. Formatierungen, Bilder usw.

   – Mit der Schaltfläche BEITRÄGE können Sie auch Links zu vorhandenen Beiträgen in den Kategorientext einfügen.

   – Möchten Sie die INSERT/EDIT IMAGE-Schaltfläche der Symbolleiste nicht verwenden, können Sie stattdessen die Schaltfläche BILD nehmen.

   – Mit der Schaltfläche EDITOR AN/AUS können Sie vorübergehend den Quelltext bearbeiten.

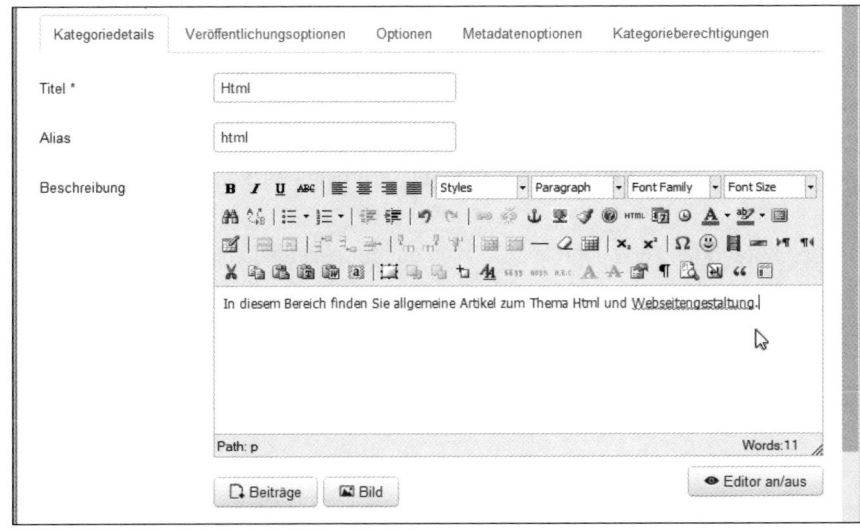

Abbildung 5.6: Die Basisdaten für die Kategorien eingeben

5. Im rechten Bereich dieses Registers finden Sie den Abschnitt *Details*. Er enthält verschiedene Auswahllisten, mit denen Sie Angaben zur Freigabe und Sichtbarkeit dieser Kategorie machen.

– Falls dies eine Unterkategorie werden soll, wählen Sie mit der Liste *Übergeordnet* die übergeordnete Kategorie aus.

– Mit *Status* wählen Sie aus, ob diese Kategorie veröffentlicht, versteckt, archiviert oder gelöscht werden soll.

– Die *Zugriffsebene* bestimmt, ob die Kategorie öffentlich sichtbar ist, oder nur für angemeldete Benutzer mit speziellen Rechten.

– Haben Sie Joomla als mehrsprachige Webseite eingerichtet, ordnen Sie diese Kategorie einer *Sprache* zu. Ansonsten lassen Sie hier die Option A LLE ausgewählt.

Abbildung 5.7: Einstellungen für die Freigabe

113

6. Im Register VERÖFFENTLICHUNGSOPTIONEN gibt es kaum etwas zu tun. Es blendet vor allem Informationen über die Bearbeitung und Benutzung ein.

   – Die eindeutige *ID* wird von Joomla selbst festgelegt und kann nicht geändert werden.

   – Joomla vermerkt unter *Autor*, wer diese Kategorie angelegt hat. Mit der Schaltfläche BENUTZER AUSWÄHLEN können Sie einen anderen Benutzer angeben. Allerdings wird das nirgends öffentlich angezeigt.

   – Bei bestehenden Kategorien zeigt Joomla zusätzlich das *Erstellungsdatum* an.

   – Direkt darunter sehen Sie noch unter *Bearbeitet von* und *Bearbeitungsdatum* wer und wann diese Kategorie bearbeitet wurde.

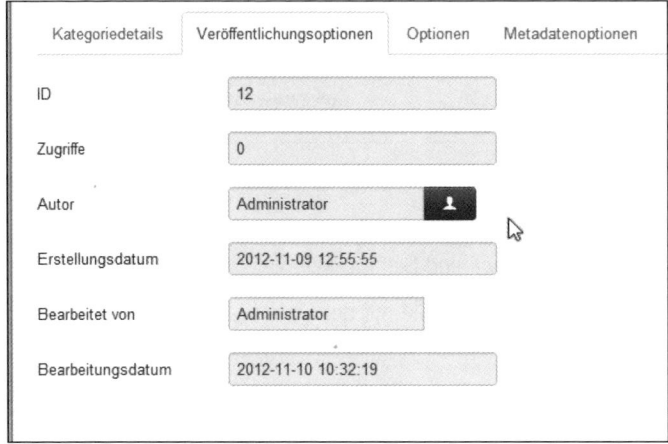

Abbildung 5.8: Die Veröffentlichungsoptionen

7. Wechseln Sie in das Register OPTIONEN, können Sie einige Angaben zur Darstellung dieser Kategorie machen. Meist ist es allerdings besser, das Layout zentral über den Menülink zu steuern.

   – Mit *Alternatives Layout* können Sie dieser Kategorie fest das *Blog-* oder *Listen-*Format zuweisen sowie eigene Ansichten verwenden.

   – Über die Funktion *Bild* statten Sie die Kategorie mit einem festen Bild aus. Meist geht das in der Beschreibung mit dem Editor besser.

   – Fügen Sie bei Bedarf eine *Notiz* hinzu, die nur in der Admin-Oberfläche angezeigt wird.

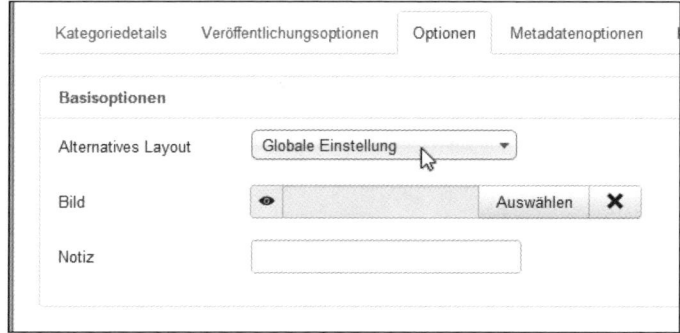

Abbildung 5.9: Die Darstellung verändern

8. Im Register MetaDatenoptionen legen Sie für diese Kategorie die Meta-Daten für Suchmaschinen fest. Dabei stehen Ihnen die üblichen Felder für eine Beschreibung, Stichwörter und den Autor zur Verfügung. Außerdem können Sie die *follow-* und *index-*Anweisung anpassen.

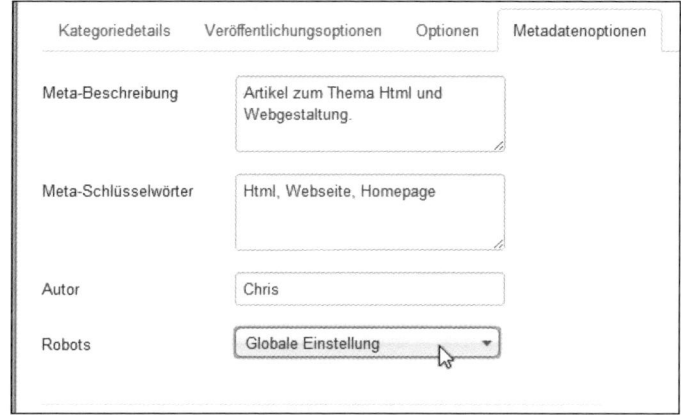

Abbildung 5.10: Meta-Daten für die Katagorie

9. Das Register **Kategorieberechtigungen** verwaltet die Zugriffsrechte für diese Kategorie. Damit können Sie bestimmen, wer dort Inhalte erstellen und bearbeiten darf. Weil dies ein sehr komplexes Thema ist, schauen wir uns das in Kapitel 8, Benutzerverwaltung & Zugriffsrechte, gesondert an.

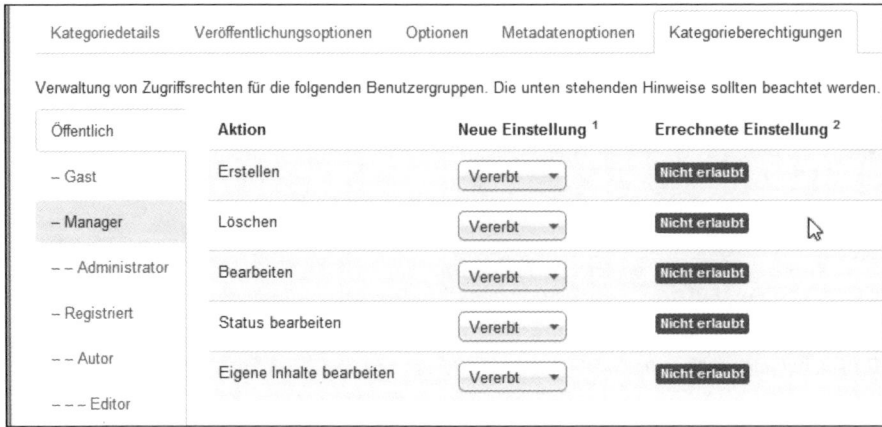

Abbildung 5.11: Die Zugriffsrechte kontrollieren

10. Sind alle Angaben vollständig, müssen Sie nur noch oben links auf die Schaltfläche SPEICHERN bzw. auf SPEICHERN & SCHLIESSEN klicken. Die neue Kategorie wird sofort angelegt und kann verwendet werden. Weisen Sie nun Beiträge dieser Kategorie zu.

Abbildung 5.12: Die Kategorie speichern & schließen

5.1.3 Die Beiträge einer Kategorie zuordnen

Inzwischen haben Sie gelernt, wie Sie neue Kategorien für Ihre Webseite erstellen. Auch das Bearbeiten bestehender Kategorien ist kein Problem mehr. Jetzt wollen Sie Ihre Kategorien natürlich mit Inhalten füllen. Dazu müssen Sie Ihre Beiträge einer Kategorie zuordnen. Jeder Beitrag kann einer Kategorie angehören – das kann eine Über- oder eine Unterkategorie sein.

Einzelne Beiträge neu zuordnen

Besonders einfach lässt sich ein einzelner Artikel bzw. Beitrag einer Kategorie zuordnen. Das können Sie beim Erstellen des Beitrags tun oder auch jederzeit später bei der Bearbeitung.

1. Erstellen Sie einen neuen Beitrag über die Schaltfläche NEU oder klicken Sie in der Beitragsliste den zu bearbeitenden Beitrag an.

2. Sie gelangen in beiden Fällen in das Bearbeitungsfenster des Beitrags.

3. Rechts über dem Editor wählen Sie mit der Liste *Kategorie* die gewünschte Kategorie für diesen Beitrag aus.

4. Speichern Sie die Änderung mit der Schaltfläche Speichern bzw. Speichern & Schliessen oben links.

5. Wiederholen Sie den Vorgang für alle weiteren Beiträge, die Sie neu zuordnen möchten.

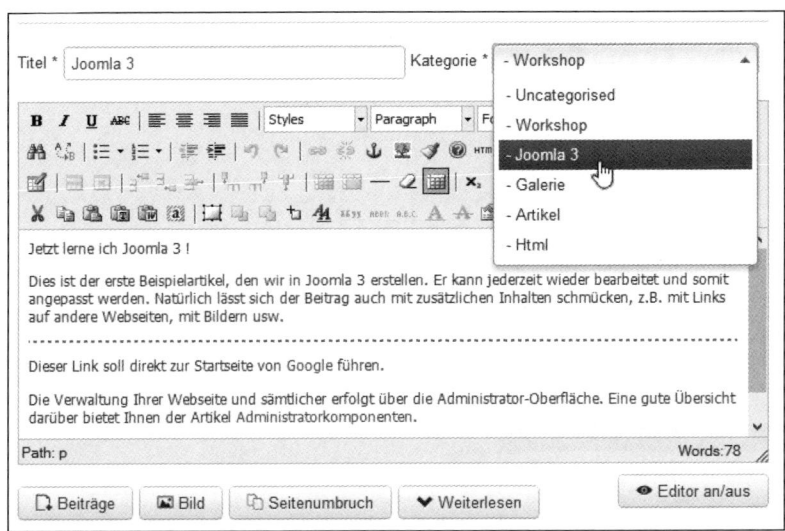

Abbildung 5.13: Dem Beitrag eine Kategorie zuweisen

Mehrere Beiträge neu zuordnen

Sollen nur ein paar Beiträge einer Kategorie neu zugeordnet werden, geht das über das Bearbeitungsfenster des Beitrags recht einfach und flott. Haben Sie auf Ihrer Webseite inzwischen sehr viele Beiträge erstellt und wollen diese alle neu organisieren, kann das ziemlich viel Arbeit werden. Schließlich will sich niemand durch hundert oder mehr Beiträge klicken. Dafür gibt es in Joomla eine Stapelverarbeitung. Sie ermöglicht das Organisieren vieler Beiträge mit wenigen Schritten.

1. Gehen Sie über den Menüpunkt Inhalt/Beiträge in die Verwaltung der eigenen Beiträge.

2. Dort sehen Sie die Liste mit allen Ihren Beiträgen. Unter dem Titel ist auch jeweils die aktuelle Kategorie aufgeführt.

3. Markieren Sie mit einem Haken alle Artikel, die Sie der neuen Kategorie zuweisen möchten.

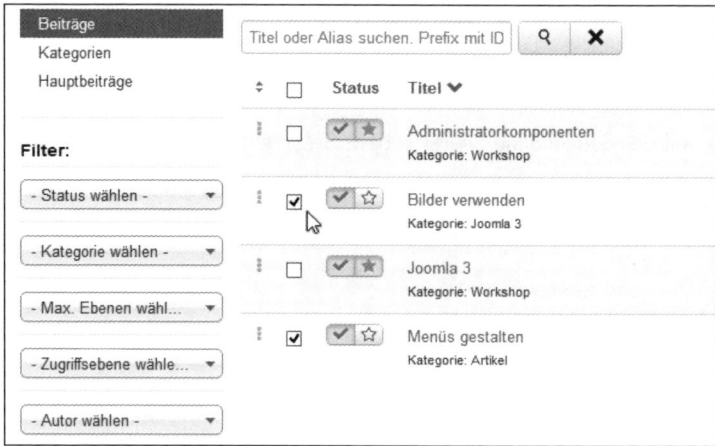

Abbildung 5.14: Die gewünschten Beiträge anhaken

4. Jetzt wählen Sie oben rechts in der Menüleiste die Schaltfläche STAPELVERARBEITUNG aus. Dadurch öffnet sich ein neues Fenster, welches die Optionen für die Bearbeitung der markierten Beiträge anbietet.

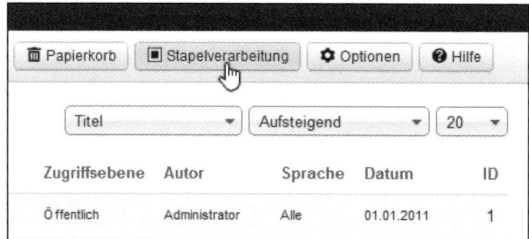

Abbildung 5.15: Die Stapelverarbeitung öffnen

5. Mit den beiden oberen Auswahllisten können Sie die *Zugriffsebene* (z. B. Öffentlich, Registriert usw.) sowie die *Sprache* (z. B. Deutsch, Englisch usw.) für die ausgewählten Beiträge verändern. In diesem Beispiel bleibt jeweils die Option *Beibehalten* ausgewählt, weil nur die Kategorie verändert werden soll.

6. Öffnen Sie die Auswahlliste ganz unten, sodass Ihnen alle vorhandenen *Kategorien* angezeigt werden. Wählen Sie die gewünschte Kategorie mit einem Mausklick in der Liste aus.

   – **Kopieren** – Wählen Sie diese Option, werden die Beiträge in die neue Kategorie kopiert. Sie erstellen also Duplikate, was in den meisten Fällen nicht erwünscht sein dürfte.

   – **Verschieben** – Wählen Sie diese Option, werden die ausgewählten Beiträge in die neue Kategorie verschoben. Es entstehen keine Kopien.

7. Zuletzt klicken Sie auf die Schaltfläche Ausführen. Daraufhin werden die markierten Beiträge in die neue Kategorie verschoben.

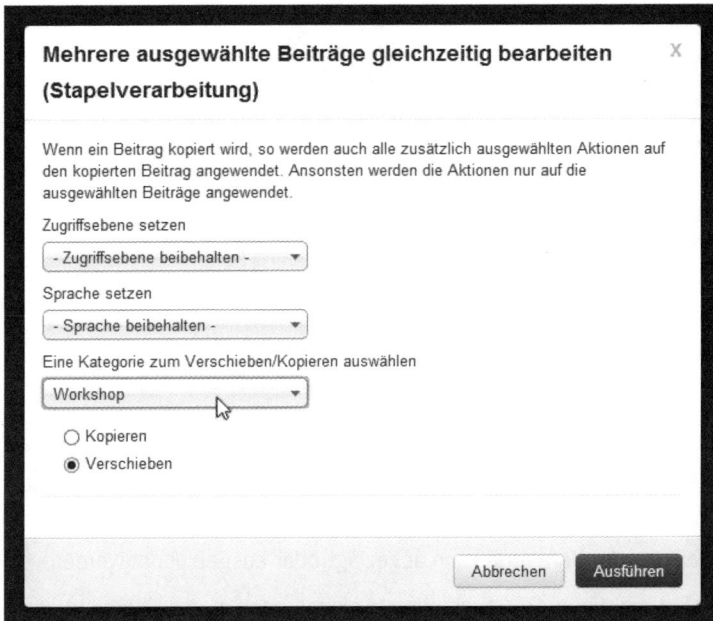

Abbildung 5.16: Die Ziel-Kategorie auswählen

5.2 Die Darstellung der Kategorien anpassen

Inzwischen haben Sie Ihre eigenen Kategorien erstellt und bearbeitet. Auch Ihre Artikel und Beiträge haben Sie in die Kategorien einsortiert. Damit erscheint Ihre Webseite bereits gut organisiert und aufgeräumt. Zunächst zeigt Joomla Ihre Kategorien und die darin enthaltenen Beiträge lediglich mit Standardeinstellungen an. Auch hier sind Sie wieder sehr flexibel, denn Joomla bietet Ihnen die Möglichkeit, die Darstellung der Kategorien anzupassen. Die dafür notwendigen Optionen schauen wir uns in diesem Abschnitt an.

5.2.1 Anzeigeoptionen für eine Kategorie

Auf Ihrer Webseite werden die Inhalte entsprechend der erstellten Kategorien sowie der dafür gesetzten Optionen dargestellt. Geht ein Besucher z. B. in Ihre Sammlung mit Texten, kann er dort eine Kategorie anklicken und sich die enthaltenen Texte auflisten lassen. Dabei gibt Ihnen Joomla die Möglichkeit, die Darstellung der Kategorie mit ihren Inhalten anzupassen. Diese Kategorieansicht steuert zum Beispiel, wie die in der Kategorie enthaltenen Beiträge aufgelistet werden sollen, wie der Titel angezeigt wird, ob es eine Beschreibung geben soll, zusätzliche Fotos usw.

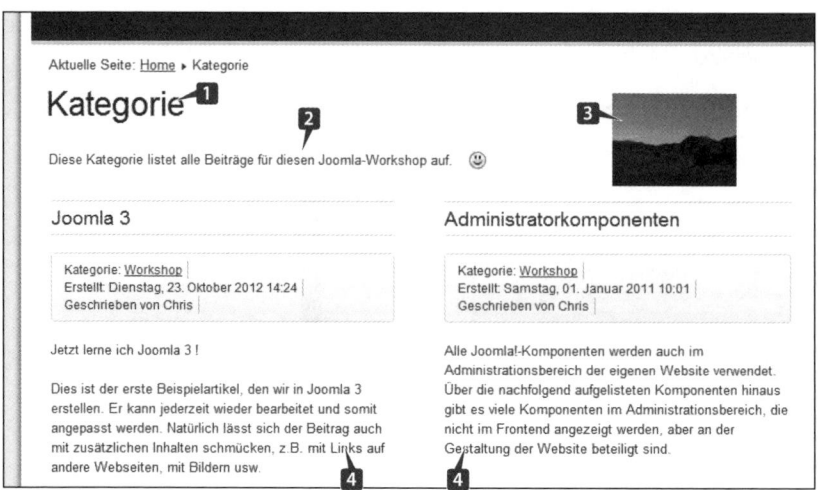

Abbildung 5.17: Die Darstellung einer Kategorie

1 Titel – Dies ist Titel der aktuell geöffneten Kategorie auf der Webseite. Er lässt sich ein- oder ausblenden. Außerdem kann der Titel als anklickbarer Link dargestellt werden.

2 Beschreibung – Die Beschreibung der Kategorie kann angezeigt oder ausgeblendet werden.

3 Bild – Jede Kategorie lässt sich mit einem Bild ausstatten, welches dann in der Übersicht angezeigt wird.

4 Beiträge – Die Beiträge in der Kategorie lassen sich als mehrspaltiger Blog anzeigen (wie im Beispielbild) oder als einfache Liste.

Die Optionen für die Darstellung einer Kategorie befinden sich in einem eigenen Menü. Gehen Sie dafür zunächst mit INHALT/KATEGORIEN in die Verwaltung der Kategorien. Nun klicken Sie oben rechts auf die Schaltfläche OPTIONEN. Dadurch gelangen Sie in die Systemkonfiguration. Wechseln Sie dort in das Register KATEGORIE. Alternativ können Sie auch im Hauptmenü den Punkt SYSTEM/KONFIGURATION auswählen und dann am linken Rand in die Gruppe BEITRÄGE wechseln. Dann werden Ihnen diese Register am oberen Rand ebenfalls angeboten.

Beachten Sie hierbei, dass Sie über diese Optionen die allgemeine Darstellung aller Kategorien verändern. Eine einzelne Kategorie lässt sich über diese Optionen nicht anpassen. Natürlich haben Sie mit Joomla die Möglichkeit, jede Kategorie individuell darzustellen, aber das wird über die Verlinkung in den Menüs erledigt. Diese umfangreiche Anpassung schauen wir uns in Kapitel 6, Menüs erstellen und verwalten, gesondert an.

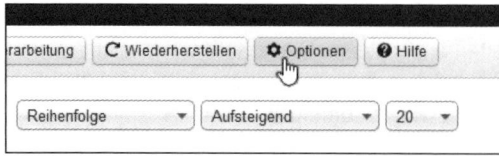

Abbildung 5.18: Die Kategorie-Optionen öffnen

1. Geben Sie mit der Liste *Layout auswählen* an, wie die Artikel in der Kategorie angezeigt werden sollen. Sie können zwischen dem mehrspaltigen Blog-Format und einer schlichten Liste wählen.

2. Bei *Kategorietitel* geben Sie an, ob der Titel der aktuell geöffneten Kategorie über der Artikelliste angezeigt werden soll oder nicht.

3. Haben Sie beim Erstellen der Kategorie eine Beschreibung im Editorfenster eingegeben, können Sie diese mit der Option *Kategoriebeschreibung* unter dem Titel ein- oder ausblenden.

4. Genauso handhabt sich die Option *Kategoriebild*. Haben Sie beim Erstellen der Kategorie im Editorfenster ein Bild festgelegt, können Sie dies nun ein- oder ausblenden.

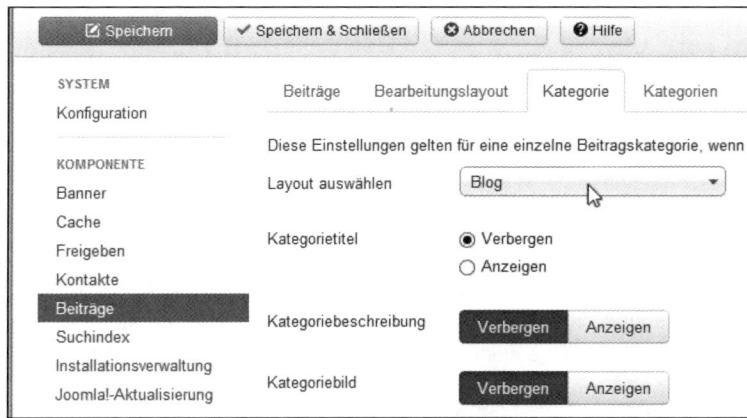

Abbildung 5.19: Anzeigeoptionen für eine Kategorie (oben)

5. Besitzt eine Kategorie weitere Unterkategorien, können Sie diese als Liste anzeigen lassen. Wählen Sie hierzu bei *Unterkategorieebenen* die anzuzeigende Tiefe aus. Mit dem Punkt Keine, werden die Unterkategorien nicht angezeigt.

6. Besitzt eine Kategorie keine Beiträge, bestimmen Sie mit der Option *Leere Kategorien*, ob diese trotzdem angezeigt werden sollen.

7. Haben Sie sich für die Anzeige leerer Kategorien entschieden, können Sie mit der Option *Meldung »Keine Beiträge«* eine entsprechende Information einblenden lassen.

8. Unterkategorien können genau wie Hauptkategorien einen Beschreibungstext per Editor besitzen. Mit der Option *Unterkategorienbeschreibung* blenden Sie diese ein oder aus.

9. Die Option *# Beiträge in Kategorien* zeigt hinter dem Namen einer Unterkategorie an, wie viele Beiträge sich darin befinden.

Abbildung 5.20: Anzeigeoptionen für eine Kategorie (unten)

5.2.2   Optionen für die Kategorienübersicht

Joomla bietet über die Menüs viele verschiedene Möglichkeiten, um auf die Inhalte zuzugreifen. Häufig werden Sie direkt auf eine Kategorie oder auf eine Sammlung von Beiträgen verweisen. Es gibt aber auch eine Funktion, mit der Sie eine Auflistung aller Kategorien oder der Unterkategorien eines bestimmten Bereichs anzeigen lassen. Dies könnte man als eine Art Kategorie-Übersicht bezeichnen. Ähnlich wie die Kategorien selbst, können Sie auch diese Übersicht anpassen. Ihnen stehen dabei sehr viel weniger Optionen zur Verfügung, weil es keine Beiträge oder zusätzliche Informationen gibt.

Abbildung 5.21: Eine Auflistung der vorhandenen Unterkategorien

1 Titel der Oberkategorie – Der Name bzw. Titel der übergeordneten Kategorie lässt sich ein- oder ausblenden.

2 Beschreibung der Oberkategorie – Auch der beschreibende Text der übergeordneten Kategorie kann je nach Wunsch angezeigt oder verborgen werden.

3 Titel der Unterkategorie – Der Titel der Unterkategorie muss bei einer solchen Auflistung natürlich sichtbar sein. Er stellt automatisch einen Link dar, um die Unterkategorie zu öffnen.

4 Beschreibung der Unterkategorie – Die Beschreibung der Unterkategorie lässt sich ein- oder ausblenden.

5 Anzahl der Beiträge – Hinter dem Kategorienamen lässt sich die Anzahl der darin enthaltenen Beiträge auf Wunsch einblenden.

Die Optionen für die Kategorie-Übersicht befinden sich ebenfalls in der Systemkonfiguration. Während Sie sich in der Kategorienverwaltung befinden, müssen Sie nur oben rechts auf die Schaltfläche OPTIONEN klicken. Sie gelangen wieder in die Systemkonfiguration, müssen diesmal aber das Register KATEGORIEN auswählen – beachten Sie die Verwechselungsgefahr mit dem Register KATEGORIE. Auch hier können Sie, anstatt über die Kategorienverwaltung zu gehen, im Hauptmenü den Punkt SYSTEM/KONFIGURATION auswählen und dann am linken Rand in die Gruppe BEITRÄGE wechseln.

Auch hier gilt, dass Sie über diese Optionen die allgemeine Darstellung der Kategorien-Übersicht verändern. Wie eine einzelne Kategorie mit Ihren Unterkategorien dargestellt werden soll, lässt sich hier nicht einstellen. Das tun Sie ebenfalls über die Verlinkung in den Menüs. Das schauen wir uns ebenfalls in dem entsprechenden Kapitel an.

1. Mit der Option *Beschreibung d. o. Kategorie* wird ganz oben auf der Seite der Beschreibungstext der Hauptkategorie angezeigt. Das ist sinnvoll, wenn dieser wichtige Informationen für die Wahl der Unterkategorien oder zum allgemeinen Verständnis enthält.

2. Wählen Sie in der Liste *Unterkategorieebenen* aus, welche Unterkategorien bzw. bis zu welcher Ebene Sie diese auflisten lassen möchten.

3. Befinden sich in einer Kategorie keine Beiträge, können Sie diese mit der Option *Leere Kategorien* ein- oder ausblenden.

4. Besitzen die Unterkategorien einen eigenen Beschreibungstext aus dem Editorfenster, lässt sich dieser mit der Option *Unterkategorienbeschreibung* einblenden oder ausblenden.

5. Mit der Option *# Beiträge in Kategorien* wird hinter dem Namen der jeweiligen Unterkategorie die Anzahl der darin enthaltenen Beiträge angezeigt oder verborgen.

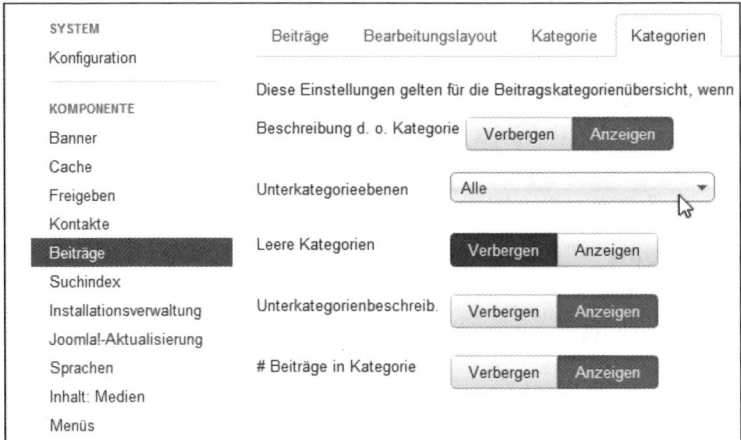

Abbildung 5.22: Die Darstellung der Kategorien-Auflistung

5.2.3 Die Blog-Ansicht für Kategorien

Inzwischen haben Sie die wichtigsten Einstellungen zum Anzeigen Ihrer Kategorien und Beiträge gemacht. Dabei gab es eine sehr wichtige Einstellung, bei der Sie sich zwischen der Anzeige als *Blog* und der Anzeige als *Liste* entscheiden mussten. Das beeinflusst die Darstellung sehr deutlich. Bei der Blog-Ansicht werden die Beiträge in mehreren Spalten dargestellt, ganz ähnlich wie bei einer Zeitung. Dabei wird jeweils die Vorschau des Textes aufgeführt und ein Klick auf die Schaltfläche WEITERLESEN führt zum vollständigen Artikel. Dies ist sicherlich die am häufigsten genutzte Darstellungsform in Joomla. Sie lässt sich sehr stark anpassen und präsentiert sämtliche Inhalte in einer ansprechenden Form.

Die Blog-Darstellung lässt sich mit einigen Parametern individuell anpassen. Befinden Sie sich in der Kategorie-Verwaltung, klicken Sie dafür auf die Schaltfläche OPTIONEN und wechseln dann in das Register BLOG/HAUPTBEITRÄGE. Alternativ können Sie auch im Hauptmenü den Punkt SYSTEM/KONFIGURATION auswählen und dann in der linken Spalte die Gruppe BEITRÄGE öffnen. Am oberen Rand finden Sie dann ebenfalls das Register BLOG/HAUPTBEITRÄGE.

Wie auch bei allen anderen Darstellungsoptionen, legen Sie hiermit die systemweiten Grundeinstellungen fest. Sie gelten somit automatisch für alle Beiträge und alle Kategorien. Legen Sie hier also zunächst die grundsätzlichen Parameter fest. Die individuelle Anpassung einzelner Kategorien wird später über die Verlinkung im Menü vorgenommen.

1. Mit der Option *Führende* legen Sie fest, ob ein oder mehrere Beiträge am Anfang der Kategorie über die komplette Seitenbreite dargestellt werden soll. Das ist sehr gut für Einleitungsartikel, Willkommenstexte usw. geeignet, weil die Blog-Darstellung mit ihren Spalten erst danach beginnt.

2. Die Option *Einleitung* bestimmt, wie viele Beiträge auf der Blog-Seite mit ihrem jeweiligen Vorschautext angezeigt werden sollen. Wählen Sie hier einen Wert aus, der zur Anzahl der Spalten passt.

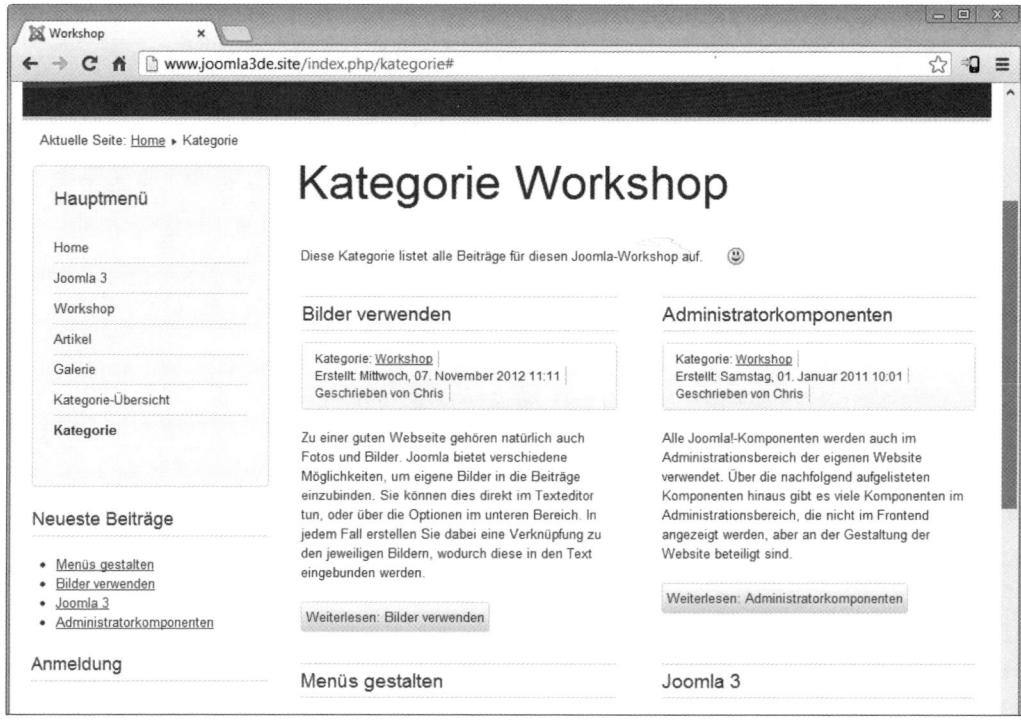

Abbildung 5.23: Die Inhalte als zweispaltiger Blog

3. Mit der Option *Spalten* teilen Sie die Blog-Seite in beliebig viele Spalten ein. Dabei entspricht eine Spalte der herkömmlichen Darstellung, zwei oder drei Spalten sind oft eine gute Wahl. Ab vier Spalten wird es hingegen unübersichtlich.

4. Unterhalb der Blog-Spalten können Sie zusätzlich eine Liste mit weiteren Artikeln anzeigen lassen. Tragen Sie in das Feld *Links* die Anzahl der aufzulistenden Artikel ein.

5. Arbeiten Sie in Ihrem Blog mit mindestens zwei Spalten, können Sie im Feld *Mehrspaltige Sortierung* angeben, wie die Beiträge sortiert werden sollen.

   – **Abwärts** – Hierbei werden die Artikel in der linken Spalte von oben nach unten sortiert. Anschließend geht es in Spalte zwei wieder von oben nach unten weiter.

   – **Seitlich** – Hierbei werden die Artikel spaltenübergreifend von links nach rechts sortiert. Anschließend geht es in der zweiten Zeile wieder von links nach rechts weiter usw.

6. Besitzt die gewählte Kategorie auch Unterkategorien, lassen sich diese mit der Option *Unterkategorien einbinden* ebenfalls in dem Blog anzeigen. Wählen Sie die gewünschte Ebene und Joomla blendet die Unterkategorien als anklickbaren Link ein.

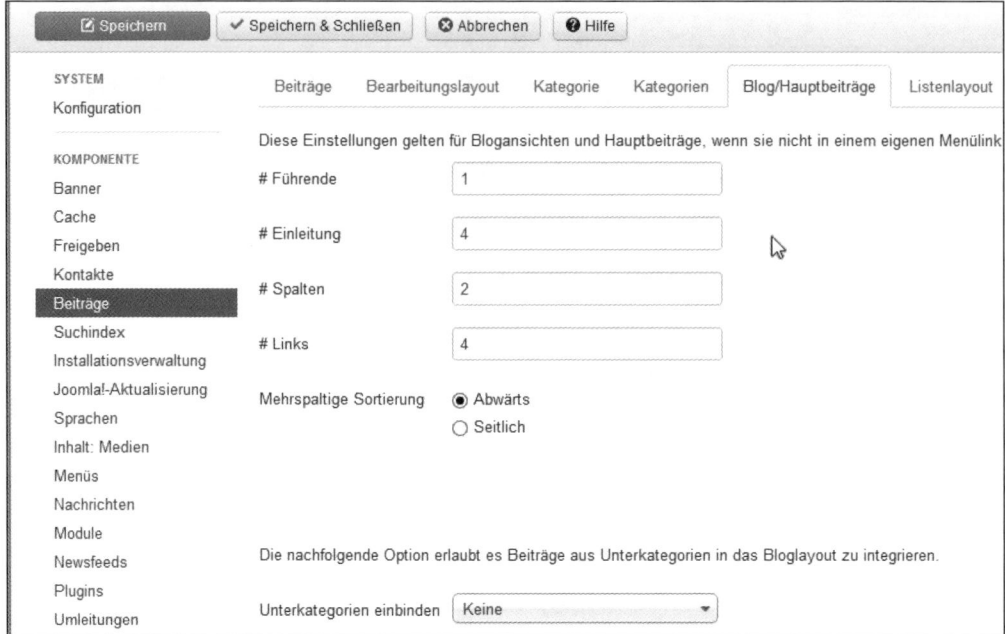

Abbildung 5.24: Die Blog-Darstellung anpassen

5.2.4 Die Listen-Ansicht für Kategorien

Vermutlich werden Sie für Ihre Inhalte häufig die Blog-Darstellung wählen. Sie erinnert sehr stark an eine Zeitung oder ein Magazin und eignet sich somit sehr gut für die meisten Inhalte. Doch nicht immer macht es Sinn, die Inhalte in großen Boxen, mehreren Spalten und mit der Text-Vorschau zu präsentieren. Vielleicht verwalten Sie auf Ihrer Webseite ganz andere Inhalte, die eher eine statistische Darstellung benötigen. Auch das Durchstöbern sehr großer Archive ist damit nicht immer sehr übersichtlich. Deshalb können Sie stattdessen die Listen-Ansicht wählen. Damit erstellt Joomla eine schlichte, aber übersichtliche Tabelle mit Ihren Beiträgen. Diese lässt sich mit Filtern steuern oder auch gezielt durchsuchen.

Die Listen-Darstellung lässt sich ein wenig anpassen. Während Sie Ihre Kategorien verwalten, klicken Sie dazu oben rechts auf die Schaltfläche OPTIONEN. Sie gelangen dadurch in die Systemkonfiguration und wählen oben das Register LISTENLAYOUT aus. Befinden Sie sich nicht in der Kategorienverwaltung, können Sie über das Hauptmenü gehen. Wählen Sie dort den Punkt SYSTEM/KONFIGURATION aus, klicken am linken Rand die Gruppe BEITRÄGE an und gehen dann ebenfalls in das Register LISTENLAYOUT.

Mit diesen Optionen legen Sie die allgemeine Darstellung für Listen fest. Sie gelten also automatisch für alle Listen auf Ihrer Webseite. Wählen Sie deshalb eine gute Grundeinstellung aus. Die genaue Darstellung einzelner Listen lässt sich später über die Verlinkung im Menü festlegen.

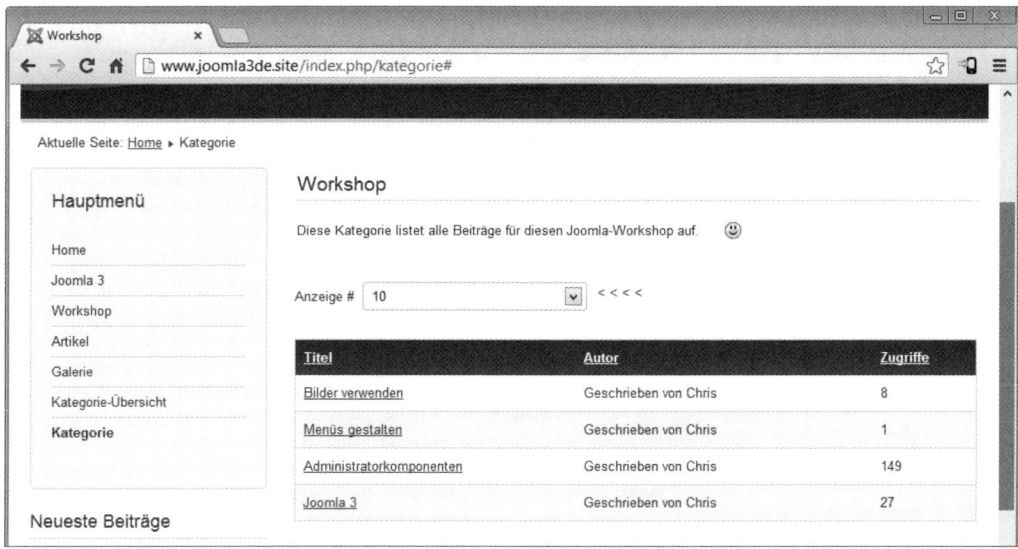

Abbildung 5.25: Die Inhalte als Liste darstellen

1. Die Option *Anzeige anzeigen* blendet über der Liste ein Auswahlmenü ein. Damit kann der Besucher angeben, wie viele Beiträge in der Liste angezeigt werden sollen. Dies verkürzt oder verlängert also die Anzeige auf der Seite.

2. Die Option *Filterfeld* erlaubt das Durchsuchen der Beitragsliste. Wählen Sie in der Liste das gewünschte Feld aus, z. B. Titel. Dafür erscheint dann auf der Webseite ein Eingabefeld, in das die Besucher Stichworte eintippen können.

3. Die *Tabellenüberschriften* werden in der Regel angezeigt, aber Sie können sie auch mit dieser Option ausblenden.

4. Die Option *Datum* blendet eine Spalte für das Datum in der Liste ein. Sie können dabei angeben, ob das Datum des Erstellens, der Freigabe oder der letzten Bearbeitung angezeigt werden soll.

5. Mit dem Feld *Datumsformat* können Sie die Anzeige des Datums abweichend vom Standard beeinflussen. Dabei stehen Ihnen die Platzhalter *D* (Day = Tag), *M* (Month = Monat) und *Y* (Year = Jahr) zur Verfügung. Eine Kleinschreibung sorgt für die Kurzform und eine Großschreibung für das Langformat – z. B. »D M Y« oder »d.m.y«.

6. Mit der Option *Seitenaufrufe anzeigen* fügen Sie der Liste eine Spalte hinzu, welche angibt, wie oft ein Beitrag bereits angeklickt und gelesen wurde.

7. Möchten Sie den Autor eines Beitrags anzeigen lassen, aktivieren Sie die Option *Autor in Liste anzeigen*.

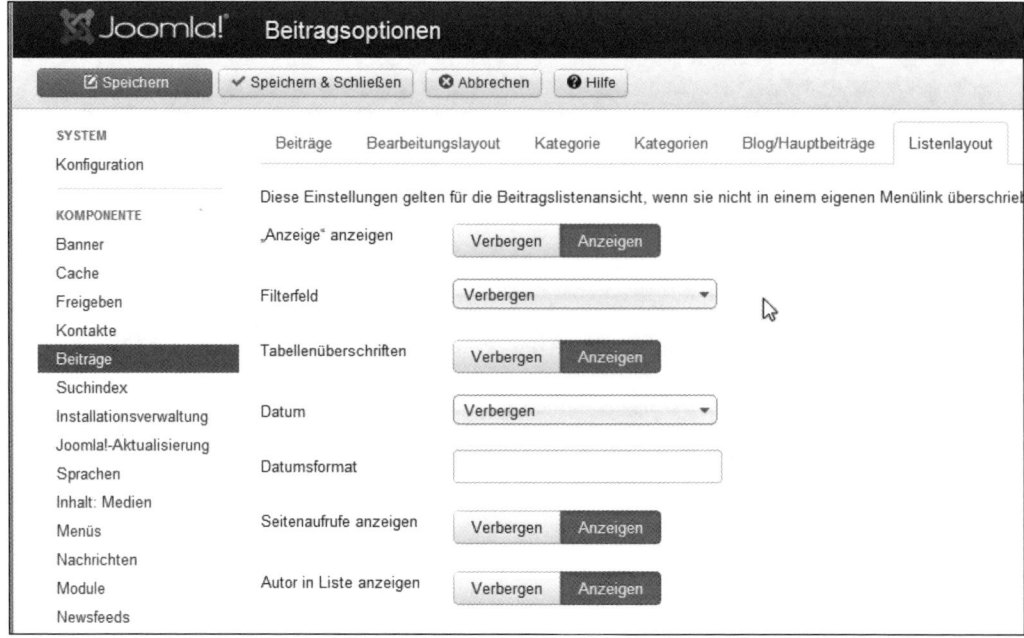

Abbildung 5.26: Die Listen-Darstellung anpassen

5.3   Fragen

1. Welche Funktion übernehmen die Kategorien in Joomla?

2. Welche Funktion hat der Alias einer Kategorie?

3. Welche Layouts können Sie einer Kategorie zuweisen und wo?

4. Wie legen Sie die allgemeine Darstellung der Kategorien fest?

5. Wie können Sie mehrere Kategorien auf einmal bearbeiten?

6 Menüs erstellen und verwalten

Jede Webseite benötigt ein Menü. Damit navigieren die Besucher durch Ihre Seite und finden so den Weg zu den Inhalten. In Joomla gibt es ebenfalls ein Hauptmenü, welches diese zentrale Navigation übernimmt. Sie können aber auch weitere Menüs erstellen. Diese können zusätzlich angezeigt werden, z. B. in der Kopf- oder Fußzeile. Ebenso lassen sich Menüs nur in bestimmten Abschnitten oder nur für bestimmte Personen einblenden. Mit Menüs steuern Sie in Joomla aber nicht nur die Navigation, sondern auch die Anzeige. In einem Menüpunkt ist nämlich nicht nur hinterlegt, wo der gewünschte Inhalt steht, sondern auch, wie dieser dargestellt werden soll. Das macht das Menü zu einem flexiblen und wichtigen Werkzeug für Ihre Webseite.

6.1 Das Menüsystem in Joomla

Das Menüsystem von Joomla ist sehr flexibel, sodass sich damit fast alle Ideen umsetzen lassen. Allerdings macht dies die Verwaltung der Menüs auch recht komplex und somit am Anfang ein wenig unübersichtlich. Anders als auf anderen Webseiten, ist das Menüsystem in Joomla nicht einfach nur eine Ansammlung von Links. Viel mehr lässt sich ein Menü als eine Gruppe von Funktionen sehen. Klickt der Besucher auf eine der angezeigten Funktionen, führt Joomla die hinterlegte Aufgabe aus. Dafür bietet Joomla ein eigenständiges Verwaltungswerkzeug an.

6.1.1 Die Möglichkeiten von Menüs

Joomla-Menüs stellen nicht einfach nur eine Auflistung von Links dar, sondern eine Gruppe von Funktionen. Das ist unbedingt notwendig, denn die Joomla-Plattform ist ein nicht-seitenbasiertes Content Management System. Es gibt also keine herkömmlichen HTML-Dateien, auf die man verlinken könnte. Stattdessen müssen über die Links im Menü konkrete Anweisungen gemacht werden, was beim Anklicken passieren soll. Sie geben also an, wie Inhalte aus der Datenbank abgerufen und dargestellt werden sollen. Mit einem Mausklick auf einen Menüeintrag, wird so z. B. eine bestimmte Kategorie geöffnet, die Beiträge entsprechend Ihrer Anweisung sortiert sowie auf das zweispaltige Layout umgeschaltet.

Das Layout bestimmen – Über die Menüs lässt sich das Layout von Kategorien und Beiträgen maßgeblich bestimmen. Sämtliche Optionen, die Ihnen bei der Erstellung von Beiträgen zur Verfügung stehen, finden sich auch in der Menüverwaltung wieder. Öffnet ein Besucher über das Menü eine Kategorie, weisen Sie dafür z. B. ein zweispaltiges Layout für die Beiträge an. Für eine andere Kategorie legen Sie hingegen die Listen-Darstellung oder einen einfachen Blog fest. Das Menü ist eine der wichtigsten Funktionen beim Steuern des Seiten-Layouts.

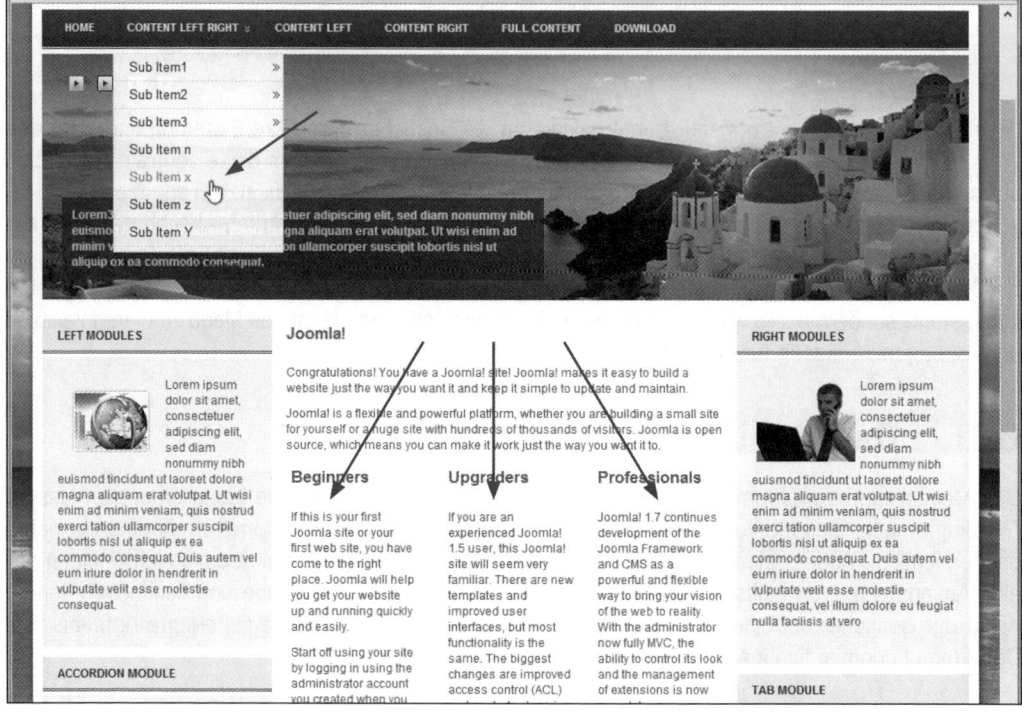

Abbildung 6.1: Das Layout mit dem Menü verändern

Mehrere Menüs verwenden – Natürlich werden Sie für Ihre Seite ein Hauptmenü erstellen, aber das ist meist nur der Anfang. In Joomla gibt es nicht nur ein Menü, sondern beliebig viele. Dabei steht jedes Menü für sich alleine und funktioniert völlig unabhängig von den anderen. Erstellen Sie z. B. ein Menü für Ihre Artikelsammlung, in dem dann sämtliche Unterkategorien aufgelistet sind. Ebenso können Sie ein Menü erstellen, das nur Ihre Mitarbeiter sehen und sich somit durch die Verwaltung der Seite bewegen können. Sie können ein Menü auch nur für bestimmte Bereiche aktivieren. So ist z. B. das Warenkorbsystem nur im Online-Shop sichtbar, im Blog-Bereich ist es hingegen unsichtbar.

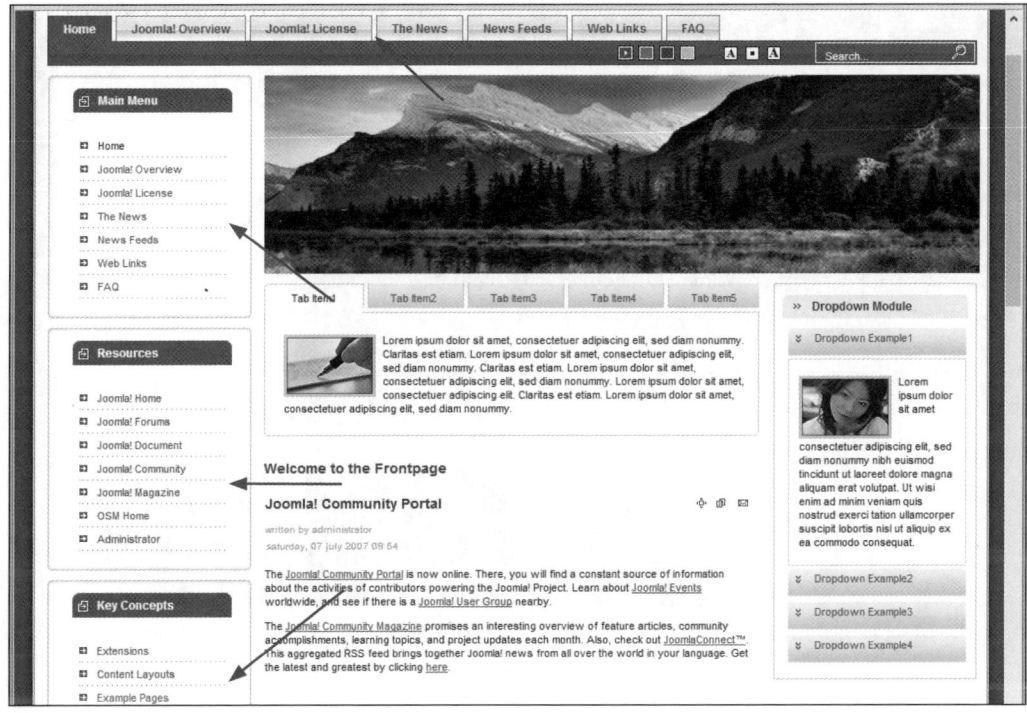

Abbildung 6.2: Mehrere Menüs für eine Seite

Module über das Menü steuern – Joomla ist ein modulares System. Es besteht also aus vielen Bausteinen, die erst in ihrer Zusammensetzung eine komplette Webseite darstellen. Das gibt Ihnen die Möglichkeit, bestimmte Module ein- oder auszuschalten bzw. diese ein- oder auszublenden. Das lässt sich ebenfalls über die Menüs steuern. So geben Sie z. B. an, dass ein Modul mit einem Newsticker nur auf der Startseite erscheint, die Fotogalerie erscheint nur innerhalb des Blogs und Werbebanner sehen nur öffentliche Besucher, aber nicht angemeldete Benutzer usw. In Joomla können Sie für jeden Menüpunkt angeben, welche Module dafür verfügbar sein sollen und welche nicht.

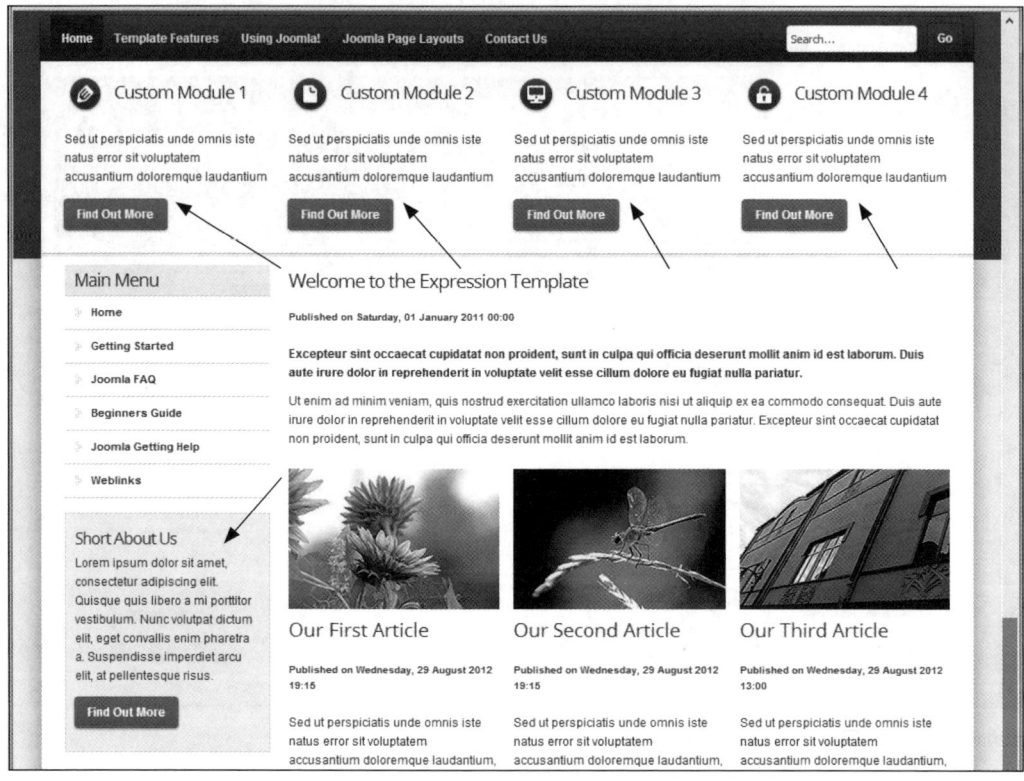

Abbildung 6.3: Module und Elemente ein- oder ausblenden

6.1.2 So funktionieren Menüs in Joomla

Damit die Menüs in Joomla die vielen Funktionen und Eigenschaften bereitstellen können, ist einiges an Technik notwendig. Dabei stellen die Menüs kein einzelnes Element dar, sondern eine Struktur aus mehreren Bausteinen. Ganz konkret besteht ein komplettes Menü aus dem *Menü*, den *Menüeinträgen* und dem *Menü-Modul*. Es ist wichtig, dass Sie dieses System kennen und verstanden haben, damit Sie individuelle Menüs erstellen und vollständig nutzen können.

Das Menü

Das Menü stellt das oberste Element in dieser Struktur dar. So gibt es z. B. das Hauptmenü, das Benutzermenü, das Top-Menü usw. Diese Menüs sind im Grunde das, was der Besucher letztendlich auf der Webseite sieht. Allerdings ist der Begriff »Menü« hierbei evtl. verwirrend weil er nicht mit dem komplexen Ganzen gleichzusetzen ist. Viel sinnvoller wäre es, von Menügruppen zu sprechen. Diese Menügruppen tragen beliebige Namen und stellen eine Art Container oder Behälter dar. Diesen werden dann die jeweiligen Einträge zugeordnet. Das ist ganz ähnlich wie die Zuordnung von Beiträgen zu einer Kategorie.

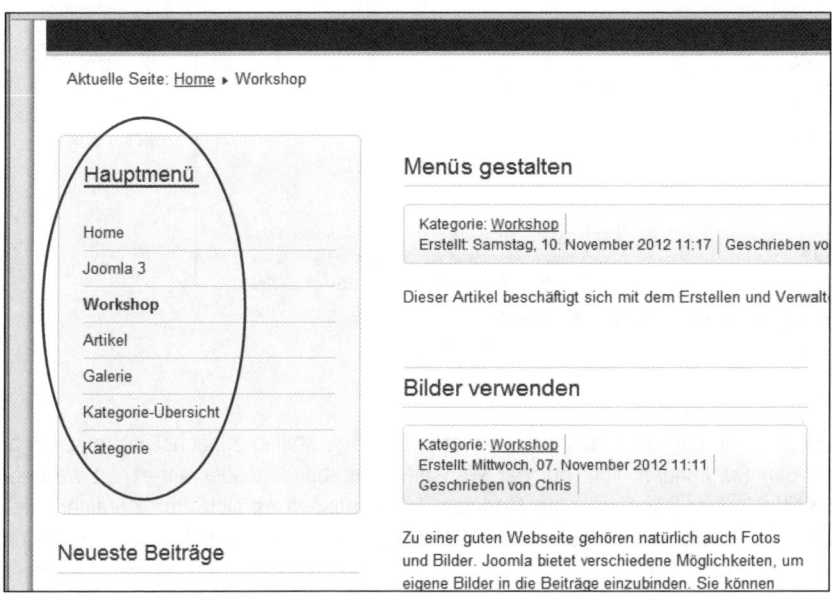

Abbildung 6.4: Das Menü als Behälter für Elemente

Die Menüeinträge

In jedes Menü gehören natürlich Elemente, die auf der Webseite angezeigt werden und sich anklicken lassen. Das ist bei Joomla nicht anders. Diese Elemente werden hier als Menüeinträge bezeichnet. Sie können beliebig viele Einträge erstellen. Allerdings können diese Menüeinträge nicht für sich alleine stehen. Sie müssen immer einem bestimmten Menü bzw. einer Menügruppe zugeordnet werden. Das ist genau so, wie Beiträge immer einer Kategorie zugeordnet werden müssen. Die Menüeinträge sind das wichtigste Element in der Menüstruktur, denn sie sind mit den ganzen Funktionen und Optionen ausgestattet. Damit steuern Sie die Anzeige, das Layout usw.

Abbildung 6.5: Die Einträge/Elemente innerhalb des Menüs

Die Menü-Module

Die Menüs bzw. Menügruppen und die ihnen zugeordneten Einträge stellen zunächst nur eine organisatorische Struktur dar. Sie können nicht auf der Webseite eingebunden oder angezeigt werden. Das funktioniert ausschließlich mit sogenannten Modulen. Dabei handelt es sich um Container oder Bausteine, welche beliebige Inhalte aufnehmen und auf der Webseite positionieren. Das kann man sich auch wie eine Art Bilderrahmen vorstellen, in den man den Inhalt legt und diesen anschließend an einer gewünschten Stelle positioniert. Das trifft aber nicht nur auf Menüs zu, sondern auf alle Joomla-Inhalte. Sie alle werden in Module verpackt und dann auf die Webseite gesetzt. Damit das funktioniert, arbeitet Joomla mit im Template festgelegten Positionen. Sie können sich diese Positionen im Template-Manager anzeigen lassen und Ihr Modul an die gewünschte Stelle setzen.

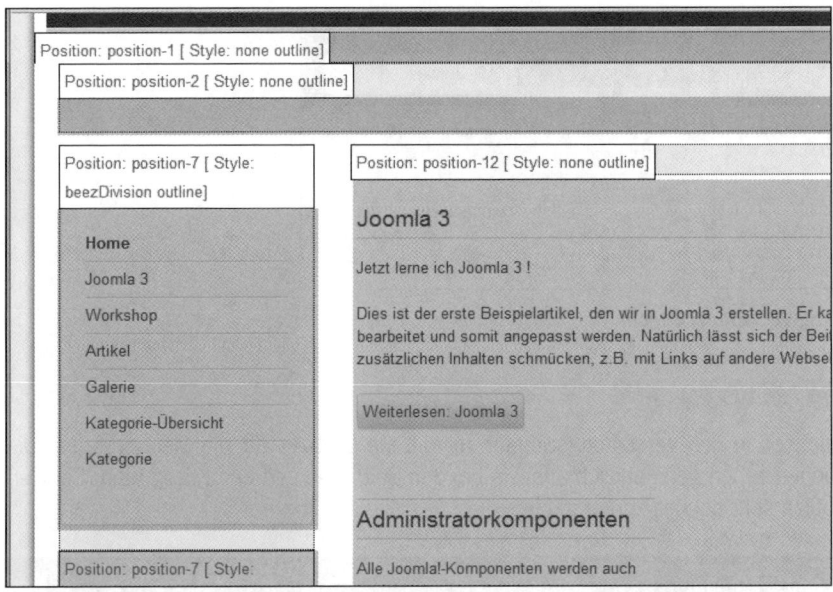

Abbildung 6.6: Positionen für die Module mit den Menüs

Genauso ist auch die Vorgehensweise beim Erstellen und Bearbeiten von Menüs. Zuerst wird das Menü bzw. die Menügruppe erstellt. Anschließend legen Sie Einträge fest und ordnen Sie Ihrem Menü zu. Schließlich erstellen Sie ein neues Modul und setzen es an eine der vorgegebenen Positionen auf der Webseite. Natürlich können Sie auch vorhandene Menüs bearbeiten, Einträge verändern und Module an neue Positionen setzen.

6.1.3 Die Menüverwaltung im Überblick

Zum Erstellen und Bearbeiten der Menüs gibt es in Joomla einen eigenen Verwaltungsbereich. Klicken Sie dafür im Hauptmenü auf den Eintrag MENÜS. Dadurch klappt automatisch das vollständige Menü aus.

- Mit dem oberen Punkt MENÜS gelangen Sie in die Menüverwaltung. Dies ist in der Regel die richtige Auswahl.

- Direkt darunter werden Ihnen die bereits vorhandenen Menüs aufgelistet. Klicken Sie eines der Menüs an, können Sie es direkt bearbeiten.

- Das Menü mit dem HAUS-Symbol beinhaltet den Eintrag für die Startseite. Meist befindet er sich im Hauptmenü, aber es kann auch jeder beliebige Eintrag in anderen Menüs festgelegt werden.

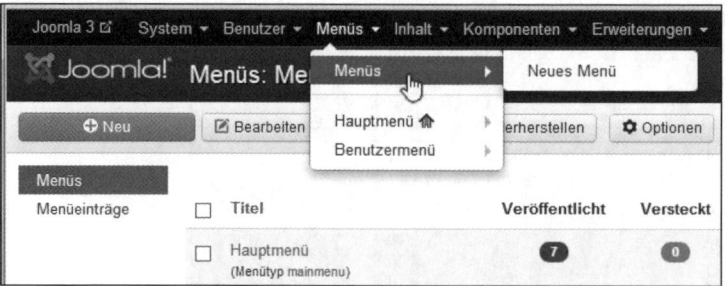

Abbildung 6.7: Die Menü-Verwaltung öffnen

Die Verwaltung der Menüs

Sie gelangen automatisch in den Verwaltungsbereich für die Menüs bzw. für die Menügruppen. Die Funktionen und Optionen sehen ganz ähnlich aus wie bei den Beiträgen und den Kategorien. Sie werden sich also vermutlich sehr schnell zurechtfinden.

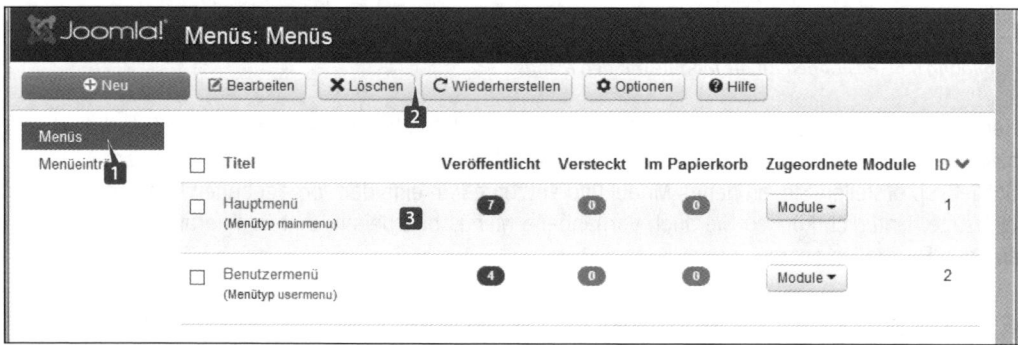

Abbildung 6.8: Die Menüs bzw. Menügruppen in der Übersicht

1 Ganz links befindet sich das Auswahlmenü für den Verwaltungsbereich. Damit wechseln Sie zwischen den zwei Bereichen der Menüverwaltung.

– Wählen Sie den Punkt Menüs, um die Menüs bzw. Menügruppen zu verwalten.

– Klicken Sie auf den Punkt Menüeinträge, um die Elemente und Einträge des jeweiligen Menüs zu bearbeiten.

2 Ganz oben befindet sich die Symbolleiste mit verschiedenen Schaltflächen. Damit bearbeiten Sie die Menüs bzw. Menügruppen.

– **Neu** – Mit dieser Schaltfläche erstellen Sie ein neues Menü.

– **Bearbeiten** – Markieren Sie ein Menü in der Liste und klicken Sie auf diese Schaltfläche, um das Menü zu bearbeiten.

– **Löschen** – Hiermit löschen Sie ein in der Liste markiertes Menü.

– **Wiederherstellen** – Machen Sie die letzte Menübearbeitung rückgängig.

- **Optionen** – Passen Sie die Systemoptionen für die Menüs an.
- **Hilfe** – Diese Schaltfläche öffnet die Joomla-Hilfe.

3 In dieser Liste werden die vorhandenen Menüs bzw. Menügruppen aufgeführt. Am Anfang sind hier vermutlich nur das Hauptmenü und das Benutzermenü aufgeführt.

- Klicken Sie auf den Namen des Menüs, um in die Bearbeitung der darin enthaltenen Einträge zu gelangen.
- Unter dem Menü steht der Alias in Klammern. Klicken Sie den Alias an, können Sie dieses Menü bzw. die Menügruppe bearbeiten.

Die Verwaltung der Menüeinträge

Klicken Sie in der Menüverwaltung ganz links auf die Funktion MENÜEINTRÄGE. Dadurch gelangen Sie in die Bearbeitung der Elemente des jeweiligen Menüs. Hier gibt es verschiedene Optionen und Funktionen zur Verwaltung. Die meisten werden Ihnen aus der Verwaltung der Beiträge und der Kategorien bereits bekannt vorkommen.

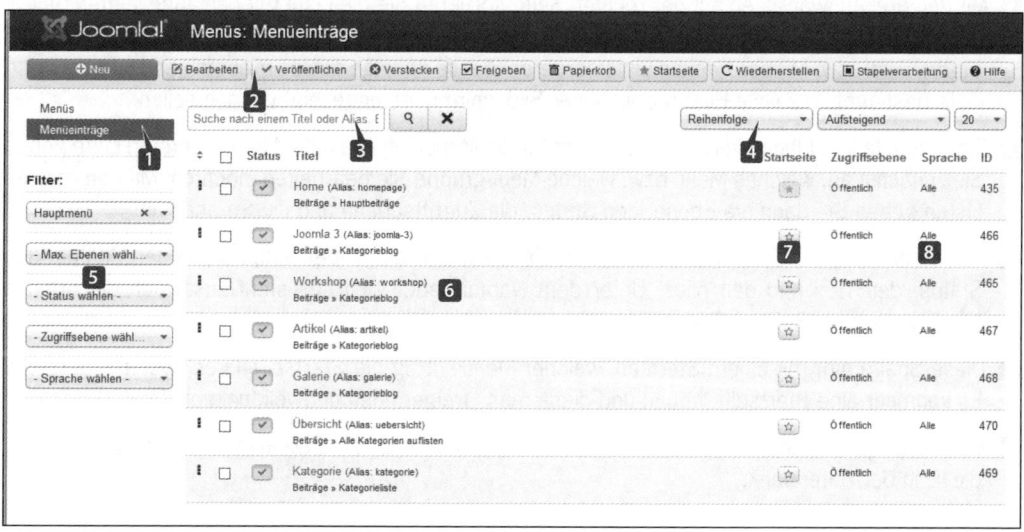

Abbildung 6.9: Die Menüeinträge in der Verwaltung

1 Links befindet sich das Auswahlmenü für den Verwaltungsbereich. Mit dem Punkt MENÜS gelangen Sie in die Verwaltung der Menüs bzw. Menügruppen und mit MENÜEINTRÄGE in die Verwaltung der Einträge in den Menüs.

2 Im oberen Bereich befindet sich die Symbolleiste. Sie bietet mit den Schaltflächen Zugriff auf typische Verwaltungsfunktionen.

- **Neu** – Hiermit erstellen Sie einen neuen Eintrag im aktuellen Menü.
- **Bearbeiten** – Markieren Sie einen Eintrag in der Liste, können Sie ihn mit dieser Schaltfläche bearbeiten.

– **Veröffentlichen/Verstecken** – Sind ein oder mehrere Einträge in der Liste markiert, können Sie sie mit diesen beiden Schaltflächen auf der öffentlichen Webseite freigeben oder auch wieder sperren.

– **Freigeben** – Ist ein Menüeintrag fälschlicherweise als geöffnet markiert, können Sie seinen Status hiermit wieder korrigieren.

– **Papierkorb** – Löschen Sie einen oder mehrere in der Liste markierte Menüeinträge.

– **Startseite** – Hiermit machen Sie einen markierten Menüeintrag zu Ihrer Startseite.

– **Wiederherstellen** – Nehmen Sie die letzte Bearbeitung zurück.

– **Stapelverarbeitung.** – Hiermit können Sie mehrere Menüeinträge auf einmal bearbeiten.

– **Hilfe** – Öffnen Sie die Joomla-Hilfe.

3 Hier finden Sie ein *Suchfeld*. Geben Sie dort einen Begriff ein, nach dem in den Menüs gesucht werden soll. Dann werden nur die passenden Einträge in der Liste angezeigt. Das lohnt sich meist nur bei sehr umfangreichen Webseiten und Menüs.

4 Mit den drei Auswahllisten auf der rechten Seite sortieren Sie die Liste mit den angezeigten Beiträgen. Wählen Sie aus der ersten Liste aus, wonach die Einträge sortiert werden sollen, z. B. nach *Status*, *Titel* usw. Mit der zweiten Liste sortieren Sie die Anzeige auf- oder absteigend und die dritte Liste bestimmt, wie viele Einträge auf einer Bildschirmseite angezeigt werden sollen.

5 Diese Spalte listet Ihnen verschiedene *Filter* für die Menüeinträge auf. Mit der obersten Liste geben Sie zunächst an, welches Menü bzw. welche Menügruppe Sie bearbeiten möchten. Mit den unteren Listen geben Sie dann die Ebene, den Status, die Zugriffsebene und die Sprache an.

6 Diese Liste zeigt alle bereits vorhandenen Menüeinträge an. Dabei sehen Sie in den Spalten den Status, den Titel und den Alias. Unter dem Namen jeden Eintrags steht zusätzlich die Art des Menüeintrags, z. B. Blog, Beitrag, Liste usw.

7 Diese Spalte gibt mit einem Stern an, welcher Menüeintrag die *Startseite* Ihres Systems darstellt. Es kann nur eine Startseite geben und diese muss freigegeben und voll funktionsfähig sein.

8 In diesen Spalten finden Sie zusätzliche Informationen, z. B. die Zugriffsebene, die Sprache und die ID in der Datenbank.

6.2 Die eigenen Menüs verwalten

Inzwischen haben Sie sich mit der Menüverwaltung vertraut gemacht. Sie kennen alle wichtigen Schaltflächen und Funktionen. Dann steht dem Bearbeiten der eigenen Menüs nichts mehr im Wege. Als Erstes schauen wir uns das Erstellen und Bearbeiten von eigenen Menüs bzw. Menügruppen an.

6.2.1 Menüs neu erstellen oder bearbeiten

Um die Menüs bzw. Menügruppen zu bearbeiten, müssen Sie zuerst links den Bereich Menüs auswählen. Dann werden Ihnen die bereits vorhandenen Menüs in der Mitte aufgelistet. Das Erstellen neuer Menüs und das Bearbeiten bereits vorhandener Menüs funktionieren genau gleich. Der Unterschied ist nur, dass beim einen die Felder noch leer sind und dass sie beim anderen noch ausgefüllt werden müssen. Aus diesem Grund lassen sich beide Vorgänge sehr gut zusammen erläutern.

1. Um ein neues Menü zu erstellen, klicken Sie oben links auf die Schaltfläche Neu. Dadurch gelangen Sie direkt in das Fenster zur Menübearbeitung.

2. Möchten Sie ein bereits vorhandenes Menü bearbeiten, gehen Sie in die Liste mit den Menüs. Klicken Sie dort auf den Alias des Menüs. Er befindet sich in Klammern unter dem Titel des Menüs. Sie gelangen ebenfalls in das Bearbeitungsfenster.

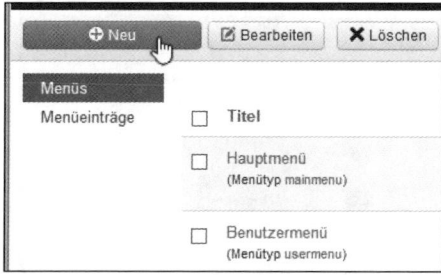

Abbildung 6.10: Ein neues Menü erstellen

3. Im Bearbeitungsfenster müssen Sie Ihrem Menü im Feld *Titel* zunächst einmal einen Namen geben. Dieser Name wird in der Admin-Oberfläche und auf der Webseite angezeigt. Wählen Sie also einen aussagekräftigen Namen für das Menü aus.

4. In das Feld *Menütyp* müssen Sie einen Alias für das Menü eingeben. Genau wie bei den Beiträgen und Kategorien dient er der systeminternen Verwaltung. Wählen Sie einen einfachen Namen ohne Leer- und Sonderzeichen.

5. In das Feld *Beschreibung* können Sie einen beliebigen Hinweis zum Menü eingeben. Er stellt lediglich eine Notiz für Sie selbst dar und ist ansonsten unerheblich.

6. Sind alle Angaben gemacht, klicken Sie oben auf die Schaltfläche Speichern bzw. auf Speichern & Schliessen. Dadurch gelangen Sie zurück in die Liste der Menüs.

Abbildung 6.11: Die Daten für das neue Menü eingeben

In diesem Beispiel wurde ein neues Menü erstellt, welches am oberen Rand der Webseite die wichtigsten Bereiche der Seite auflisten soll. Deshalb wurde der Name *Top-Menü* gewählt. Das neue Menü erscheint sofort in der Liste der vorhandenen Menüs. In der Spalte *Veröffentlicht* wird ein grüner Kreis mit einer Null angezeigt. Dies bedeutet, dass es noch keine Einträge in diesem Menü gibt. Ebenso wird in der rechten Spalte angezeigt, dass es für dieses Menü noch kein Modul gibt. Es ist auf der Webseite also noch nicht sichtbar.

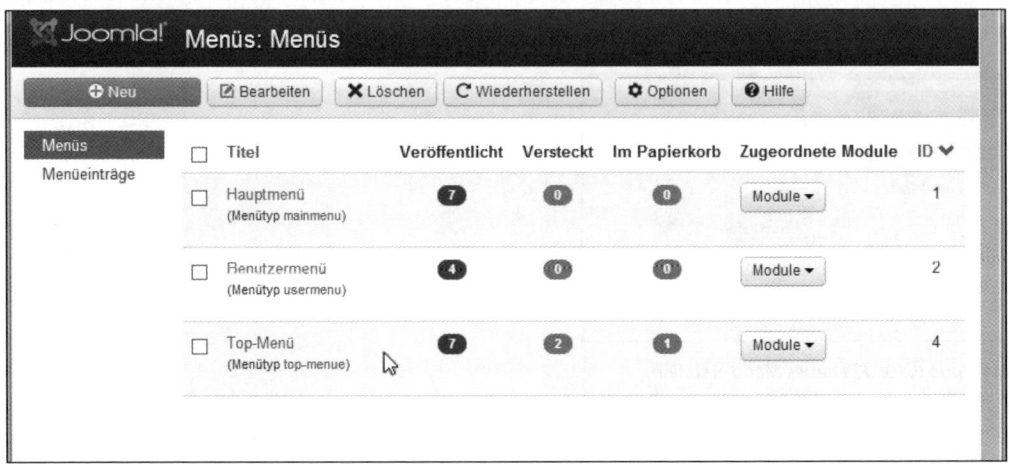

Abbildung 6.12: Das neue Menü in der Liste

6.2.2   Die Systemoptionen anpassen

Joomla zeigt für jede Seite, für jede Kategorie und für jeden Beitrag einen Titel auf der Webseite und oben in der Titelleiste des Browsers an. In der Regel steuern Sie diese Anzeige über die Optionen in den einzelnen Menüs oder auch über die Kategorien und Beiträge selbst. Sie haben aber auch die Möglichkeit, diese Einstellung global für sämtliche Menüs festzulegen.

In den meisten Fällen macht solch eine globale Einstellung wenig Sinn. Wahrscheinlich möchte niemand auf der gesamten Webseite und auf allen Beiträgen dieselben Überschriften sehen. Davon abgesehen, wird die globale Einstellung sowieso fast immer von den Einzelmenüs, den Kategorien oder auch den Beiträgen überschrieben. Sie werden sie also nur zu sehen bekommen, wenn Sie ansonsten sämtliche Titel und Überschriften abschalten.

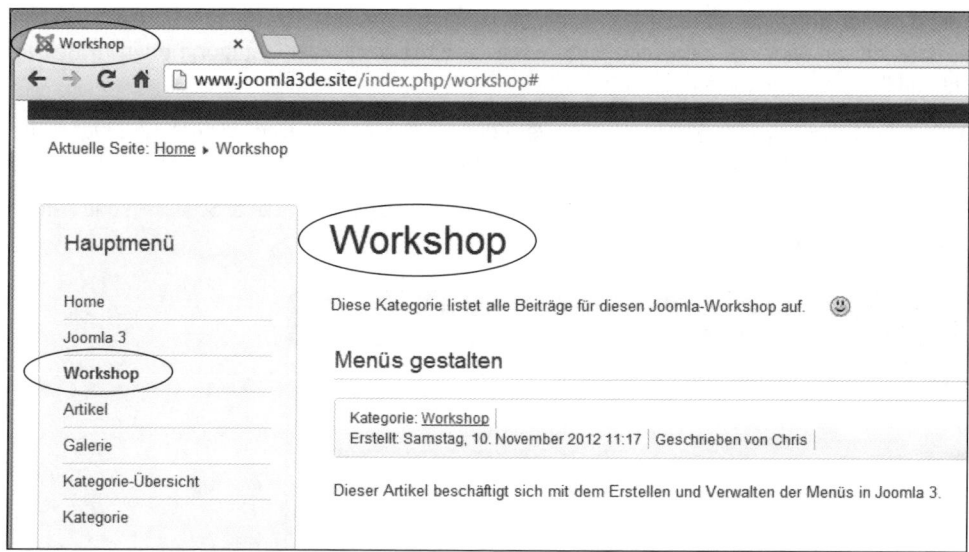

Abbildung 6.13: Seiten- und Browsertitel

1. Um die globalen Einstellungen für die Titel und Überschriften zu öffnen, klicken Sie in der Menüverwaltung oben rechts auf die Schaltfläche OPTIONEN. Dadurch gelangen Sie in die Systemkonfiguration.

2. Sie können diese Einstellungen auch öffnen, indem Sie im Hauptmenü den Punkt SYSTEM/KONFIGURATION auswählen. Am linken Rand gehen Sie dann in die Gruppe MENÜS.

Abbildung 6.14: Optionen für Titel und Überschriften öffnen

3. In das Feld *Seitentitel im Browser* können Sie einen alternativen Titel eintragen. Er wird dann oben in der Titelleiste des Browsers angezeigt. Das individuelle Menü, die Kategorie oder der Beitrag überschreiben diesen Wert, sobald dort etwas anderes eingestellt ist.

4. Mit der Option *Seitenüberschrift anzeigen* geben Sie an, ob Sie generell die Anzeige von Überschriften auf den Seiten wünschen.

5. Direkt darunter geben Sie in das Feld *Seitenüberschrift* die gewünschte Überschrift ein. Auch hier gilt, dass dieser Wert nur angezeigt wird, wenn im Einzelmenü, der Kategorie oder im Beitrag nichts anderes angegeben ist.

6. Mit dem Feld *Seitenklasse* können Sie abweichend vom Standard eine weitere CSS-Klasse für Menüs vergeben. Damit können Sie das Menü zusätzlich formatieren.

7. Zuletzt klicken Sie oben links auf die Schaltfläche SPEICHERN bzw. SPEICHERN & SCHLIESSEN und kehren damit in die Menüverwaltung zurück.

Abbildung 6.15: Optionen für Seitentitel und Überschrift

6.2.3   Das Menü als Modul in die Webseite einbinden

Nachdem Sie ein neues Menü in Joomla erstellt haben, möchten Sie dieses natürlich auch auf der Webseite anzeigen. Wie Sie bereits wissen, kann das Menü nicht für sich alleine stehen, sondern muss in ein Modul verpackt werden. Für ein neues Menü müssen Sie auch ein neues Modul erstellen. Haben Sie hingegen ein bestehendes Menü bearbeitet, können Sie das bisherige Modul weiterverwenden und es ggf. anpassen. Das Erstellen und Bearbeiten unterscheidet sich auch hierbei kaum.

1. Gehen Sie in das Hauptmenü von Joomla. Wählen Sie dort den Punkt ERWEITERUNGEN/MODULE aus. Dadurch gelangen Sie in die Modulverwaltung.

   – Wählen Sie links oben die Option SITE aus, sodass Sie die Module für die öffentliche Webseite verwalten und nicht die für die Admin-Oberfläche.

   – Möchten Sie nur die Module für die Menüverwaltung sehen, wählen Sie links bei *Filter* als *Modultyp* die Option MENÜ aus.

2. Um nun ein neues Modul zu erstellen, klicken Sie links oben auf die Schaltfläche Neu. Möchten Sie ein vorhandenes Modul bearbeiten, klicken Sie in der Liste auf den Titel des Moduls.

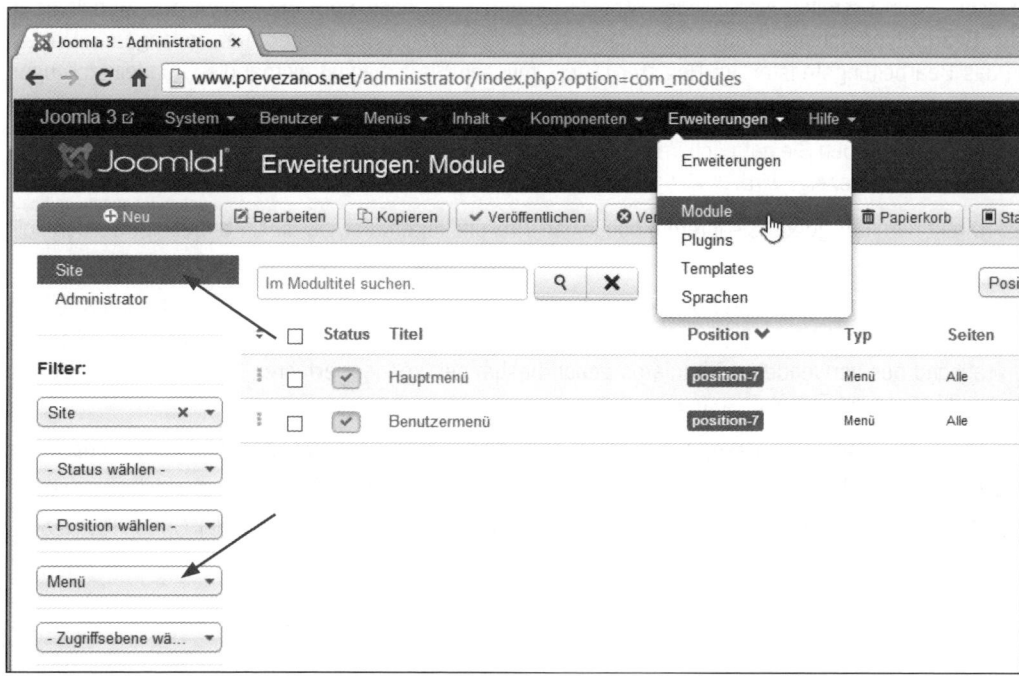

Abbildung 6.16: Optionen für Seitentitel und Überschrift

3. Beim Erstellen eines neuen Moduls werden Sie als Erstes gefragt, welche Art Modul Sie erzeugen möchten. Dazu öffnet sich eine recht lange Liste mit verschiedenen Typen. Hier müssen Sie den Modultyp Menü auswählen.

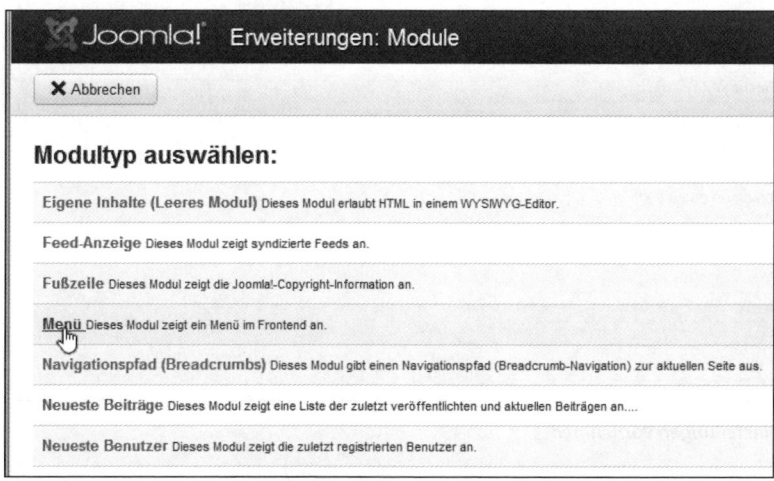

Abbildung 6.17: Den Modultyp Menü wählen

Das Register Details

Nun müssen Sie im Bearbeitungsfenster die vielen Optionen und Einstellungen für dieses Modul anpassen. Beim Erstellen eines neuen Moduls gelangen Sie nach dem Auswählen des Modultyps in das Bearbeitungsfenster. Haben Sie hingegen ein vorhandenes Modul geöffnet, gelangen Sie direkt in das Bearbeitungsfenster. Im Register DETAILS müssen Sie zunächst einmal die Grundeinstellungen vornehmen.

1. Als *Status* geben Sie natürlich VERÖFFENTLICHT an, weil das Modul und somit Menü sonst nicht auf der Webseite angezeigt wird.

2. Direkt darunter geben Sie Ihrem Modul einen *Titel* und legen fest, ob dieser angezeigt werden soll, oder nicht.

3. Jedes Modul benötigt eine *Position*, mit der die genaue Anzeigestelle auf der öffentlichen Webseite bestimmt wird. Wählen Sie dazu die gewünschte Position aus dieser Liste aus. Wie Sie die Position anhand des verwendeten Templates genau bestimmen können, erfahren Sie in Kapitel 9, Design und Layout mit Templates steuern.

4. Unter *Zugriffsebene* müssen Sie angeben, wer dieses Modul sehen und somit benutzen darf. Wie üblich, können Sie hier zwischen ÖFFENTLICH, REGISTRIERT und SPEZIAL wählen.

5. Befinden sich mehrere Module in einer Joomla-Position, bestimmen Sie mit der Option REIHENFOLGE, wie diese dargestellt werden soll.

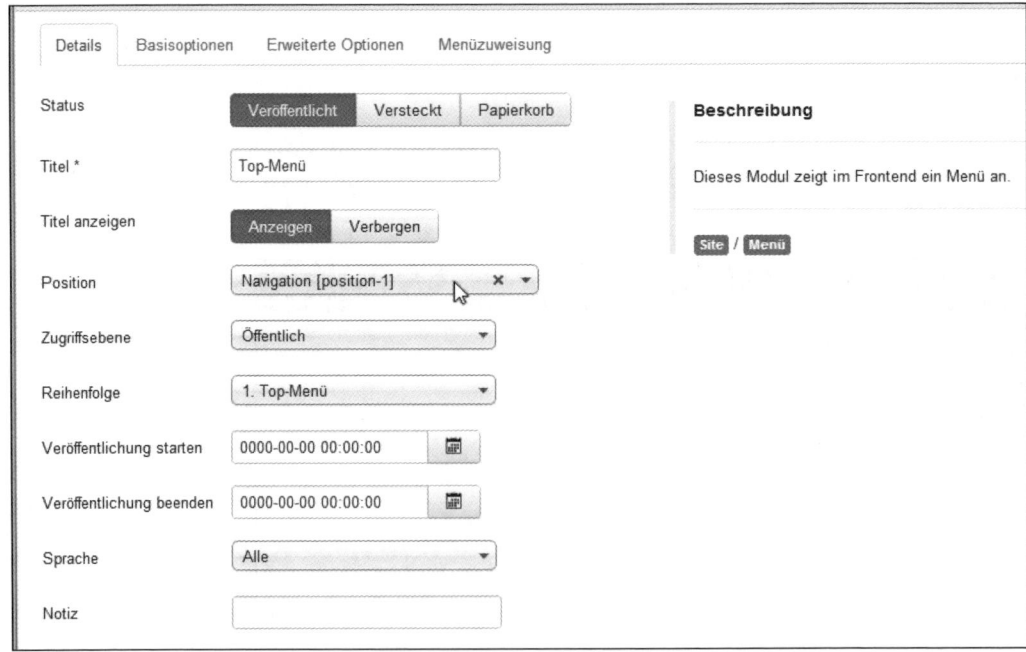

Abbildung 6.18: Die Grundeinstellungen vornehmen

6. Mit den Feldern Veröffentlichung starten/beenden können Sie die Veröffentlichung des Moduls zu einem bestimmten Datum starten und beenden. Allerdings macht das eher bei Beiträgen Sinn und weniger bei Modulen.

7. Haben Sie eine mehrsprachige Webseite erstellt, ordnen Sie dieses Modul mit der Liste *Sprache* einer der vorhandenen Sprachen zu.

8. Ganz unten können Sie noch eine interne *Notiz* hinzufügen.

Das Register Basisoptionen

Als Nächstes müssen Sie in das Register Basisoptionen wechseln. Es passt sich je nach gewähltem Modultyp mit seinen Optionen an. Weil Sie hier ein Menü einbinden möchten, gibt es nur wenige Auswahlmöglichkeiten.

1. Am wichtigsten ist natürlich, dass Sie oben unter *Menü auswählen* angeben, welches Menü überhaupt eingebunden und angezeigt werden soll. Die Liste bietet Ihnen alle erstellten Menüs an.

2. Mit der Option *Basiseintrag* legen Sie fest, auf welcher Ebene dieses Modul angezeigt werden soll. Der Standardwert *Aktuell* ist meistens passend.

3. Besitzt Ihr Menü mehrere Untermenüs, geben Sie mit den Optionen *Erste Ebene* und *Letzte Ebene* an, ob diese ebenfalls mit angezeigt werden sollen und bis zu welcher Tiefe.

4. Mit der Option *Untermenüeinträge anzeigen* werden die Untermenüs grundsätzlich ein- oder ausgeschaltet und immer eingeblendet.

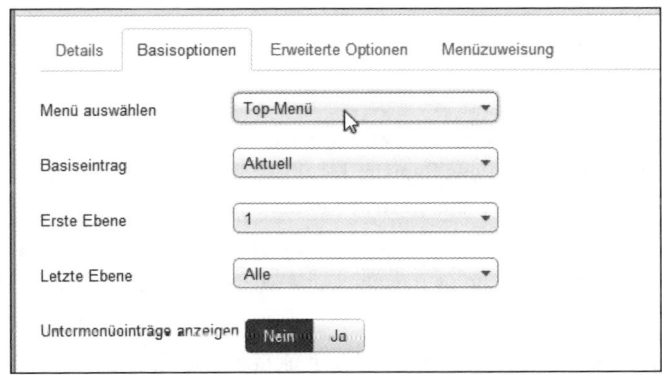

Abbildung 6.19: Das gewünschte Menü auswählen

Das Register Erweiterte Optionen

Das Register ERWEITERTE OPTIONEN kennen Sie bereits von anderen Joomla-Elementen, z. B. von den Beiträgen oder den Kategorien. Normalerweise werden dort weitergehende Konfigurationen angeboten. Bei den Modulen ist das eigentlich auch so, nicht aber bei den Menü-Modulen. Weil hier keine weiteren Anpassungen notwendig sind, beinhaltet dieses Register lediglich Optionen für die Formatierung.

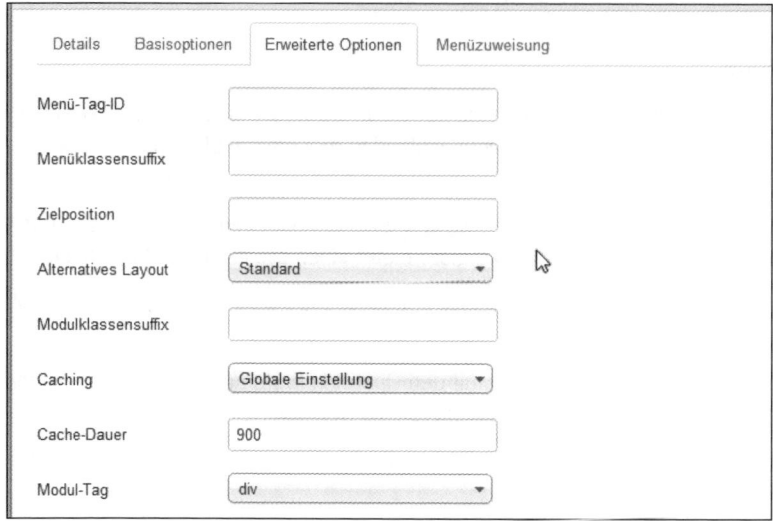

Abbildung 6.20: Optionen für CSS und Layout

Das Register Menüzuweisung

Zuletzt müssen Sie natürlich noch angeben, auf welchen Seiten Sie Ihr Modul und damit Ihr Menü anzeigen möchten. Um das festzulegen, gehen Sie in das Register MENÜZUWEISUNG. Wählen Sie mit der Liste *Modulzuweisung* aus, auf welchen Seiten das Menü angezeigt werden soll.

1. Soll Ihr Menü überall auf der Webseite angezeigt werden, wählen Sie aus der Liste den Punkt *Auf allen Seiten* aus. Ihr Menü ist dann immer sichtbar und es müssen keine weiteren Angaben gemacht werden.

2. Die Option *Keine Seiten* blendet das Menü immer aus, was natürlich nicht sinnvoll ist.

3. Möchten Sie das Menü hingegen nur auf bestimmten Seiten einblenden, wählen Sie entweder die Option NUR AUF DER GEWÄHLTEN SEITE oder die Option AUF ALLEN SEITEN MIT AUSNAHME DER GEWÄHLTEN. Dadurch erhalten Sie eine Liste mit allen Menüeinträgen, von denen Sie die gewünschten anwählen bzw. die unerwünschten abwählen.

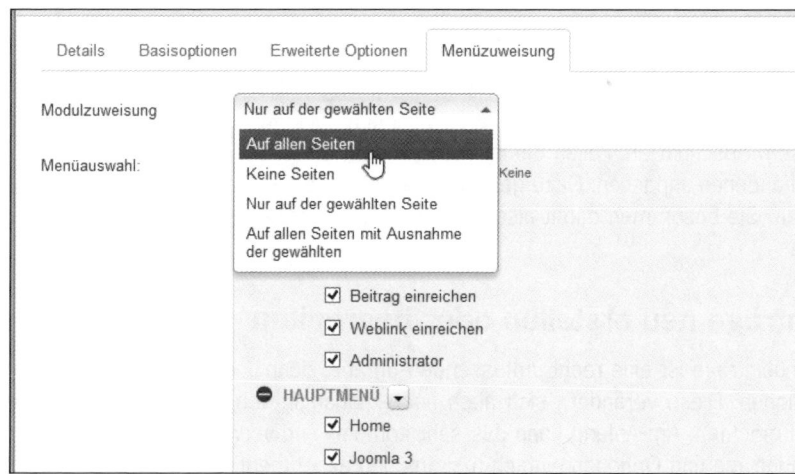

Abbildung 6.21: Wo das Modul angezeigt werden soll

Haben Sie alle notwendigen Angaben gemacht und die gewünschten Optionen angepasst, müssen Sie Ihr Menü nur noch speichern. Klicken Sie dafür oben links auf die Schaltfläche SPEICHERN. Jetzt können Sie auf Ihre Webseite gehen und das neue Menü sofort austesten. Entspricht alles Ihren Vorstellungen, können Sie die Menübearbeitung mit SPEICHERN & SCHLIESSEN verlassen. Natürlich funktioniert das nur, wenn Ihr Menü auch schon Einträge besitzt, ansonsten bleibt es zunächst unsichtbar. Falls das bei Ihnen der Fall ist, geht es im nächsten Abschnitt direkt mit dem Erstellen und Bearbeiten von Menüeinträgen weiter.

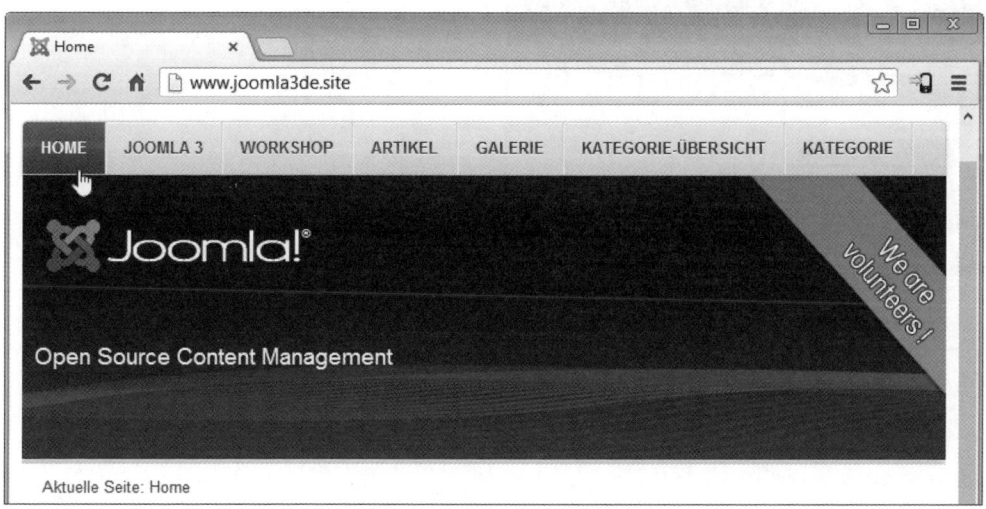

Abbildung 6.22: Das neue Menü erscheint auf der Webseite.

6.3 Die Menüeinträge verwalten

Inzwischen haben Sie ein Menü erstellt und dies mit dem notwendigen Modul verknüpft. Allerdings ist Ihr Menü wahrscheinlich noch leer, denn bisher haben wir noch keine Menüeinträge erstellt. Das schauen wir uns in diesem Abschnitt an. Füllen Sie Ihr Menü, indem Sie es mit neuen Menüeinträgen bestücken oder die vorhandenen anpassen. Dazu gehört auch, dass Sie den Menüeinträgen eine passende Funktion zuweisen. Sie bestimmen damit also, was der Menüeintrag genau anzeigen soll und wie dies auszusehen hat.

6.3.1 Menüeinträge neu erstellen oder bearbeiten

Die Verwaltung der Menüeinträge ist eine recht umfassende Aufgabe, denn Joomla bietet dafür sehr viele verschiedene Optionen. Diese verändern sich auch noch, abhängig von der Art des Menüeintrags, den Sie erstellen möchten. Am Anfang kann das sehr komplex und verwirrend sein. Probieren Sie die verschiedenen Einträge und Optionen einfach mal aus und experimentieren Sie damit. Schon nach kurzer Zeit finden Sie sich in der Menüverwaltung prima zurecht.

1. Als Erstes müssen Sie in der Menüverwaltung von den Menüs zu den Einträgen wechseln. Wählen Sie dazu links die Option MENÜEINTRÄGE aus.

2. Achten Sie darauf, dass unter *Filter* auch das Menü ausgewählt ist, dessen Einträge Sie bearbeiten oder neu erstellen möchten.

3. Um einen neuen Menüeintrag zu erstellen, klicken Sie oben links auf die Schaltfläche NEU. Möchten Sie hingegen einen vorhandenen Eintrag bearbeiten, klicken Sie in der Liste auf dessen Namen.

Abbildung 6.23: Menüeinträge erstellen oder bearbeiten

Linke Spalte

Sie gelangen mit beiden Optionen in das Bearbeitungsfenster für Menüeinträge. Es sieht beim Erstellen oder Bearbeiten gleich aus, nur mit dem Unterschied, dass die Felder beim einen noch leer sind und beim anderen nicht. Wechseln Sie in das Register DETAILS, falls es nicht automatisch geöffnet wird.

1. Ganz wichtig ist die Option *Menüeintragstyp*. Damit geben Sie an, welche Art Eintrag Sie erstellen möchten. Klicken Sie dafür auf die Schaltfläche AUSWÄHLEN und Sie können in einem neuen Fenster z. B. zwischen Kategorien, Artikeln, Listen usw. auswählen. Weil das ziemlich umfangreich ist, schauen wir uns diese Liste im nächsten Abschnitt genauer an.

2. Direkt unter der Wahl des Menüeintragstyps erscheinen ein oder mehrere Felder mit erweiterten Optionen für den gewählten Eintrag. Das kann eine Kategorie sein, ein Benutzer, ein Artikel usw. Das Feld und der anzugebende Wert verändern sich je nach Menüeintragstyp.

3. Natürlich benötigt Ihr Menüeintrag auch einen Namen, der in den Menüs angezeigt wird. Diesen tragen Sie in das Feld *Menütitel* ein.

4. Genau wie bei den Beiträgen und Kategorien benötigt auch jeder Menüeintrag einen Alias. Tragen Sie den Namen in das Feld *Alias* ein. Lassen Sie das Feld leer, erstellt Joomla einen Alias aus dem Titel.

Abbildung 6.24: Basisoptionen – Menüeintragstyp, Titel & Co. angeben

5. Unter *Status* müssen Sie zunächst angeben, ob dieser Menüeintrag zur Benutzung veröffentlicht werden soll, ob er noch versteckt ist oder ob Sie ihn in den Papierkorb schieben möchten.

6. Das Feld mit dem Link hat nur informativen Charakter und kann nicht verändert werden.

7. Über die Auswahlliste *Menüzuordnung* können Sie diesen Menüeintrag in ein anderes Menü/Menügruppe verschieben.

8. Menüeinträge können auch Unterpunkte anderer Einträge darstellen. So können Sie z. B. dem Eintrag *Artikel* die Untermenüpunkte *Internet, Smartphones, Windows* usw. geben. Möchten Sie einen Menüpunkt zum Unterpunkt eines anderen machen, müssen Sie in der Liste *Übergeordneter Eintrag* den Oberpunkt auswählen.

9. Mit der *Reihenfolge* bestimmen Sie, an welcher Position der neue Menüpunkt angezeigt werden soll. Das lässt sich erst verändern, nach dem der Eintrag einmal gespeichert wurde.

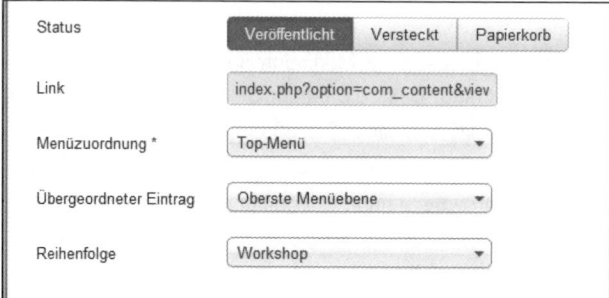

Abbildung 6.25: Zuordnung und Reihenfolge festlegen

Rechte Spalte

In der rechten Spalte finden Sie weitere Optionen für diesen Menüeintrag. In der Regel können Sie diese Optionen auf den Standardwerten belassen.

1. Mit der Option *Zugriffsebene* bestimmen Sie, wer diesen Menüpunkt auf der Webseite sehen kann. Dabei können Sie wie gewohnt zwischen ÖFFENTLICH, REGISTRIERT, SPEZIAL usw. auswählen.

2. Ganz besonders wichtig ist die Option *Standardseite*. Damit legen Sie fest, dass dieser Menüeintrag die Startseite (Home) Ihres Webservers darstellen soll.

3. Mit *Zielfenster* legen Sie fest, in welchem Browserfenster dieser Menüeintrag geöffnet werden soll. In der Regel ist dies sicherlich dasselbe Fenster, externe Links oder Ähnliches lassen sich aber auch in neuen Fenstern öffnen.

4. Wollen Sie der Zielseite ein ganz eigenes Design geben, können Sie mit der Liste *Template-Stil* ein in Joomla installiertes Template auswählen. Es wird dann auf die Zielseite angewendet.

5. Haben Sie eine mehrsprachige Webseite erstellt, können Sie mit der Option *Sprache* angeben, welcher Sprache dieses Menü zugeordnet werden soll.

6. Fügen Sie diesem Menüeintrag auf Wunsch eine interne *Notiz* hinzu.

7. Die *ID* dient der systeminternen Verarbeitung und wird von Joomla automatisch vergeben.

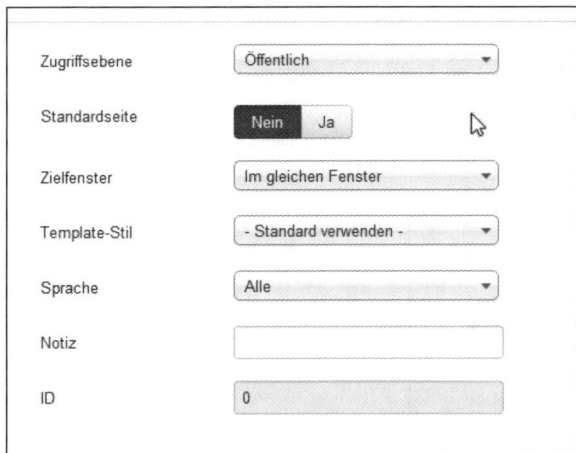

Abbildung 6.26: Die Optionen in der rechten Spalte

Speichern & Schließen

Sind alle Einstellungen und Optionen für diesen Menüeintrag vorgenommen worden, können Sie ihn speichern. Klicken Sie dafür oben links auf die Schaltfläche SPEICHERN. Dann bleibt das Fenster geöffnet und Sie können noch Änderungen daran vornehmen. Klicken Sie auf die Schaltfläche SPEICHERN & SCHLIESSEN, gelangen Sie nach dem Speichern zurück in die Übersicht mit allen Menüeinträgen.

Abbildung 6.27: Den Menüeintrag speichern

6.3.2   Übersicht der möglichen Menüeintragstypen

In Joomla stellt ein Menüeintrag nicht einfach nur einen Link dar, sondern eine Funktion, die vom System ausgeführt wird. Welche Funktion Sie jeweils ausführen möchten, bestimmen Sie über den Menüeintragstyp. Gehen Sie dafür in das Register DETAILS. Dort klicken Sie auf die Schaltfläche AUS-WÄHLEN.

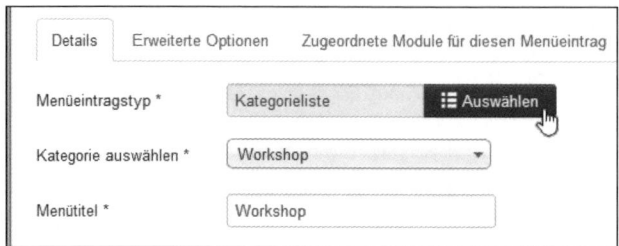

Abbildung 6.28: Die Auswahl für den Menüeintagstyp öffnen

Dadurch öffnet sich ein neues Fenster. Es listet Ihnen alle verfügbaren Menüeintragstypen auf. Diese sind in mehrere Gruppen aufgeteilt, die jeweils demselben Verwendungszweck dienen oder eine ähnliche Inhaltsart besitzen. Klicken Sie zunächst auf den Namen der Gruppe, z. B. BEITRÄGE, KONTAKTE usw. und anschließend auf den gewünschten Menüeintrag.

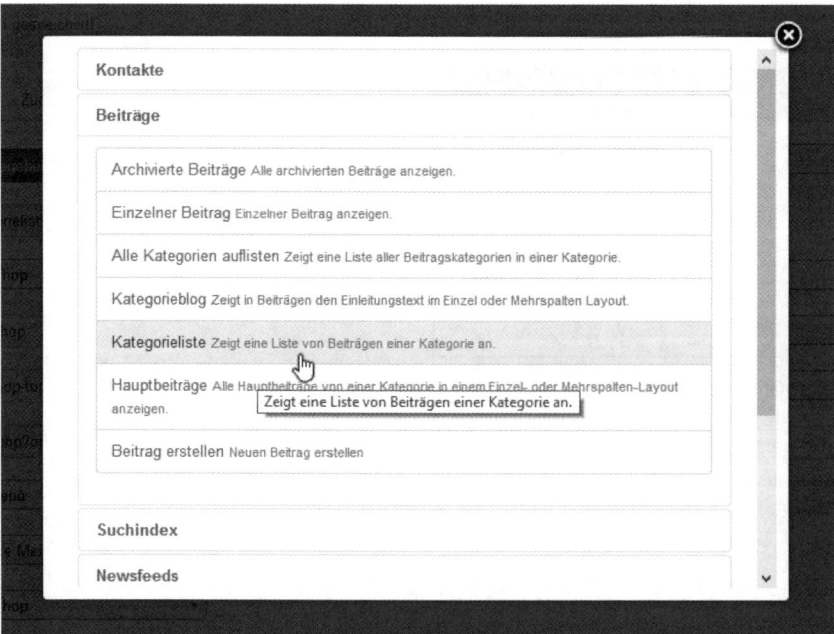

Abbildung 6.29: Das Fenster für die Auswahl

Kontakte – In dieser Gruppe finden Sie verschiedene Menüeintragstypen, mit denen Sie auf die Joomla-Komponente **Kontakte** zugreifen können. Dadurch lassen sich die gespeicherten Kontakte gezielt in die Webseite einbauen.

- **Alle Kontaktkategorien auflisten** – Listen Sie alle Kategorien auf, die Sie für Ihre Kontakte erstellt haben.

- **Kontakte in Kategorien auflisten** – Wählen Sie eine oder mehrere Kategorien aus, deren Kontakte Sie auflisten möchten.

- **Einzelner Kontakt** – Mit diesem Menüeintrag verweisen Sie direkt auf einen einzelnen Kontakt.

- **Hauptkontakte** – Listen Sie alle Ihre Hauptkontakte auf.

Beiträge – Mit diesen Menüeinträgen greifen Sie auf Ihre gespeicherten Beiträge zu. Dabei können Sie auf einzelne Beiträge oder ganze Kategorien verweisen. Auch die Anzeigeart (Blog oder Liste) lässt sich einstellen. Dies ist sicherlich die am häufigsten verwendete Menüart.

- **Archivierte Beiträge** – Listen Sie alle Beiträge auf, die Sie in das Archiv verschoben haben.

- **Einzelner Beitrag** – Mit diesem Menüeintrag verlinken Sie auf einen einzelnen Beitrag.

- **Alle Kategorien auflisten** – Dieser Eintrag erzeugt eine Liste aller Kategorien oder auch der Unterkategorien einer ausgewählten Oberkategorie.

- **Kategorienblog** – Wählen Sie eine oder mehrere Kategorien aus, deren Beiträge Sie in Form eines Blogs auflisten möchten.

- **Kategorienliste** – Hiermit werden die Beiträge einer einzelnen Kategorie in Form einer Liste angezeigt.

- **Hauptbeiträge** – Dieser Link führt zu einer Seite, welche alle Beiträge auflistet, die als Hauptbeiträge deklariert sind. Das Layout ist anpassbar.

- **Beitrag erstellen** – Dieser Menüeintrag öffnet den Editor und erstellt einen neuen Beitrag. Die notwendigen Zugriffsrechte sind dafür Voraussetzung.

Suchindex – Dieser Menüeintrag stellt eine Suchfunktion bereit.

- **Suche** – Leiten Sie den Besucher zu einer einfachen Suchfunktion oder definieren eine Suche vor, die beim Anklicken des Menüeintrags ausgeführt wird.

Newsfeed – In dieser Gruppe finden Sie Menüeinträge, die auf die Joomla-Komponente *Newsfeeds* zugreifen. So können Sie direkt auf Ihre Newsfeeds (RSS) zugreifen.

- **Alle Newsfeed-Kategorien auflisten** – Listen Sie alle Kategorien auf, die Sie in der Newsfeed-Komponente angelegt haben.

- **Newsfeeds in Kategorien auflisten** – Dieser Menüeintrag führt zu einer Liste mit allen Newsfeeds einer bestimmten Kategorie.

- **Einzelner Newsfeed** – Leiten Sie den Besucher zu einem bestimmten Newsfeed.

Suche – Dieser Menüeintrag stellt eine deutlich erweiterte Suchfunktion bereit.

- **Suchformular oder Suchergebnisse auflisten** – Damit können Sie Ihre Besucher auf eine umfangreiche Suchseite leiten oder auch eine Suche vordefinieren, welche beim Anklicken ausgeführt wird.

Benutzer – Hier finden Sie verschiedene Menüeinträge, welche sich auf die Benutzerkonten von Joomla beziehen. So können Sie die Besucher direkt zur Registrierung, Anmeldung oder auf einzelne Benutzerprofile leiten.

- **Anmeldeformular** – Dieser Link führt zu einer Seite, auf der sich Ihre Besucher mit ihren Joomla-Benutzerdaten anmelden können.

- **Benutzerprofil** – Zeigen Sie ein bestimmtes Benutzerprofil an.

- **Benutzerprofil bearbeiten** – Leiten Sie den Besucher auf eine Seite, auf der er sein Benutzerprofil bearbeiten kann.

- **Registrierungsformular** – Hiermit führen Sie Besucher auf eine Seite, auf der sie sich neu für Ihr Joomla-System als Benutzer registrieren können.

- **Benutzername erneut zusenden** – Hat ein Benutzer seinen Namen vergessen, kann er ihn sich hiermit zusenden lassen.

- **Passwort zurücksetzen** – Hat ein Benutzer sein Passwort vergessen, kann er es hiermit zurücksetzen lassen.

Weblinks – Die Menüeinträge in dieser Gruppe greifen auf die Joomla-Komponente *Weblinks* zu. Sie dient der Verwaltung einer eigenen Link-Sammlung auf der Homepage.

- **Alle Weblinkskategorien auflisten** – Dieser Link führt zu einer Seite, die alle in der Joomla-Komponente erstellten Kategorien auflistet.

- **Weblinks in Kategorien auflisten** – Wählen Sie eine Kategorie aus, deren Weblinks als Liste angezeigt werden sollen.

- **Weblinks einreichen** – Dieser Menüeintrag führt den Besucher zu einem Formular, mit dem er Ihnen einen neuen Link vorschlagen kann.

Wrapper – Der Wrapper bietet eine Funktion, mit der sich externe Webseiten innerhalb von Joomla anzeigen lassen.

- **Iframe-Wrapper** – Hiermit wird ein Iframe geladen, der die externe Webseite innerhalb von Joomla anzeigt.

Systemlinks – Diese Gruppe bietet Ihnen ein paar spezielle Menüeinträge an. Sie können sehr hilfreich sein, passen aber in keine andere Gruppe hinein.

- **Externe URL** – Hiermit erstellen Sie einen ganz simplen Link zu einer externen Webseite. Sie müssen nur die URL und das Zielfenster angeben.

- **Menüeintrag-Alias** – Möchten Sie einen Menüeintrag an mehreren Stellen verwenden, genügt es, diesen einmal zu erstellen. An den anderen Stellen binden Sie ihn nur als Alias ein. So muss bei Veränderungen immer nur der tatsächliche Menüeintrag bearbeitet werden. Die Aliase passen sich automatisch an.

- **Trennzeichen** – Hiermit fügen Sie in das Menü ein Trennzeichen ein, das bei Gruppen und Untermenüs für eine übersichtlichere Darstellung sorgt.

Es sind weitere Menüeintragstypen möglich

In dieser Auflistung sehen Sie alle Menüeintragstypen, die Joomla von Anfang an mitbringt. Dabei sind alle wichtigen Beitragsmenüs sowie die vorinstallierten Komponenten enthalten. Statten Sie Ihr Joomla im Lauf der Zeit mit zusätzlichen Komponenten und Erweiterungen aus, werden Sie in der Liste wahrscheinlich weitere Menüeintragstypen vorfinden. Das ist selbstverständlich notwendig, damit Sie die Inhalte Ihrer neuen Komponenten auch in die Webseite einbinden können. Die Handhabung ist dabei aber genauso wie bei den Standard-Menüeintragstypen. Sie werden damit also bestimmt sofort klarkommen.

6.3.3 Optionen für bestimmte Menüeinträge wählen

Beim Erstellen eines neuen Menüeintrags stehen Ihnen unter *Menüeintragstyp* sehr viele verschiedene Optionen zur Verfügung. Die Auflistung im letzten Abschnitt zeigt Ihnen alle anwählbaren Menüeintragstypen, sodass Sie schnell den richtigen Eintrag finden werden. Direkt unter der Liste für den Menüeintragstyp gibt es ein Eingabefeld für zusätzliche Optionen. Es verändert sich abhängig von der Auswahl des Menüeintragstyps. In der Regel bestimmen Sie damit, welcher Inhalt genau angezeigt werden soll. So kann dies bei Beiträgen z. B. die Angabe der Kategorie sein, bei Suchformularen der Suchbegriff usw. Schauen Sie sich das entsprechende Feld genau an und wählen Sie dann die gewünschte Option aus, sodass der Menüeintrag nach Ihren Wünschen funktioniert.

Hier ein paar Beispiele für die möglichen Optionen:

Kontakte – Möchten Sie z. B. einen Menüeintrag für die Joomla-Erweiterung *Kontakte* erstellen, bietet Ihnen das Optionsfeld verschiedene Möglichkeiten. Haben Sie einen Link auf eine Kontakte-Kategorie erstellt, müssen Sie in einer Liste die gewünschte Kategorie angeben. Haben Sie hingegen einen Link auf einen einzelnen Kontakt erstellt, erscheint eine Liste mit allen verfügbaren Kontakten. Wählen Sie den jeweils passenden Eintrag aus.

Abbildung 6.30: Kontakte – einen Kontakt auswählen

Beiträge – Haben Sie einen Menüeintrag für Beiträge erstellt, bietet Ihnen das Optionsfeld unterschiedliche Auswahllisten an. In den meisten Fällen müssen Sie eine Kategorie in einer Liste auswählen, deren Beiträge auf der Zielseite angezeigt werden sollen. Auch für eine Kategorieliste müssen Sie angeben, welche Kategorien Sie dort auflisten möchten. Haben Sie sich für einen einzelnen Beitrag entschieden, erscheint eine größere Liste mit allen Beiträgen, aus der Sie den gewünschten auswählen müssen.

Abbildung 6.31: Kategorieblog – eine Kategorie auswählen

Suche – Haben Sie einen Menüeintrag für ein Suchformular erstellt, müssen Sie im Optionsfeld nicht unbedingt eine Angabe machen. Lassen Sie das Feld leer, erscheint auf der Zielseite das Formular und kann vom Besucher verwendet werden. Auf Wunsch können Sie aber einen Begriff vorgeben, der beim Anklicken als Suche ausgeführt wird.

Abbildung 6.32: Suchformular – einen Begriff vorgeben

Menüeintrag-Alias – Möchten Sie einen Menüeintrag an mehreren Stellen verwenden, ist der Alias besonders praktisch. Dabei geben Sie zunächst den anzuzeigenden Titel an und wechseln dann in das Register ERWEITERTE OPTIONEN. Dort finden Sie eine Liste mit allen bereits vorhandenen Menüeinträgen. Wählen Sie damit das Ziel für den Alias aus.

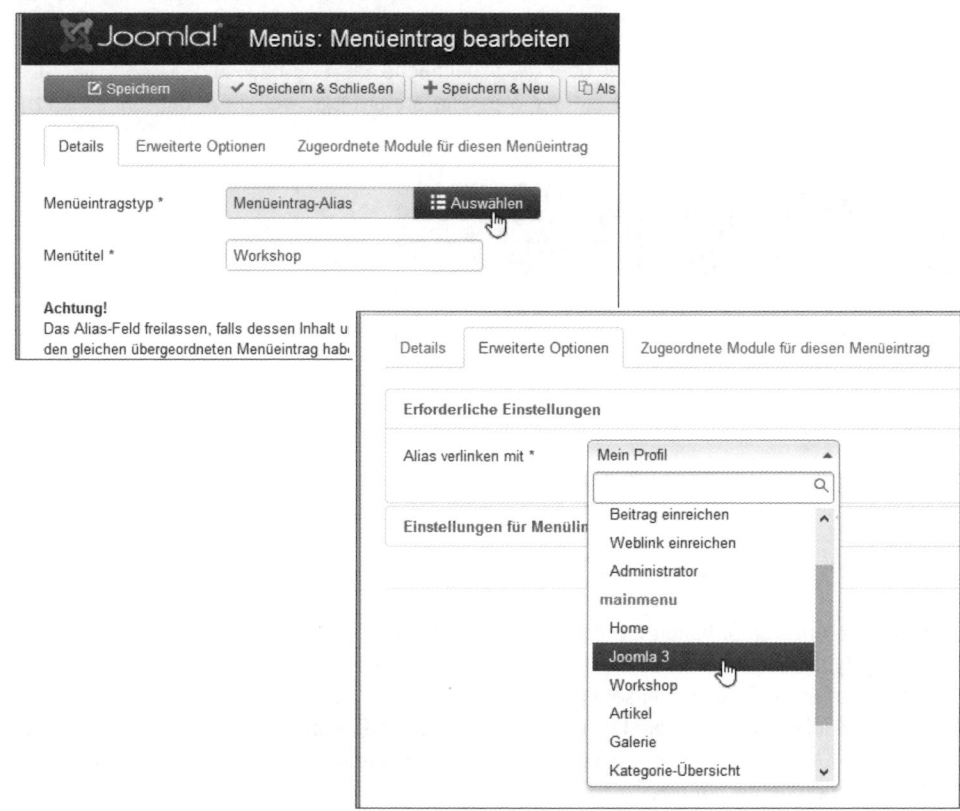

Abbildung 6.33: Einen Menüeintrag-Alias auswählen

6.3.4 Erweiterte Optionen – die Anzeige per Menü anpassen

Jeder Joomla-Inhalt, der über einen Menüeintrag in die Webseite eingebunden wird, muss mit bestimmten Anzeigeoptionen ausgestattet werden. Anders als bei den bereits erläuterten Optionen, geht es dabei nicht nur um die Auswahl der Inhalte, sondern um die Darstellung. Sie haben also bereits angegeben, welche Inhalte Sie darstellen möchten und aus welcher Kategorie oder Erweiterung diese kommen sollen. Jetzt müssen Sie festlegen, ob Sie lieber eine Liste oder einen Blog mögen, ob das Layout ein, zwei oder mehr Spalten erhalten soll, welche Titel und Symbole Sie einblenden möchten und welche nicht usw.

1. Gehen Sie im Bearbeitungsfenster des jeweiligen Menüeintrags in das Register ERWEITERTE OPTIONEN.

2. Dort sehen Sie die Anzeigeoptionen unterteilt in verschiedene Gruppen. Klicken Sie auf eine dieser Gruppen, wird sie geöffnet und gibt eine Liste mit den Einstellungen frei.

3. Alle diese Optionen werden über die globalen Einstellungen in der Systemkonfiguration gesteuert. Sie sind also mit Standardwerten ausgestattet, sodass die Menüeinträge auch ohne eine Anpassung funktionieren.

4. In den meisten Fällen werden Sie die Optionen anpassen wollen, denn damit geben Sie Ihrer Webseite ein ganz individuelles Aussehen. Das ist eine der Stärken von Joomla. Es liegt dabei ganz bei Ihnen, ob Sie die Optionen in einer, mehreren oder in allen Gruppen durchsehen und anpassen wollen.

5. Zuletzt bestätigen Sie Ihre Anpassungen über die Schaltfläche SPEICHERN bzw. SPEICHERN & SCHLIESSEN. Schauen Sie sich das Ergebnis sofort auf der Webseite an, um ggf. weitere Anpassungen vorzunehmen.

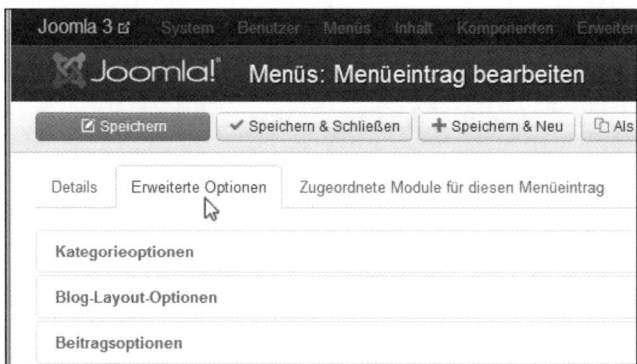

Abbildung 6.34: Die erweiterten Optionen öffnen

Die Anpassung der Anzeige-Optionen ist allerdings sehr umfangreich. Dazu kommt, dass es für jeden Menüeintragstyp vollkommen andere Optionen gibt. So erfordert z. B. ein Blog natürlich andere Layout-Einstellungen als z. B. eine Linksammlung. Im Register ERWEITERTE OPTIONEN werden Ihnen also abhängig vom gewählten Menüeintragstyp ganz unterschiedliche Gruppen angeboten. Das können z. B. die Gruppen *Kategorieoptionen, Listenlayout, Kontaktanzeigeoptionen, Beitragsoptionen* usw. sein. Es gibt aber noch deutlich mehr.

Beispiel »Kategorieoptionen«

Vermutlich werden Sie sehr häufig auf die Gruppe mit den Kategorieoptionen treffen. Es gibt sie bei den Menüeinträgen für Kontakte, natürlich bei den Beiträgen, bei Newsfeeds, Weblinks usw. Mit diesen Optionen legen Sie fest, wie eine Kategorie und die darin enthaltenen Unterkategorien angezeigt werden. Dafür stehen Ihnen Optionen für den Titel, die Beschreibung, leere Kategorien usw. zur Verfügung. In der Regel können Sie diese Daten ein- oder ausblenden. Sicherlich werden Ihnen die meisten dieser Optionen bekannt vorkommen. Es sind größtenteils nämlich dieselben, wie Sie sie auch schon beim Erstellen und Verwalten der eigenen Kategorien kennengelernt haben. Sie werden sich also vermutlich sehr schnell zurechtfinden.

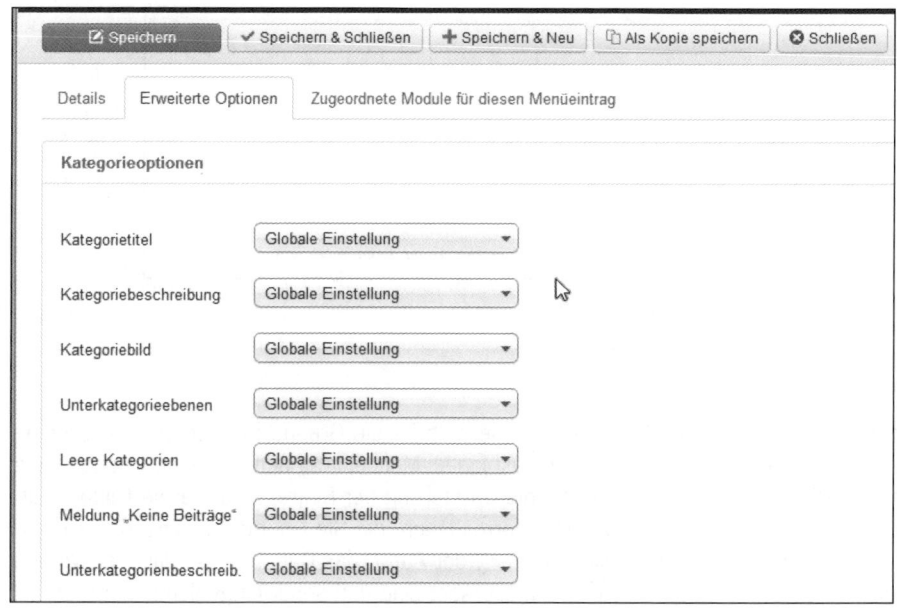

Abbildung 6.35: Beispiel – die Kategorieoptionen

Beispiel »Blog-Layout-Optionen«

Eine besonders häufig verwendete Anzeige ist die des Blog-Layouts. Damit lassen sich die eigenen Beiträge wie in einem Magazin über mehrere Spalten präsentieren. Das sieht sehr gut aus und gibt dem Besucher auch gleich einen Überblick der neuesten oder wichtigsten Beiträge. In den Optionen geben Sie an, wie dieser Blog aussehen soll. Lassen Sie führende Artikel über die gesamte Spaltenbreite laufen, geben Sie die Anzahl der Artikel pro Seite an und wie viele Spalten Sie wünschen. Dazu kommen mehrere Optionen für die Sortierung und die Unterkategorien. Natürlich wird diese Anzeige auch von den Beitragsoptionen und den Kategorieoptionen beeinflusst. Sie müssen diese also ebenfalls anpassen. Alle diese Optionen haben Sie bereits bei der Verwaltung der eigenen Kategorien kennengelernt. Die Handhabung ist hier identisch, sodass Ihnen das keine Probleme bereiten wird.

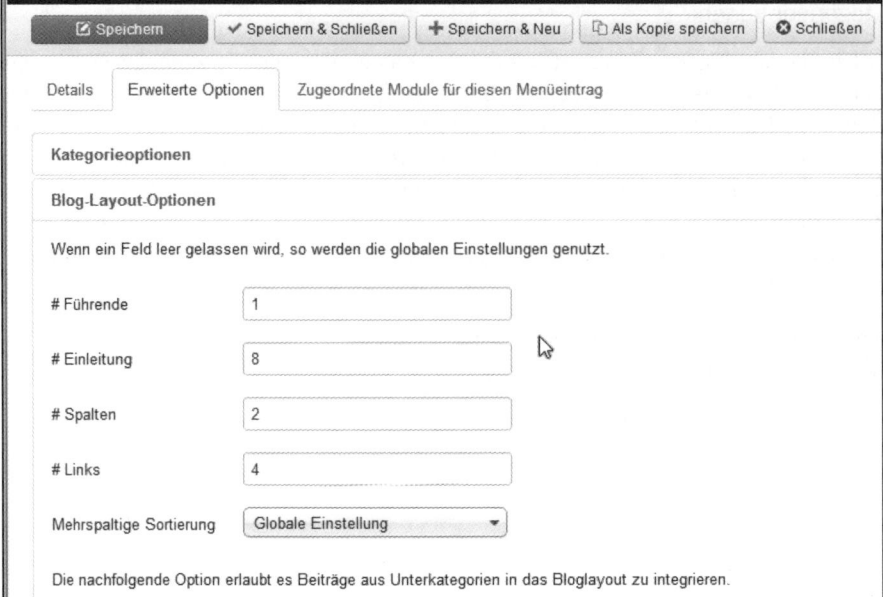

Abbildung 6.36: Beispiel – die Blog-Layout-Optionen

Beispiel »Beitragsoptionen«

In Joomla gilt so ziemlich jeder Inhalt als Beitrag. Deshalb ist die Gruppe mit den Optionen für die Beiträge natürlich besonders wichtig und wird bei fast jedem Menüeintrag benötigt. Ihnen stehen dabei sehr viele Einzeloptionen zur Verfügung, welche die Darstellung der Beiträge auf der verlinkten Seite steuern. In der Regel handelt es sich dabei um Informationen, die Sie ein- oder ausblenden können. Typischerweise sind dies der Titel, der Einleitungstext, der Autor, das Datum sowie diverse Symbole und Links. Welche dieser Informationen für Sie interessant sind und somit eingeblendet werden sollen, hängt natürlich von den jeweiligen Inhalten der Beiträge ab. So erfordern Magazinartikel andere Beitragsinformationen als z. B. ein Lexikon, eine Fotogalerie oder ein Online-Tagebuch. Auch diese Optionen kennen Sie alle bereits aus der Verwaltung der eigenen Beiträge.

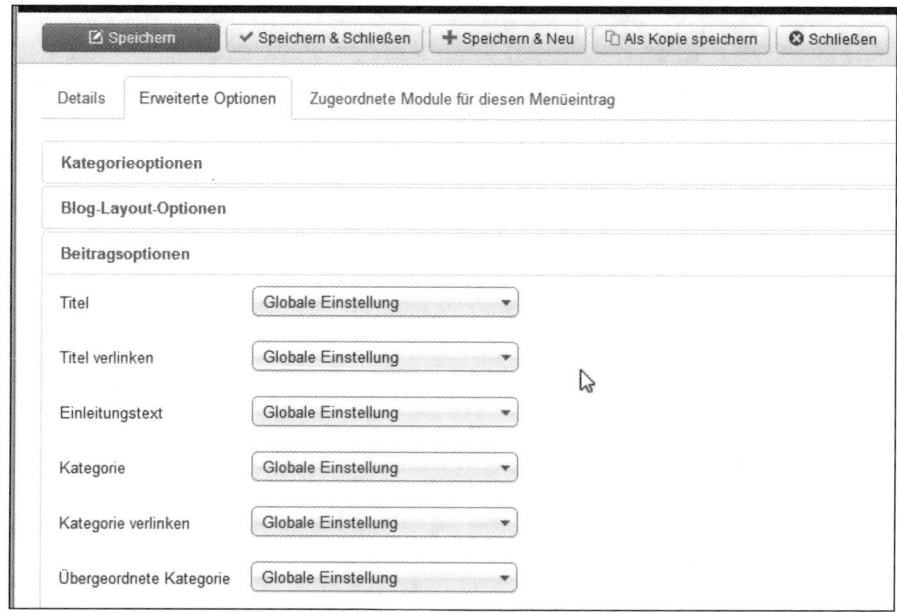

Abbildung 6.37: Beispiel – die Beitragsoptionen

6.3.5 Joomla-Module anzeigen oder verbergen

Eine Besonderheit stellt das Register ZUGEORDNETE MODULE dar. Damit können Sie steuern, welche dieser Module sichtbar sein sollen, nachdem der Besucher den Menüeintrag angeklickt hat. So kontrollieren Sie auf diese Weise das Aussehen der Zielseite und auch, wer Zugriff auf welche Elemente hat.

1. Die Liste zeigt Ihnen alle Module an, die für diesen Menüeintrag nutzbar sind. Dabei zeigt die Spalte *Moduldatei* die Namen der Module und die Spalte *Anzeige* gibt an, ob ein Modul derzeit eingebunden ist oder nicht.

2. Möchten Sie nur die Module anzeigen, die derzeit auch aktiviert sind, setzen Sie oben bei der Option *Unzugeordnete Module ausblenden* einen Haken.

3. Um nun ein Modul zu bearbeiten, klicken Sie es in der Liste an. Dadurch öffnet sich ein neues Fenster als Layer und zeigt Ihnen die komplette Modulkonfiguration an. Hier müssen Sie sehr vorsichtig sein, denn diese Optionen beziehen sich nicht nur auf das aktuelle Menü, sondern auf die gesamte Webseite.

4. Im Register MENÜZUWEISUNG finden Sie eine Liste mit allen verfügbaren Menüeinträgen, sortiert nach den dazugehörigen Menüs. Bei allen mit einem Haken versehenen Menüeinträgen erscheint das aktuelle Modul, bei denen ohne Haken nicht.

161

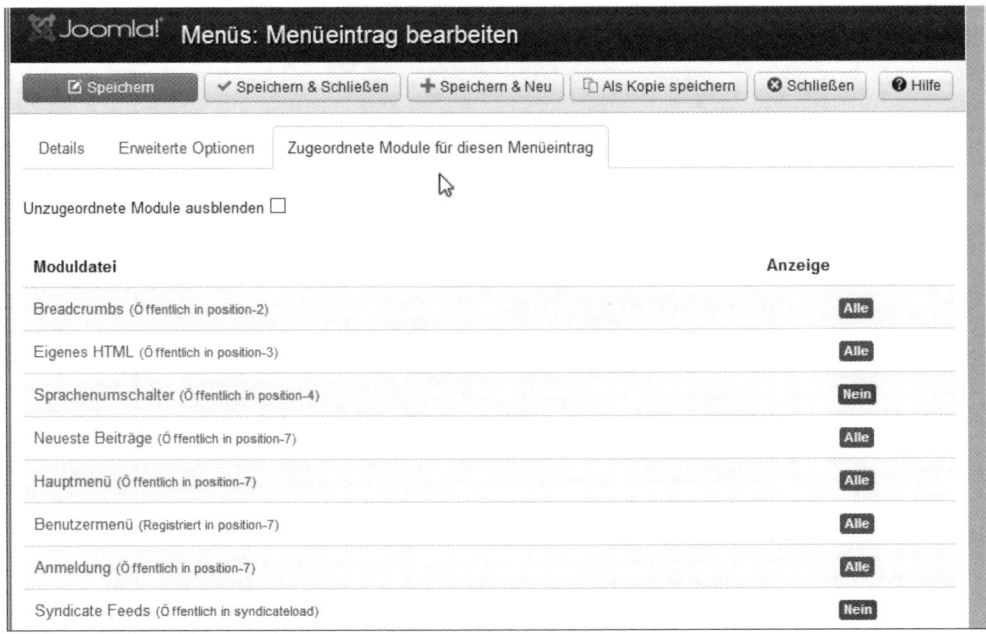

Abbildung 6.38: Zugeordnete Module für die Menüeinträge

Leider ist die Handhabung der Modulzuweisung in diesem Menü nicht besonders elegant gelöst. Letztendlich öffnet sich in diesem neuen Fenster lediglich die herkömmliche Modulkonfiguration. Wenn Sie sich bereits gut mit Joomla-Modulen auskennen, können Sie die gewünschten Einstellungen problemlos hier vornehmen. Ist Ihnen das Thema hingegen noch neu, sollten Sie sich besser erst einmal grundsätzlich mit den Modulen beschäftigen. In der Modulverwaltung finden Sie diese Menüzuweisung ebenfalls. Allerdings ist die Handhabung dort etwas angenehmer und übersichtlicher gemacht. Aus diesem Grund schauen wir uns diese Aufgabe in Kapitel 7, Erweiterungen – Module, Plug-Ins & Co., genauer an.

6.3.6   Die Startseite per Menü deklarieren

Jede Webseite benötigt natürlich eine Startseite. So eine Startseite hat gleich mehrere Aufgaben. Zum einen begrüßt sie natürlich den Besucher und zeigt auf einen Blick die wichtigsten Inhalte an. Zum anderen ist sie aber auch die Seite, die immer geladen wird, wenn nichts anderes direkt angewählt wurde. Bei herkömmlichen Webseiten ist dafür meist die Datei *index.html* voreingestellt. Mit Joomla gibt es solche HTML-Dateien nicht mehr und ohne konkrete Anweisung weiß das System nicht, welche Seite es laden soll.

Joomla besitzt dafür die Funktion *Startseite*. Damit legen Sie einen Menüeintrag als die Startseite des Systems fest. Das gibt Ihnen die Möglichkeit, einen beliebigen Inhalt Ihres Joomla-Systems als Willkommensseite zu deklarieren. Er muss lediglich im Menü verknüpfbar sein.

- Sie können jeden beliebigen Joomla-Inhalt als Startseite festlegen.

- Voraussetzung ist nur, dass sich der Inhalt als Menüeintrag einbinden lässt.

- Es muss sich um einen konkreten Inhalt handeln, z. B. um einen Beitrag, eine Kategorie o. Ä.

- Ausgeschlossen sind inhaltslose Menüeinträge wie z. B. Aliase oder Suchformulare.

Achten Sie unbedingt darauf, dass es sich bei dem Menüeintrag um ein funktionierendes Element handelt. Binden Sie ihn am besten zunächst als Eintrag *Home* oder *Start* in Ihr Hauptmenü ein und testen Sie ihn mehrfach. Ist alles in Ordnung, können Sie den Eintrag als Startseite deklarieren. Joomla führt keine logische Prüfung durch und übernimmt Ihre Einstellung selbst dann, wenn der Eintrag ins Nichts führt, die Kategorie leer ist oder der Beitrag gar nicht freigegeben wurde. Dann gibt es keine Startseite und der Besucher sieht nur eine Fehlermeldung.

1. Gehen Sie in die Menüverwaltung von Joomla und wählen Sie dort die Gruppe *Menüeinträge* aus.

2. In der Mitte werden Ihnen alle verfügbaren Menüeinträge aufgelistet. Wechseln Sie ggf. über den FILTER in das gewünschte Menü.

3. Um nun einen Eintrag als Startseite zu deklarieren, klicken Sie in der Spalte *Startseite* auf das STERN-Symbol.

4. Alternativ können Sie auch einen Haken vor den Eintrag setzen und oben in der Symbolleiste auf die Schaltfläche STARTSEITE klicken.

5. Die neue Startseite wird nun mit einem GELBEN STERN-Symbol markiert und ist sofort aktiviert.

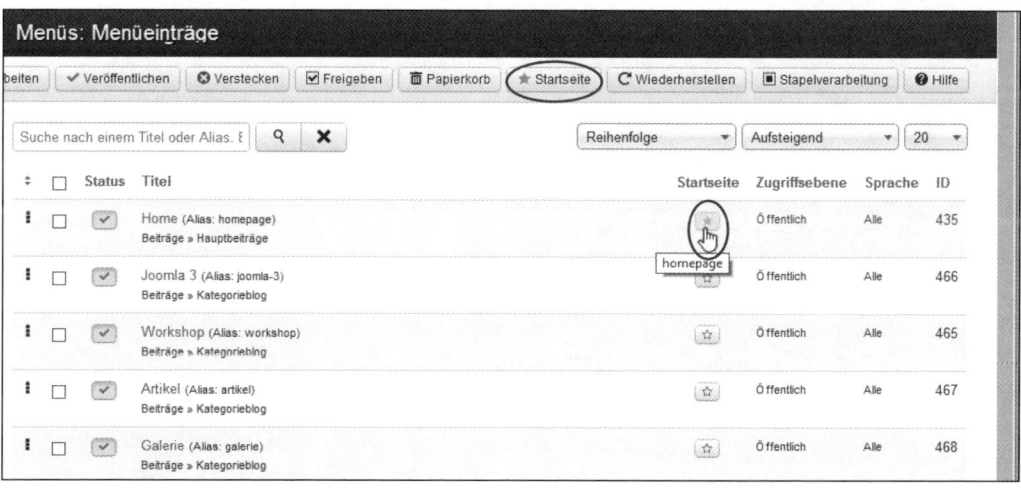

Abbildung 6.39: Die Startseite festlegen

6.4   Fragen

1. Was versteht Joomla unter »Menüs« und »Menüeinträgen« und wie sind diese miteinander organisiert?

2. Was ist ein »Menüeintragstyp«?

3. Welche Funktionen können alle in einem Menüeintrag stecken?

4. Was benötigen Sie, um ein Menü auf der Webseite sichtbar zu machen?

5. Wie legen Sie die Startseite fest?

SIE LERNEN IN DIESEM KAPITEL,

• WOZU ERWEITERUNGEN IN JOOMLA GUT SIND
• UNTERSCHIEDE ZWISCHEN PLUG-INS, MODULEN UND KOMPONENTEN
• ERWEITERUNGEN INSTALLIEREN UND NUTZEN
• MEHRSPRACHIGE WEBSEITEN EINRICHTEN

7 Erweiterungen – Module, Plug-Ins & Co.

Joomla ist zwar ein großes und vollständiges Software-Paket, besteht aber aus verschiedenen Bausteinen und Elementen. Das macht die Entwicklung und Pflege leichter, ermöglicht aber auch eine individuelle Erweiterung des eigenen Joomla-Systems. Sie können Ihrer Webseite also neue Funktionen hinzufügen, indem Sie in Joomla eine Erweiterung installieren. Das können Plug-Ins und Module unterschiedlichen Umfangs sein oder auch Komponenten mit umfassenden neuen Funktionen. So ist von einer neuen Schaltfläche bis hin zum Online-Shop fast alles möglich. Joomla bringt bereits einige Erweiterungen mit, die Sie bei Bedarf sofort nutzen können.

7.1 Joomla-Erweiterungen im Überblick

Am Anfang fragen sich viele Joomla-Einsteiger, ob sie zusätzliche Erweiterungen für ihre Webseite installieren sollen oder nicht. Immerhin ist Joomla bereits gut ausgestattet und bringt alle wichtigen Funktionen mit. Deshalb müssen Sie auf gar keinen Fall irgendwelche Erweiterungen installieren. Aber Sie können es problemlos tun und wenn Sie erst einmal die Möglichkeiten entdeckt haben, werden Sie es sicherlich auch wollen. Eine Erweiterung stellt nicht immer gleich einen riesigen Baustein dar, der das komplette System umstellt. Oft sind es die kleinen zusätzlichen Funktionen, die die Arbeit erleichtern oder der Webseite etwas ganz Besonderes geben. In diesem Abschnitt schauen wir uns die Erweiterungen und deren Handhabung deshalb zunächst einmal grundsätzlich an.

7.1.1 Wozu Erweiterungen gut sind

Mit einer Erweiterung fügen Sie Joomla eine Funktion hinzu, die das System von Haus aus nicht mitbringt. Das können ganz kleine Verbesserungen sein, wie z. B. eine neue Schaltfläche im Editor, ein schöneres Menü oder Ähnliches. Sehr viel häufiger handelt es sich um größere Funktionen, mit denen die Webseite deutlich aufgewertet wird. Typische Beispiele sind Fotogalerien, Kalender, Newsticker usw. Es kann sich aber auch um ein richtig großes Element handeln, welches die Webseite komplett umstellt. So gibt es z. B. ganze Online-Shops für Joomla, Foren, Community-Portale usw. Damit machen Sie Joomla fast zu einem komplett neuen System.

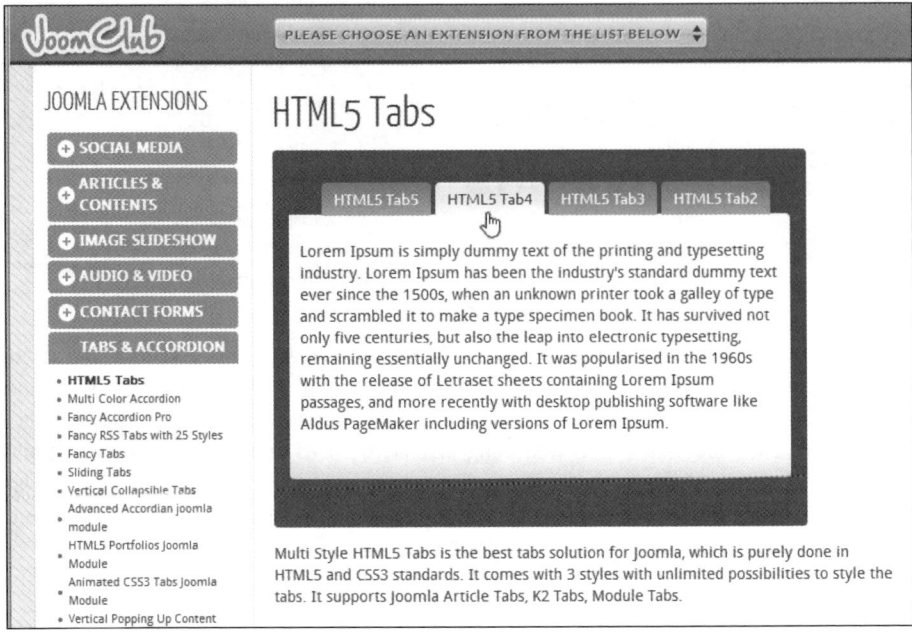

Abbildung 7.1: Beispiel – ein Modul für Inhalte in Tabs

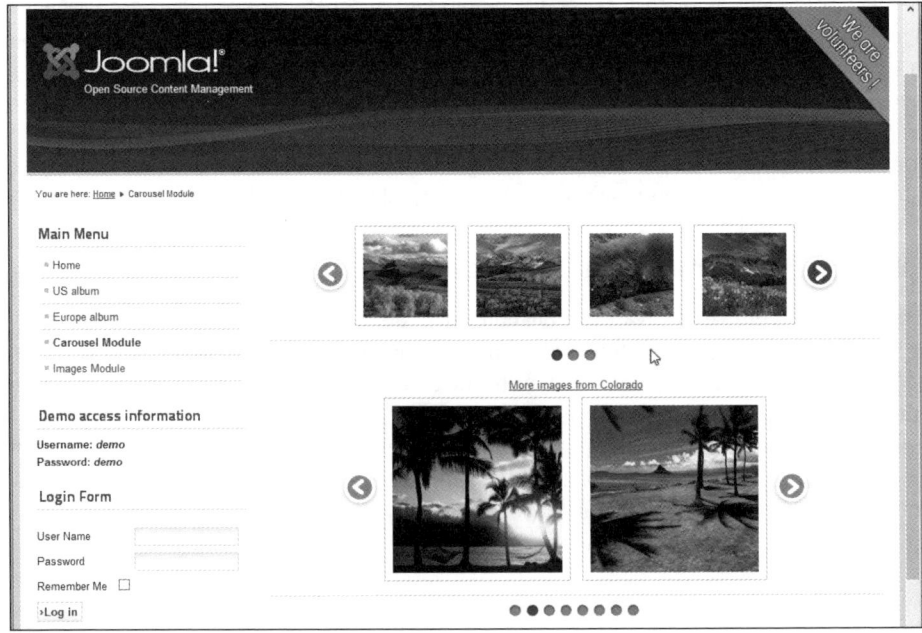

Abbildung 7.2: Beispiel – eine tolle Fotogalerie erstellen

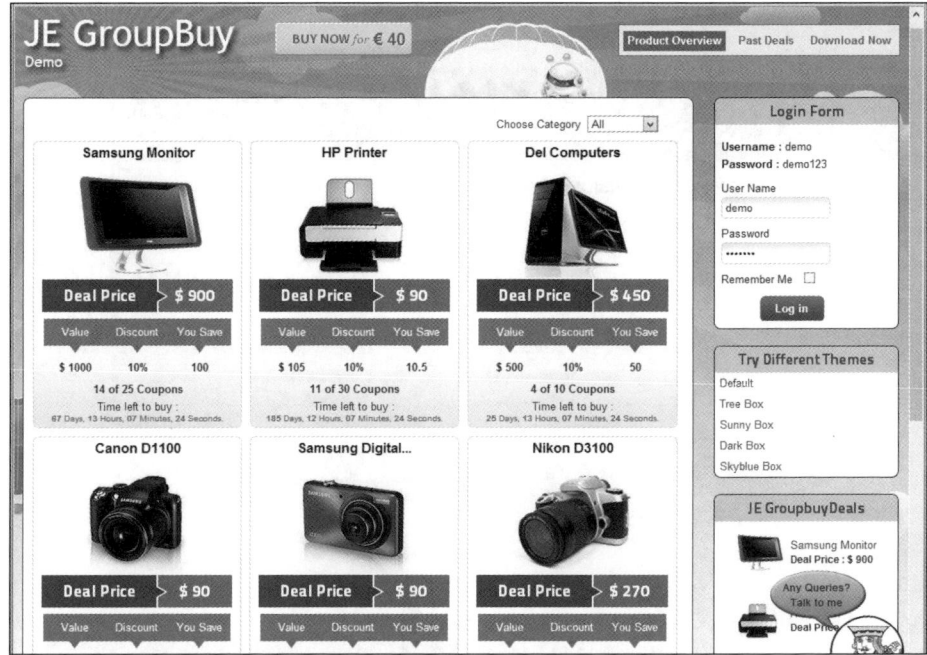

Abbildung 7.3: Beispiel – ein kompletter Online-Shop in Joomla

Erweiterungen gibt es sowohl für die öffentliche Webseite (Frontend) als auch für die Admin-Oberfläche (Backend). Allerdings sind die meisten Erweiterungen für die öffentliche Webseite gemacht und bringen für die Admin-Oberfläche die dazugehörigen Verwaltungsfunktionen mit. Reine Admin-Erweiterungen ohne Funktion für das Frontend können z. B. Backup-Werkzeuge oder zusätzliche Admin-Tools sein.

Das Angebot an Erweiterungen ist wirklich groß. Die Joomla-Homepage selbst stellt eine ausgiebige Sammlung zur Verfügung. Dort finden Sie so ziemlich alles, was man sich als Erweiterung vorstellen kann. Sie sollten die Seite unbedingt einmal besuchen.

* Gehen Sie dafür auf die Joomla-Homepage (*http://www.joomla.org*) und wählen Sie im Hauptmenü den Punkt *Extension Directory* aus.

* Sie können aber auch direkt die Extensions-Webseite aufrufen. Die Adresse lautet *http://extensions.joomla.org*.

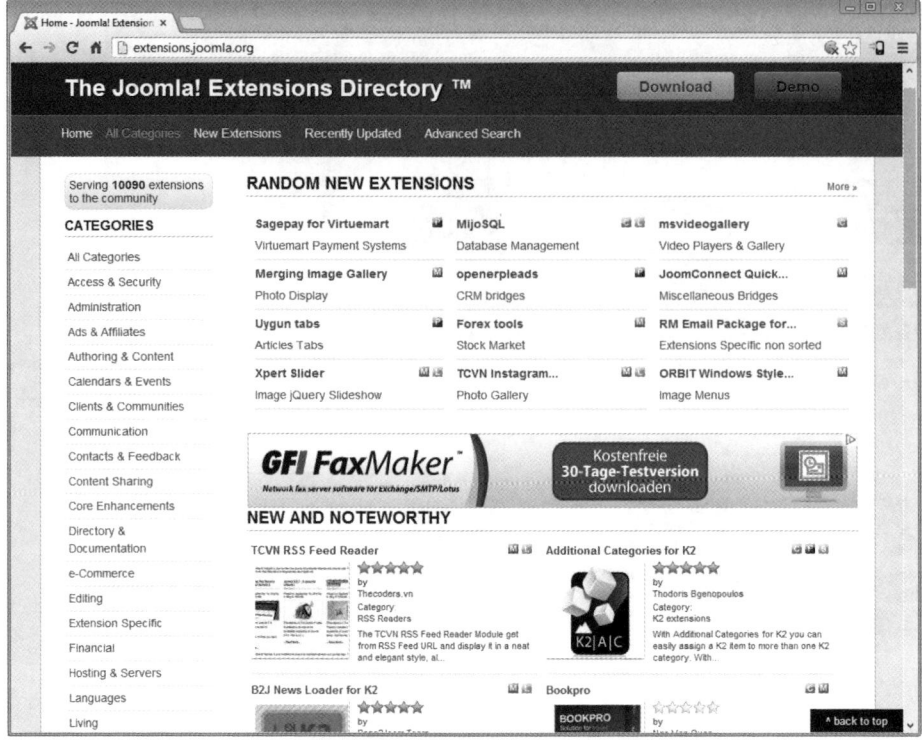

Abbildung 7.4: Die offizielle Joomla-Seite mit Erweiterungen

Stöbern Sie in dem riesigen Katalog mit Joomla-Erweiterungen. Im linken Menü werden Ihnen die Kategorien aufgelistet. Klicken Sie diese an, erscheinen im rechten Bereich die darin enthaltenen Erweiterungen. Häufig gibt es auch noch Unterkategorien. Das ist vor allem bei sehr großen Bereichen der Fall, z. B. für Fotos oder soziale Netzwerke. Über das Suchfeld oben rechts können Sie auch nach bestimmten Begriffen oder Funktionen suchen. Allerdings sind die Seite und sämtliche Erweiterungen auf Englisch. Sie müssen also auch mit den englischen Bezeichnungen suchen.

- **Achten Sie auf die Joomla-Version!** Die Joomla-Seite listet sämtliche Erweiterungen auf und sortiert diese nicht nach der jeweiligen Joomla-Version. Sie werden also auf Erweiterungen für Joomla 1.x, 2.x und 3.x treffen. Achten Sie in der Beschreibung darauf, dass die gewünschte Erweiterung explizit für Joomla 3.x entwickelt wurde. Andere Erweiterungen funktionieren nicht und können das System beschädigen.

- **Prüfen Sie die Lizenz!** Auch wenn Joomla selbst ein freies System ist, trifft das auf die Erweiterungen nicht immer zu. Neben den vielen freien Erweiterungen gibt auch sehr viele kostenpflichtige. Das trifft häufig auf kommerzielle Erweiterungen wie Shop-Systeme, Online-Werbung usw. zu. Manche Entwickler erlauben auch nur die private kostenfreie Nutzung und verlangen für den kommerziellen Einsatz eine Gebühr. Die Lizenz ist jeweils bei den Basisdaten vermerkt.

- **Erweiterungen sind ohne Gewähr!** Beachten Sie dabei immer, dass Erweiterungen keine offi-ziellen Joomla-Programme darstellen. Sie kommen also von freien Entwicklern, die nicht mit dem Joomla-System in Verbindung stehen. Es ist also nicht garantiert, dass die Erweiterungen funkti-onieren, fehlerfrei sind oder nicht vielleicht sogar einen Schaden an der Webseite anrichten. Am besten lesen Sie die Bewertungen anderer Nutzer kritisch durch.

Abbildung 7.5: Achten Sie auf die Version und die Lizenz.

Natürlich gibt es noch viele weitere Webseiten, auf denen Joomla-Erweiterungen angeboten werden. Suchen Sie einfach mal bei Google & Co. nach entsprechenden Begriffen. Sie werden sehr schnell fündig. Es gibt einige deutsche Portale und natürlich die Webseiten der Entwickler selbst. Konkrete Tipps kann man leider kaum geben, weil das Angebot ständig in Bewegung ist und sich laufend ver-ändert. Außerdem ist letztendlich die offizielle Joomla-Seite die mit Abstand größte und vollständigste Sammlung mit Erweiterungen und auf den kleineren Portalen werden Sie nur selten weitere, bisher unbekannte Module finden.

7.1.2 Diese Arten von Erweiterungen gibt es

Joomla kennt verschiedene Arten von Erweiterungen. Sie hören auf die Namen *Plug-In*, *Modul* und *Komponente*. Im Grunde tun sie alle dasselbe – sie erweitern Joomla um neue Funktionen. Trotzdem unterscheiden sie sich im Umfang und in der Handhabung ein wenig.

- **Plug-In** – Die Plug-Ins bringen meist keine großen neuen Funktionen mit, sondern erweitern bereits bestehende oder verändern diese. Das können z. B. neue Schaltflächen im Texteditor sein, eine Anzeige im Hauptmenü oder Ähnliches. Plug-Ins zeichnen sich dadurch aus, dass sie direkt vor oder nach der weiteren Verarbeitung der Inhalte ablaufen. Das kann z. B. vor der Anzeige auf der Webseite sein oder kurz vor dem Speichern der Daten usw. Plug-Ins sind sehr einfach zu installie-ren und auch zu verwalten. Meist gibt es nur ein paar Optionen, die angepasst werden müssen und dann läuft das Plug-In ganz von alleine.

- **Modul** – Die Module stellen vermutlich die häufigste Form von Joomla-Erweiterungen dar. Mit ihnen lassen sich bereits recht umfangreiche Funktionen erstellen und einbinden. Das kann z. B. ein Nachrichtenticker sein, eine Schnittstelle zu sozialen Netzwerken uvm. Module bieten über die Admin-Oberfläche in der Regel eine umfassende Konfiguration, mit der sie sich individuell anpassen lassen. Außerdem lassen sich Module frei auf der Homepage platzieren. Letztendlich ist die Handhabung der Module aber meist sehr einfach und nahtlos in Joomla integriert.

- **Komponente** – Die größten Erweiterungen sind die Komponenten. Mit ihnen wird Joomla um sehr weitreichende Funktionen erweitert. Das kann z. B. ein Forum sein, eine Fotogalerie oder auch eine ganze Online-Community. Entsprechend sind die Komponenten meist recht groß und bringen eine Menge Veränderungen mit sich. Aus diesem Grund werden die Komponenten auch nicht über die normale Erweiterungsfunktion verwaltet. Stattdessen gibt es im Menü einen eigenen Bereich für Komponenten, in dem diese auch eigene Menüs und Oberfläche für die Administration einbringen dürfen.

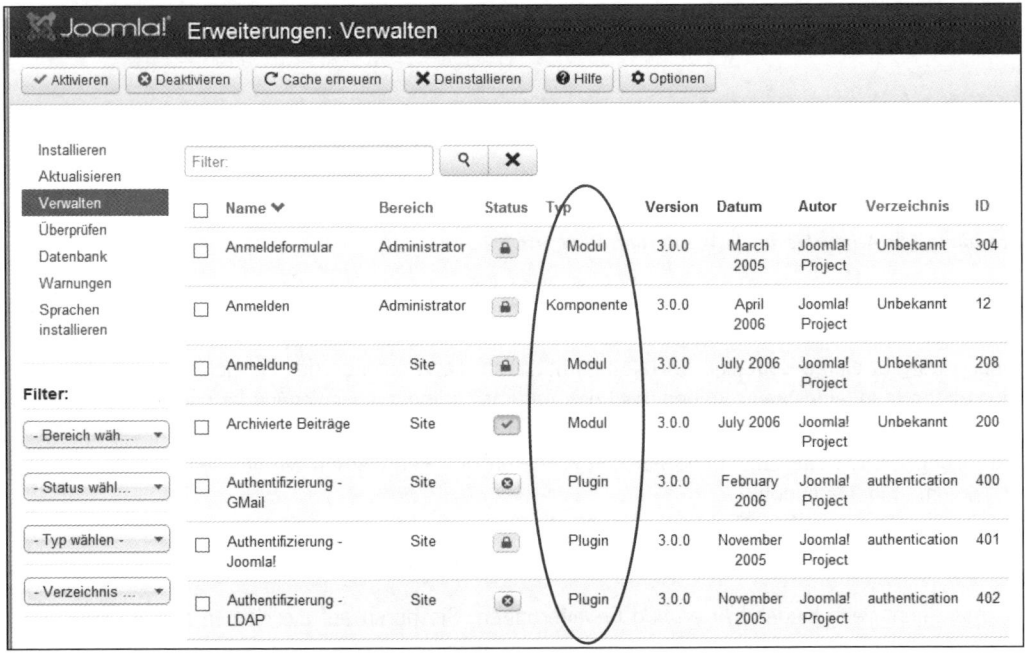

Abbildung 7.6: Joomla kennt verschiedene Arten von Erweiterungen.

Streng genommen gehören die Templates und die Sprachmodule auch zu den Joomla-Erweiterungen. Allerdings stellen sie keine neuen Funktionen zur Verfügung, sondern verändern lediglich das Design und die Sprache der öffentlichen Webseite. Außerdem ist die Handhabung von Templates völlig anders als z. B. bei Modulen. Aus diesem Grund wird hier auf diese Erweiterungen nicht weiter eingegangen. Damit beschäftigt sich das Kapitel 9, Design und Layout mit Templates steuern, ausführlich.

7.1.3 Die Verwaltungsoberfläche

Joomla stellt für die Erweiterungen einen ganz eigenen Bereich in der Admin-Oberfläche zur Verfügung. Dort verwalten Sie ausschließlich Ihre Plug-Ins, Module und Komponenten. So sind sie sauber von den Inhalten, Beiträgen, Kategorien, Menüs usw. getrennt. Schließlich werden Sie sich fast täglich um Ihre Inhalte kümmern, aber nur selten um die Erweiterungen. Sind diese einmal installiert und passend konfiguriert, gibt es da nicht mehr viel zu tun. Das macht die alltägliche Arbeit einfacher und übersichtlicher.

Wählen Sie im Hauptmenü den Punkt ERWEITERUNGEN aus. Dadurch öffnet sich ein Menü mit verschiedenen Unterpunkten. Wählen Sie dort ERWEITERUNGEN und Sie gelangen auf eine Übersichtsseite aller Erweiterungen. Die Punkte *Module*, *Plugins*, *Templates* und *Sprachen* führen Sie direkt in die Verwaltung der jeweiligen Modulart. Die meisten Aufgaben werden Sie von der Übersichtsseite aus erledigen. Wählen Sie also ERWEITERUNGEN/ERWEITERUNGEN im Menü aus.

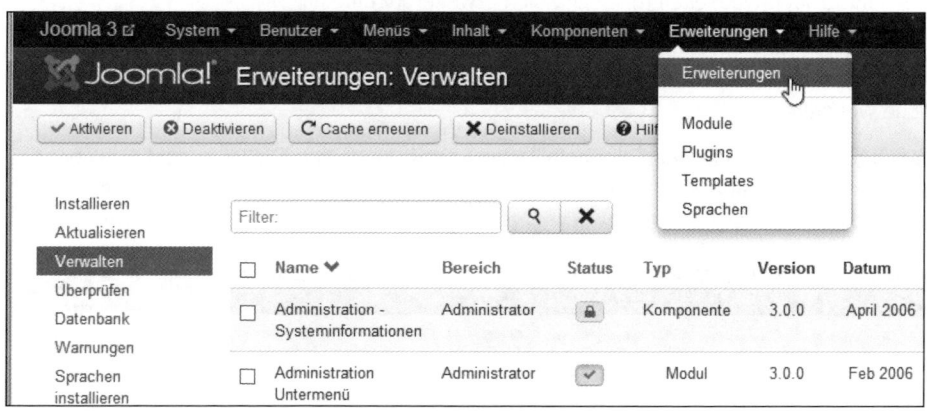

Abbildung 7.7: Die Verwaltung der Erweiterungen öffnen

1 **Schaltflächen** – Ganz oben befindet sich eine Leiste mit Schaltflächen. Sie stellt allgemeine Verwaltungsfunktionen bereit.

– Mit den Schaltflächen AKTIVIEREN und DEAKTIVIEREN schalten Sie eine oder mehrere in der Liste markierte Erweiterungen ein- oder aus. So lassen sich unerwünschte Erweiterungen abschalten, ohne sie löschen zu müssen.

– Joomla und auch die Erweiterungen speichern temporäre Dateien in einem Cache. Das kann bei der Verwaltung zu nicht aktuellen Anzeigen führen. Klicken Sie auf CACHE ERNEUERN, um die Anzeige aktuell zu halten.

– Möchten Sie eine Erweiterung gar nicht mehr verwenden, markieren Sie diese in der Liste und klicken auf die Schaltfläche DEINSTALLIEREN.

– Mit der Schaltfläche HILFE gelangen Sie zum Joomla-internen Hilfetext.

– Die Schaltfläche OPTIONEN führt Sie in die Systemkonfiguration. Allerdings gibt es dort nicht viel anzupassen – außer den Zugriffsrechten. Damit beschäftigen wir uns in Kapitel 8, Benutzerverwaltung und Zugriffsrechte.

2 **Funktionsauswahl** – Hiermit wählen Sie aus, welche Art Funktion bzw. Aufgabe Sie durchführen möchten. Dadurch ändert sich ggf. die Symbolleiste.

- Mit der Funktion INSTALLIEREN, können Sie neue Erweiterungen installieren.

- Mit AKTUALISIEREN lassen sich Updates für vorhandene Erweiterungen vornehmen.

- Unter ÜBERPRÜFEN lassen sich Erweiterungen überprüfen, die nicht über die Joomla-Verwaltung installiert, sondern direkt über FTP hochgeladen wurden.

- Der Punkt DATENBANK bietet eine Überprüfung der Joomla-Datenbank an.

- Unter WARNUNGEN finden Sie Meldungen zu Erweiterungen.

- Zusätzliche Sprachen lassen sich mit SPRACHEN INSTALLIEREN einrichten.

3 **Suchfeld** – Mit dem Suchfeld können Sie die Liste der Erweiterungen durchsuchen. Das macht vor allem bei sehr großen Webseiten mit sehr vielen Erweiterungen Sinn.

4 **Filter** – Wählen Sie mit dem Filter aus, welche Erweiterungen in der Liste angezeigt werden sollen. So können Sie z. B. nur Module oder nur Plug-Ins auflisten lassen oder nur Erweiterungen für die öffentliche Webseite usw.

5 **Erweiterungen** – Diese Liste zeigt alle installierten Erweiterungen an. Die Liste lässt sich über das Suchfeld und die Filter anpassen. In den Spalten werden Ihnen der Name, der Bereich, der Typ, die Version und das Datum angezeigt.

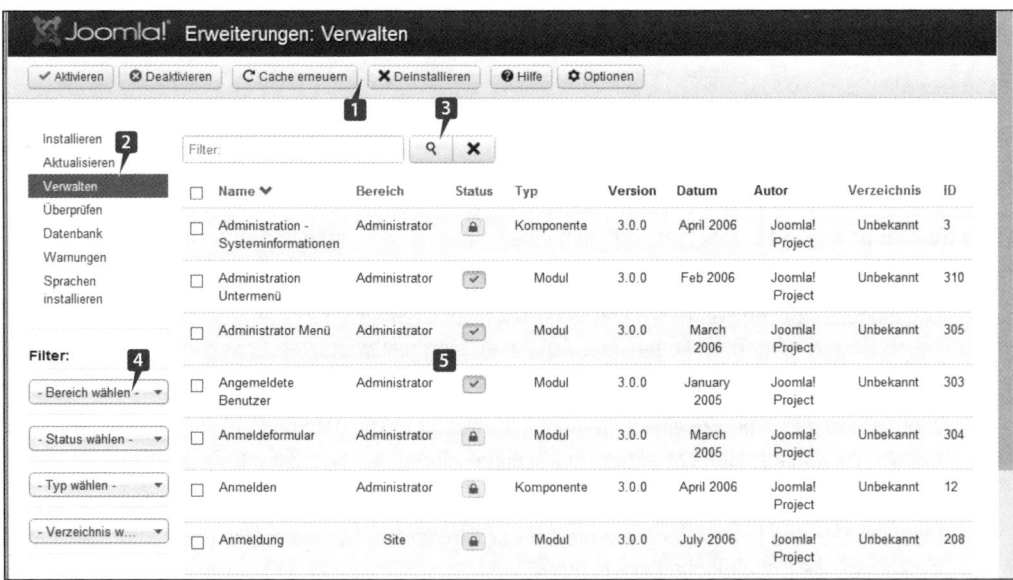

Abbildung 7.8: Überblick der Verwaltung der Erweiterungen

7.2 Erweiterungen installieren

Nachdem Sie sich mit dem Erweiterungssystem von Joomla vertraut gemacht haben und auch die wichtigsten Elemente der Verwaltungsoberfläche kennen, ist es Zeit für neue Erweiterungen. Die Installation und die Verwaltung sind recht einfach zu handhaben, sodass Sie sicherlich schnell damit zurechtkommen werden. Am Anfang sollten Sie das Ganze am besten mit unkomplizierten Erweiterungen ausprobieren, z. B. mit Plug-Ins oder Modulen. Sie sind einfach in der Handhabung und Konfiguration. Größere Komponenten erfordern hingegen etwas mehr Hintergrundwissen und sind deshalb für die ersten Versuche nicht so gut geeignet.

7.2.1 So installieren Sie Erweiterungen

Haben Sie in der großen Sammlung mit Erweiterungen eine tolle Funktion für die eigene Webseite gefunden, können Sie diese installieren. Damit das funktioniert, müssen Sie natürlich die dafür notwendigen Dateien besitzen. Joomla kennt drei Möglichkeiten, wie Sie mit den Installationsdateien umgehen können.

- In den meisten Fällen werden Sie direkt mit den Installationsdateien arbeiten. Sie gehen dafür auf die Seite mit den Joomla-Erweiterungen oder auf die Webseite des Entwicklers. Dort laden Sie sich die notwendigen Dateien über eine entsprechende Download-Funktion herunter. Es handelt sich dabei immer um ZIP-Dateien, die alle notwendigen Elemente beinhalten. Diese Dateien liegen anschließend auf Ihrer lokalen Festplatte und warten darauf, installiert zu werden.

- Sie haben auch die Möglichkeit, die Installationsdatei direkt auf den Webserver zu kopieren und von dort in Joomla zu installieren. Oftmals macht das wenig Sinn, weil Sie die Zip-Datei dabei manuell per FTP auf den Server kopieren und dort installieren müssen. Das kann Joomla alles für Sie übernehmen. Haben Sie Joomla hingegen in einem lokalen Netzwerk installiert oder sitzen direkt am Server im Rechenzentrum, ist diese Vorgehensweise sehr praktisch, weil sämtliches Hin- und Herkopieren entfällt.

- Die dritte Möglichkeit besteht darin, die Installationsdateien direkt von einem externen Server zu installieren. Dazu müssen Sie die Dateien nicht mehr herunterladen oder kopieren, sondern benötigen lediglich die konkrete URL mit der Zip-Datei. Das ist praktisch, wenn ein Entwickler seine Dateien auf diese Weise freigibt – viele machen das allerdings nicht. Ein anderes Problem besteht darin, dass Webserver keine Fern-Installationen erlauben. Immerhin ist dies eine Vorgehensweise, wie sie oft auch von Viren und Trojanern verwendet wird.

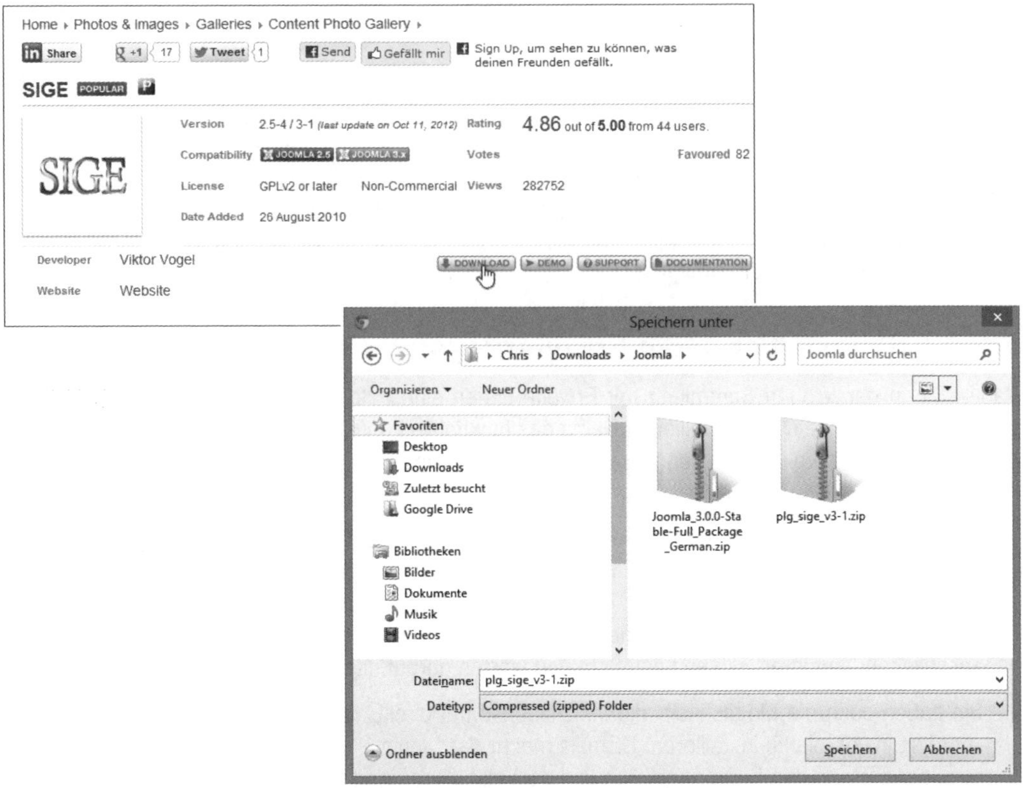

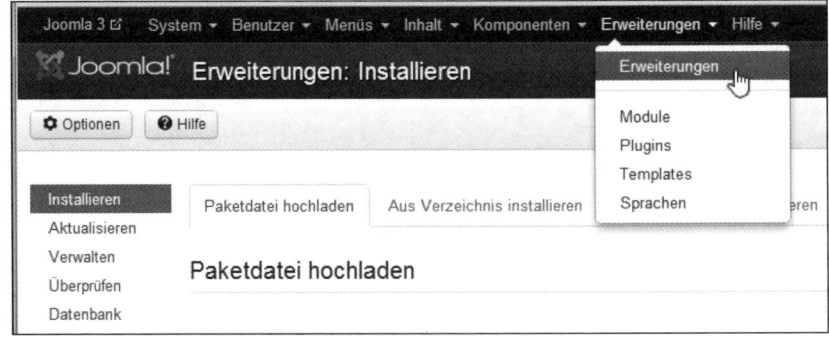

Abbildung 7.9: Die Installationsdateien herunterladen

1. Wählen Sie im Hauptmenü von Joomla den Punkt Erweiterungen/Erweiterungen aus. Danach gelangen Sie in das Übersichtsfenster für die Joomla-Erweiterungen.

2. Im linken Bereich müssen Sie bei den Funktionen den Punkt Installieren auswählen. Dadurch erscheinen im rechten Bereich die Installationsoptionen.

Abbildung 7.10: Die Installationsfunktion aufrufen

3. Haben Sie die Zip-Datei mit den Installationsdaten heruntergeladen, wählen Sie das Register PAKET-DATEI HOCHLADEN aus.

4. Klicken Sie dort auf die Schaltfläche DATEI AUSWÄHLEN. Dadurch öffnet sich ein Explorer-Fenster, mit dem Sie die lokale Zip-Datei zur Installation auswählen.

Abbildung 7.11: Lokale Installationsdateien hochladen

5. Haben Sie hingegen die Zip-Datei bereits auf den Server kopiert, z. B. per FTP oder über das lokale Netzwerk, wählen Sie oben das Register AUS VERZEICHNIS INSTALLIEREN aus.

6. In dem Eingabefeld darunter tippen Sie den Pfad zu der Installationsdatei ein. Joomla nimmt automatisch das Verzeichnis /tmp innerhalb der Joomla-Struktur.

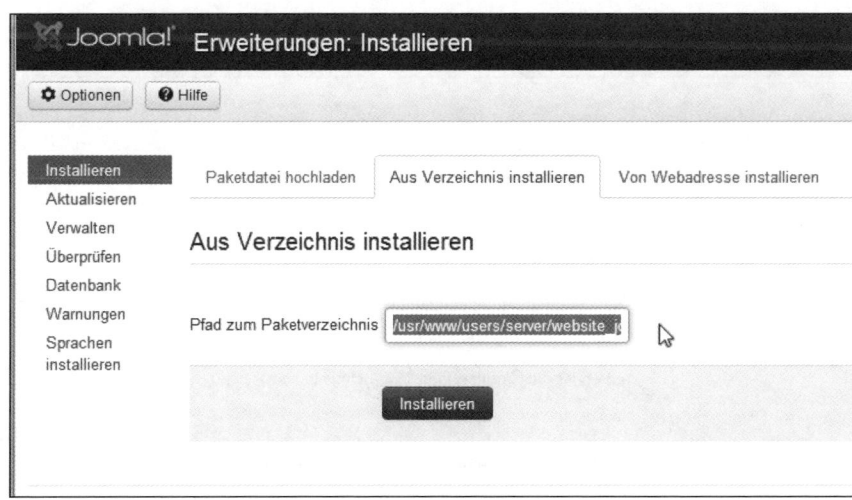

Abbildung 7.12: Installationsdateien auf dem Server verwenden

7. Liegt die Installationsdatei hingegen auf einem anderen Server und kann von dort aus direkt installiert werden, wählen Sie oben das Register VON WEBADRESSE INSTALLIEREN aus.

8. Tippen Sie in das Eingabefeld die komplette Adresse des Servers und der Installationsdatei ein, sodass Joomla darauf zugreifen kann.

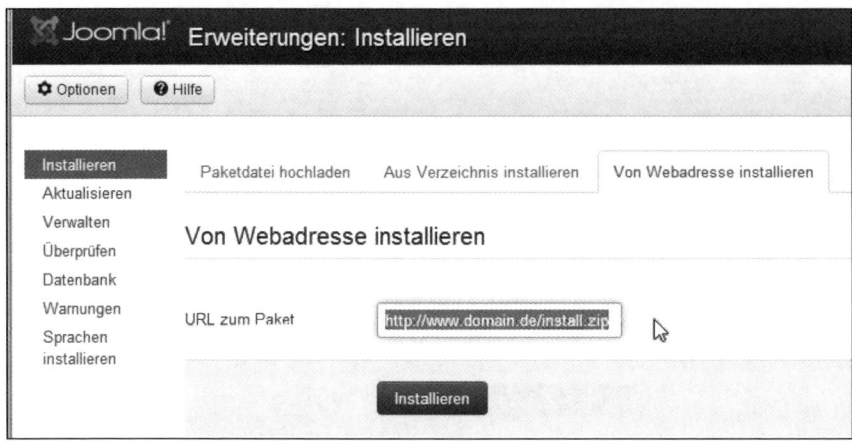

Abbildung 7.13: Installationsdateien aus dem Web abrufen

9. Jetzt müssen Sie nur noch auf die Schaltfläche INSTALLIEREN bzw. HOCHLADEN & INSTALLIEREN klicken. Dadurch wird Joomla die angegebene Installationsdatei von Ihrem Computer hochladen, aus dem Serververzeichnis lesen oder aus dem Web kopieren. Das dauert nur einen kurzen Moment.

10. Zuletzt wird Ihnen die erfolgreiche Installation mit einer kurzen Meldung bestätigt. Häufig finden Sie direkt darunter noch weitere Hinweise oder Anleitungen vom Entwickler der Erweiterung. Damit ist der Vorgang auch schon abgeschlossen und Sie können die neue Erweiterung nutzen.

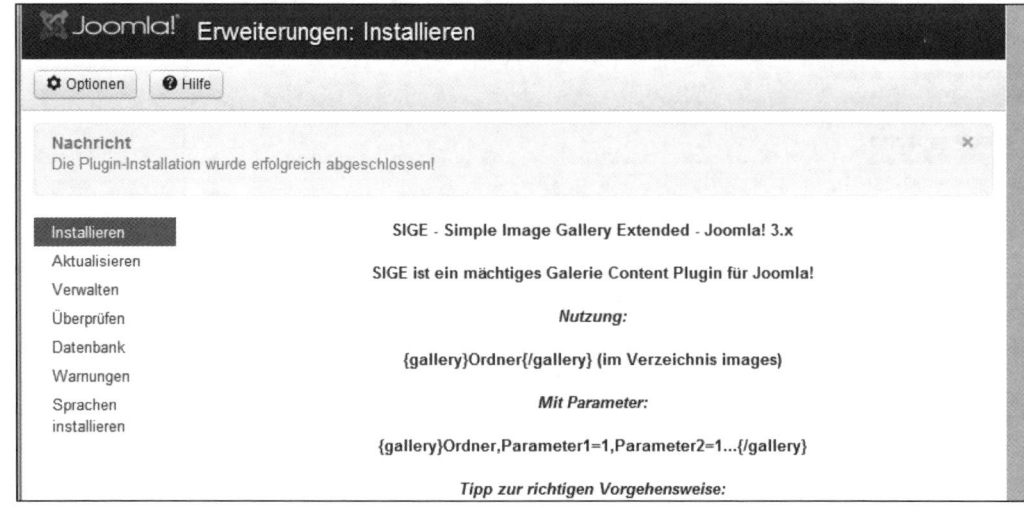

Abbildung 7.14: Die Erweiterung wurde installiert.

Die Installation einer Erweiterung ist ziemlich unspektakulär und wird lediglich mit einer kurzen Nachricht quittiert. Ansonsten passiert in Joomla erst einmal nichts. Sie sehen die Erweiterung nirgends auf der Webseite und auch in der Admin-Oberfläche gibt es auf den ersten Blick keine Veränderungen. Sie haben zwar einen neuen Baustein in Ihr Joomla eingefügt, aber er ist noch nicht aktiviert und einsatzbereit. Das müssen Sie jetzt noch manuell über die Verwaltungsfunktion erledigen. Wie es genau weitergeht, hängt davon ab, ob Sie ein Plug-In, ein Modul oder eine Komponente installiert haben. Die folgenden Abschnitte zeigen Ihnen die weitere Vorgehensweise für alle drei Erweiterungen im Einzelnen auf.

7.2.2 Plug-Ins verwalten

Die Plug-Ins besitzen in Joomla einen eigenen Verwaltungsbereich in der Admin-Oberfläche. Sie werden diesen Verwaltungsbereich immer benötigen, wenn Sie etwas an einem Plug-In verändern möchten. Dabei kann es sich um eines der vielen bereits in Joomla vorinstallierten Plug-Ins handeln oder auch um ein von Ihnen gerade ganz neu installiertes Plug-In. Die Handhabung unterscheidet sich dabei überhaupt nicht. Die meisten Plug-Ins bieten auch eine mehr oder weniger umfangreiche Konfiguration, die Sie ebenfalls über die Plug-In-Verwaltung vornehmen. Weil Plug-Ins oftmals eher klein und unkompliziert sind, sind auch die Optionen für die Anpassung meist sehr übersichtlich.

1. Wählen Sie im Hauptmenü von Joomla den Punkt ERWEITERUNGEN/PLUGINS aus.

2. Dadurch gelangen Sie in eine Auflistung aller bereits in Ihrem System installierten Plug-Ins.

Abbildung 7.15: Die Verwaltung der Plug-Ins öffnen

3. Die Handhabung unterscheidet sich im Grunde überhaupt nicht von anderen Joomla-Elementen, wie z. B. Beiträgen oder Kategorien.

   – Am oberen Rand befindet sich die Symbolleiste mit den wichtigsten Schaltflächen.

   – Links finden Sie ein paar Filter, um die Anzeige der Plug-Ins zu differenzieren.

   – Über der Liste können Sie mit einem Suchfeld nach Stichworten suchen.

   – Die Liste in der Mitte zeigt alle installierten Plug-Ins an.

4. Suchen Sie in der Liste nach dem gewünschten Plug-In, z. B. nach dem im letzten Schritt ganz neu installierten Plug-In. Haben Sie es gefunden, klicken Sie den Namen an, sodass Sie in das Konfigurationsfenster gelangen.

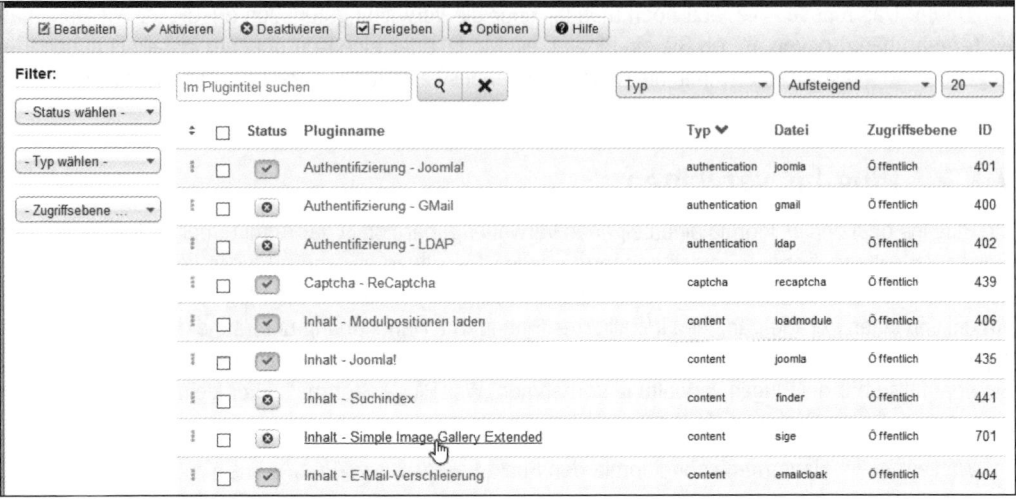

Abbildung 7.16: Die Liste der installierten Plug-Ins

5. Leider gibt es keine Vorgaben, wie die Konfiguration eines Plug-Ins auszusehen hat. Das bedeutet, dass das Konfigurationsfenster und die Optionen bei jedem Plug-In anders sind. In der Regel gibt es mindestens zwei Register, in denen Sie Anpassungen vornehmen können.

6. Das Register DETAILS beinhaltet die typischen Joomla-Optionen für den Status, die Zugriffsebene, die Reihenfolge usw. Hier können Sie nicht viel machen, außer das Plug-In damit ein- oder auszuschalten.

7. Das Register BASISOPTIONEN beinhaltet deutlich mehr Optionen, mit denen sich die Funktion und das Aussehen des Plug-Ins verändern lassen. Abhängig von der Art des Plugs-ins handelt es sich dabei meist um Größe, Anzahl, Spalten und vieles andere mehr. Sehr häufig bringen die Plug-Ins auch ganz eigene Register für diese Optionen mit.

8. Sind alle Einstellungen gemacht, müssen Sie oben links die Schaltfläche SPEICHERN bzw. SPEICHERN & SCHLIESSEN betätigen. Dadurch gelangen Sie zurück in die Liste mit allen Plug-Ins.

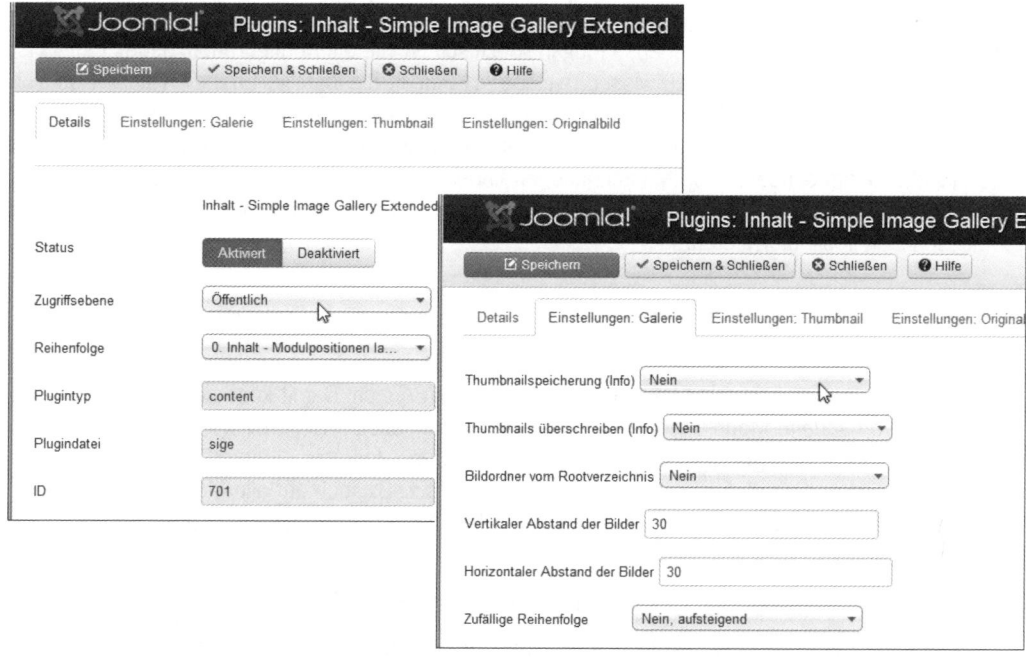

Abbildung 7.17: Das Konfigurationsfenster des Plug-Ins

9. Beachten Sie unbedingt, dass alle Plug-Ins nach der Installation automatisch noch deaktiviert sind. Um ein neues Plug-In nutzen zu können, müssen Sie es also erst noch einschalten. Falls Sie das nicht bereits im Konfigurationsfenster über den *Status* getan haben, klicken Sie nun in der Liste auf das Statussymbol. Es muss von einem *roten Kreis* zu einem *grünen Haken* umgeschaltet werden.

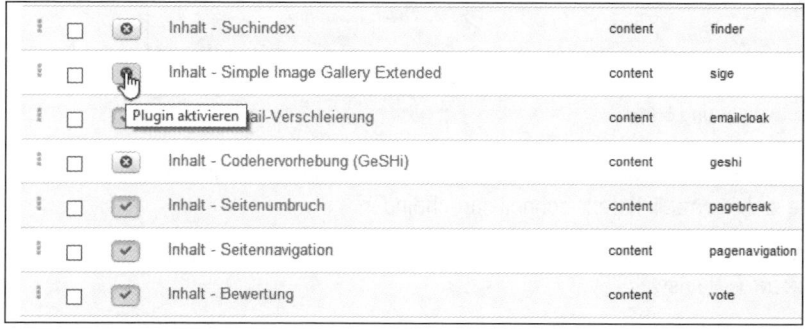

Abbildung 7.18: Das neue Plug-In aktivieren

Häufig stellt sich nun noch die Frage, wie und wo man das neue Plug-In nutzt. Das lässt sich leider nicht allgemein beantworten, weil das genauso Plug-In-spezifisch ist wie die Konfiguration. Jedes Plug-In ist hier anders und Sie müssen einfach wissen, welche Art Plug-In Sie installiert haben. Handelt es sich um eine neue Funktion für den Edtior, müssen Sie den Editor öffnen und nach einer neuen Schaltfläche o. Ä. suchen. Bildergalerien, Newsticker usw. werden meist mit speziellen Befehlen oder Codes direkt in den Inhalten eingebunden, neue Menüfunktionen finden Sie sicherlich in der Menüverwaltung usw. Schauen Sie hierfür auf der Webseite des Entwicklers vorbei, um sich über die genaue Handhabung von dessen Plug-In zu informieren.

7.2.3 Module verwalten

Die mittleren und größeren Erweiterungen werden in Joomla meist als Module integriert. Sie besitzen in der Verwaltungsoberfläche ebenfalls einen ganz eigenen Bereich. Damit können Sie neu installierte oder bereits vorhandene Module jederzeit aktivieren und anpassen. Generell werden Sie diesen Bereich wahrscheinlich häufiger benötigen, denn auch viele von Joomlas eigenen Funktionen sind als Module konzipiert und werden hierüber verwaltet. Das trifft z. B. auch auf alle Menüs zu. Die Modul-Konfiguration ist etwas aufwändiger als bei den Plug-Ins, weil dabei in der Regel mehr Optionen zur Verfügung stehen.

1. Wählen Sie im Hauptmenü von Joomla den Punkt ERWEITERUNGEN/MODULE aus.

2. Dadurch gelangen Sie in eine Auflistung aller bereits in Ihrem System installierten Module.

Abbildung 7.19: Die Modulverwaltung öffnen

3. Die Verwaltung der Module sieht ganz ähnlich aus, wie bei allen anderen Joomla-Elementen auch. Deshalb werden Sie sich vermutlich sehr schnell zurechtfinden.

   – Am oberen Rand befindet sich die Symbolleiste mit den wichtigsten Schaltflächen wie z. B. NEU, BEARBEITEN, VERÖFFENTLICHEN usw.

   – Links oben wechseln Sie mit den Funktionen SITE und ADMINISTRATOR zwischen den Modulen für die öffentliche Webseite und für die Admin-Oberfläche.

   – Direkt darunter befinden sich die üblichen Filter, um die Auflistung der Module zu steuern.

   – Mit dem Suchfeld über der Liste können Sie die Module nach Stichworten durchsuchen.

   – In der Mitte befindet sich die Auflistung aller Module bzw. der gefilterten oder gesuchten Module.

4. Wechseln Sie links oben in den Bereich Site, um die Module für die öffentliche Webseite anzeigen zu lassen. Jetzt suchen Sie in der Liste nach dem zu bearbeitenden Modul, z. B. das zuletzt installierte. Klicken Sie auf den Namen des Moduls, sodass Sie in das Konfigurationsfenster gelangen.

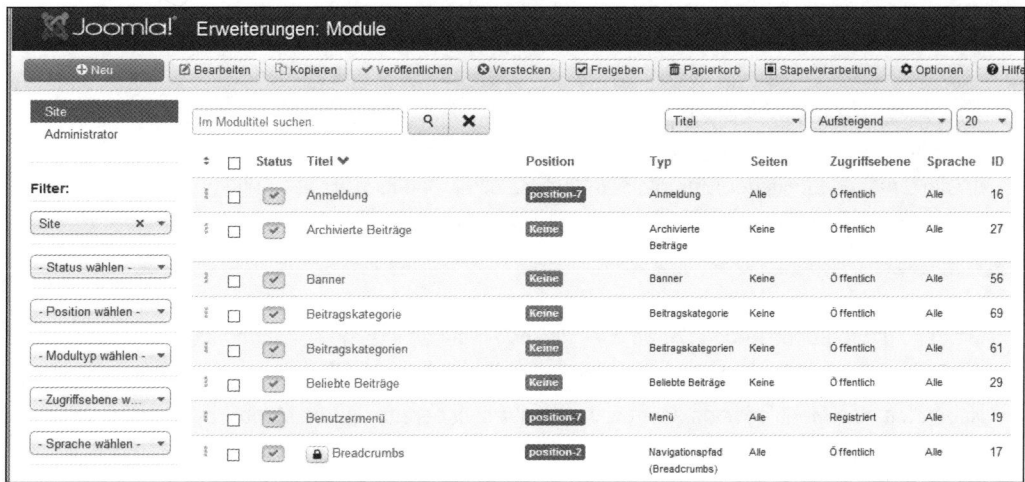

Abbildung 7.20: Die Verwaltungsseite der Module

Details – Grundeinstellungen vornehmen

Gehen Sie im Bearbeitungsfenster als Erstes in das Register Details. Dort müssen Sie die üblichen Grundeinstellungen für die Anzeige und Freigabe des Moduls vornehmen.

1. Wählen Sie als *Status* die Option Veröffentlicht aus, um das Modul freizugeben. Ansonsten bleibt es unsichtbar.

2. Im Feld *Titel* geben Sie Ihrem Modul einen Namen und geben darunter an, ob dieser angezeigt werden soll oder nicht. Viele fertige Module tragen den Titel selbst ein.

3. Ganz besonders wichtig ist die Option *Position*, denn sie bestimmt, wo auf der Webseite das Modul eingeblendet wird. Wählen Sie in der Liste eine der im Template definierten Positionen aus.

   – Alle Joomla-Positionen sind von 0 an aufwärts durchnummeriert.

   – Viele Positionen haben auch Namen, welche die konkrete Stelle besser erahnen lassen.

   – Die Liste sortiert die Positionen auch nach Templates, denn nicht jedes Design kennt auch alle Positionen.

Die Joomla-Positionen genau bestimmen

Es gibt in Joomla wirklich sehr viele Modulpositionen. Dabei sagt die Nummer nichts über die Position oder die Reihenfolge aus. Letztendlich kann jeder Template-Entwickler beliebig Modulpositionen in sein eigenes Template einbauen, verschieben oder auch weglassen. Es gibt also keine allgemeine Regelung, wie mit den Positionen umzugehen ist.

Weil die Verwaltung der Positionen aber so wichtig ist, bietet Joomla natürlich eine Funktion, mit der sich die Positionen ganz exakt anzeigen und bestimmen lassen. Weil dies etwas komplizierter ist und bei jedem Template anders aussieht, schauen wir uns den Vorgang in Kapitel 9, Design und Layout mit Templates steuern, genauer an.

---

4. Mit der *Zugriffsebene* geben Sie an, wer dieses Modul sehen und somit benutzen darf. Wie üblich können Sie hier zwischen Öffentlich, Registriert und Spezial wählen.

5. Haben Sie eine Modulposition ausgewählt, in der sich bereits andere Module befinden, bestimmen Sie mit der Option *Reihenfolge*, wie diese dargestellt werden sollen.

6. Mit den Feldern *Veröffentlichung starten/beenden* können Sie die Veröffentlichung des Moduls zu einem bestimmten Datum starten und beenden. Allerdings macht das eher bei Beiträgen Sinn und weniger bei Modulen.

7. Auf einer Webseite mit mehreren Sprachen können Sie in der Liste *Sprache* angeben, welcher Sprache dieses Modul zugeordnet werden soll.

8. Zuletzt können Sie zu diesem Modul eine interne *Notiz* speichern.

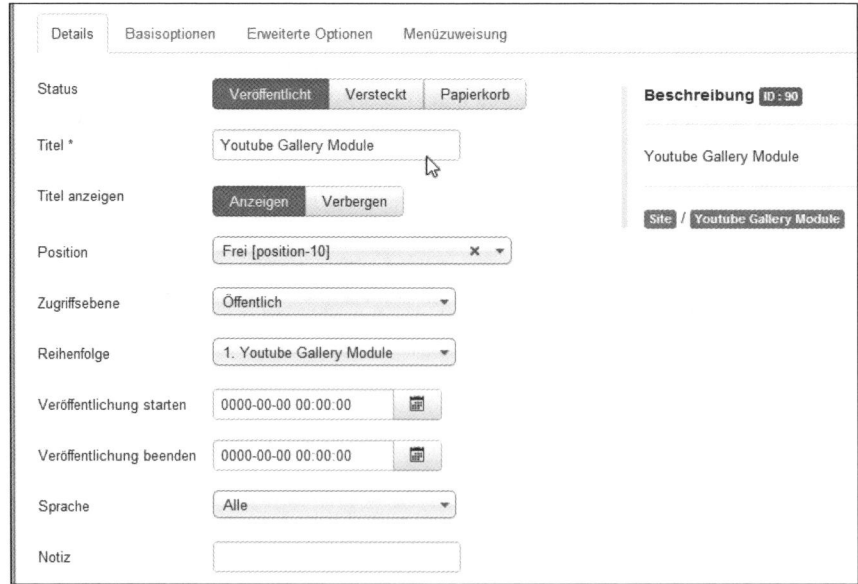

Abbildung 7.21: Grundlegende Einstellungen vornehmen

Basisoptionen – Modul-spezifische Einstellungen

Wechseln Sie jetzt in das Register BASISOPTIONEN und passen Sie die Anzeige für Ihr Modul an.

In diesem Register finden Sie eine Liste mit verschiedenen Einstellungen, die speziell auf das jeweilige Modul angepasst sind. Es sieht also bei jedem Modul anders aus. Für ein Videomodul müssen Sie z. B. die Anzeigegröße angeben, für eine Fotogalerie den Pfad zu den Bildern, für ein Menümodul das gewünschte Menü usw. Schauen Sie sich die angebotenen Optionen genau an. Meist erklären sie sich von alleine. Ansonsten hilft hier nur die Anleitung des Modul-Entwicklers. Informieren Sie sich am besten auf dessen Homepage.

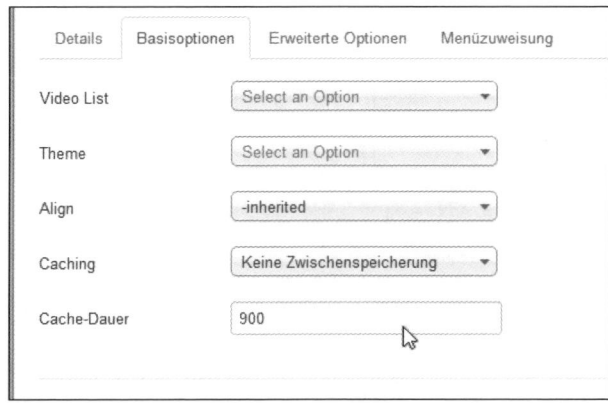

Abbildung 7.22: Die Modul-spezifischen Einstellungen

Erweiterte Optionen – CSS-Klassen und Layout

Gehen Sie als Nächstes in das Register ERWEITERTE OPTIONEN, um dort die CSS-Klassen und das Layout für dieses Modul individuell anzupassen.

Dieses Register gibt es auch bei anderen Joomla-Elementen, z. B. bei den Beiträgen oder den Kategorien. Dort finden Sie normalerweise Optionen für die Anzeige der Inhalte. Das ist hier ganz ähnlich, allerdings beziehen sich diese Optionen alle auf das Layout, welches Sie mit eigenen CSS-Klassen und Modul-Tags individuell anpassen können.

* Passen Sie das Layout und die Anzeige des Menüs auf Wunsch an.

* Vergeben Sie mit den Feldern eigene CSS-Klassen und IDs, welche Sie in der CSS-Datei Ihres Templates bearbeiten können.

* Sie können dem Modul auch einen eigenen Template-Stil zuweisen, wodurch es ein ganz eigenes Aussehen erhält.

Alle Angaben sind optional – also nicht unbedingt notwendig. Möchten Sie Ihr Modul bzw. Menü nicht komplett umgestalten, lassen Sie diese Felder leer. Das Menü wird dann entsprechend des aktuellen Templates dargestellt.

Abbildung 7.23: Das Layout per CSS anpassen

Menüzuweisung – Das Modul ein- oder ausblenden

Das Register MENÜZUWEISUNG ist besonders wichtig, denn damit legen Sie die Anzeige des Moduls fest. Genauer gesagt bestimmen Sie damit, auf welchen Seiten das Modul angezeigt werden soll und auf welchen nicht. Das gibt Ihnen die Möglichkeit, bestimmte Elemente wie z. B. Newsticker, Fotogalerien, Werbebanner oder auch Menüs nur auf einzelnen oder bestimmten Webseiten anzuzeigen. Auf allen anderen sind diese Elemente nicht vorhanden.

1. Wählen Sie in der Liste MODULZUWEISUNG zunächst einmal die grundlegende Anzeigefunktion aus. Dabei stehen Ihnen vier Möglichkeiten zur Verfügung.

   – **Auf allen Seiten** – Mit dieser Option wird das Modul immer angezeigt. Das ist sicherlich die am häufigsten verwendete Option.

   – **Keine Seiten** – Hiermit wird das Modul niemals angezeigt, was kaum Sinn macht.

   – **Nur auf der gewählten Seite** – Mit dieser Option wird das Modul nicht angezeigt, bis auf ein paar Seiten, die Sie explizit angeben müssen.

   – **Auf allen Seiten mit Ausnahme der gewählten** – Hiermit wird das Modul auf allen Seiten angezeigt, bis auf ein paar wenige, die Sie abwählen können.

2. Haben Sie die Option NUR AUF DER GEWÄHLTEN SEITE angewählt, erscheint im unteren Bereich eine Auflistung sämtlicher Menüeinträge. In dieser Liste müssen Sie alle Seiten bzw. Menüeinträge mit einem Haken aktivieren, auf denen das Modul eingeblendet werden soll. Besitzt ein Menüeintrag keinen Haken, wird das Modul dort auch nicht angezeigt.

3. Bei der Option AUF ALLEN SEITEN MIT AUSNAHME DER GEWÄHLTEN erscheint im unteren Bereich ebenfalls eine Auflistung sämtlicher Menüeinträge. Allerdings ist die Auswahl hierbei genau umgekehrt. Sie

müssen in der Liste alle Menüeinträge mit einem Haken markieren, auf denen das Modul nicht angezeigt werden soll. Auf allen anderen ist das Modul sichtbar.

– Um Ihnen das An- und Abwählen zu erleichtern, finden Sie über dem Menü die Option AUSWÄHLEN. Klicken Sie auf ALLE oder KEINE, um sämtliche Menüeinträge an- oder abzuwählen.

– Daneben befindet sich die Option AUSKLAPPEN. Mit den Links ALLE und KEINE können Sie alle Menüs auf einmal öffnen oder schließen.

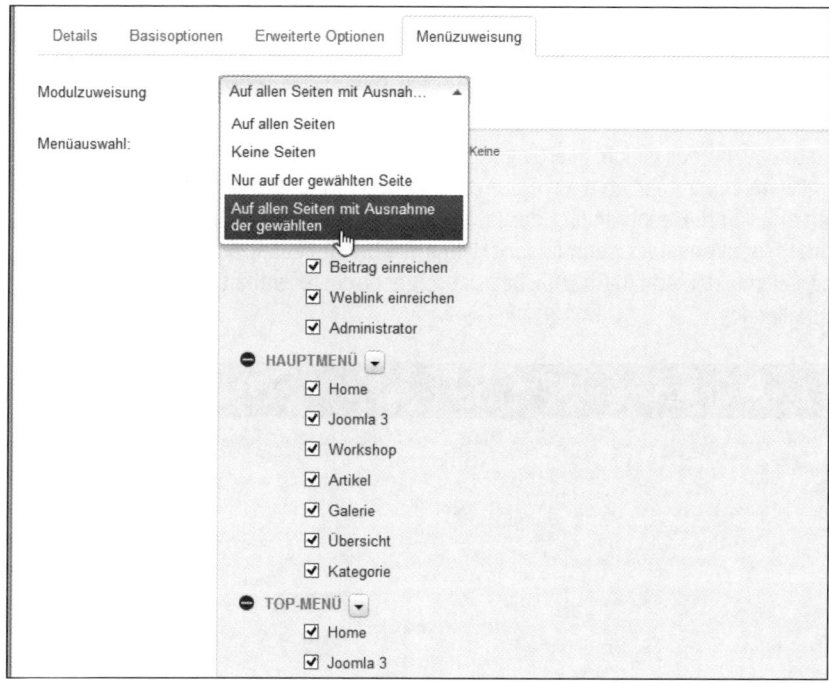

Abbildung 7.24: Die Anzeige des Moduls steuern

4. Sind schließlich alle Einstellungen in den Registern vorgenommen, müssen Sie Ihr Modul nur noch mit der Schaltfläche SPEICHERN bzw. mit SPEICHERN & SCHLIESSEN abspeichern. Sie können das Modul anschließend direkt auf der Webseite betrachten.

Weitere Register für die Modul-Anpassung

In diesem Abschnitt haben Sie die vier häufigsten Register für Joomla-Module kennengelernt. Sie werden diese bei so ziemlich allen Modulen wiederfinden. Es gibt aber auch ein paar sehr umfangreiche Module, die noch viel mehr Konfigurationsmöglichkeiten bieten. Dazu besitzen diese Module oft weitere Register. Lesen Sie dafür die Anleitung für das Modul oder besuchen Sie die Webseite des Entwicklers.

7.2.4 Die Standard-Module in Joomla

Joomla bringt von Anfang an eine ganze Reihe von Modulen mit. Meist wird dabei von den *Standards* oder auch vom *Core* gesprochen. Diese Module gehören zu den Grundfunktionen von Joomla, weil sie alltägliche Aufgaben übernehmen. Es handelt sich also nicht um Sonderfunktionen oder Extras, sondern um die grundsätzlichen Dinge. Typische Beispiele sind das Auflisten der Beiträge, das Anzeigen der Kategorien, das Einbinden von Menüs, das Erstellen der Navigationsleiste uvm. Diese Module sind also von Anfang an aktiv und verrichten ihren Dienst, ohne dass Sie etwas tun müssen. Wirklich interessant ist dabei aber, dass alle diese Module mit umfassenden Konfigurationen ausgestattet sind. Sie können diese Module also ganz individuell anpassen und somit deren Funktionsweise und die Anzeige verändern: z. B., wie die Beiträge aufgelistet werden, wie die Kategorien dargestellt werden sollen, welche Schlagzeilen Sie auf der Startseite wünschen und vieles mehr.

Die Vorgehensweise ist dabei immer gleich, allerdings bietet jedes Modul völlig andere Optionen für die Anpassung. Das hängt natürlich immer vom jeweiligen Modul und vom angezeigten Inhalt ab. Die folgende Liste gibt Ihnen eine kurze Beschreibung der jeweiligen Module, sodass Sie sich bei der Suche nach dem gewünschten Modul besser zurechtfinden. Haben Sie bereits zusätzliche Module installiert, erscheinen diese ebenfalls in der Admin-Oberfläche. Die folgende Liste enthält nur die Core-Module nach der Standard-Installation.

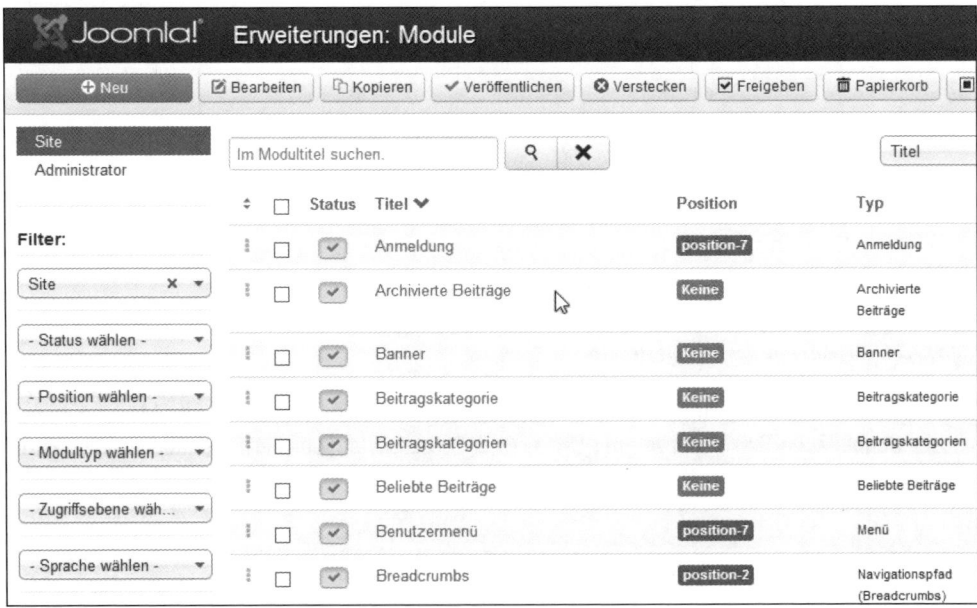

Abbildung 7.25: Die Standard-Module von Joomla anpassen

- **Anmeldung** – Dieses Modul zeigt auf der Webseite ein Anmeldeformular für die Benutzer an. Damit können Sie sich bei Joomla anmelden oder sich ein vergessenes Passwort wiederherstellen lassen. Sie können dabei die Ansicht anpassen, zusätzliche Texte hinzufügen, die Anmeldung per SSL verschlüsseln und einiges mehr.

- **Archivierte Beiträge** – Dieses Modul gibt Ihnen die Möglichkeit, auf der Webseite einen Zugriff auf ältere und archivierte Beiträge zu erstellen. Im Modul können Sie das Aussehen anpassen sowie den rückwirkenden Zeitraum in Monaten angeben.

- **Banner** – Mit diesem Modul werden die Banner in Joomla eingeblendet. Es arbeitet mit der Banner-Komponente zusammen und ist sozusagen dessen anzeigendes Element.

- **Beitragskategorie** – Dieses ist eines der wichtigsten Module überhaupt, weil es die Beiträge aus den Kategorien auf der Webseite anzeigt. Das Modul bietet eine ganze Reihe von Registern, die mit vielen verschiedenen Anzeige- und Gliederungsfunktionen ausgestattet sind. Damit lässt sich die Ansicht der Beitragslisten ganz individuell anpassen. Seien Sie dabei sehr vorsichtig, denn eine falsche oder merkwürdige Konfiguration lässt alle Ihre Beitragslisten komisch aussehen.

- **Beitragskategorien** – Mit diesem Modul werden die Unterkategorien einer gewählten Kategorie aufgelistet. In den Registern können Sie das Aussehen dieser Auflistung bestimmen.

- **Beliebte Beiträge** – Hiermit können Sie auf Ihrer Webseite eine Liste mit den beliebtesten Beiträgen einblenden lassen. Dabei werden die Zugriffe aller Beiträge gezählt und ausgewertet. Innerhalb des Moduls lassen sich die Anzeige und die Anzahl der Beiträge bearbeiten.

- **Benutzermenü** – Dies ist ein Menü, welches den auf der Seite angemeldeten Benutzern angezeigt wird.

- **Breadcrumbs** – Dies ist der Navigationspfad, der auf der Webseite zwischen dem Logo und dem Inhalt angezeigt wird. Er zeigt dem Benutzer, wo er sich gerade befindet. Das Modul bietet ein paar Anpassungsmöglichkeiten für die Anzeige.

- **Eigenes HTML** – Mit diesem Modul ist es möglich, einen Inhalt wie einen Artikel im Inhaltsbereich zu bearbeiten. Dabei wird der Standard-Editor geöffnet und erlaubt dann das Verfassen von Text, das Einfügen von Bildern sowie das Einbauen von Codes, Widgets usw.

- **Feedanzeige** – Dieses Modul bindet Nachrichtenfeeds in die Webseite ein. In dem Modul lässt sich die Verarbeitung und Anzeige der Feeds anpassen.

- **Fußzeile** – Hiermit wird die Fußzeile in Joomla mit dem Copyright-Vermerk erstellt und eingebunden.

- **Hauptmenü** – Dies ist das Standardmenü von Joomla, das natürlich ebenfalls ein Modul darstellt.

- **Neueste Beiträge** – Mit diesem Modul können Sie auf der Webseite eine Liste mit den zuletzt geschriebenen und veröffentlichten Beiträgen anzeigen lassen. Diese Liste lässt sich leicht als Info-Kasten auf der Startseite einbinden. In dem Modul lassen sich verschiedene Anzeigeoptionen anpassen.

- **Neueste Benutzer** – Dieses Modul listet die neuesten Benutzer der Webseite auf, also welche sich zuletzt registriert haben. Das kann bei größeren Online-Communities ganz praktisch sein.

- **News Flash: Latest** – Dieses Modul dient dazu, ein paar »Schlagzeilen« auf der Webseite anzuzeigen. Dazu ist es sinnvoll, eine eigene Kategorie für diese Schlagzeilen zu erstellen und diese im Modul auszuwählen. Dabei wird immer eine feste Anzahl von Beiträgen angezeigt, unabhängig von deren Aktualität.

- **Smart Search Module** – Dieses Modul gehört zum Suchmodul, welches den Suchindex erstellt.

- **Sprachauswahl** & **Sprachenumschalter** – Diese beiden Module sind für eine mehrsprachige Webseite notwendig. Sie organisieren die verknüpften Inhalte, ordnen ihnen Sprachen zu und blenden auf der Webseite ein Auswahlmenü für die Sprachen an. Sie werden im Abschnitt für mehrsprachige Webseiten genauer betrachtet.

- **Statistiken** – Mit diesem Modul lassen sich Statistiken zum Server und zur Webseite einblenden, z. B. Besucher, Beiträge, Datenbank, Weblinks usw. Diese Daten sollten Sie besser nicht öffentlich sichtbar machen, sondern nur für eine geschlossene Benutzergruppe.

- **Suche** & **Suchen** – Mit diesen beiden Modulen steuern Sie die Suchfunktion in Joomla und stellen diese als Suchbox auf der Webseite bereit. In den Optionen lässt sich das Aussehen und Verhalten der Suchfunktion anpassen.

- **Syndicate Feeds** – Nutzen Sie dieses Modul, um einen RSS-Feed für die gerade angezeigte Webseite zur Verfügung zu stellen.

- **Top-Menü** – Dies ist ein Menü, das am oberen Rand des Fensters, über dem Logo, eingeblendet wird.

- **Verwandte Beiträge** – Dieses Modul gibt Ihnen die Möglichkeit, unter einem Beitrag zu ähnlichen oder verwandten Beiträgen zu verlinken. Dazu müssen Sie in die betreffenden Beiträge identische Meta-Stichwörter eintragen. Anschließend aktivieren Sie das Modul über die Modulzuweisung für den jeweiligen Seitenbereich.

- **Weblinks** – Mit diesem Modul lassen sich die Einträge aus der Weblinks-Komponente in einer Kategorie auflisten und so in die Webseite einbinden.

- **Wer ist online** – Dieses Modul zeigt an, welche Benutzer sich derzeit auf der Webseite angemeldet haben. Sie können das Aussehen und die Position der Anzeige anpassen.

- **Wrapper** – Mit dem Wrapper-Modul lassen sich Inhalte von anderen Webseiten in Ihrer Webseite einbinden. Dazu zeigt dieses Modul einen IFRAME, in dem der verlinkte Inhalt angezeigt wird. Innerhalb des Moduls legen Sie die gewünschte Seite sowie die Anzeigeparameter fest.

- **Zufallsbild** – Nutzen Sie dieses Modul, um auf der Webseite ein sich ständig änderndes Bild anzuzeigen. Innerhalb des Moduls wählen Sie einen Ordner mit den Zufallsbildern aus, geben Größe, Verlinkung und einige andere Parameter an. Über die Modulzuweisung geben Sie an, auf welchen Seiten das Zufallsbild angezeigt werden soll.

7.2.5 Komponenten verwalten

Besonders große Erweiterungen werden in Joomla in Form von Komponenten installiert. Die Installation selbst unterscheidet sich überhaupt nicht von Plug-Ins oder Modulen. Nach der Installation gibt es dann aber doch sehr viele Unterschiede. Generell gibt es für das Aussehen und die Funktionsweise von Komponenten bisher keine Vorgaben. Das führt dazu, dass jede Komponente anders ist und man sich jedes Mal wieder aufs Neue einarbeiten muss – das soll sich in Zukunft zum Glück ändern.

1. Im Hauptmenü gibt es unter ERWEITERUNGEN nur Einträge für Module und Plug-Ins – die Komponenten sind dort nicht vertreten. Stattdessen gibt es für die Komponenten den eigenen Bereich KOMPONENTEN.

2. Öffnen Sie diesen Eintrag, erhalten Sie eine Liste aller auf dem System installierten Komponenten. Dort sehen Sie die bereits in Joomla installierten Komponenten und natürlich Ihre eigenen.

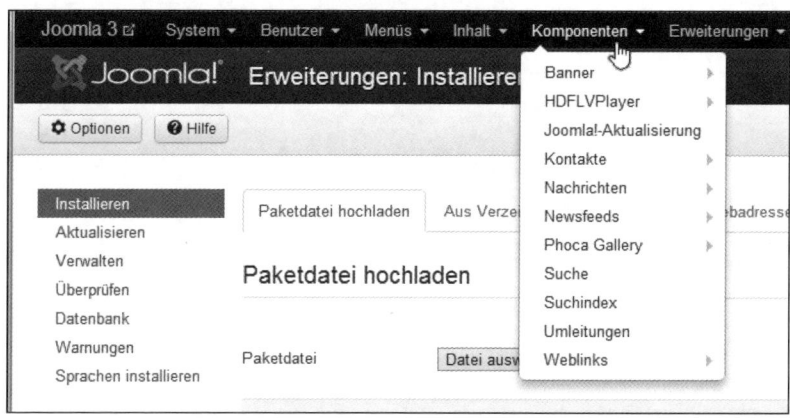

Abbildung 7.26: Den Komponenten-Bereich öffnen

3. Joomla erstellt bei der Installation automatisch für jede Komponente einen Eintrag im Menü der Admin-Oberfläche. Wählen Sie nun die gewünschte Komponente im Menü aus.

4. Sie gelangen dadurch in den eigenen Verwaltungsbereich der gewählten Komponente. Abhängig von der Art der Komponente können Sie dort Inhalte anlegen, Kategorien verwalten, Konfigurationen vornehmen usw.

5. Die meisten Komponenten orientierten sich dabei an den Joomla-Standards. Sie finden also in der oberen Zeile die Symbolleiste mit den wichtigsten Schaltflächen und Funktionen. Im linken Bereich befinden sich meist Aufgaben oder Gruppen. Besonders Konfigurationen sind in der Regel ebenfalls in die bekannten Register-Gruppen unterteilt.

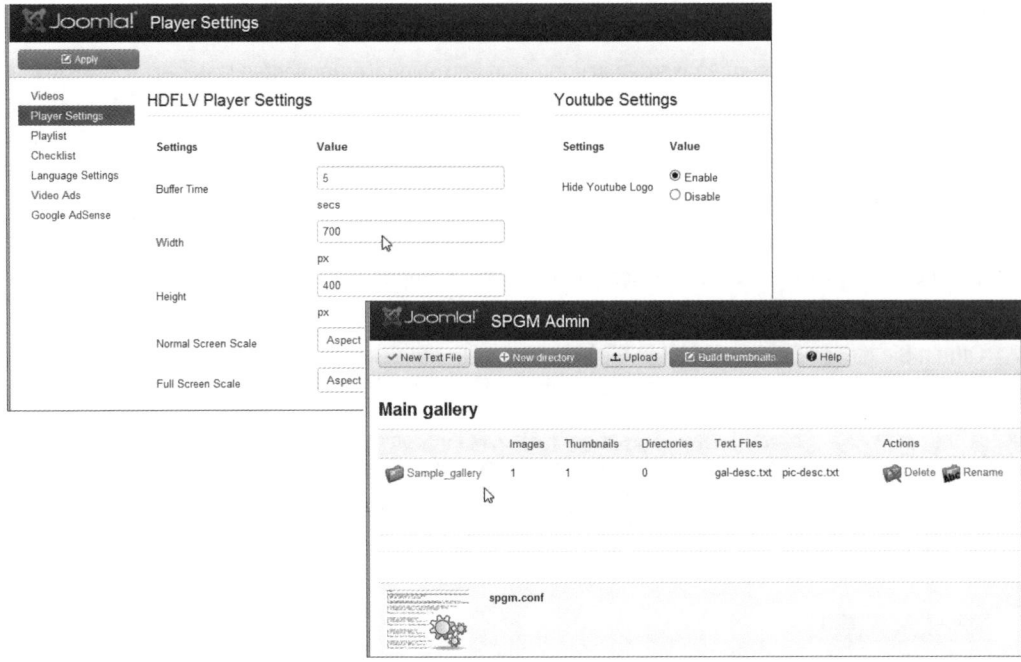

Abbildung 7.27: Beispielkomponenten für Videos und Fotogalerien

6. Beachten Sie dabei immer, dass die Inhalte der Komponenten vollkommen getrennt von den Joomla-Beiträgen verwaltet werden. Erstellen Sie z. B. in Ihrer Fotogalerie eine Gruppe oder laden Fotos hinein, beeinflusst das Ihre Joomla-Artikel nicht. Selbst die Verwaltung von Gruppen bzw. Kategorien läuft in der Regel getrennt ab. Komponenten sind wie eigene Programmbereiche innerhalb von Joomla.

7. Weil Komponenten nicht in die Kategorien oder die Beiträge von Joomla integriert sind, erscheinen sie auch nicht mit den normalen Inhalten auf der Webseite oder in den Menüs. Stattdessen müssen Sie diese getrennt einbinden.

8. Erstellen Sie dafür zunächst wie gewohnt einen neuen Menüeintrag in Joomla. Gehen Sie in das Register Details und füllen Sie die üblichen Daten wie Titel, Alias usw. aus. Ganz wichtig ist die Auswahl des *Menüeintragstyps*. Klicken Sie die Schaltfläche Auswählen an.

Abbildung 7.28: Die Auswahl des Menüeintragstyps öffnen

9. Es öffnet sich die übliche Liste mit den Menüeintragstypen. Sie werden dort aber jetzt neue Einträge von Ihren Komponenten finden. Dabei besitzt jede Komponente eine eigene Gruppe. Klicken Sie
diese an, werden Ihnen die möglichen Menüeintragstypen aufgelistet. Meist sind sie ganz ähnlich
wie die Joomla-eigenen Menüs. Sie können also Beiträge, Kategorien, Gruppen, Bilder usw. auswählen.

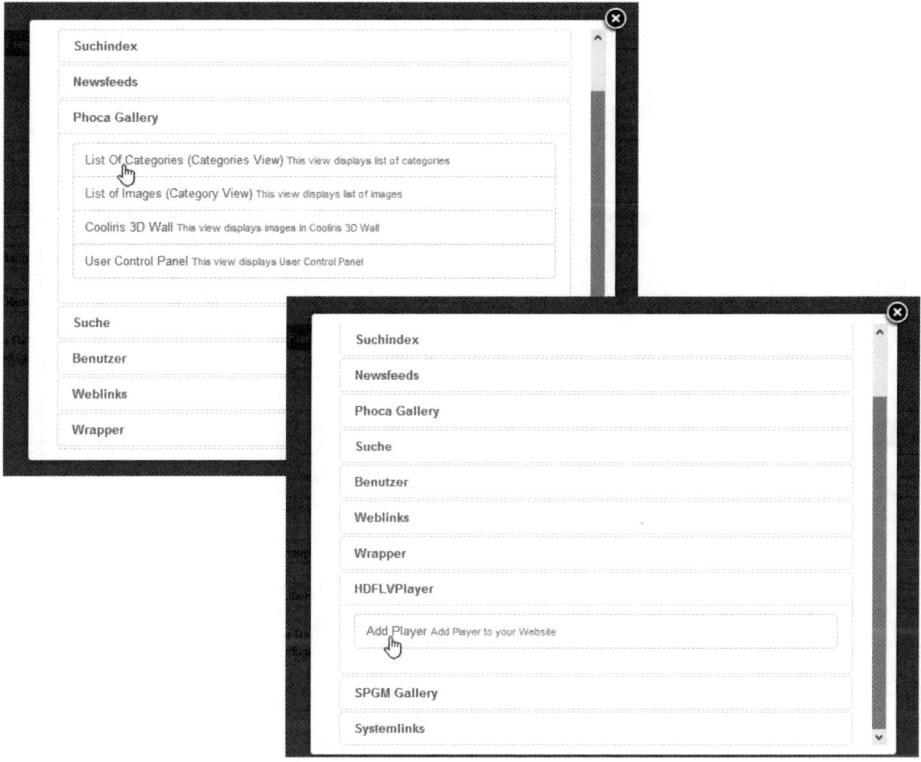

Abbildung 7.29: Die Auswahl des Menüeintragstyps öffnen

10. Nachdem Sie den Menüeintrag erstellt und gespeichert haben, erscheint er auf der Webseite.
Klicken Sie auf den Menüeintrag, um die neue Komponente mit ihren Inhalten zu verwenden.

Abbildung 7.30: Die neue Komponente im Hauptmenü

7.2.6   Updates – Erweiterungen aktualisieren

Die meisten Erweiterungen für Joomla werden ständig weiterentwickelt und verbessert. Diese neuen Versionen werden von den Entwicklern dann in unregelmäßigen Abständen veröffentlicht. Natürlich möchten Sie von Ihren Plug-Ins, Modulen und Erweiterungen immer die neuesten Versionen nutzen, um so die beste Stabilität und den größten Funktionsumfang zu besitzen. Damit Sie diese Erweiterungen nicht ständig manuell überprüfen und installieren müssen, hat Joomla eine eingebaute Update-Funktion. Damit halten Sie Ihr System immer aktuell – und das ist auch noch einfach und bequem.

1. Wählen Sie im Hauptmenü den Punkt Erweiterungen/Erweiterungen aus. Dadurch gelangen Sie in den üblichen Verwaltungsbereich für alle Erweiterungen.

2. Am linken Rand klicken Sie die Funktion Aktualisieren an.

Abbildung 7.31: Die Aktualisierung öffnen

3. Um nach neuen Aktualisierungen zu suchen, klicken Sie oben in der Symbolleiste auf die Schaltfläche Aktualisierungen suchen. Dann verbindet sich Joomla mit dem Server der Erweiterungen. Das kann einen Moment dauern. Weil Joomla selbst in regelmäßigen Abständen nach Updates sucht, stehen in der Liste möglicherweise bereits ein paar Elemente.

4. Joomla merkt sich, ob und welche Updates es zuletzt gefunden hat. Das kann dazu führen, dass in der Liste keine oder veraltete Elemente zu sehen sind. Deshalb ist es sinnvoll, gelegentlich mit der Schaltfläche Cache leeren, diese Merkliste zu löschen.

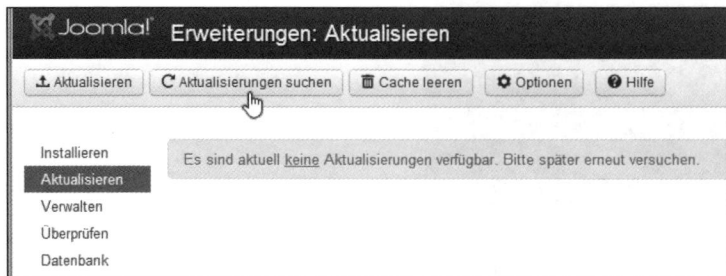

Abbildung 7.32: Nach neuen Aktualisierungen suchen

5. Hat Joomla eine oder mehrere Aktualisierungen gefunden, werden diese in der Liste aufgeführt. Wählen Sie die gewünschte Erweiterung mit einem Haken aus. Anschließend klicken Sie auf die Schaltfläche Aktualisieren, um das Update herunterzuladen und zu installieren.

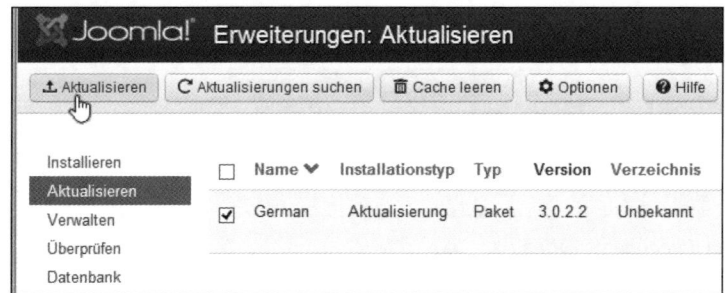

Abbildung 7.33: Das gewünschte Paket markieren und aktualisieren

6. Der Vorgang läuft ganz ähnlich ab wie bei der Erstinstallation der Erweiterung. Allerdings holt sich Joomla dabei die Installationsdateien selbstständig vom Server, kopiert sie auf Ihre Webseite und spielt sie in das Joomla-Systemverzeichnis ein. Das dauert nur wenige Momente, anschließend ist Ihre Erweiterung auf dem neuesten Stand.

7. Gibt es für mehrere Erweiterungen ein Update, sollten Sie diese nacheinander installieren. Wählen Sie das nächste Element in der Liste aus und wiederholen Sie den Vorgang.

Abbildung 7.34: Das Paket wurde erfolgreich aktualisiert.

7.3   In Joomla vorinstallierte Erweiterungen

Mit den Erweiterungen lässt sich Joomla mit wirklich tollen Funktionen aufwerten. Um diese Möglichkeit ausprobieren zu können, müssen Sie nicht unbedingt eigene Erweiterungen installieren. Joomla bringt von Haus aus einige bereits vorinstallierte Komponenten mit. Sie sollten sich diese Erweiterungen durchaus einmal anschauen. Gehen Sie dafür in das Hauptmenü von Joomla und wählen Sie den Punkt Komponenten aus. Das Menü listet Ihnen alle vorinstallierten Komponenten auf. Klicken Sie auf die gewünschte Komponente, um sie zu öffnen. Weil diese Komponenten sehr einfach und intuitiv zu bedienen sind, werden sie in diesem Abschnitt nur kurz vorgestellt.

Abbildung 7.35: Die vorinstallierten Komponenten öffnen

7.3.1 Die Bannerverwaltung

Unter dem Menüpunkt BANNER bietet Joomla eine vollständige Bannerverwaltung. Damit lassen sich auf den eigenen Joomla-Seiten gezielt Banner einblenden. Diese sind natürlich in erster Linie für Werbung gedacht, aber sie lassen sich auch problemlos für Zusatzinformationen oder Hinweise über die eigenen Inhalte verwenden. Die Bannerverwaltung ist recht ausgereift und bietet alle notwendigen Funktionen, um diese auch kommerziell zu nutzen.

- **Banner** – Im Abschnitt *Banner* erstellen Sie neue Banner oder verwalten die vorhandenen. Das funktioniert ganz ähnlich wie bei den üblichen Joomla-Inhalten. Dabei können Sie Bilder, Texte oder auch eigenen Code verwenden.

- **Kategorien** – Damit Sie Ihre Banner richtig verwalten können, stehen Ihnen auch hier Kategorien zur Verfügung. Diese funktionieren genau wie die Kategorien in den herkömmlichen Joomla-Inhalten.

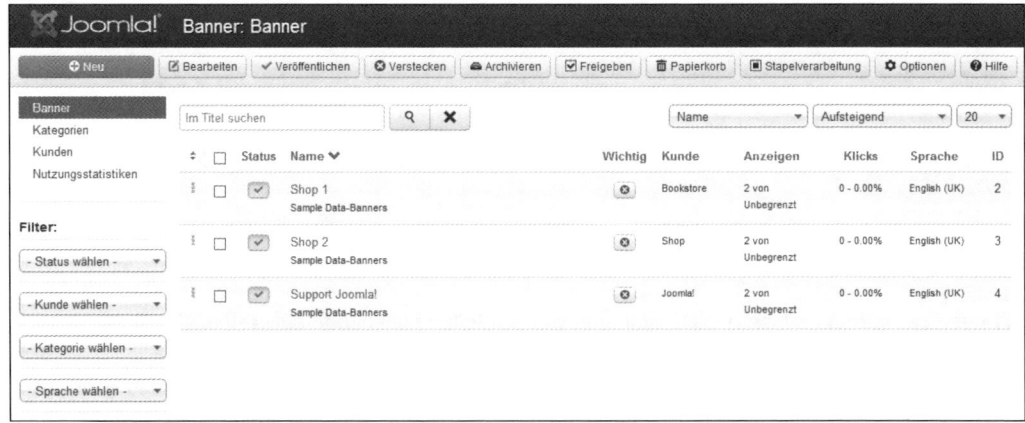

Abbildung 7.36: Die Bannerverwaltung

- **Kunden** – Betreiben Sie Ihre Banner kommerziell, legen Sie hiermit Ihre Kunden an und verknüpfen sie mit den Bannern. So können Sie genau kontrollieren, welche Banner zu welchem Kunden gehören und welche Art Einblendung dieser gebucht hat.

- **Nutzungsstatistiken** – Mit dieser Funktion erhalten Sie detaillierte Informationen über die Einblendung und Klickrate der Banner. Das ist gut für die Kontrolle, aber natürlich auch für die Abrechnung.

7.3.2   Die Kontakte

Wählen Sie im Komponentenmenü den Punkt Kontakte aus, um in die Kontakteverwaltung zu gelangen. Damit stellt Joomla Ihnen eine Art virtuelle Visitenkarte zur Verfügung. Arbeiten Sie mit mehreren Personen an der Joomla-Webseite, haben ein Mitarbeiter-Team oder viele Vereinsmitglieder, können Sie für jeden ein solches Profil erstellen. Diese Profile lassen sich in die Joomla-Webseite einbauen. So gibt es für jeden Mitarbeiter oder jedes Vereinsmitglied einen Steckbrief.

Kontakte werden ganz ähnlich erstellt wie herkömmliche Beiträge. Dabei stehen Ihnen umfangreiche Möglichkeiten zur Verfügung, wie z. B. ein freier Text, Bilder, die Verlinkung zu Artikeln usw. Auch ein ausführlicher Steckbrief mit den üblichen Feldern wie Adresse, Telefon, Land usw. ist darin enthalten. Sehr wichtig ist dabei auch, dass Sie die Profile mit den Joomla-Benutzerkonten verknüpfen können. Auf diese Weise können sich alle Mitarbeiter und Mitglieder selbst präsentieren.

Die Kontakte müssen über einen eigenen Menüpunkt in Joomla integriert werden. Dafür gibt es im Auswahlfeld des Menüeintragstyps eigene Einträge. Über die Zugriffsebene lässt sich so auch festlegen, dass z. B. nur registrierte Benutzer oder Mitglieder auf die Profile zugreifen können. Das sorgt für Privatsphäre.

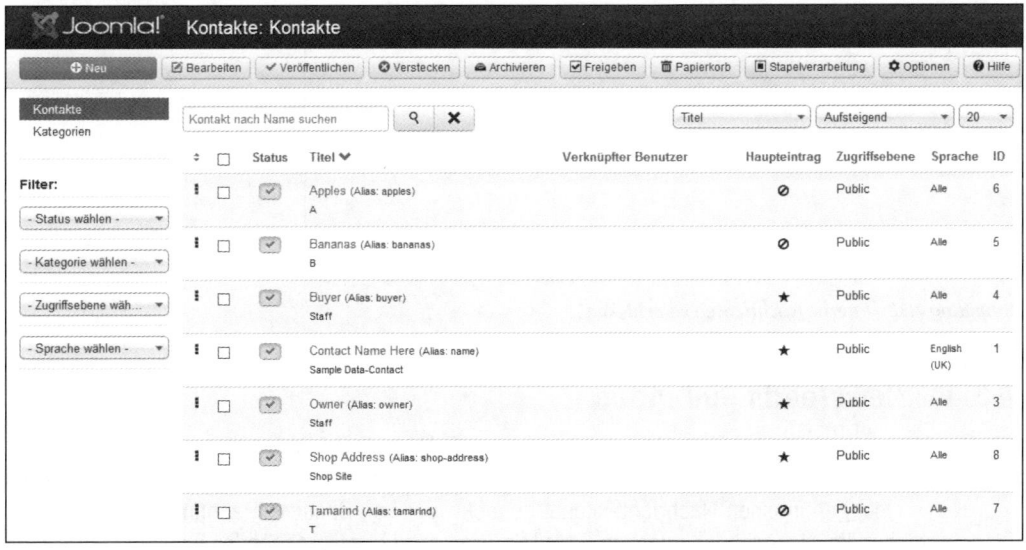

Abbildung 7.37: Die Kontakte verwalten

7.3.3   Interne Nachrichten

Mit dem Menüpunkt NACHRICHTEN öffnen Sie das interne Nachrichtensystem von Joomla. Es stellt eine Art internes Mailbox-System dar, mit dem sich die Mitglieder und Mitarbeiter Ihrer Webseite gegenseitig Nachrichten zuschicken können. Es steht also nur Personen mit einem aktivierten Joomla-Konto zur Verfügung.

- Über den Punkt *Neue private Nachricht* erstellen Sie neue Nachrichten und verschicken diese an die Joomla-Mitglieder. Dabei steht auch gleich ein Adressbuch mit allen Benutzerkonten bereit.

- Der Abschnitt *Nachrichten* stellt den persönlichen Eingangskorb dar, in dem alle empfangenen Nachrichten gespeichert werden.

- Sie können auch Nachrichten an Benutzergruppen schicken. Dazu müssen diese vorher in der Benutzerverwaltung erstellt werden.

- Es ist ein rein internes Nachrichtensystem. Sie können also nur innerhalb von Joomla Nachrichten verschicken und empfangen, aber nicht an herkömmliche E-Mail-Adressen.

Abbildung 7.38: Interne Nachrichten verschicken

7.3.4   Newsfeeds einbinden

Joomla bietet mit der Komponente NEWSFEEDS eine eigene Verwaltung für RSS-Newsfeeds. Das ist im Internet ein gängiges Verfahren, um Nachrichten zu verbreiten. Diese werden in Form von Schlagzeilen oder Kurzmeldungen in einen Nachrichtenkanal gepackt, der von Benutzern abonniert werden kann. Ein entsprechender Newsreader oder ein E-Mail-Programm mit entsprechender Funktion zeigt dann regelmäßig die neuesten Texte an. Mit Joomla können Sie solche Nachrichtenkanäle ebenfalls abonnieren und in Ihre Webseite integrieren. Das ist eine gute Möglichkeit, um auf Ihrer Webseite legal externe Informationen und Nachrichten einzubinden.

- Unter dem Punkt NEWSFEEDS erstellen Sie neue Nachrichtenkanäle oder bearbeiten die bereits vorhandenen. Dabei müssen Sie neben dem Titel und der Beschreibung vor allem die konkrete Link-Adresse eingeben.

- Arbeiten Sie mit vielen Newsfeeds, können Sie diese mit der Option KATEGORIEN in Gruppen organisieren. Das funktioniert genau wie mit den Kategorien für herkömmliche Joomla-Inhalte.

Newsfeeds lassen sich nicht wie Beiträge oder Module in die Webseite einbinden. Stattdessen müssen Sie dafür einen Menüeintrag erstellen. Als Menüeintragstyp stehen Ihnen dann verschiedene Newsfeed-Funktionen zur Verfügung.

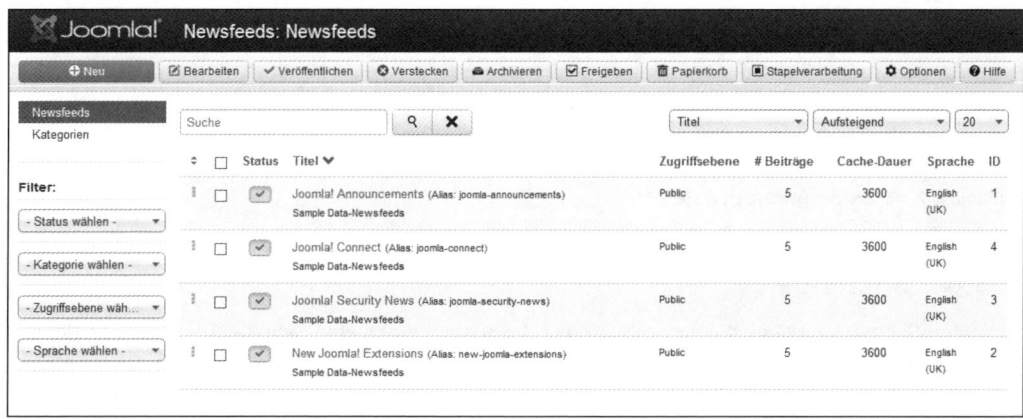

Abbildung 7.39: Newsfeeds verwalten

7.3.5 Die Suche Ihrer Besucher

Joomla bietet auf der öffentlichen Webseite eine Suchfunktion an. Damit können Ihre Besucher die Inhalte nach bestimmten Stichworten durchsuchen. Wählen Sie im Komponentenmenüpunkt den Punkt SUCHE aus, können Sie sich eine Statistik darüber anzeigen lassen. Sie erhalten eine Liste mit allen bisher auf der Webseite eingegebenen Suchbegriffen. So wissen Sie immer, wonach Ihre Besucher gesucht haben. Dabei wird Ihnen auch angezeigt, wie oft ein Begriff bereits eingetippt wurde.

Damit diese Statistik richtig erstellt werden kann, müssen Sie das Plug-In *Inhalt – Suchindex* einschalten. Sie finden es im Menü unter ERWEITERUNGEN/PLUGINS und müssen es lediglich in der Spalte *Status* aktivieren.

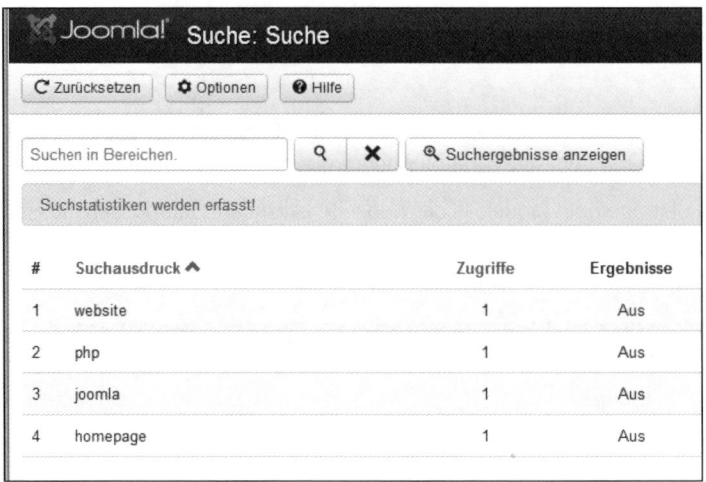

Abbildung 7.40: Die Suchworte auflisten

7.3.6   Suchindex

Verwalten Sie mit Joomla eine sehr große und umfangreiche Webseite, kann das Durchsuchen der vielen Artikel für die Besucher zu lange dauern und zu wenige konkrete Ergebnisse liefern. Deshalb stellt Joomla mit der Komponente *Suchindex* die Verwaltung eines eigenen Index zur Verfügung. Dadurch erstellt Joomla eine eigene Datenbank mit den wichtigsten Begriffen in Ihren Inhalten. Das beschleunigt die Suche und sorgt für bessere Ergebnisse.

- Klicken Sie oben links auf die Schaltfläche INDEXIEREN, um den Index zu erstellen oder zu aktualisieren. Beim ersten Durchlauf kann das durchaus ein paar Minuten dauern.

- Anschließend erhalten Sie eine Liste mit allen indexierten Begriffen. Falls Ihnen einige dieser automatisch erstellten Einträge nicht gefallen, können Sie diese mit den Schaltflächen VERSTECKEN oder auch LÖSCHEN.

- Über die Funktionen am linken Rand haben Sie zusätzlich die Möglichkeit, die Inhalte nach Gruppen auflisten zu lassen. Mit einem eigenen Suchfilter steuern Sie den Index zusätzlich.

Die Idee des eigenen Index ist sehr lobenswert und in der Praxis verarbeitet Joomla die eigenen Inhalte richtig gut. Diese Funktion macht aber wirklich nur bei sehr großen Webseiten mit Hunderten oder gar Tausenden von Beiträgen Sinn. Schließlich bedeutet jede vollständige Suche viel Arbeit für den Datenbankserver. Bei großen und vielfrequentierten Webseiten entlastet der Index die Datenbank sehr. Bei kleinen Webseiten bringt es hingegen keinen Vorteil, weil die Datenbank sowieso nicht sehr aufwändig ist. Arbeiten Sie mit vielen und kleinen Artikeln wie in einem Tagebuch oder Blog, müssen Sie auch ständig den Index aktualisieren, sonst werden diese Inhalte nicht gefunden.

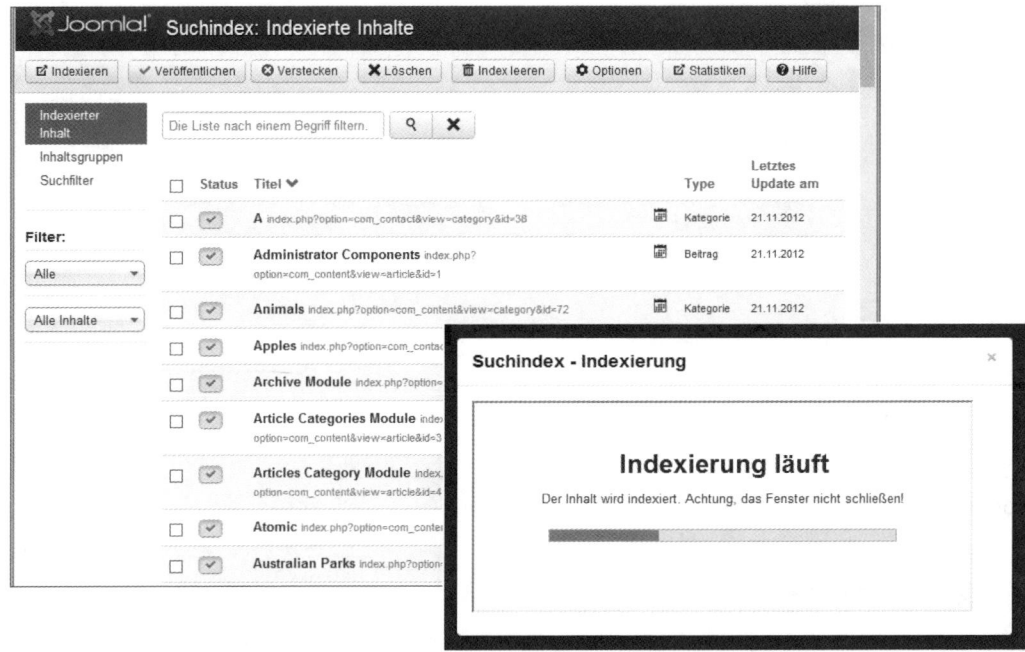

Abbildung 7.41: Einen Index erstellen lassen

7.3.7 Umleitungen

Eine besonders interessante Funktion steckt in der Komponente *Umleitungen*. Damit können Sie Joomla anweisen, die Besucher von einer bestimmten Webseite auf eine andere umzuleiten. Das ist überaus praktisch, wenn sich die Struktur Ihrer Webseite geändert hat und Sie Ihre Besucher nicht mit Fehlermeldungen überhäufen möchten. Ruft der Besucher die bisherige Adresse im Browser auf, leitet Joomla ihn automatisch auf die von Ihnen festgelegte Seite um. Somit ist diese Funktion bestens geeignet, wenn Sie Ihre bisherige Homepage mit herkömmlichen HTML-Dateien auf Joomla umgestellt haben.

- Für jede Datei müssen Sie einen eigenen Eintrag erstellen. Sammelumleitungen für mehrere Seiten sind nicht möglich.

- Die Quelladresse muss mit vollständiger Domain und konkretem Dateinamen angegeben werden, z. B. *http://www.webseite.de/artikel.html*.

- Geben Sie ganze Verzeichnisse an, beschwert sich Joomla zwar nicht, aber die Umleitung funktioniert dann nicht, z. B. bei *http://www.webseite.de/magazin/*.

- Die Zieladresse muss ebenfalls einen konkreten Inhalt darstellen. In der Regel verweisen Sie auf eine Joomla-Kategorie, auf einen Beitrag oder andere Elemente, die Sie auch im Menü verlinken können.

- Achten Sie darauf, dass auf Ihrem Webserver die Apache ReWrite-Engine aktiviert ist, damit Joomla diese Umleitung durchführen kann. Das ist bei den meisten Webservern der Fall.

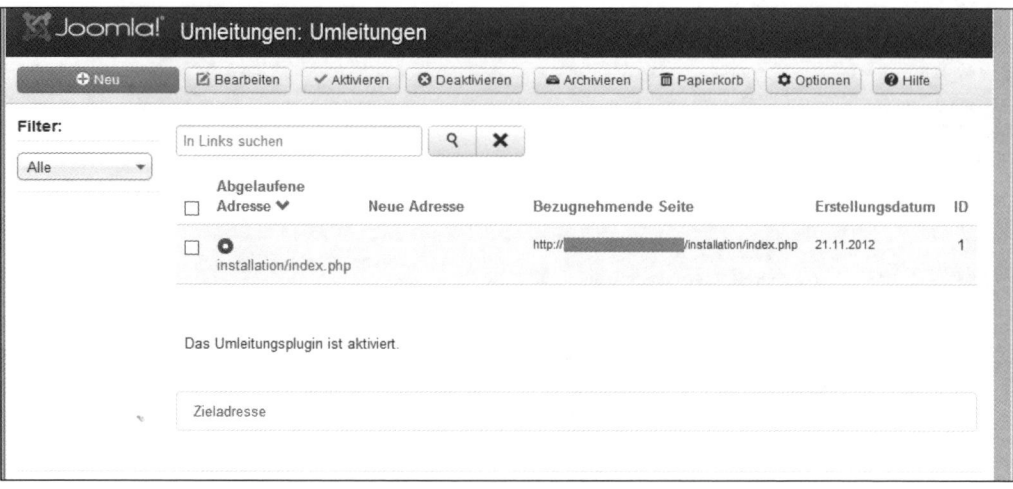

Abbildung 7.42: URLs einfach umleiten

7.3.8 Weblinks

Joomla bietet Ihnen die Möglichkeit, eine eigene Link-Sammlung zu erstellen. Sie finden dafür im Menü die Komponente *Weblinks*. Das Ganze funktioniert fast genauso, wie die Verwaltung der herkömmlichen Beiträge. So können Sie eine Sammlung Ihrer liebsten Webseiten erstellen, ein Quellenverzeichnis, Partnerseiten und vieles mehr.

- Mit der Funktion *Weblinks* erstellen Sie neue Einträge oder bearbeiten bereits vorhandene.
- Möchten Sie größere Sammlungen gruppieren, nutzen Sie dazu die Funktion *Kategorien*.

Ihre Link-Sammlung können Sie direkt in Ihre Webseite integrieren. Wie bei allen Komponenten üblich, müssen Sie dazu einen neuen Menüeintrag erstellen. Wählen Sie als Menüeintragstyp eine der Funktionen für Links aus, z. B. zum Anzeigen einzelner Links, Link-Kategorien, Link-Listen usw. Dabei stehen Ihnen auch die üblichen Anzeige-Optionen für Inhalte und Kategorien zur Verfügung.

Joomla!-Aktualisierung

Im Menü für Komponenten finden Sie zusätzlich den Eintrag *Joomla!-Aktualisierungen*. Dabei handelt es sich natürlich ebenfalls um eine Komponente, allerdings um eine spezielle System-Komponente. Sie ist für die Pflege und Aktualisierung Ihrer Joomla-Installation zuständig. Weil das ein Themenbereich für sich ist, wird diese Komponente in Kapitel 10, Optimierung und Pflege, vorgestellt und ein Update damit durchgeführt.

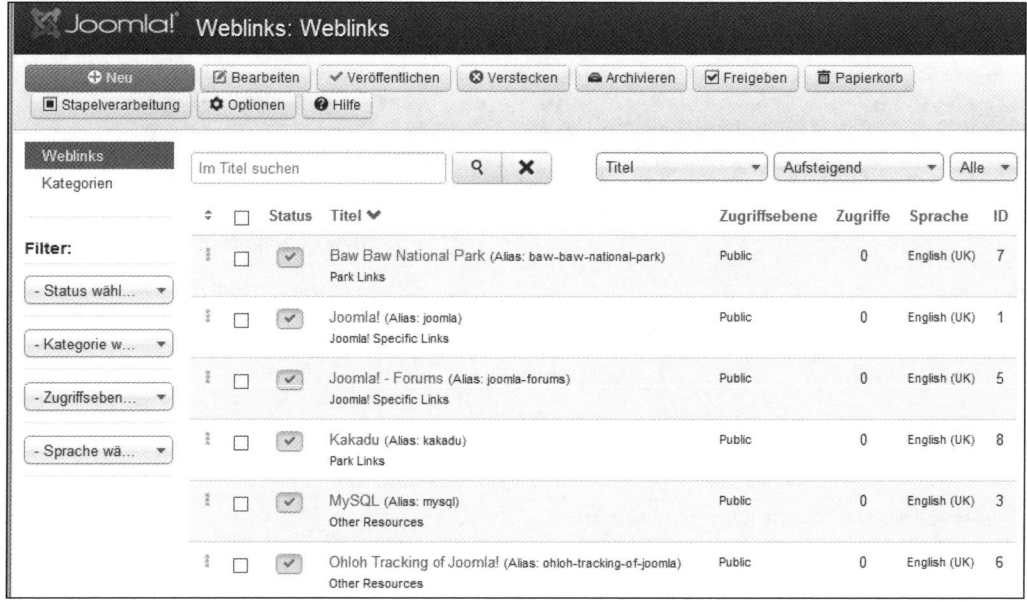

Abbildung 7.43: Eine Link-Sammlung erstellen

7.4 Mehrsprachige Webseiten gestalten

Gute und beliebte Webseiten werden meist von Benutzern aus der ganzen Welt genutzt. Das ist natürlich ein toller Erfolg, bringt aber automatisch ein Sprachproblem mit sich. Um auch internationale Webseiten verwalten zu können, wurde bereits in Joomla 1.7 eine Funktion für mehrsprachige Inhalte eingeführt. Diese war allerdings eher grundlegend und wurde im Laufe der Zeit weiterentwickelt. Mit Joomla 3 hat die Mehrsprachigkeit einen großen Schritt nach vorne gemacht und bietet eine ausgereifte Verwaltungsfunktion. So lassen sich Ihre Artikel z. B. in Deutsch, Englisch und Französisch verfassen und in den Menüs jeweils miteinander in Verbindung setzen. Das ist eine wirklich tolle Funktion, bringt aber auch einen gewissen Verwaltungsaufwand mit sich. Immerhin müssen Sie alle Inhalte mehrfach erstellen und miteinander verknüpfen.

7.4.1 Das Sprachen-Plug-In aktivieren

Weil die Mehrsprachigkeit von Joomla 3 nicht von jedem benötigt oder erwünscht wird, ist diese Funktion per Standard abgeschaltet. Um sie nutzen zu können, müssen Sie das dazugehörige Plug-In explizit aktivieren. Dadurch erscheinen in den anderen Verwaltungsbereichen die entsprechenden Funktionen, z. B. in den Kategorien, Menüs usw.

1. Öffnen Sie in der Admin-Oberfläche den Hauptmenüpunkt ERWEITERUNGEN. Wählen Sie dort den Punkt PLUGINS aus, sodass Sie in die Plug-In-Verwaltung gelangen.

2. Suchen Sie dort nach dem Plug-In *System – Sprachenfilter*. Arbeiten Sie nicht mit den deutschen Menüs, heißt das Plug-In *System – Language Filter*. Klicken Sie das Plug-In an, um seine Konfiguration zu öffnen.

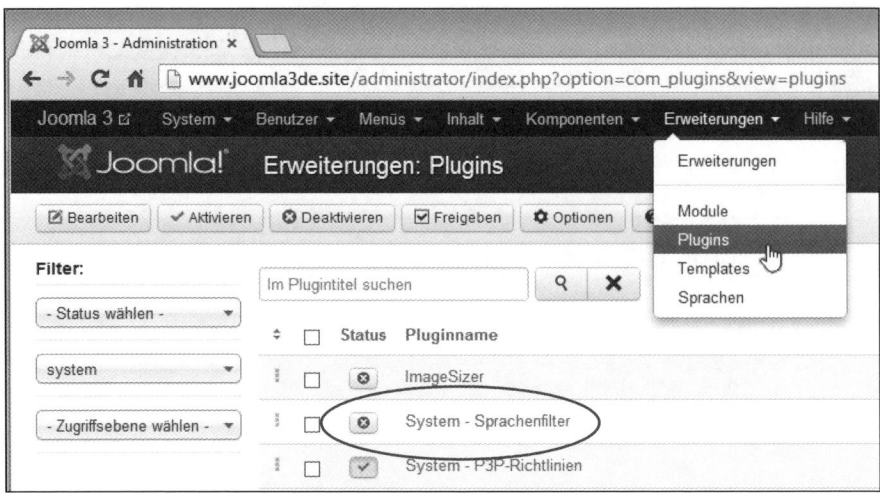

Abbildung 7.44: Das Sprachenfilter Plug-In öffnen

3. Jetzt gelangen Sie in die Konfiguration des Sprachfilter Plug-Ins. Gehen Sie als Erstes in das Register Details, um dort ein paar Grundeinstellungen vorzunehmen.

   – Unter *Status* müssen Sie die Option Aktiviert auswählen, um das Plug-In einzuschalten.

   – Mit der *Zugriffsebene* können Sie wie gewohnt angeben, wer dieses Plug-In sehen darf. Hier sollte in der Regel die Ebene Öffentlich gewählt werden.

   – Der Sprachfilter erhält automatisch die erste Position in der *Reihenfolge*, was auch nicht verändert werden muss.

   – Die drei Felder *Plugintyp*, *Plugindatei* und *ID* zeigen lediglich Informationen an und können nicht verändert werden.

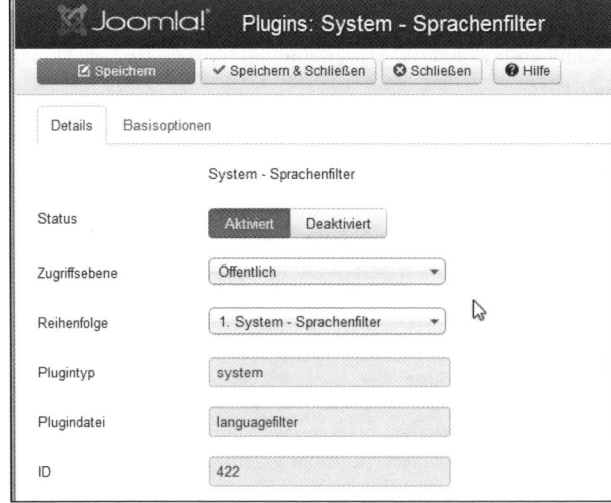

Abbildung 7.45: Das Register Details anpassen

4. Wechseln Sie in das Register BASISOPTIONEN, um weitere Einstellungen für dieses Plug-In vorzunehmen. Diese sind besonders wichtig, weil Sie damit das Verwalten der Sprachauswahl auf der öffentlichen Webseite steuern.

- **Sprachauswahl für neue Besucher** – Hiermit legen Sie fest, ob den Besuchern automatisch die Standardsprache Ihrer Webseite angezeigt wird oder ob Joomla die im Browser eingestellte Sprache wählen soll.

- **Automatischer Sprachwechsel** – Aktivieren Sie diese Option, schaltet Joomla automatisch die Sprache der öffentlichen Webseite um, sobald ein Besucher die Sprache wechselt.

- **Verknüpfte Einträge** – Diese Funktion müssen Sie unbedingt aktivieren, wenn Sie Ihre Beiträge in mehreren Sprachen anbieten und diese miteinander verknüpft werden sollen. Ansonsten steht jede Sprache und jeder Artikel für sich alleine.

- **URL-Sprachkürzel entfernen** – Joomla fügt der URL automatisch ein Sprachkürzel hinzu. Schalten Sie diese Funktion ein, entfernt Joomla das Kürzel wieder.

- **»Alternate« Meta-Tag hinzufügen** – Aktivieren Sie diese Funktion, lassen sich für die mehrsprachigen Inhalte eigene Meta-Tags erstellen, welche diese als verschiedene Versionen desselben Artikels ausweisen.

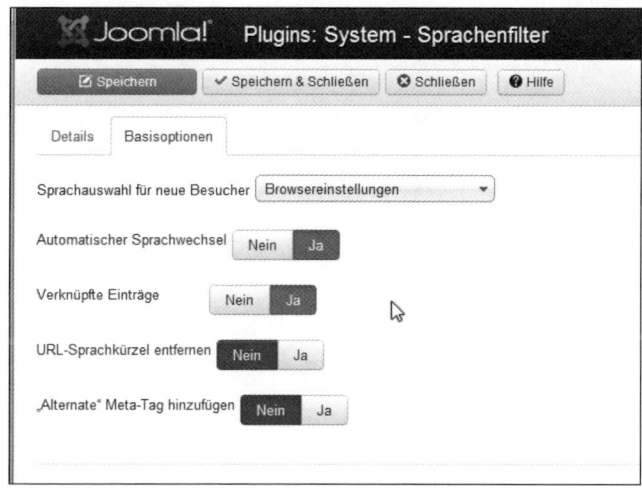

Abbildung 7.46: Die Optionen der Sprachauswahl anpassen

5. Sind alle Optionen angepasst, müssen Sie diese natürlich noch abspeichern. Klicken Sie dafür auf die Schaltfläche SPEICHERN bzw. auf SPEICHERN & SCHLIESSEN.

7.4.2 Inhalte einer Sprache zuordnen

Durch das Sprachfilter-Plug-In wird Joomla automatisch die Sprache des verwendeten Webbrowsers erkennen. Dadurch sieht der Besucher nur die Inhalte, die explizit für seine Sprache freigegeben sind oder Inhalte mit der Sprachzuordnung *Alle*. Damit das funktioniert, müssen Sie natürlich jedem Beitrag auch eine Sprache zuordnen. Das machen Sie wie gewohnt beim Erstellen eines neuen Beitrags oder beim Bearbeiten eines bereits vorhandenen.

1. Wählen Sie im Hauptmenü von Joomla den Punkt INHALT/BEITRÄGE aus. Erstellen Sie dort einen neuen Beitrag oder wählen Sie in der Liste einen zu bearbeitenden Beitrag aus.

2. Im Beitragsfenster gehen Sie in das Register BEITRAGSDETAILS. Dort finden Sie ganz rechts in der Spalte *Details* die Auswahlliste *Sprache*. Klicken Sie diese an, um die auswählbaren Optionen anzuzeigen.

   – **Alle** – Hiermit wird dieser Beitrag für alle Sprachen freigegeben.

   – **English (UK)** – Hiermit wird der Beitrag dem Englischen zugeordnet. Dies ist die Standardsprache in Joomla, wenn keine weiteren Sprachen installiert wurden.

   – **German (DE-CH-AT)** – Haben Sie die deutsche Joomla-Version installiert oder das deutsche Sprachpaket nachinstalliert, finden Sie hier auch einen Eintrag für Deutsch.

   – **Weitere Sprachen** – Sind in Ihrem Joomla weitere Sprachen installiert, werden diese ebenfalls in dieser Liste aufgeführt.

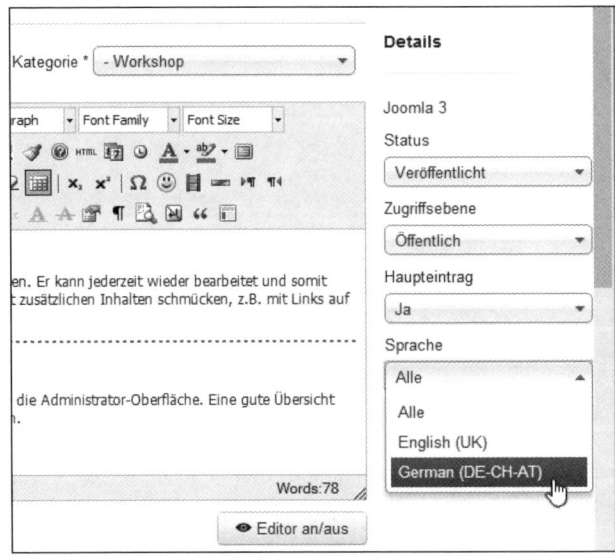

Abbildung 7.47: Dem Beitrag eine Sprache zuweisen

3. Wählen Sie die gewünschte Sprache aus der Liste aus.

4. Zuletzt speichern Sie den Beitrag über das Menü ab und schließen Sie ihn. Wiederholen Sie den Vorgang für alle anderen Beiträge, die Sie einer bestimmten Sprache zuordnen möchten.

Im Verwaltungsfenster für Ihre Beiträge wird Ihnen ebenfalls die gewählte Sprache angezeigt. Dazu besitzt die Artikelliste ganz rechts die Spalte *Sprache*. Sie zeigt die zugeordneten Sprachen übersichtlich an. Auf diese Weise behalten Sie immer den Überblick und können die jeweiligen Beiträge ggf. neu zuordnen.

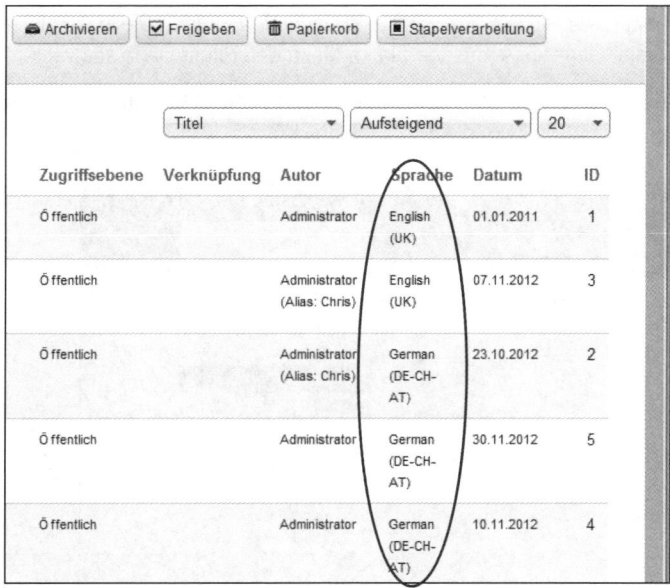

Abbildung 7.48: Die Sprach-Spalte in der Artikelliste

7.4.3 Neue Sprachen einrichten

Damit Sie einen Beitrag einer Sprache zuordnen können, muss diese natürlich auch in Joomla vorhanden sein. Direkt nach der Installation kennt Joomla lediglich die Inhaltssprache *English (UK)* und wenn Sie das deutsche Installationspaket verwendet haben, zusätzlich noch *German (DE-CH-AT)*. Alle weiteren Sprachen müssen Sie selbst anlegen. Dabei wird zwischen zwei Sprachtypen unterschieden:

- **Inhaltssprachen** sind Gruppen, denen die Inhalte einer bestimmten Sprache zugeordnet werden. Innerhalb eines Beitrags wählen Sie unter *Sprache* immer eine dieser Inhaltssprachen aus. Sie sind also genau das, was die Mehrsprachigkeit von Joomla ausmacht.

- **Sprachpakete** stellen Übersetzungen für das Front- und Backend von Joomla dar. Sprachpakete sind notwendig, damit Besucher und Mitarbeiter die Menüs und Funktionen von Joomla in der korrekten Sprache angezeigt bekommen. Es ist also sinnvoll, für jede Inhaltssprache auch das passende Sprachpaket zu installieren.

Neue Inhaltssprachen anlegen

Am Wichtigsten ist es natürlich, neue Inhaltssprachen zu installieren. Nur so lassen sich Ihre Inhalte auch wirklich einer bestimmten Sprache zuordnen. Der Vorgang ist sehr übersichtlich und in wenigen Minuten erledigt. Gehen Sie dafür wie folgt vor:

1. Wählen Sie im Hauptmenü den Punkt Erweiterungen/Sprachen aus. Dadurch gelangen Sie in die allgemeine Sprachverwaltung von Joomla. Ganz links müssen Sie im Menü den Punkt Inhalt auswählen.

2. Jetzt werden Ihnen in der Mitte die bereits eingerichteten Inhaltssprachen aufgelistet. Um eine neue Sprache anzulegen, betätigen Sie oben links die Schaltfläche Neu.

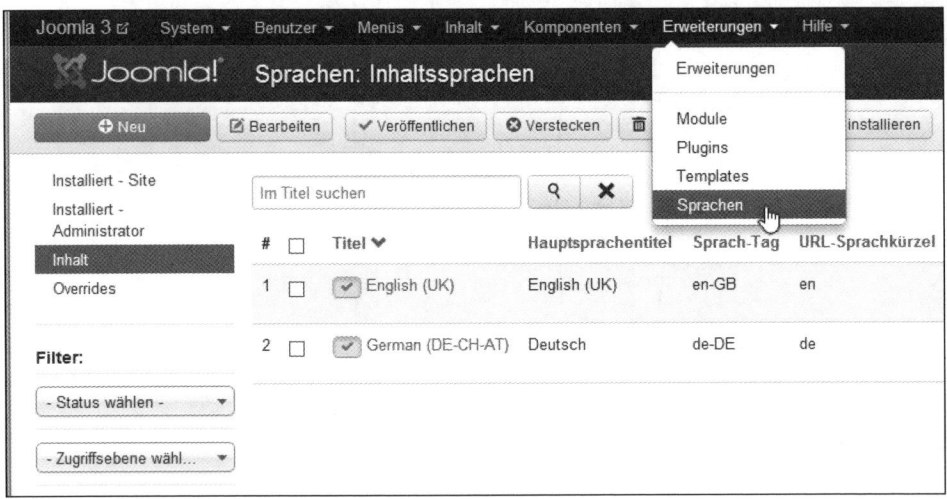

Abbildung 7.49: Die Verwaltung der Inhaltssprachen

3. Sie gelangen in ein neues Fenster zum Erstellen der Sprache. Dabei müssen Sie verschiedene Optionen und Kennungen für die Sprache festlegen.

   – **Titel** – Dies ist der Titel der Sprache, wie er in den Menüs erscheint. Hier ist oft eine internationale Schreibweise sinnvoll, weil fremdsprachige Besucher sie in den Menüs zur Auswahl angezeigt bekommen.

   – **Hauptsprachentitel** – Hier können Sie einen Titel für die interne Verwaltung der Sprache vergeben.

   – **URL-Sprachkürzel** – Dieses Kürzel fügt Joomla automatisch der URL sämtlicher Inhalte dieser Sprache hinzu.

   – **Bildpräfix** – Die Bilder, die dieser Sprache zugeordnet werden, erhalten ebenfalls einen entsprechenden Zusatz.

   – **Sprach-Tag** – Dies ist die internationale Bezeichnung für die Sprache, wie sie meist auch in HTML oder anderen Codierungen verwendet wird. Erst wird die Sprache in Kleinbuchstaben geschrieben und dann das Land in Großbuchstaben, z. B. *en-GB* für Englisch in Großbritannien, *en-US* für Englisch in den USA, *es-ES* für Spanisch in Spanien usw.

- **Status** – Damit diese Sprache verwendet werden kann, müssen Sie natürlich den Status VER-
ÖFFENTLICHT auswählen.

- **Zugriffsebene** – Hiermit legen Sie wie gewohnt fest, wer diese Sprache nutzen darf, z. B. die
Öffentlichkeit, registrierte Benutzer usw.

- **Beschreibung** – Geben Sie hier eine interne Notiz für diese Sprache ein.

- **ID** – Die ID wird von Joomla automatisch vergeben.

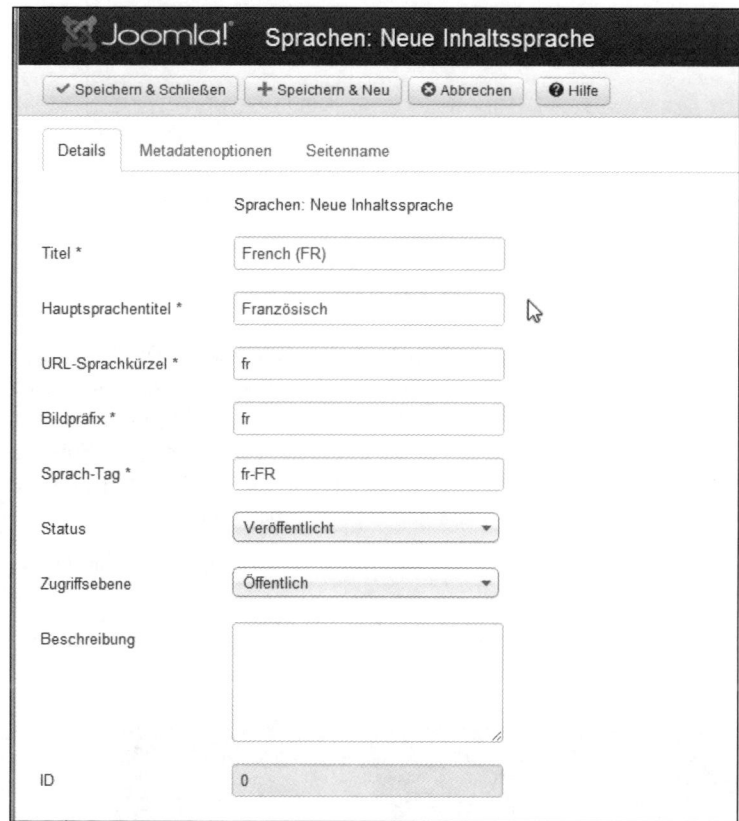

Abbildung 7.50: Eine neue Sprache erstellen – Beispiel Französisch

4. Im Register METADATENOPTIONEN können Sie ein paar Metadaten eingeben, die bei Inhalten dieser
Sprache angezeigt werden. Sie erscheinen zusätzlich zu den allgemeinen Metadaten von Joomla
und den individuellen des jeweiligen Beitrags.

5. Im Register SEITENNAME können Sie den Inhalten dieser Sprache einen eigenen Namen zuordnen.
Dieser wird dann anstatt der allgemeinen Konfiguration auf den jeweiligen Seiten eingeblendet.

6. Zuletzt speichern Sie Ihre neue Sprache mit der Schaltfläche SPEICHERN & SCHLIESSEN und gelangen
zurück in die Liste mit den Inhaltssprachen. Ihre neue Sprache wird dort nun ebenfalls aufgelistet.

Abbildung 7.51: Die neu erstellte Inhaltssprache

Sprachpakete installieren

Es ist nicht zwingend notwendig, in Joomla verschiedene Sprachpakete zu installieren. Den Besuchern können die Artikel auch alleine mit den Inhaltssprachen richtig angezeigt werden. Allerdings kann es sehr verwirrend sein, wenn die Artikel z. B. in Englisch sind, alle Menüs und Schaltflächen aber in Deutsch. Es wirkt einfach viel professioneller, wenn die komplette Seite auf die jeweilige Sprache abgestimmt ist. Joomla macht Ihnen das sehr einfach, denn die Installation zusätzlicher Sprachpakete ist mit einer eigenen Funktion ausgestattet. Dadurch benötigen Sie nur wenige Mausklicks.

1. Wählen Sie im Hauptmenü den Punkt ERWEITERUNGEN/SPRACHEN aus. Dadurch gelangen Sie in das Übersichtsfenster der Sprachverwaltung.

2. In der Symbolleiste am oberen Rand finden Sie die Schaltfläche SPRACHEN INSTALLIEREN. Klicken Sie diese mit der Maus an.

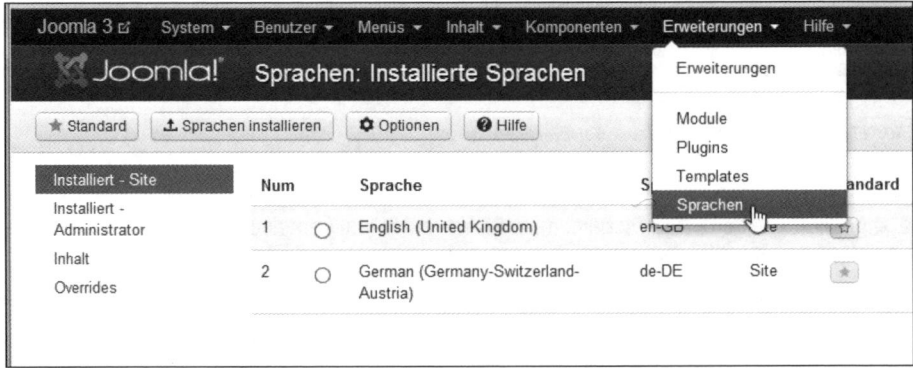

Abbildung 7.52: Das Übersichtsfenster öffnen

3. Nun gelangen Sie in eine Liste mit allen für Joomla verfügbaren Sprachpaketen. Wählen Sie die gewünschte Sprache aus, indem Sie einen Haken in das Kästchen vor dem Namen setzen.

4. Klicken Sie anschließend auf die Schaltfläche Sprache installieren, um die ausgewählte Sprache in Ihrem Joomla zu installieren.

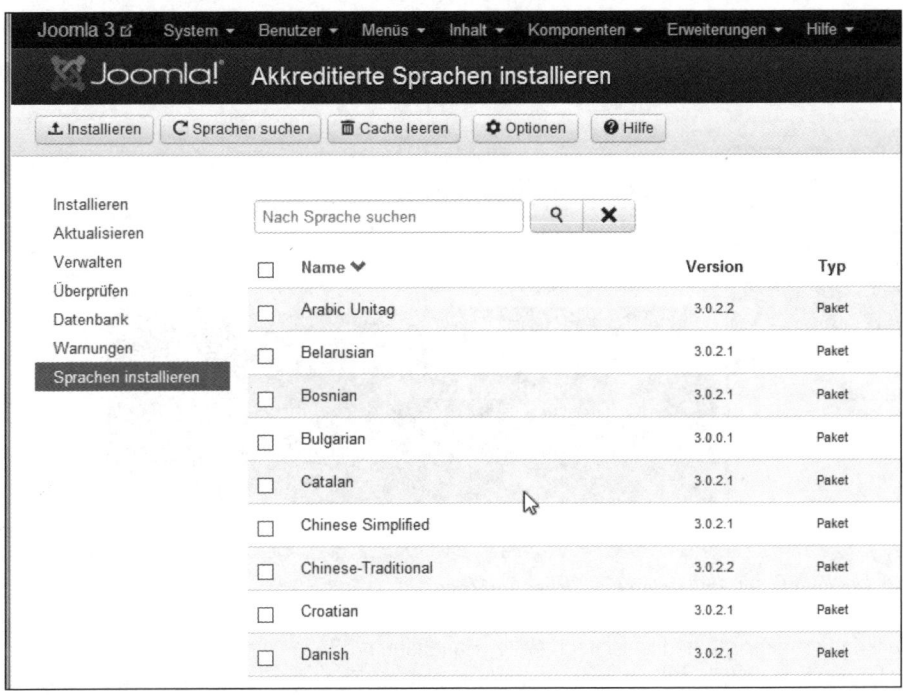

Abbildung 7.53: Die Sprache installieren

5. Der Vorgang dauert nur wenige Momente, anschließend ist das Sprachpaket installiert und in Joomla verfügbar. Die Liste zeigt übrigens nur die Sprachpakete an, die über die offizielle Joomla-Webseite vertrieben werden. Es gibt aber noch deutlich mehr Sprachpakete, die Sie auf verschiedenen Webseiten herunterladen können. Diese lassen sich wie herkömmliche Erweiterungen installieren.

7.4.4 Die mehrsprachige Webseite besuchen

Haben Sie alle Einstellungen für die Sprachfunktion von Joomla vorgenommen, können Sie Ihre mehrsprachige Webseite sofort nutzen. Öffnen Sie Ihren Webbrowser und besuchen Sie die Seite. Joomla wird dabei automatisch die Sprache Ihres Webbrowsers erkennen und auf die entsprechende Sprache umstellen. In diesem Beispiel zeigt Joomla per Standard die deutschsprachige Webseite an. Verwendet jemand einen englischsprachigen Browser, wechselt die Webseite auf die englischen Inhalte. Dabei werden jeweils nur die Artikel und Inhalte angezeigt, die mit der jeweiligen Sprache oder mit der Option Alle ausgezeichnet wurden.

Verwendet ein Besucher eine Sprache, die Sie in Ihrem Joomla nicht installiert haben, wird automatisch die Standardsprache verwendet. Aus diesem Grund ist es auch wichtig, dass die Startseite immer mit der Sprachoption ALLE deklariert ist. Eine andere Einstellung akzeptiert Joomla dabei auch nicht.

Sie können den Sprachwechsel sehr einfach austesten, indem Sie in Ihrem Webbrowser die Sprache umstellen. Dazu müssen Sie lediglich im Menü den Punkt EINSTELLUNGEN bzw. OPTIONEN öffnen. Alle aktuellen Browser bieten dort eine entsprechende Spracheinstellung.

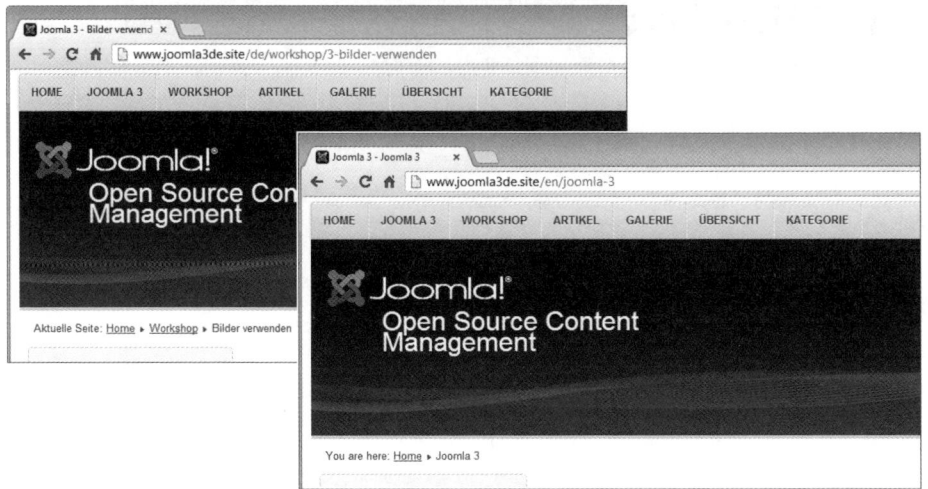

Abbildung 7.54: Die Joomla-Seite mit unterschiedlichen Sprachen

Das Ganze funktioniert sehr gut und ist einfach in der Handhabung. So lassen sich die ersten Schritte zu Joomlas Mehrsprachigkeit leicht erlernen. Joomla regelt die Anzeige dabei vollautomatisch und es gibt keinerlei Verknüpfungen zwischen den Artikeln, den Menüs oder anderen Inhalten. Das macht natürlich wenig Sinn, weil jede Sprache weitestgehend für sich alleine steht und jeweils ganz andere Inhalte anzeigen kann. Um das zu ändern, bietet Joomla weitere Bausteine für die Mehrsprachigkeit. Damit lassen sich identische Artikel und Inhalte in mehreren Sprachen miteinander verknüpfen, sodass Sie Ihre Webseite sprachübergreifend organisieren können. Wie das funktioniert, schauen wir uns in den nächsten Abschnitten an.

7.4.5 Den Sprachumschalter nutzen

Möchten Sie in Joomla einen Artikel in mehreren Sprachen anbieten und diese Versionen miteinander verknüpfen, sind noch weitere Konfigurationen notwendig. In jedem Fall müssen Sie die bereits vorgestellten Schritte durchführen und das Sprachwahl-Plug-In aktivieren. Zusätzlich ist ein Sprachumschalter in Form eines eigenen Moduls notwendig. Das Modul benötigt keine besondere Konfiguration, muss aber unbedingt aktiviert werden. Gehen Sie dafür wie folgt vor:

1. Wählen Sie im Hauptmenü von Joomla den Punkt ERWEITERUNGEN/MODULE aus. Dadurch gelangen Sie in die Auflistung sämtlicher Module.

2. Um das Auffinden zu vereinfachen, wählen Sie links bei den Filtern die Option SPRACHAUSWAHL aus. Jetzt werden Ihnen in der Liste zwei Module angezeigt.

3. Das erste Modul heißt *Sprachauswahl* (language switcher) und muss lediglich aktiviert werden.

   – Klicken Sie dafür auf den ROTEN KREIS in der Spalte *Status*, sodass daraus ein *grüner Haken* wird.

   – Behalten Sie in jedem Fall die Position *languageswitcherload* bei. Dieses Modul wird nämlich indirekt über das zweite Modul eingebunden und benötigt keine der herkömmlichen Template-Positionen.

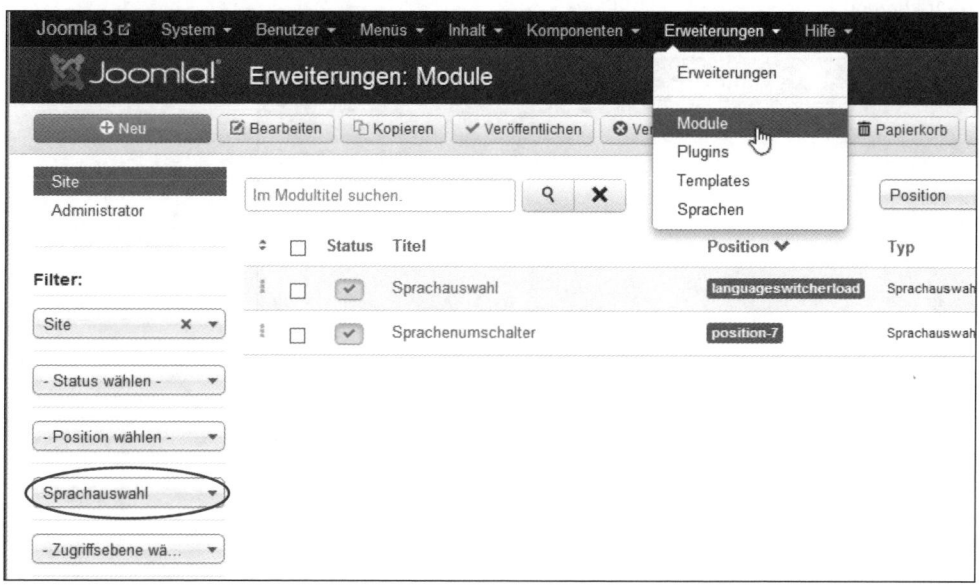

Abbildung 7.55: Die Sprachmodule aktivieren

4. Auf dieselbe Weise aktivieren Sie nun auch das zweite Modul namens *Sprachenumschalter* – bei englischen Menüs heißt das Modul ebenfalls *language switcher*. Setzen Sie in der Spalte *Status* einen *grünen Haken*.

5. In den meisten Fällen sind die Standardeinstellungen für den Sprachenumschalter völlig ausreichend. Wenn Sie möchten, können Sie das Modul aber ein wenig anpassen. Klicken Sie dafür auf den Titel des Moduls, um in das Konfigurationsfenster zu gelangen.

6. Im Register DETAILS gibt es kaum etwas anzupassen. Auf Wunsch können Sie den angezeigten *Titel* sowie die *Position* auf der Webseite verändern. Befinden sich in dieser Position bereits andere Module, geben Sie unter *Reihenfolge* die gewünschte Reihenfolge der jeweiligen Module an.

7. Interessant ist hier nur das Register BASISOPTIONEN. Damit können Sie bestimmen, wie die Sprachauswahl auf der Webseite angezeigt wird.

   – **Text davor/danach** – Hiermit können Sie einen zusätzlichen Text einblenden lassen, z. B. eine Erklärung oder eine Aufforderung zum Auswählen.

   – **Drop-Down benutzen** – Für die Sprachauswahl werden die jeweiligen Landesfahnen verwendet. Möchten Sie stattdessen eine Auswahlliste, aktivieren Sie diese Option.

- **Bildflaggen benutzen** – Anstatt der Flaggen können Sie auch den Namen der Sprachen anzeigen lassen.

- **Horizontale Anzeige** – Die Fahnen lassen sich horizontal oder vertikal anzeigen.

- **Aktive Sprache** – Hiermit wird auch die aktuell gewählte Sprache in der Auswahl angezeigt.

- **Vollständige Sprachennamen** – Lassen Sie den vollständigen Namen anzeigen oder nur die Abkürzung.

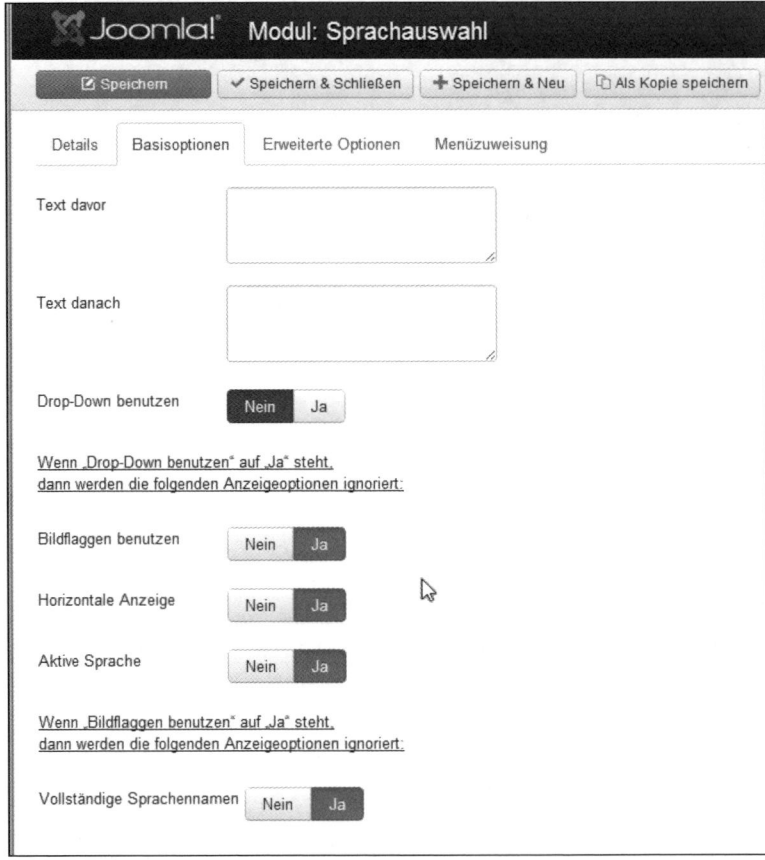

Abbildung 7.56: Die Sprachmodule aktivieren

8. Im Register ERWEITERTE OPTIONEN können Sie die Anzeige des Moduls durch eigene Tags, Klassen bzw. CSS anpassen. Das ist für die reine Funktionalität nicht notwendig.

9. Im Register MENÜZUWEISUNG legen Sie wie bei jedem Modul fest, auf welchen Seiten es angezeigt werden soll. Bei einer mehrsprachigen Webeseite macht hier natürlich nur die Option AUF ALLEN SEITEN Sinn.

7.4.6 Mehrsprachige Inhalte miteinander verknüpfen

Nun kommt der wichtigste Schritt – Sie müssen die mehrsprachigen Inhalte erstellen und miteinander verknüpfen. In diesem Beispiel wurden drei Sprachen eingerichtet: Deutsch, Englisch und Französisch. Damit die Mehrsprachigkeit funktioniert, muss nun jeder Inhalt genau dreimal erstellt werden. Diese Inhalte werden dann miteinander verknüpft, sodass beim Wechsel der Sprache die jeweils richtigen Versionen angezeigt werden. Dadurch ist sichergestellt, dass Ihr Joomla dreimal dieselbe Homepage verwaltet, nur jeweils in anderen Sprachen.

- Jeder Inhalt muss nun für jede Sprache einmal angelegt werden. Dazu zählen Artikel, Kategorien und Menüs. In diesem Beispiel wird mit drei Sprachen gearbeitet, sodass es alles dreimal geben muss.

- Wählen Sie in den Artikeln, Kategorien und Menüs jeweils einmal die jeweilige Sprache aus, der dieser Inhalt zugewiesen werden soll.

- Zuletzt erfolgt die Verknüpfung der mehrsprachigen Elemente. Erst wenn alle diese Schritte vollständig abgeschlossen wurden, akzeptiert Joomla die mehrsprachige Konfiguration und zeigt sie auf der Webseite an.

Mehrsprachige Artikel verknüpfen

Die Verknüpfung von Artikeln ist sehr einfach. Dazu müssen Sie zunächst Ihren Artikel bzw. Beitrag einmal für jede Sprache erstellen. In diesem Beispiel wurde der Artikel einmal in Deutsch, einmal in Englisch und einmal in Französisch erstellt. Achten Sie unbedingt darauf, dass jedem Artikel in der Liste *Sprache* die korrekte Inhaltssprache zugewiesen wurde. Ohne diese Zuweisung funktioniert die ganze Konfiguration nicht. Sind alle Artikel fertig und abgespeichert, können Sie mit der Verknüpfung beginnen.

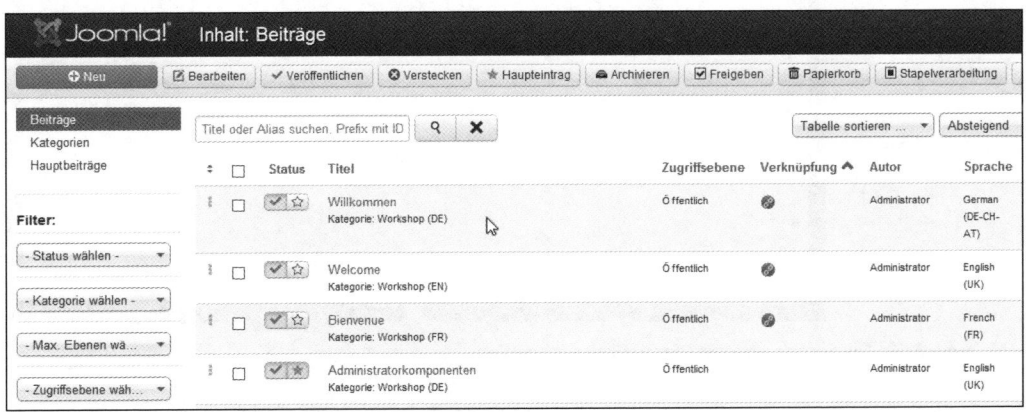

Abbildung 7.57: Der Artikel wurde in drei Sprachen erstellt.

1. Öffnen Sie den ersten der zu verknüpfenden Artikel, z. B. die deutsche Version. In den üblichen Registern zur Bearbeitung müssen Sie nichts ändern. Stattdessen wechseln Sie jetzt in das neue Register VERKNÜPFUNGEN.

2. Dort finden Sie eine Auflistung aller in diesem System installierten Inhaltssprachen. Im Beispiel sind dies Englisch und Französisch. Deutsch wird hierbei nicht aufgeführt, weil die deutsche Version des Artikels zur Bearbeitung geöffnet wurde.

3. Klicken Sie nun auf die Schaltfläche Auswählen hinter den jeweiligen Sprachen, um die zu verknüpfenden Artikel auszuwählen – also die englische und französische Version des aktuell geöffneten Artikels.

4. Dadurch öffnet sich ein neues Fenster und listet die verfügbaren Artikel auf. Klicken Sie auf den gewünschten Artikel, um diesen auszuwählen und somit zu verknüpfen. Natürlich zeigt die Liste jeweils nur die Artikel der passenden Sprache an. Im Beispiel wurde auf die Auswahl für die Sprache English (UK) geklickt, sodass die Liste nur Artikel enthält, die der englischen Sprache zugeordnet wurden.

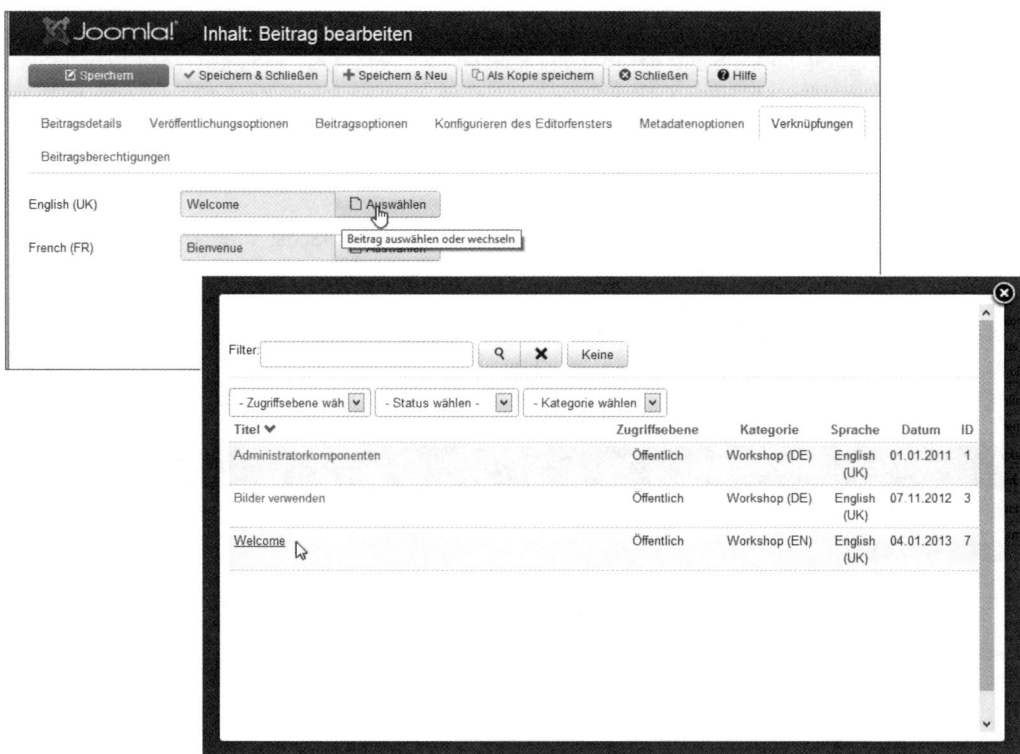

Abbildung 7.58: Die Sprachversionen des Artikels verknüpfen

5. Wiederholen Sie den Vorgang für alle weiteren Sprachen, in diesem Fall also für das Französische. Sind alle Verknüpfungen erstellt, speichern Sie den Beitrag wie gewohnt über das Hauptmenü.

6. In der Artikelübersicht gibt es nun eine neue Spalte namens *Verknüpfung*. Ein Kettensymbol gibt an, dass dieser Artikel mit anderen verknüpft ist. Fahren Sie mit der Maus über das Symbol, werden Ihnen diese Verknüpfungen angezeigt.

Abbildung 7.59: Die Verknüpfungen anzeigen lassen

Kategorien für die Sprachen verbinden

Für eine gute Organisation der Webseite sollten die Beiträge natürlich in Kategorien einsortiert werden. Bei einer mehrsprachigen Webseite müssen Sie ebenfalls alle Kategorien für jede Sprache neu anlegen. In diesem Beispiel wird die Kategorie *Workshop* einmal in Deutsch, einmal in Englisch und einmal in Französisch angelegt.

- Wählen Sie einen guten Titel für die Kategorie, um die Sprachversionen später gut auseinanderhalten zu können. Im Beispiel stehen die Länderkürzel in Klammern hinter dem Titel. Das ist zum Testen praktisch, sieht in der Praxis natürlich nicht gut aus.

- Weisen Sie jeder Kategorie die jeweilige Inhaltssprache zu. Im Beispiel wäre dies einmal Deutsch, einmal Englisch, einmal Französisch. Die Auswahl *Alle* funktioniert bei der Verknüpfung natürlich nicht.

- Ansonsten können Sie die Kategorie wie sonst auch bearbeiten, also mit Titel, Alias, Beschreibung, Bildern usw.

Haben Sie die sprachspezifischen Kategorien erstellt und gespeichert, können Sie diese miteinander verknüpfen. Das funktioniert genau wie bei den Artikeln und ist schon mit wenigen Mausklicks erledigt.

1. Klicken Sie die erste Kategorie in der Kategorienliste an, z. B. die deutsche Version. Sie gelangen dadurch in das Bearbeitungsfenster.

2. Wechseln Sie im Bearbeitungsfenster in das Register VERKNÜPFUNGEN.

3. Dort sehen Sie nun ebenfalls alle weiteren in diesem System installierten Inhaltssprachen. Weil die deutsche Kategorie geöffnet wurde, erscheint sie nicht in der Liste.

4. Hinter jeder Sprache finden Sie eine Auswahlliste. Klicken Sie diese an und wählen Sie die gewünschte Kategorie aus. Dabei werden wieder nur sprachlich passende Kategorien aufgelistet. Öffnen Sie z. B. die Liste für die englische Verknüpfung, sehen Sie nur Kategorien, denen die englische Sprache zugeordnet wurde.

5. Sind alle Sprachen verknüpft, speichern Sie die Kategorie über das Menü ab. Diese Konfiguration wird automatisch in die verbundenen Kategorien übernommen.

Abbildung 7.60: Die Kategorien verknüpfen

Menüs für jede Sprache anlegen

Zu einer mehrsprachigen Webseite gehören natürlich nicht nur die Inhalte und Kategorien, sondern auch eigene Menüs. Dieser Vorgang ist etwas aufwändiger und komplizierter, weil hier wie immer alles zusammenläuft. Die Menüs bestimmen, wie eine Seite aussieht, welche Inhalte zu sehen sind usw. Das ist bei der Mehrsprachigkeit nicht anders, zusätzlich kommen aber noch die Filterung der Sprachen und die Verknüpfung der Menüs dazu. Deshalb ist es sehr wichtig, bei den Menüs wohl überlegt und strukturiert vorzugehen.

1. Sie benötigen weiterhin ein Hauptmenü für Ihre Webseite, welches sprachneutral ist. Es muss mit der Sprachoption *Alle* versehen sein. Dieses Menü wird immer geladen, wenn keine Sprache erkannt oder gewählt wird oder wenn das Mehrsprachenmodul wieder deaktiviert wurde. Ebenso muss in diesem Menü die Startseite für Ihre Webseite definiert werden.

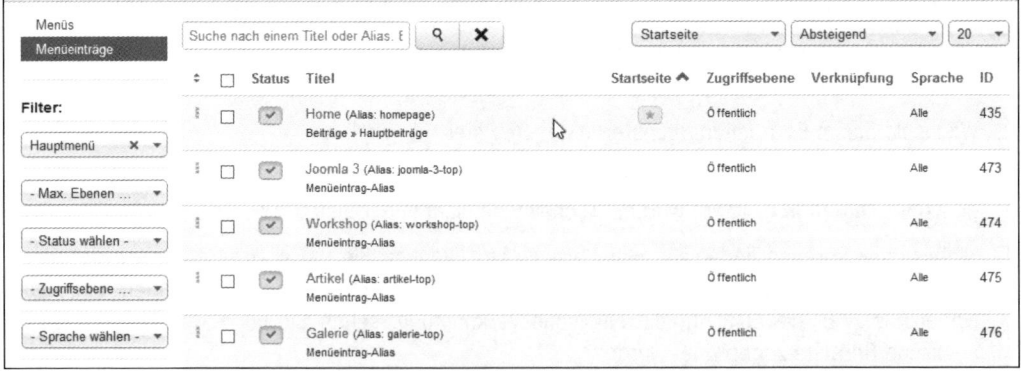

Abbildung 7.61: Das Hauptmenü – sprachneutral und mit Startseite

2. Nun müssen Sie für jede Sprache ein neues Menü erstellen. Im Beispiel wurden drei Menüs erstellt, für die deutschen, die englischen und die französischen Inhalte. Für eine bessere Übersicht bei der Organisation wurden die Länderkennungen hinter den Titel gesetzt. Bei echten und öffentlichen Webseiten ist das natürlich keine gute Idee.

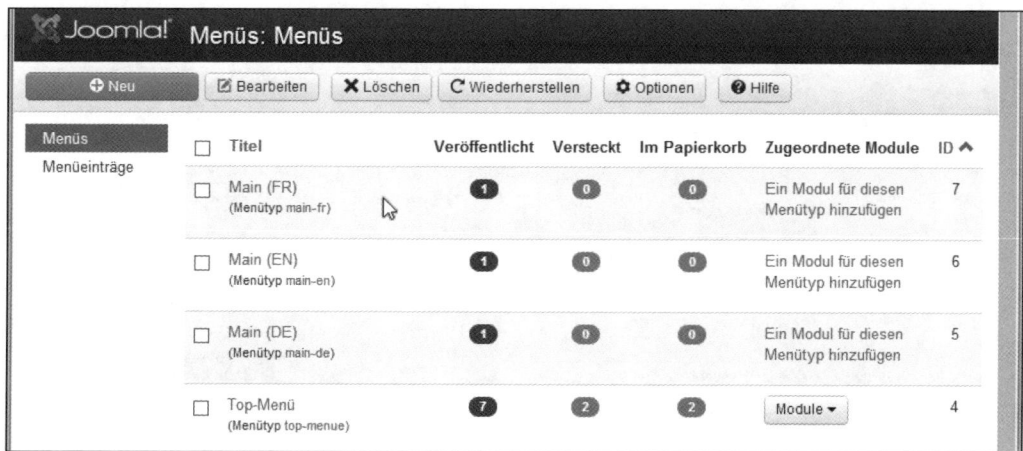

Abbildung 7.62: Für jede Sprache wird ein Menü benötigt.

3. In dem Menü jeder Sprache erstellen Sie jetzt neue Menüeinträge. Das funktioniert genau wie bei jedem anderen Menüeintrag, aber natürlich müssen Sie bei der Mehrsprachigkeit ein paar Dinge beachten.

- Jeder Menüeintrag muss einer Sprache zugeordnet werden. Wählen Sie dazu in der Liste *Sprache* die jeweilige Inhaltssprache aus.

- Im *Menüeintragstyp* wählen Sie aus, um welchen Inhalt es sich handeln soll, also z. B. um die Hauptbeiträge, Kategorien, Blogs, Weblinks usw.

- Verweisen Sie direkt auf Kategorien oder Inhalte, müssen Sie natürlich jeweils die korrekte Sprachversion anwählen.

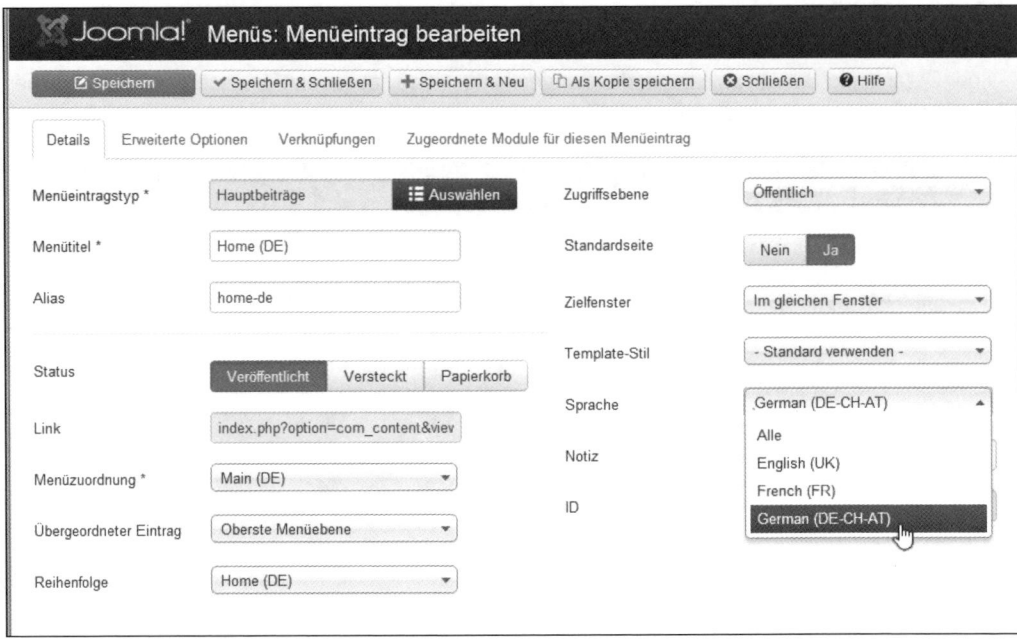

Abbildung 7.63: Einen Eintrag für jedes Sprachmenü erstellen

4. Genau wie bei den Inhalten, den Kategorien und den Menüs selbst, müssen Sie jeden Menüeintrag mehrfach erstellen – für jede Sprachversion einmal. Anschließend müssen diese miteinander verknüpft werden. Wechseln Sie dafür in das Register VERKNÜPFUNGEN und wählen Sie die Menüeinträge der jeweils anderen Sprachen aus. Das funktioniert genau wie bei den Artikeln und den Kategorien.

Abbildung 7.64: Menüeinträge miteinander verknüpfen

5. Ganz wichtig ist nun, dass Sie für jede Sprache eine eigene Startseite definieren. Wählen Sie dazu im Bearbeitungsfenster bei der Option *Standardseite* die Einstellung JA aus.

Abbildung 7.65: Für jede Sprache eine Startseite

6. Haben Sie alles richtig gemacht, finden Sie in der Menü-Übersicht nun alle neuen Menüs mit den entsprechenden Kennzeichnungen.

   – Das Hauptmenü, welches sprachneutral für alle Seiten gilt. In diesem Hauptmenü befindet sich auch die allgemeine Startseite. Dies erkennen Sie an dem Haus-Symbol.

   – Natürlich können Sie auch ein anderes Menü zu Ihrem *Hauptmenü* oder *Standardmenü* machen. Es muss sich nicht zwingend um den Eintrag mit dem Namen *Hauptmenü* handeln.

   – Ebenso werden in diesem Menü alle Ihre sprachspezifischen Menüs aufgelistet.

   – Jedes Sprachmenü, das die Startseite einer Sprache bildet, ist mit einer passenden Flagge markiert.

Abbildung 7.66: Die neuen Sprachmenüs in der Menüauswahl

219

7. Wenn Sie nun mit dem Webbrowser Ihre Joomla-Seite besuchen, sehen Sie sofort die Veränderungen. Joomla zeigt die Seite in der Sprache des Webbrowsers an. Zusätzlich wird der Sprachumschalter eingeblendet. Damit kann der Besucher beliebig zwischen den Sprachen wechseln. Ein solcher Wechsel bringt automatisch ein Umschalten der Menüs, der Kategorien und der Inhalte mit sich. Joomla präsentiert also die vollständige andere Sprachversion Ihrer Webseite.

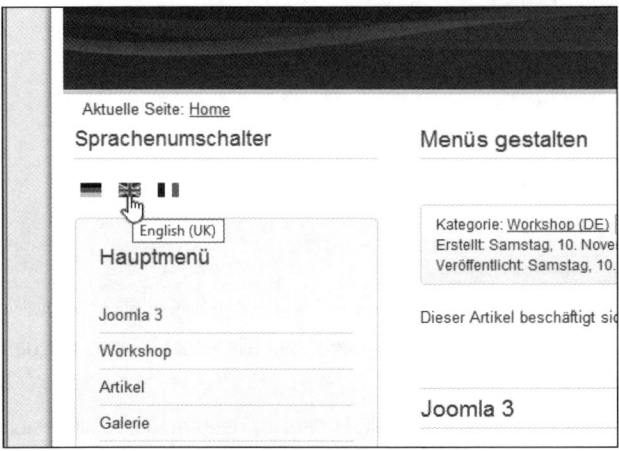

Abbildung 7.67: Die Sprache im Umschalter wählen

7.4.7 Den Mehrsprachenstatus anzeigen lassen

Das Erstellen einer mehrsprachigen Webseite ist eine wirklich tolle Sache und wertet eine international besuchte Homepage deutlich auf. Allerdings ist das Ganze durchaus kompliziert und kann schnell unübersichtlich werden. Stimmt irgendwo eine Verknüpfung nicht, fehlt ein Menü oder die Startseite, funktioniert das ganze Konzept nicht. Dann weigert sich Joomla beharrlich, die fremdsprachigen Inhalte sowie die Sprachauswahl anzuzeigen. Um Ihnen im Alltag die Arbeit mit den Sprachversionen ein wenig zu erleichtern, gibt es für die Admin-Oberfläche ein praktisches Werkzeug – den Mehrsprachenstatus.

1. Wählen Sie im Hauptmenü den Punkt ERWEITERUNGEN/MODULE aus.

2. Am linken Rand klicken Sie auf die Auswahl ADMINISTRATOR, sodass Ihnen nur Module für die Admin-Oberfläche angezeigt werden.

3. In der Liste finden Sie das Modul *Multilanguage status*. Sie müssen es manuell aktivieren, indem Sie in der Spalte *Status* auf den roten Kreis klicken und somit daraus einen grünen Haken machen.

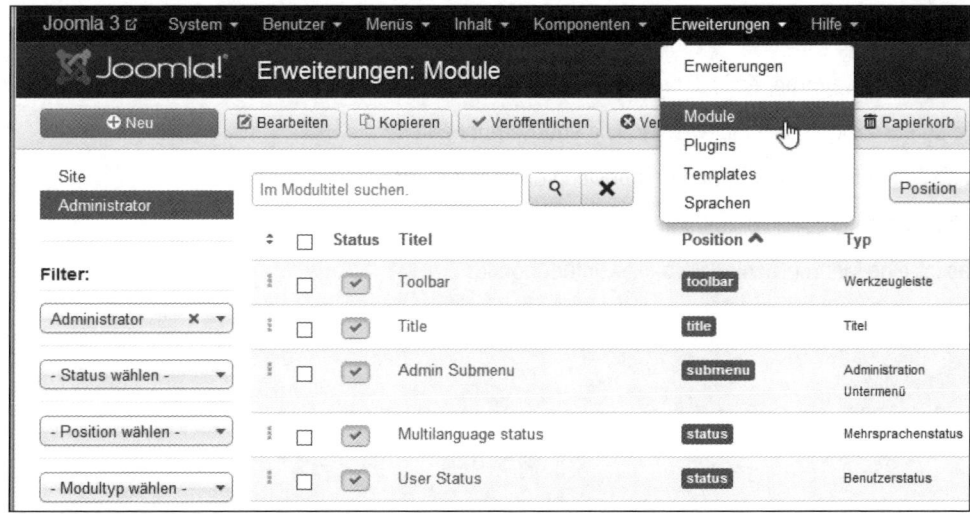

Abbildung 7.68: Das Status-Modul aktivieren

4. In der Statuszeile von Joomla finden Sie nun ganz unten links den Eintrag *Mehrsprachenstatus*. Klicken Sie ihn einmal mit der linken Maustaste an.

5. Dadurch öffnet sich ein neues Fenster und listet die Elemente und Verknüpfungen Ihrer mehrsprachigen Elemente auf. Eventuelle Fehler, fehlende Verknüpfungen oder andere Probleme werden dort ebenfalls aufgelistet.

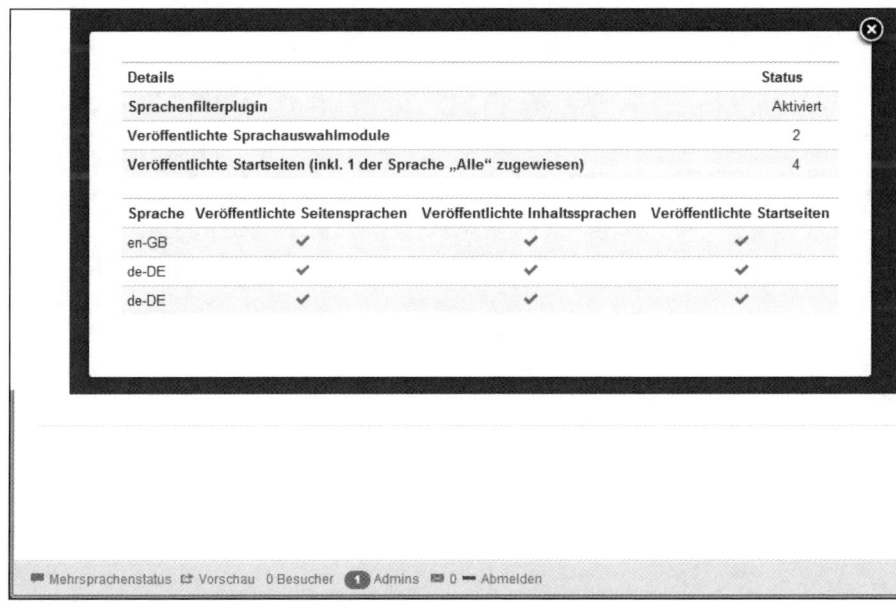

Abbildung 7.69: Den Mehrsprachenstatus abfragen

7.5　Fragen

1. Wozu sind Erweiterungen in Joomla da?

2. Wie unterscheiden sich Plug-ins, Module und Komponenten?

3. Was können Sie mit den Standardmodulen von Joomla tun?

4. Welche Erweiterungen bringt Joomla bereits mit?

5. Was ist eine Mehrsprachige Webseite unter Joomla?

SIE LERNEN IN DIESEM KAPITEL,

- DIE RECHTEVERWALTUNG (ACL) VON JOOMLA VERSTEHEN
- BENUTZER UND GRUPPEN VERWALTEN
- DIE ZUGRIFFSRECHTE DER BENUTZER STEUERN
- DIE SICHTBARKEIT VON INHALTEN KONTROLLIEREN

8 Benutzer-verwaltung und Zugriffsrechte

Joomla bringt eine umfangreiche Verwaltung für Benutzer und Zugriffsrechte mit. Damit lässt sich genau steuern, was die Mitarbeiter Ihrer Webseite dürfen und was nicht. So lassen sich auch große Webprojekte mit vielen Personen gut koordinieren. Legen Sie genau fest, wer Autor ist, wer Kategorien verwalten darf, wer die Templates verändern darf und wer Zugriff auf die Systemkonfigurationen erhält. Arbeiten Sie hingegen alleine an Ihrer Webseite, werden Sie die meisten Funktionen dieses Kapitels nicht benötigen. Trotzdem sollten Sie die Grundlagen der Benutzerverwaltung kennen. Immerhin sollten Sie die Registrierung und Anmeldung durch Besucher steuern können oder ggf. auch abschalten.

8.1 Überblick – Zugriffsrechte und Optionen

Die Verwaltung der Benutzerrechte ist in Joomla ziemlich umfangreich und komplex. Für Neueinsteiger in Joomla oder Content Management Systeme im Allgemeinen kann das am Anfang zu unübersichtlich und funktionsreich sein. Immerhin wird dabei mit mehreren Ebenen und Verknüpfungen gearbeitet. Damit Ihnen das keine Probleme bereitet und Sie sich von Anfang an gut in der Rechteverwaltung auskennen, schauen wir uns in diesem Abschnitt die Grundlagen, die Begriffe und die Funktionen genau an.

8.1.1 Benutzer, Gruppe und Zugriffsebene

Joomla verwendet für die Verwaltung der Zugriffsrechte drei wichtige Komponenten – die Benutzer, die Gruppen und die Zugriffsebenen. Darüber lässt sich das gesamte System inklusive sämtlicher Inhalte zuverlässig steuern. Diese Begriffe werden Ihnen in der Admin-Oberfläche und innerhalb der Benutzerverwaltung ständig begegnen. Deshalb müssen Sie genau wissen, was dahinter steckt.

Abbildung 8.1: Benutzer, Gruppen und Ebenen im Menü

Benutzer

Jede Person, die sich aktiv an der Joomla-Webseite anmelden möchte, benötigt einen Zugang mit Namen und Kennwort. Dabei wird von einem *Benutzer* oder auch von einem *Benutzerkonto* gesprochen. Mit einem Benutzerkonto wird jedes Mitglied der Webseite eindeutig identifiziert. Ein solches Konto ist notwendig, sobald jemand aktiv an der Seite mitarbeiten will, z. B. Beiträge schreiben, Kategorien verwalten usw. Aber auch wenn jemand nur die Inhalte lesen möchte, kann ein Benutzerkonto sinnvoll sein. So lassen sich Inhalte z. B. nur für bestimmte Benutzer und Gruppen anzeigen, nachdem diese sich auf der öffentlichen Webseite angemeldet haben. Herkömmliche Besucher, also die gesamte Öffentlichkeit, benötigen natürlich kein Benutzerkonto.

Benutzergruppen

In Joomla werden alle Benutzerkonten in *Benutzergruppen* organisiert – meist einfach nur als *Gruppen* bezeichnet. Das hat gleich mehrere Vorteile. Auf diese Weise behalten Sie sehr gut den Überblick, wer sich alles für Ihre Webseite registriert hat. So können Sie z. B. Gruppen für Ihre Mitarbeiter anlegen, die aktiv Artikel schreiben. Eine andere Gruppe versammelt die nur lesenden Mitglieder, eine andere ist für externe Besucher usw. In einem Verein oder in einer Firma lassen sich so auch Vorstand, Mitglieder, Helfer usw. übersichtlich organisieren. Jedes Benutzerkonto muss sich in einer Gruppe befinden.

Besonders wichtig sind die Benutzergruppen aber bei der Rechtevergabe. Joomla vergibt die Zugriffsrechte zum Erstellen und Bearbeiten der Inhalte nämlich nicht pro Benutzer sondern nur pro Gruppe. Sie legen also fest, was die Gruppe *Autoren* alles tun darf, erlauben der Gruppe *Administratoren* die Verwaltung, lassen die Gruppe *Mitglieder* nur Artikel lesen usw. Um einem Benutzerkonto bestimmte Rechte zuzuweisen, müssen Sie es also nur in eine der vorhandenen Gruppen sortieren.

Zugriffsebenen

Die *Zugriffsebenen*, häufig einfach nur als *Ebenen* bezeichnet, kontrollieren die Sichtbarkeit von Artikeln auf der öffentlichen Webseite – dem Frontend. Es geht also darum, wer einen Artikel oder eine Kategorie sehen darf und wer nicht. Mit den Lese- und Schreibrechten innerhalb der Joomla-Verwaltungsoberfläche hat das nichts zu tun. Stattdessen legen Sie über die Zugriffsebene fest, welche Beiträge die gesamte Öffentlichkeit sehen darf, welche Inhalte nur für registrierte Benutzer sind, was Sie nur Ihren Vereinsmitgliedern oder Mitarbeitern zeigen wollen usw. Natürlich hängt die Sichtbarkeit automatisch auch mit den Benutzergruppen zusammen. Erlauben Sie einer Benutzergruppe das Erstellen und Bearbeiten von Artikeln, können diese die Texte natürlich auch auf der Webseite lesen.

Den Freigabe-Status der Inhalte nicht vergessen

Vergessen Sie bei all diesen Zugriffsrechten und Optionen nicht die grundlegendste Einstellung von allen – den Status. Mit dem Status legen Sie fest, ob ein Inhalt auf der Webseite veröffentlicht werden soll oder nicht. Es geht dabei ausschließlich um die Sichtbarkeit auf der öffentlichen Webseite (Frontend). In der Verwaltungsoberfläche sind diese Inhalte für die Bearbeiter in jedem Fall sichtbar. Sie legen hiermit noch nicht fest, wer diesen Eintrag sehen soll.

- **Veröffentlicht** – Mit dieser Option wird der Beitrag freigegeben und ist auf der öffentlichen Webseite sichtbar. Das ist der übliche Status für fertige und aktuelle Inhalte.

- **Versteckt** – Mit diesem Status wird der Inhalt nicht auf der Webseite angezeigt. Diese Option eignet sich z. B. für Entwürfe, Artikel in Bearbeitung usw.

- **Archiviert** – Mit diesem Status wird der Inhalt nicht mehr auf der Webseite angezeigt. Der Beitrag bleibt erhalten, wird also nicht gelöscht, gilt aber auch nicht mehr als aktuell und relevant. Sie können Ihr Archiv auf Wunsch ebenfalls in das Menü einbinden. Diese Option gibt es nur bei Beiträgen, denn Kategorien, Menüs oder Module können nicht archiviert werden.

- **Papierkorb** – Hiermit verschieben Sie ein Element in den Papierkorb. Es wird noch nicht gelöscht, aber automatisch deaktiviert. Elemente im Papierkorb werden also nicht mehr auf der Webseite angezeigt. Elemente im Papierkorb können über das Menü endgültig gelöscht oder auch wieder veröffentlicht werden.

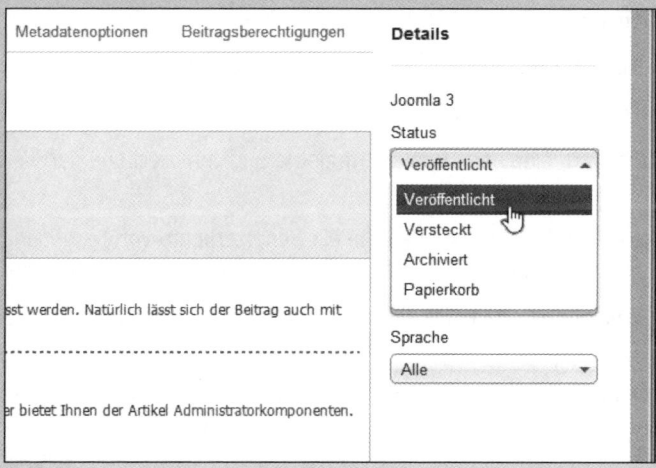

Abbildung 8.2: Den Status für einen Beitrag auswählen

8.1.2 Die Benutzerverwaltung im Überblick

Joomla besitzt einen eigenen Bereich für die Benutzerverwaltung. Dort finden Sie alle bisher angesprochenen Elemente wie z. B. die Benutzerkonten, die Benutzergruppen, die Zugriffsebenen und einiges mehr. Wählen Sie dazu im Hauptmenü den Punkt BENUTZER aus. Dadurch werden Ihnen die verschiedenen Unterpunkte angeboten, mit denen Sie direkt auf die jeweilige Funktion zugreifen können. In der Regel reicht es aber aus, den Punkt BENUTZER/BENUTZER auszuwählen. Das führt Sie auf die Übersichtsseite, von wo aus Sie alle anderen Funktionen aufrufen können. Der Aufbau und die Struktur entsprechen allen anderen Joomla-Bereichen, sodass Sie sich schnell zurechtfinden werden.

Abbildung 8.3: Die Benutzerverwaltung öffnen

1 **Schaltflächen** – Im oberen Bereich befindet sich die Symbolleiste mit den Schaltflächen für die wichtigsten Verwaltungsfunktionen.

- Möchten Sie einen neuen Benutzer erstellen, klicken Sie auf die Schaltfläche NEU.

- Bereits vorhandene Benutzer lassen sich mit der Schaltfläche BEARBEITEN jederzeit verändern.

- Mit der Schaltfläche AKTIVIEREN wird eine neue Benutzerregistrierung verifiziert und darf verwendet werden.

- Mit den Schaltflächen SPERREN und FREIGEBEN können Sie ein Benutzerkonto vorübergehend blockieren oder wieder öffnen. Das kann bei Problemen mit einzelnen Benutzern hilfreich sein.

- Wird ein Benutzerkonto gar nicht mehr benötigt, lässt es sich mit der Schaltfläche LÖSCHEN aus dem System entfernen.

- Die Schaltfläche OPTIONEN führt Sie in die Systemkonfiguration mit den globalen Benutzereinstellungen.

- Mit der Schaltfläche HILFE gelangen Sie zum Joomla-internen Hilfetext.

2 **Funktionsauswahl** – Wählen Sie in dieser Liste aus, welche Art von Funktion oder Aufgabe Sie durchführen möchten.

- Mit der Funktion *Benutzer* verwalten Sie die Benutzerkonten von Joomla.

- Wählen Sie die Funktion *Benutzergruppen* aus, um die Gruppen zu verwalten.

– Die Funktion *Zugriffsebenen* verwaltet die Ebenen für die Sichtbarkeit auf der öffentlichen Webseite.

– Mit den Funktionen *Benutzerhinweise* und *Hinweiskategorien* lassen sich Notizen zu einzelnen Benutzerkonten erstellen.

3 **Suchfeld** – Mit dem Suchfeld lässt sich die Liste der Benutzer durchsuchen. Das kann bei sehr großen Webseiten hilfreich sein.

4 **Filter** – Mit den Filtern verändern Sie die Anzeige der Benutzerliste. Lassen Sie sich z. B. nur bestimmte Gruppen, inaktive Benutzer oder die neuesten Registrierungen anzeigen.

5 **Benutzerliste** – Diese Liste zeigt Ihnen alle Benutzerkonten an bzw. die Gruppen, Ebenen usw., wenn Sie in die jeweilige Funktion gewechselt sind. In den Spalten sehen Sie die wichtigsten Daten wie Name, Freigabe, Gruppe, E-Mail-Adresse usw.

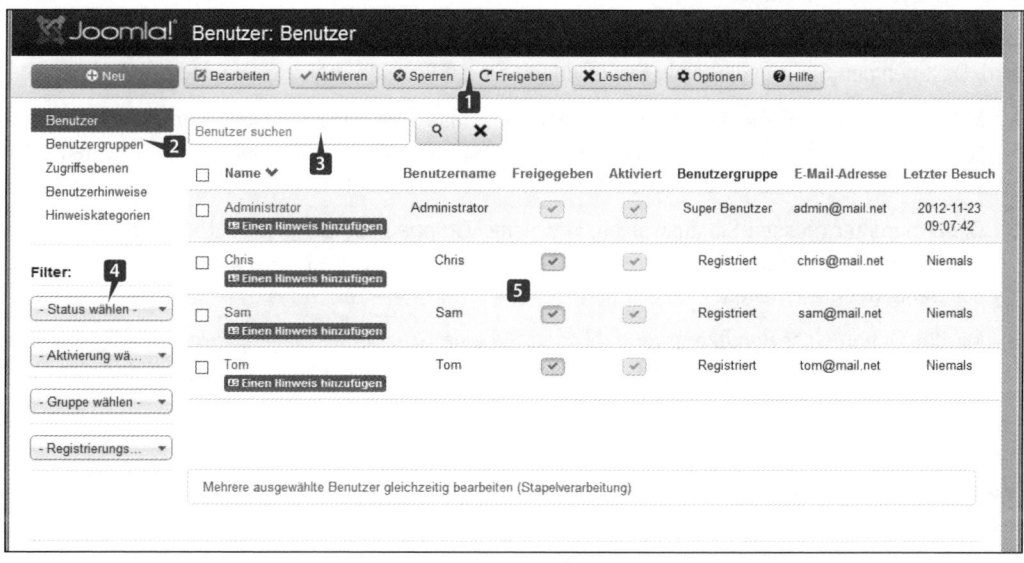

Abbildung 8.4: Den Status für einen Beitrag auswählen

8.1.3 Globale Benutzeroptionen anpassen

Neben der Verwaltung der einzelnen Benutzer und Gruppen bietet Joomla auch ein paar globale Optionen für die Benutzerkonfiguration. Damit legen Sie z. B. fest, ob sich überhaupt neue Benutzer registrieren dürfen, welche Gruppenrechte neue Benutzer haben, wie die Aktivierung abläuft usw. Diesen Bereich sollten Sie sich als Erstes ansehen und an Ihre Bedürfnisse anpassen.

Sie erreichen die globalen Benutzeroptionen, indem Sie in der Benutzerverwaltung oben rechts auf die Schaltfläche OPTIONEN klicken. Sie können aber auch im Hauptmenü den Punkt SYSTEM/KONFIGURATION auswählen. Dadurch gelangen Sie in die Systemkonfiguration und wählen dort die Gruppe BENUTZER aus.

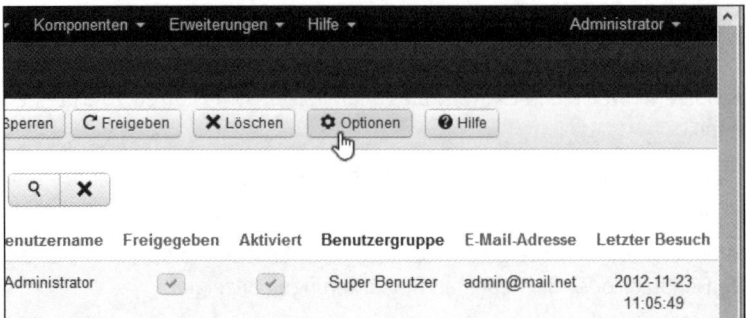

Abbildung 8.5: Die Benutzeroptionen öffnen

Das Register Komponente

Gehen Sie als Erstes in das Register KOMPONENTEN, falls es von Joomla nicht automatisch angezeigt wird. Dort nehmen Sie grundlegende Einstellungen für die Benutzerregistrierung und die Gruppen vor.

1. Mit der Option BENUTZERREGISTRIERUNG erlauben Sie, dass sich beliebige Besucher auf Ihrer öffentlichen Webseite für ein neues Benutzerkonto registrieren können. Das ist bei rein privaten oder vereinsinternen Webseiten oft nicht sinnvoll und kann dann abgeschaltet werden.

2. Direkt darunter müssen Sie auswählen, in welcher *Gruppe* neue Benutzer automatisch einsortiert werden. Die Standardauswahl *Registriert* ist völlig in Ordnung, weil neue Benutzer so am Anfang nur wenig Rechte erhalten.

3. Mit der Option *Gast Benutzergruppe* müssen Sie eine Gruppe auswählen, welche die Rechte von nicht registrierten Benutzern regelt. Auch hier gibt es kaum einen Grund, die Standardgruppe *Gast* zu ändern.

Achten Sie auf die Benutzerregistrierung

Wenn Sie nicht möchten, dass sich öffentliche Besucher auf Ihrer Seite mit einem Benutzerkonto anmelden können, sollten Sie diese Funktion unbedingt abschalten. Es gibt inzwischen eine Menge Angreifer und Viren, die nach offenen Joomla-Systemen suchen und sich dort registrieren. Oft dauert es nur wenige Stunden, bis die ersten merkwürdigen Registrierungen eintrudeln. Man erhofft sich damit, durch eine unglückliche oder fehlende Konfiguration, weitere Zugriffsrechte auf den Server erschleichen zu können. Im Zweifelsfall schalten Sie die Registrierung ab und legen die neuen Benutzer im Admin-Bereich selbst an.

---

4. Jeder neue Benutzer erhält automatisch eine Willkommens-E-Mail mit seinen Benutzerdaten. Mit der Option *Passwort mitsenden*, können Sie festlegen, ob in dieser E-Mail auch das Passwort vermerkt sein soll.

5. Alle neuen Benutzerkonten müssen verifiziert und somit aktiviert werden. Über die Option *Konte-naktivierung durch* können Sie dies über einen Aktivierungslink in der E-Mail erledigen (Auswahl *Benutzer*) oder manuell durch den Admin in der Joomla-Oberfläche (Auswahl *Administrator*).

6. Möchten Sie als Seiteninhaber über neue Benutzer und deren Aktivierung informiert werden, schalten Sie die Option *Informationsmail an Administratoren* ein.

Abbildung 8.6: Grundeinstellungen für Benutzer & Gruppen

7. Will sich ein Benutzer neu anmelden, hat er sein Passwort oder seinen Benutzernamen vergessen, können Sie den Vorgang mit einem sogenannten *Captcha* absichern. Das ist eine Zeichenfolge, die der Benutzer als Sicherheitscode abtippen muss. So sollen Massenattacken von Servern und Skripten verhindert werden.

8. Einfache Benutzer dürfen sich nicht in der Admin-Oberfläche anmelden. Deshalb können Sie diesen Benutzern mit der Option *Einstellungen im Frontend* ein paar grundlegende Verwaltungsfunktionen des eigenen Kontos freischalten.

9. Betreiben Sie eine mehrsprachige Webseite, können Sie mit der Option *Frontend-Sprache* auf der Startseite eine Wahlmöglichkeit einblenden.

10. Mit der Option *Benutzername veränderbar* erlauben Sie Ihren Benutzern, den eigenen Namen selbst zu verändern. Schalten Sie das besser ab und nehmen Sie das bei Bedarf selbst vor.

11. Hat ein Benutzer sein Passwort vergessen, kann er es über ein Formular zurücksetzen lassen. Weil das auch eine Angriffsfläche darstellen kann, sollten Sie über die Optionen *Max. Passwort-Resets* und *Zeit in Stunden* festlegen, wie oft jemand sein Passwort zurücksetzen darf.

Abbildung 8.7: Frontend und Passwort-Reset

Das Register Massenmail

Joomla bietet eine Massenmail-Funktion, mit welcher der Administrator eine E-Mail an alle registrierten Benutzer verschicken kann. Wechseln Sie in das Register MASSENMAIL, können Sie diese Mails mit zwei Optionen anpassen.

1. In das Feld *Betreff vorangestellt* wird jeder E-Mail automatisch das hier eingetragene Schlüsselwort im Betreff hinzugefügt. So erkennen z. B. die Mitarbeiter sofort Ihre Nachricht.

2. Ebenso können Sie in den Nachrichtentext eine feste Signatur einbauen. Tippen Sie diesen Text in das Feld *Mailanhang* hinein.

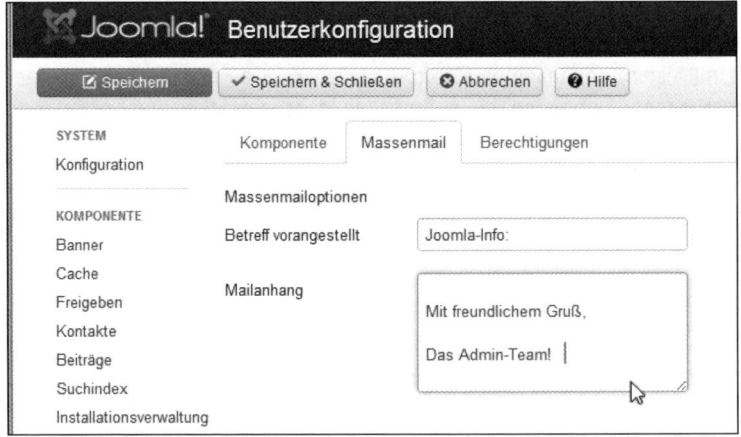

Abbildung 8.8: Mails an Benutzer anpassen

Das Register Berechtigungen

Wechseln Sie oben in das Register BERECHTIGUNGEN, können Sie die Zugriffsrechte für die Benutzerverwaltung definieren. Sie legen also fest, wer neue Benutzer anlegen und bearbeiten darf, wer Zugriff auf die Benutzergruppen und Ebenen hat usw. Mit dieser konkreten Verwaltung der Zugriffsrechte beschäftigen wir uns in einem späteren Abschnitt genauer. Sie müssen hier jetzt keine Änderungen vornehmen.

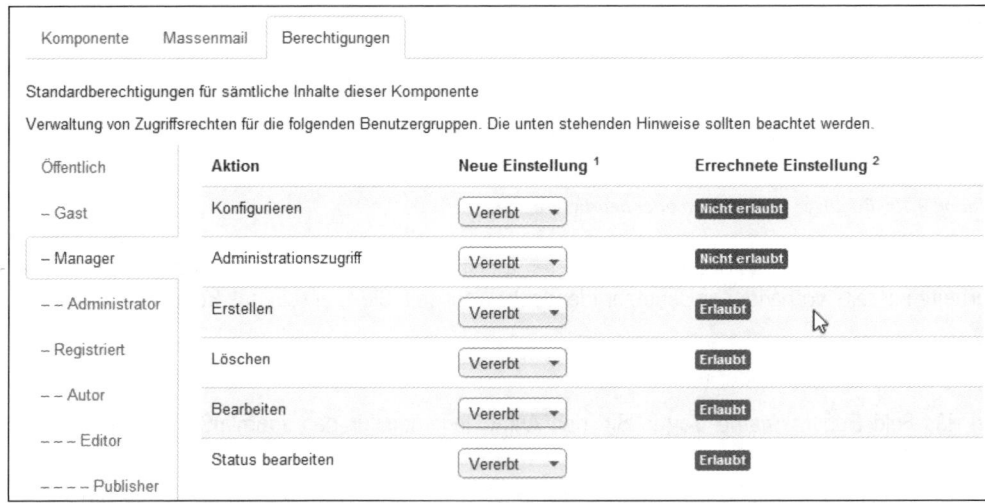

Abbildung 8.9: Die Zugriffsrechte für die Benutzerverwaltung

3. Zuletzt müssen Sie Ihre Änderungen an den Benutzeroptionen natürlich noch speichern. Klicken Sie dafür auf die Schaltfläche SPEICHERN oder auf SPEICHERN & SCHLIESSEN. Sie können nun zur Benutzerverwaltung zurückkehren.

8.2 Benutzer und Gruppen verwalten

Sie kennen jetzt die drei wichtigsten Elemente, mit denen Joomla die Zugriffsrechte innerhalb der Admin-Oberfläche und auf der öffentlichen Webseite verwaltet. Somit können Sie beginnen, diese Elemente selbst zu erstellen oder zu bearbeiten. Dieser Abschnitt zeigt Ihnen, wie Sie Benutzer, Gruppen und Zugriffsebenen verwalten.

8.2.1 Benutzer erstellen und bearbeiten

Die Benutzerkonten stellen die Grundlage für jede Art von Rechtevergabe dar. Deshalb benötigt jeder Mitarbeiter oder jedes Mitglied Ihrer Webseite ein eigenes Benutzerkonto. Nur so sind die Personen eindeutig zu identifizieren und lassen sich mit den für ihre Arbeit notwendigen Rechten ausstatten. Es macht übrigens wenig Sinn, mehrere Personen mit einem Konto arbeiten zu lassen, z. B. Autoren. So können Sie überhaupt nicht nachvollziehen, wer etwas geschrieben, bearbeitet oder gelöscht hat. Auch die Besucher auf der Webseite sehen so immer einen falschen bzw. einheitlichen Namen.

1. Achten Sie darauf, dass links bei den Funktionen der Punkt BENUTZER ausgewählt ist. Nun klicken Sie auf die Schaltfläche NEU, um ein neues Benutzerkonto zu erstellen. Zum Bearbeiten eines vorhandenen Kontos müssen Sie lediglich auf den Namen in der Liste klicken.

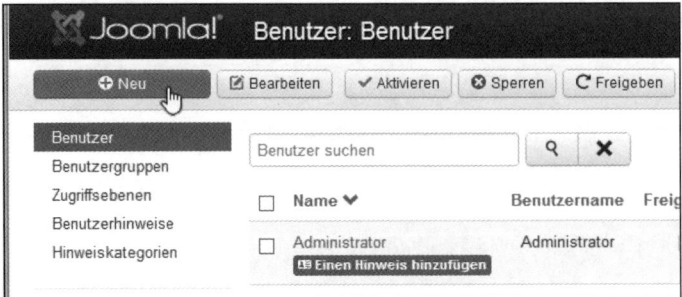

Abbildung 8.10: Benutzer neu anlegen oder bearbeiten

2. Jetzt gelangen Sie in das Bearbeitungsfenster. Es ist beim Erstellen neuer Benutzer oder beim Bearbeiten bereits vorhandener Benutzer identisch. Wechseln Sie zuerst in das Register KONTODETAILS.

3. In das Feld *Name* tragen Sie den öffentlich sichtbaren Namen für diesen Benutzer ein. Oft reicht auch nur ein Vorname oder ein Spitzname.

4. In das Feld *Benutzername* tragen Sie den Anmeldenamen für das Joomla-System ein. Er wird öffentlich nicht angezeigt.

5. In die beiden Felder darunter tragen Sie das *Passwort* ein und wiederholen es zur Sicherheit einmal.

6. Ganz wichtig ist natürlich die *E-Mail-Adresse* des Benutzers. Darüber erhält er Systeminformationen oder kann ein vergessenes Passwort wiederherstellen.

Abbildung 8.11: Die wichtigsten Benutzerdaten eingeben

7. Der untere Bereich dieses Registers beinhaltet vor allem durch das System generierte Informationen. Sie können diese nicht selbst eintragen oder bearbeiten.

   - **Registrierungsdatum** – An diesem Datum wurde dieses Benutzerkonto erstellt – vom Admin oder durch eigene Registrierung.

   - **Letzter Besuch** – Dieses Datum zeigt die letzte Anmeldung auf der Webseite an.

   - **Letzter Passwort-Reset** – Dieses Feld gibt an, ob dieser Benutzer ein Passwort vergessen und wiederherstellt hat.

   - **Anzahl Passwort-Resets** – Hier sehen Sie, wie oft das Passwort insgesamt schon vergessen und wiederhergestellt wurde.

   - **ID** – Dies ist die Joomla-interne Identifikationsnummer in der Datenbank.

8. Mit der Option *System-E-Mails erhalten* schickt Joomla wichtige Systemmeldungen unter anderem auch an diesen Benutzer. Das sollten Sie nur für Administratoren und Verwalter aktivieren und nicht für herkömmliche Benutzer.

9. Die Option *Benutzer sperren* entspricht der Schaltfläche Sperren in der Verwaltungsoberfläche. Damit lässt sich das Konto vorübergehend blockieren, z. B. wenn es Probleme mit dem Benutzer gibt.

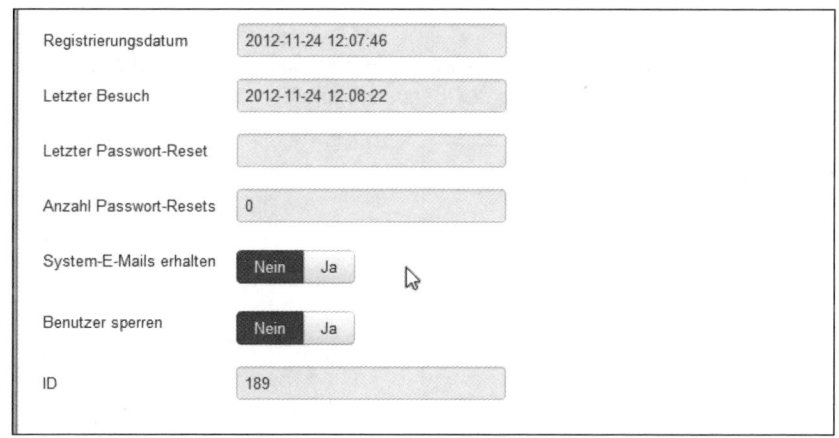

Abbildung 8.12: Systeminformationen über den Benutzer

10. Wechseln Sie nun in das Register Zugewiesene Gruppen, um dieses Benutzerkonto einer Gruppe zuzuordnen bzw. die vorhandenen Gruppen zu verändern.

    - Jedes Benutzerkonto ist automatisch in der Gruppe *Registered*.

    - Sie können dem Konto weitere Gruppen zuweisen, indem Sie einen Haken vor die jeweilige Gruppe setzen.

    - Eine höherrangige Gruppe schließt automatisch die Rechte der niedrigeren Gruppe mit ein.

Die Verwaltung der Gruppen, welche speziellen Rechte diese besitzen und wie die Ränge der Gruppe zusammenhängen, schauen wir uns im nächsten Abschnitt genauer an.

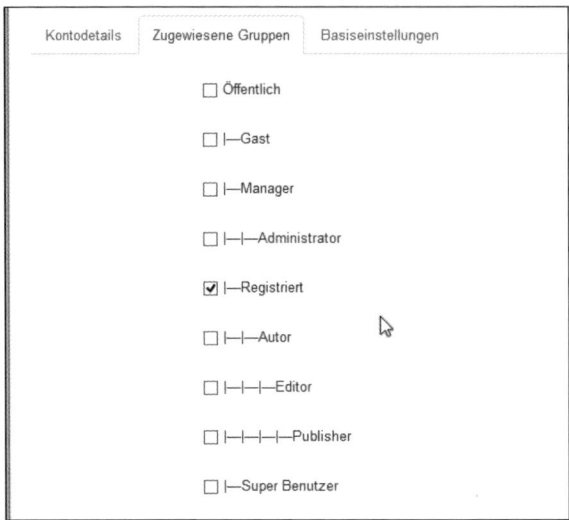

Abbildung 8.13: Den Benutzer einer Gruppe zuweisen

11. Zuletzt können Sie in das Register BASISEINSTELLUNGEN wechseln. Hier finden Sie verschiedene Optionen, zur optischen und funktionalen Anpassung des Benutzerkontos.

Abbildung 8.14: Template, Sprache, Zeitzone auswählen

- Haben Sie mehrere Templates für die Admin-Oberfläche installiert, kann mit der Option *Backend-Template-Stil* zwischen diesen gewechselt werden.

- Haben Sie für Ihre Seite mehrere Sprachpakete installiert, z. B. Deutsch und Englisch, lässt sich mit den Optionen *Backend-Sprache* und *Frontend-Sprache* die gewünschte Sprache für die Menüs wählen.

- In der Liste *Editor* kann für den Benutzer ein anderer Editor als TinyMCE eingestellt werden – aber nur, wenn auch einer zusätzlich installiert wurde.

- Bei mehrsprachigen Webseiten lässt sich über *Hilfeseite* auch die Sprache der Joomla-Hilfe umstellen.

- Die Option *Zeitzone* ist wichtig, wenn sich Ihr Webserver und die Mitarbeiter nicht in derselben Zeitzone befinden. Ansonsten kann es Abweichungen bei Datum und Uhrzeit geben.

12. Zuletzt klicken Sie oben links auf die Schaltfläche SPEICHERN bzw. auf SPEICHERN & SCHLIESSEN, um alle Änderungen zu sichern. Danach kehren Sie in die Verwaltungsoberfläche zurück und können die anderen Elemente bearbeiten.

Das eigene Profil bearbeiten

Alle Benutzer können die Register BENUTZERDETAILS und BASISOPTIONEN für ihr eigenes Profil auch selbst bearbeiten. Das ist vor allem für die Anzeigefunktionen im Register BASISOPTIONEN sehr praktisch.

- Alle Benutzer, die mindestens Manager sind, können sich in der Admin-Oberfläche anmelden. Dort öffnen sie oben rechts mit einem Mausklick auf ihren Benutzernamen das Menü KONTO BEARBEITEN.

- Einfache Benutzer, ohne Admin-Berechtigungen, steht nach der Anmeldung auf der öffentlichen Seite die Menüpunkt *Mein Profil* und *Profil bearbeiten* zur Verfügung. Dazu muss in den globalen Benutzeroptionen aber die Funktion *Einstellungen im Frontend* aktiviert sein.

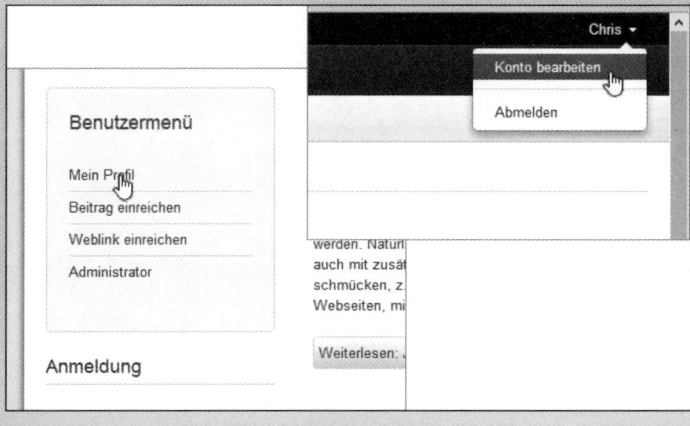

Abbildung 8.15: Einstellungen im eigenen Profil bearbeiten

8.2.2 Gruppen erstellen und bearbeiten

Die Benutzergruppen stellen in Joomla ein sehr wichtiges Element bei der Verwaltung der Rechte dar. Im Grunde sind sie das Bindeglied zwischen den Benutzern und den tatsächlichen Rechten. Wechseln Sie in der Benutzerverwaltung links oben in die Funktion *Benutzergruppen*, erhalten Sie eine strukturierte Auflistung aller in Joomla vorhandenen Gruppen.

Die Benutzergruppen-Verwaltung sieht zunächst recht aufwändig und umfangreich aus. Allerdings ist eher das Gegenteil der Fall, denn es gibt kaum etwas, das Sie hier tun können. Die Gruppen selbst sind eigenschaftslos und besitzen nicht mehr als einen Namen und einen Rang in der Struktur.

- Die Benutzergruppe mit den geringsten Rechten befindet sich ganz oben im Strukturbaum, also der Gruppe *Öffentlich*.

- Je mehr Rechte eine Gruppe hat, desto weiter unten steht sie in der Auflistung.

- Eine höherrangige Gruppe erbt automatisch die Rechte der niedrigeren Gruppe innerhalb desselben Zweigs, nicht aber von anderen Zweigen.

- So hat ein Publisher z. B. alle Rechte der Editoren und Autoren, nicht aber die der Administratoren oder der Manager.

- Die Benutzergruppe mit den meisten Rechten befindet sich ganz unten, also die Gruppe *Super Benutzer*.

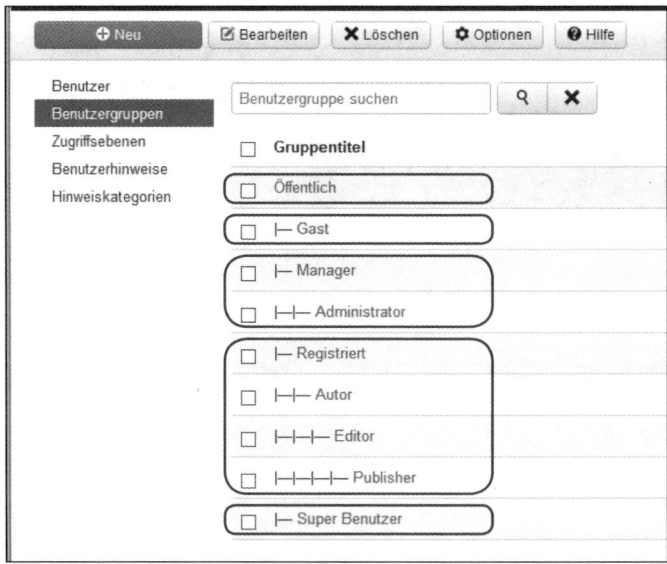

Abbildung 8.16: Die Benutzergruppen und Zweige im Überblick

Joomla kennt dabei fünf verschiedene Zweige innerhalb der Gruppen-Struktur.

- **Öffentlich** – Hierbei handelt es sich streng genommen nicht um eine Benutzergruppe, sondern einfach nur um sämtliche anonyme Besucher der öffentlichen Webseite. Alles, was dieser Gruppe zugeordnet ist, ist für uneingeschränkt jeden Besucher verfügbar.

- **Gast** – Diese Gruppe entspricht ebenfalls der Öffentlichkeit, weil sie sich auf alle nicht-registrierten Benutzer bezieht. Allerdings steht sie in der Struktur bereits eine Stufe höher als die Öffentlichkeit, sodass sich ihr bestimmte Rechte zuordnen lassen.

- **Manager** – Die Gruppe *Manager* stellt einen besonderen Zweig dar, weil sie alle Mitarbeiter beschreibt, die Verwaltungsaufgaben in Joomla vornehmen dürfen. Das gibt Ihnen auch das Recht, sich in die Admin-Oberfläche einzuloggen. Die Untergruppe *Administrator* stellt einen noch höherrangigeren Manager dar. Streng genommen stellt die nächsthöhere Stufe die Gruppe der *Super Benutzer* dar, aber sie ist nicht in diesen Zweig einsortiert.

- **Registriert** – Der Zweig *Registriert* ist für alle Benutzer gedacht, die nicht mit Verwaltungsaufgaben betraut werden sollen. Sie können sich auf der öffentlichen Webseite (Frontend) anmelden und Artikel lesen. Die Untergruppen *Autor*, *Editor* und *Publisher* besitzen jeweils höhere Ränge und dürfen auch Inhalte erstellen und bearbeiten. Sie stellen im Grunde das *Inhalte-Team* dar.

- **Super Benutzer** – Die Gruppe der *Super Benutzer* beinhaltet die obersten Bosse im Joomla-System. Sie dürfen uneingeschränkt alles am System ändern und sie haben Einblick in sämtliche Inhalte. Es sollte höchstens ein oder zwei *Super Benutzer* pro System geben. Außerdem ist es aus Sicherheitsgründen ratsam, nicht alltäglich mit diesen Konten zu arbeiten.

Haben Sie das Prinzip der Benutzergruppen in Joomla verstanden, können Sie mit dem Erstellen und Bearbeiten eigener Gruppen beginnen. Wie bereits erwähnt, gibt es dabei nicht viel zu tun. Sie geben der Gruppe einen Namen und bestimmen die Position in der Struktur. Das war dann auch schon alles. Allgemein ist es sehr empfehlenswert, am Anfang mit den vorhandenen Gruppen zu arbeiten und das System mit der Zeit wachsen zu lassen. Zu viele Gruppen und Strukturen machen die Rechteverwaltung sehr unübersichtlich. Und hat man das gesamte Prinzip noch nicht vollständig verinnerlicht, kann das schnell zu Problemen und unerklärlichen Fehlern führen.

1. Um eine neue Benutzergruppe zu erstellen, klicken Sie oben links auf die Schaltfläche Neu.

2. Möchten Sie eine Gruppe bearbeiten, klicken Sie deren Namen in der Übersicht an. Stattdessen können Sie die Gruppen auch in der Liste markieren und über die Schaltfläche Bearbeiten öffnen.

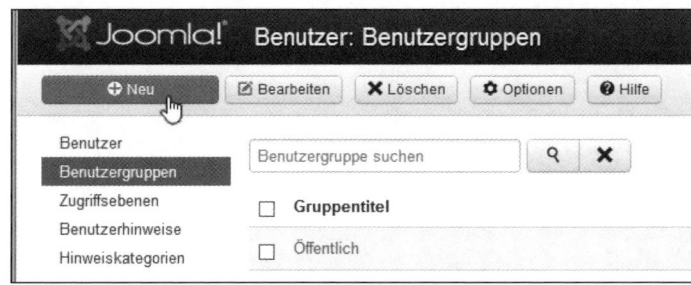

Abbildung 8.17: Gruppen neu erstellen oder bearbeiten

3. Im Bearbeitungsfenster müssen Sie Ihrer Gruppe im Feld *Gruppentitel* zunächst einen Namen geben. Wählen Sie einen aussagekräftigen Namen, mit dem sowohl die Benutzer selbst als auch die Administratoren etwas anfangen können.

4. Mit der Liste *Übergeordnete Gruppe* müssen Sie die Ebene bzw. den Rang dieser neuen Benutzergruppe festlegen. Denken Sie unbedingt daran, dass diese Gruppe automatisch die Rechte der untergeordneten Gruppen innerhalb desselben Zweiges erben.

Abbildung 8.18: Den Titel und die Ebene festlegen

5. Betätigen Sie die Schaltfläche SPEICHERN bzw. SPEICHERN & SCHLIESSEN, um die neue Gruppe oder die Änderungen an der bestehenden Gruppe zu speichern. Sie gelangen dadurch in das Verwaltungsfenster zurück. Die neue Gruppe erscheint sofort in der Struktur auf der von Ihnen gewählten Ebene.

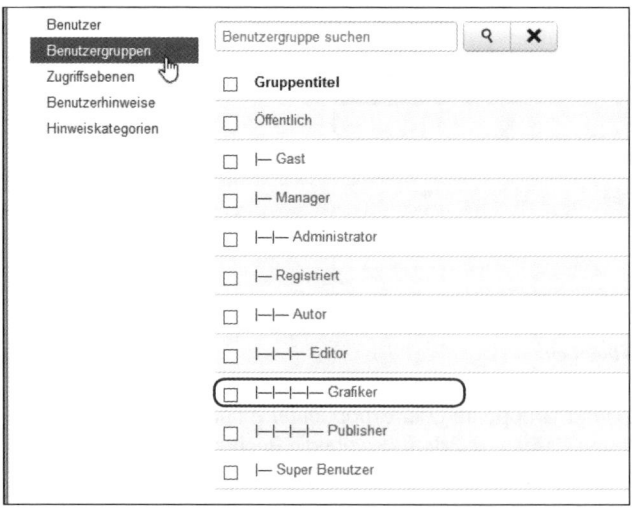

Abbildung 8.19: Die neue Gruppe in der Struktur

8.2.3 Die Zugriffsebenen verwalten

Wie Sie bereits erfahren haben, gehören die Zugriffsebenen zusammen mit den Benutzerkonten und den Benutzergruppen zu den wichtigsten Verwaltungswerkzeugen. Mit den Zugriffsebenen bestimmen Sie die Sichtbarkeit von allen Joomla-Inhalten. Sie geben also an, wer diesen Inhalt sehen kann und wer nicht. Immer wenn Sie einen Inhalt neu erstellen oder bearbeiten, müssen Sie in der Liste *Zugriffsebene* die gewünschte Ebene für diesen Inhalt angeben.

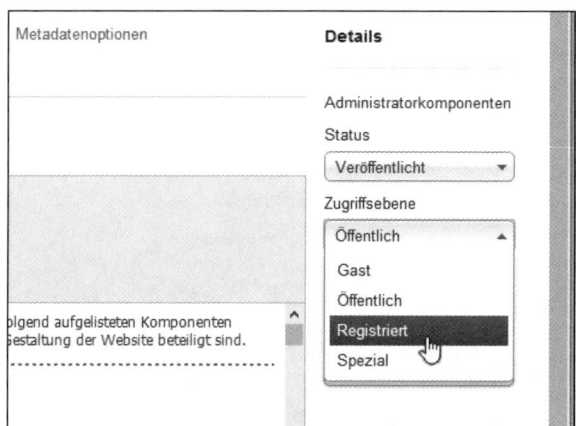

Abbildung 8.20: Die Zugriffsebene im Beitrag auswählen

Joomla bietet Ihnen am Anfang vier Zugriffsebenen an. Sie können natürlich auch eigene Ebenen erstellen und diese mit speziellen Leserechten ausstatten. Aber auch hier gilt, dass Sie das System langsam wachsen lassen sollten, um Ihr Joomla nicht zu kompliziert zu machen.

- **Öffentlich** – Dies ist die unterste Zugriffsebene, die keinerlei Einschränkungen kennt. Jeder Besucher der Webseite kann diesen Inhalt sehen – anonym und ohne Anmeldung. Diese Zugriffsebene hat keine Untergruppen und vererbt somit keine Rechte an andere Benutzer.

- **Gast** – Mit dieser Zugriffsebene werden die Inhalte ebenfalls für die Öffentlichkeit dargestellt. Der Unterschied besteht aber darin, dass Sie die Inhalte auf Wunsch für registrierte Benutzer verbergen können. Das macht zwar nur selten Sinn, kann aber ganz praktisch sein, z. B. bei einer Aufforderung zur Registrierung, spezieller Werbung usw. Die Zugriffsebene Gast hat ebenfalls keine Untergruppen und vererbt somit keine Rechte.

- **Registriert** – In diese Zugriffsebene fallen alle Besucher, die ein Benutzerkonto auf Ihrer Webseite haben und angemeldet sind. Deshalb haben hier in jedem Fall die drei Zweige *Registriert*, *Manager* und *Super Benutzer* Zugriff auf die Inhalte. Die Rechte werden automatisch an die Untergruppen vererbt, sodass diese nicht extra aktiviert werden müssen. Immerhin sind z. B. die *Editoren* im Rang höher als die nur registrierten Benutzer und es wäre unlogisch, wenn sie weniger Rechte hätten.

- **Spezial** – Diese Zugriffsebene umfasst alle aktiven Mitarbeiter der Webseite. Das umfasst den Zweig *Manager* sowie registrierte Benutzer ab der Ebene *Autor*. Die *Super Benutzer* dürfen sowieso alles. Auf diese Weise sind die Inhalte nur für Mitglieder der Webseite, des Vereins oder der Firma sichtbar. Registrieren sich auf der öffentlichen Webseite neue Benutzer, erlangen diese nicht automatisch Zugriff auf die Inhalte dieser Ebene.

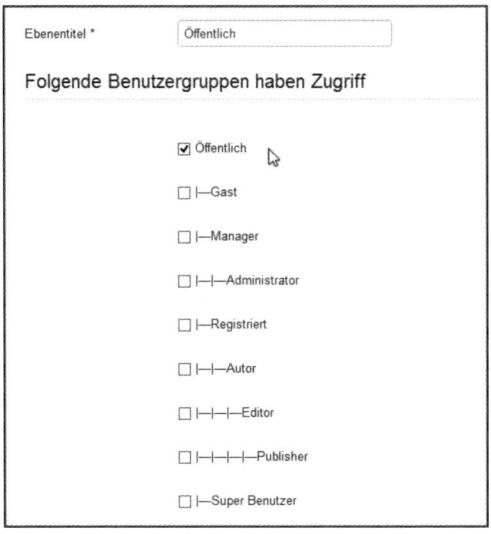

Abbildung 8.21: Die Zugriffsebene Öffentlich

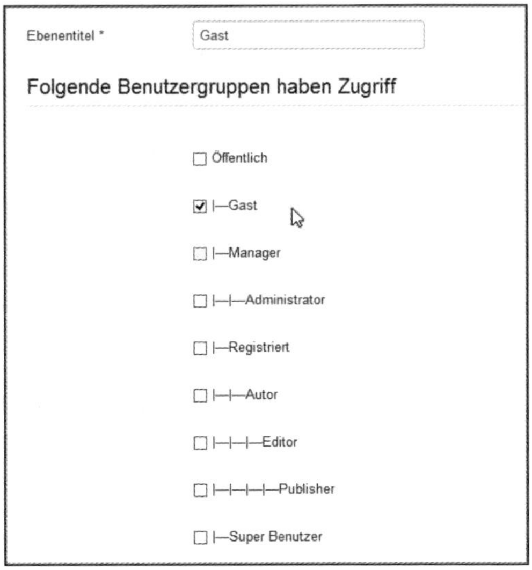

Abbildung 8.22: Die Zugriffsebene Gast

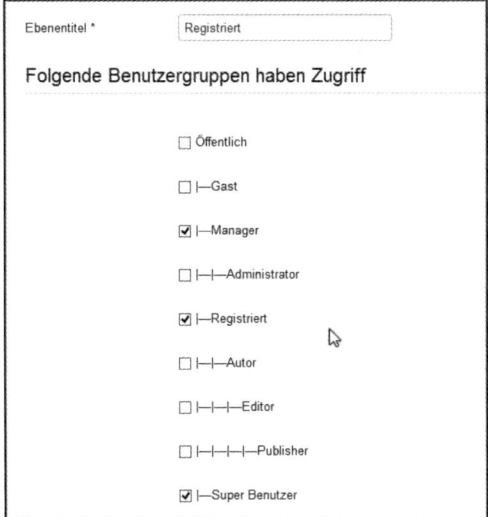

Abbildung 8.23: Die Zugriffsebene Registriert

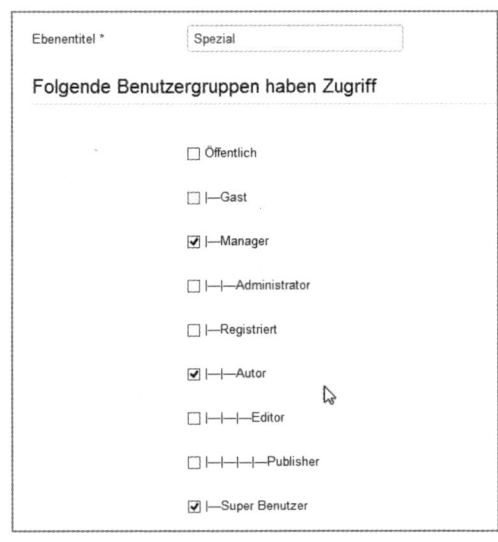

Abbildung 8.24: Die Zugriffsebene Spezial

Natürlich sind diese Zugriffsebenen sowie die mit ihnen vergebenen Rechte nur Vorschläge der Joomla-Installation. Sie können beliebige neue Zugriffsebenen erstellen oder die Rechte der vorhandenen Ebenen neu verteilen. Machen Sie es am Anfang nur nicht zu kompliziert, denn zusammen mit den Benutzerkonten und den Gruppen ergeben sich ziemlich viele Verknüpfungen, die es schnell unübersichtlich machen.

1. Während Sie sich im Verwaltungsfenster für die Benutzer und Rechte befinden, klicken Sie links oben auf die Funktion ZUGRIFFSEBENEN. Damit wechseln Sie in den Verwaltungsbereich für die Ebenen.

2. In der Mitte werden Ihnen nun die bereits vorhandenen Zugriffsebenen aufgelistet.

3. Klicken Sie oben links auf die Schaltfläche NEU, um eine neue Ebene zu erstellen. Möchten Sie eine vorhandene Ebene bearbeiten, klicken Sie diese in der Liste an.

Abbildung 8.25: Die Verwaltung der Zugriffsebenen

4. Sie gelangen nun in das Bearbeitungsfenster für die Zugriffsebenen. Es sieht beim Erstellen neuer Ebenen oder beim Bearbeiten bereits vorhandener Ebenen immer gleich aus.

5. Ganz oben tippen Sie in das Feld *Ebenentitel* einen Namen für diese Zugriffsebene ein. Wählen Sie eine aussagekräftige Bezeichnung, die bei der alltäglichen Arbeit hilfreich ist. So erscheint die Ebene nämlich auch in allen Menüs der Beiträge.

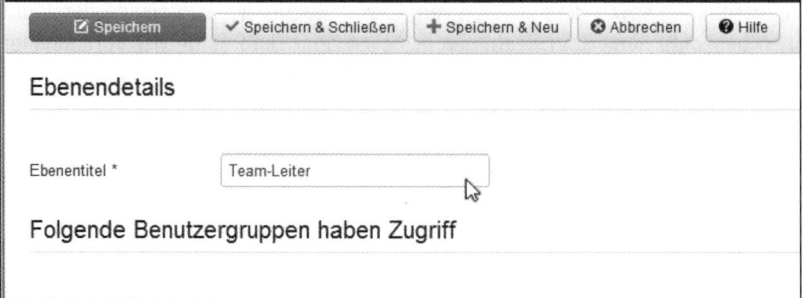

Abbildung 8.26: Eine neue Ebene erstellen

6. Jetzt kommt das Wichtigste, denn Sie müssen im unteren Bereich angeben, welche Benutzergruppen die Inhalte dieser Zugriffsebene sehen dürfen.

- In der Liste werden alle in Ihrem Joomla vorhandenen Benutzergruppen aufgelistet – die Standardgruppen und auch die von Ihnen erstellten.

- Setzen Sie einen Haken bei allen Gruppen, die diese Inhalte auf der Webseite sehen dürfen.

- Beachten Sie, dass die Rechte automatisch an höherrangige Benutzergruppen innerhalb des eigenen Zweigs vererbt werden.

- Im Beispiel würde es also auch reichen, nur die Gruppe *Editor* zu aktivieren, was die höhere Gruppe *Publisher* automatisch mit einschließt.

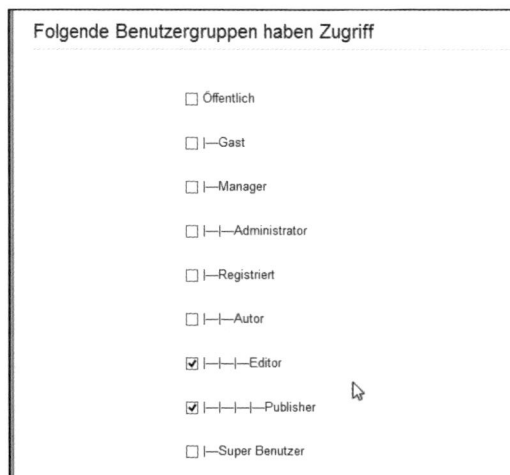

Abbildung 8.27: Eine neue Ebene erstellen

7. Zuletzt klicken Sie oben links auf die Schaltfläche SPEICHERN bzw. auf SPEICHERN & SCHLIESSEN. Sie kommen dadurch in die Verwaltungsübersicht zurück.

Die neue Zugriffsebene steht Ihnen jetzt sofort zur Verfügung. Erstellen Sie einen neuen Beitrag oder bearbeiten Sie einen bereits vorhandenen. In der Auswahlliste *Zugriffsebene* erscheint nun Ihre neue Ebene. Wählen Sie diese aus, sehen nur die festgelegten Benutzergruppen diesen Inhalt. Im Bespiel sehen also nur die Benutzergruppen *Editor* und *Publisher* Beiträge, die der Zugriffsebene *Team-Leiter* zugeordnet werden.

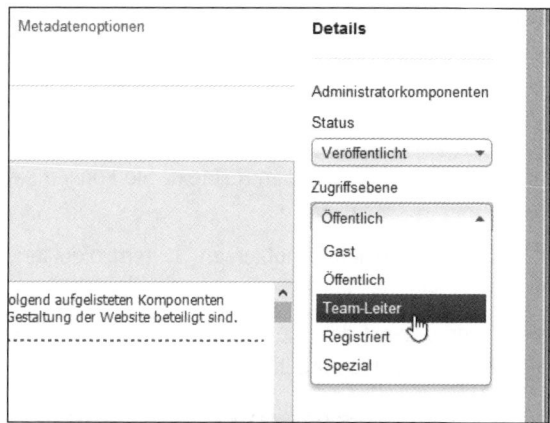

Abbildung 8.28: Die neue Ebene zuweisen

8.2.4 E-Mails an die Benutzer verschicken

Joomla besitzt eine eigene Funktion, mit der sich E-Mails an alle registrierten Benutzer verschicken lassen. Das ist sehr sinnvoll, wenn es wichtige Systemmeldungen gibt, die schnell und unkompliziert an alle Mitarbeiter und Besucher verteilt werden müssen. Deshalb spricht Joomla bei der Funktion auch von Massenmails. Dies ist aber nicht mit der Komponente für interne Nachrichten zu verwechseln, welche durchaus für den alltäglichen Gebrauch geeignet ist. Die Massenmails sind eher für wichtige Ereignisse konzipiert und nicht für die tägliche Kommunikation. Deshalb können auch nur die Verwaltet wie Manager und Super-Benutzer darauf zugreifen.

1. Klicken Sie im Hauptmenü auf BENUTZER. Dadurch öffnet sich das Menü und listet die Einträge auf. Wählen Sie MASSENMAIL mit einem Mausklick aus.

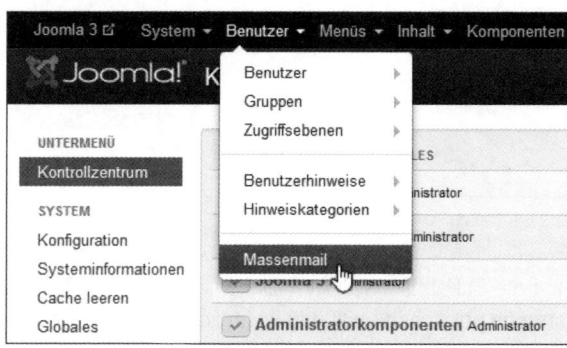

Abbildung 8.29: Die Massenmail-Funktion öffnen

2. Jetzt gelangen Sie in das Bearbeitungsfenster für die E-Mail. Es funktioniert fast genau wie ein herkömmliches E-Mail-Programm. Tippen Sie in die Felder *Betreff* und *Nachricht* die gewünschten Inhalte ein.

3. Mit der Auswahlliste *Gruppe* legen Sie fest, an welche Benutzergruppe Sie diese E-Mail verschicken möchten.

4. Normalerweise geht die E-Mail nur an die tatsächlich ausgewählte Benutzergruppe. Aktivieren Sie oben rechts die Option *E-Mail an Untergruppen*, geht die Nachricht auch an alle Untergruppen der gewählten Gruppe.

5. In dieser Liste finden Sie noch ein paar weitere Optionen, die evtl. interessant sein könnten.

   – **Als HTML senden** – Joomla verschickt die E-Mails eigentlich nur im Reintext. Sie können sie aber auch als HTML-Mail verschicken lassen.

   – **Auch gesperrten Benutzern senden** – Haben Sie einen Benutzer im System blockiert, bekommt er keine E-Mails. Mit dieser Option lässt sich das ändern.

   – **Empfänger als BCC** – Aktivieren Sie diese Option, damit der Administrator eine unsichtbare Kopie der E-Mail erhält. Das ist sinnvoll, weil Ihnen so nichts entgeht.

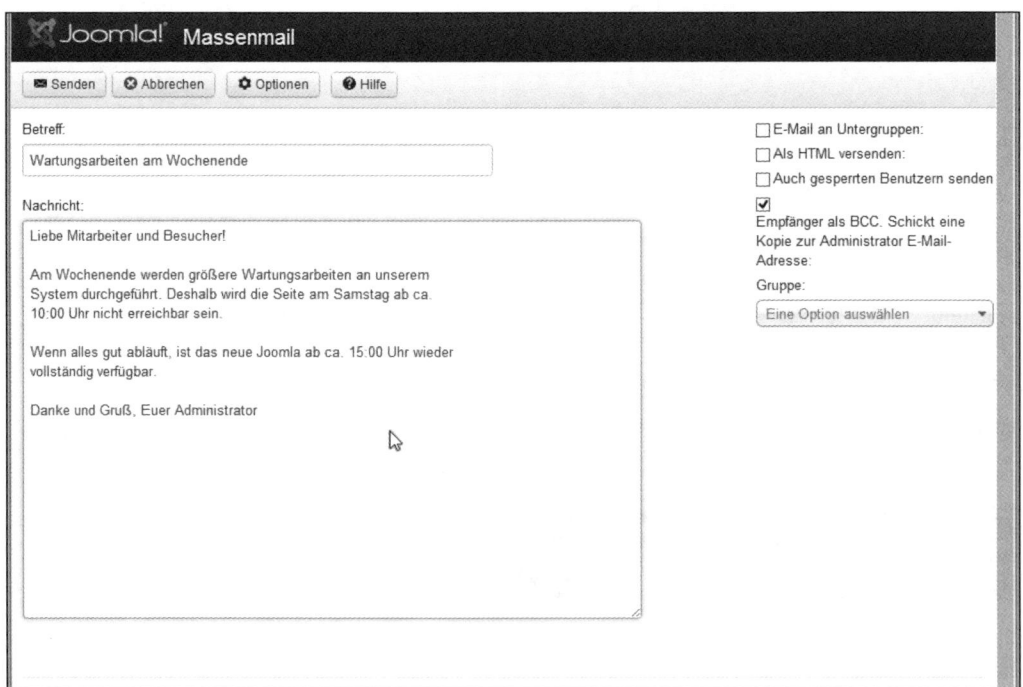

Abbildung 8.30: Die E-Mail tippen und verschicken

6. Zuletzt müssen Sie nur noch oben rechts auf die Schaltfläche SENDEN klicken, um diese E-Mail abzuschicken. Seien Sie bei sehr großen Systemen vorsichtig, weil damit wirklich sehr viele E-Mails verschickt werden. Passiert das fehlerhaft oder aus Versehen, kann das sehr lästig sein.

8.2.5 Benutzerhinweise nutzen

Joomla ist sowohl für kleine als auch für große Webseiten geeignet. Dabei stellt auch die Verwaltung sehr großer Benutzerkonten und Gruppen überhaupt kein Problem dar. Bauen Sie eine eigene Online-Community auf, bei der sich die Besucher selbst registrieren und somit teilnehmen können, wird es für den Verwalter schnell unübersichtlich. Deshalb bietet Joomla Ihnen die Möglichkeit, Benutzerhinweise zu erstellen und zu verwalten. Das sind einfach kleine Notizen und Bemerkungen, die Sie intern für einen Benutzer speichern können. Der Benutzer selbst bekommt davon nichts mit. Die Hinweise sind nur für die Benutzergruppe Administrator und höher sichtbar.

1. Während Sie sich in der Benutzerverwaltung befinden, klicken Sie oben links auf die Funktion Benutzerhinweise. Dadurch verändert sich die Symbolleiste mit den Schaltflächen. Direkt darunter sehen Sie ggf. bereits erstellte Notizen.

2. Normalerweise haben die Notizen keine Gruppen oder Kategorien. Möchten Sie diese organisieren, können Sie das links mit der Funktion Hinweiskategorien erledigen.

3. Um eine neue Notiz zu erstellen, betätigen Sie oben links die Schaltfläche Neu. Bereits vorhandene Hinweise lassen sich durch Anklicken in der Liste bearbeiten.

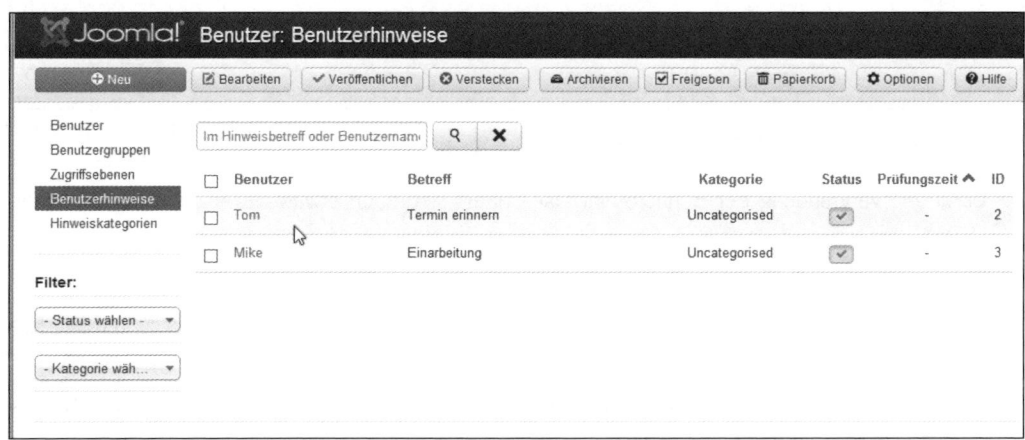

Abbildung 8.31: Die Verwaltung der Benutzerhinweise

4. Nun gelangen Sie in das Bearbeitungsfenster. Es besteht aus dem gewohnten Editor, mit dem Sie nun einen *Betreff* und einen *Hinweistext* erstellen.

5. Wichtig ist natürlich, dass Sie unter *ID* auch den gewünschten Benutzer auswählen. Es erscheint automatisch eine Liste aller registrierten Benutzer, aus der Sie mit einem Mausklick auswählen können.

6. Gibt es für diesen Hinweis oder diese Aufgabe einen Termin, können Sie diesen mit der Option *Prüfungszeit* festlegen.

7. Zuletzt klicken Sie auf die Schaltfläche Speichern oder auf Speichern & Schliessen und kommen in die Verwaltungsoberfläche zurück.

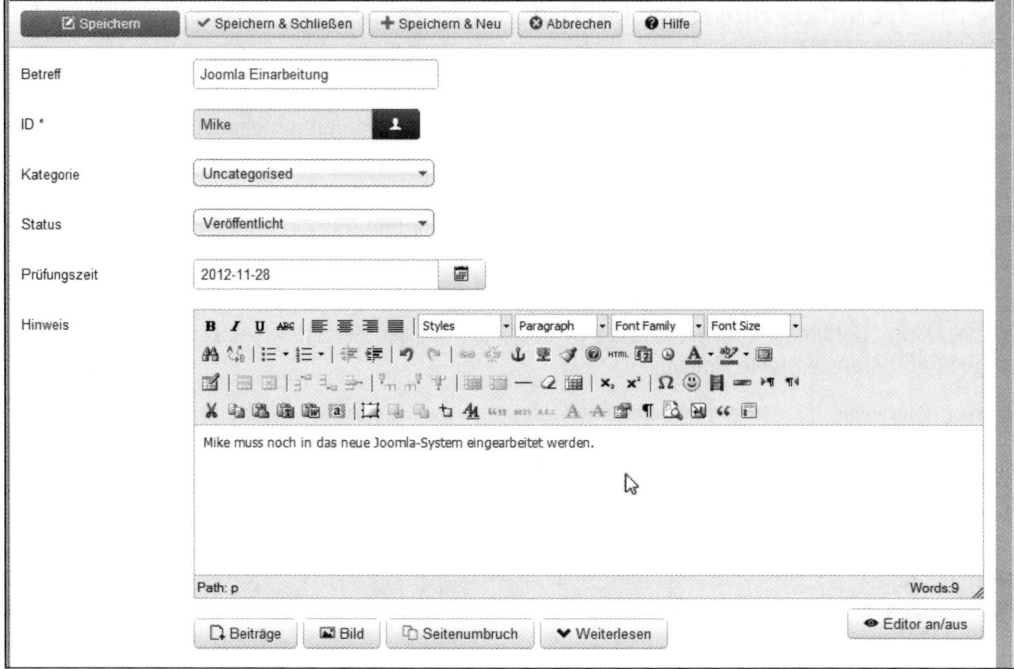

Abbildung 8.32: Einen Benutzerhinweis erstellen

8. Durch die Verwendung der Benutzerhinweise ändert sich auch etwas die Anzeige der Benutzerliste.

   – Gibt es für einen Benutzer einen Hinweis, wird dies nun unter seinem Namen angezeigt.

   – Existieren für einen Benutzer mehrere Hinweise, klicken Sie auf das FILTERSYMBOL, um alle Hinweise aufzulisten.

   – Neue Hinweise lassen sich jetzt auch direkt für einen Benutzer erstellen, indem Sie unter seinem Namen auf den Link EINEN HINWEIS HINZUFÜGEN klicken.

Abbildung 8.33: Die Benutzerliste mit Hinweisen

8.3 Die Zugriffsrechte im System

Inzwischen kennen Sie alle wichtigen Komponenten, mit denen Joomla die Zugriffsrechte verwaltet. Sie haben für Ihr System verschiedene Benutzerkonten angelegt, diese in Benutzergruppen einsortiert und die öffentliche Anzeige anhand der Zugriffsebenen festgelegt. Jetzt fehlt aber noch ein ganz wesentlicher Aspekt der Rechteverwaltung – die Zugriffsrechte im System selbst. Sie müssen also noch festlegen, wer neue Beiträge schreiben und bearbeiten darf, wer neue Benutzer erstellt und wer überhaupt einen Blick in die Admin-Oberfläche werfen darf und wer nicht. Mit diesen Zugriffsrechten innerhalb des Joomla-Systems beschäftigen wir uns in diesem Abschnitt.

8.3.1 So funktioniert das Setzen der Rechte

Joomla bietet Ihnen die Möglichkeit, praktisch jedes Element und jeden Inhalt mit ganz individuellen Rechten auszustatten. Das kann sich um einen einzelnen Beitrag handeln, um eine Kategorie, um die Menüs oder auch die gesamte Komponentenverwaltung – Sie können immer genau bestimmen, wer was tun darf und wer nicht. Das klingt zunächst recht aufwändig, ist es aber zum Glück nicht. Die Rechteverwaltung funktioniert nämlich in allen Elementen gleich. Haben Sie das System erst einmal verstanden, kommen Sie damit sofort in allen Joomla-Bereichen klar. Deshalb schauen wir uns die Rechteverwaltung in diesem Abschnitt einmal allgemein an, sodass Sie die Vorgehensweise auf allen anderen Bereichen übertragen können.

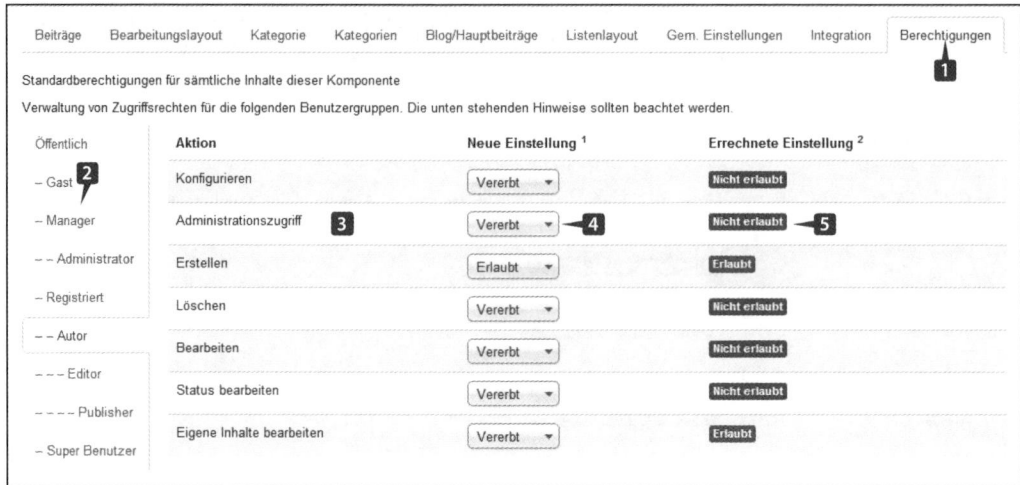

Abbildung 8.34: Die Benutzerliste mit Hinweisen

1 Das Register Berechtigungen

Die Zugriffsrechte befinden sich immer in einem eigenen Register. Genau wie die anderen Optionen für den Beitrag, die Kategorie oder die Komponente befindet sich das Register am oberen Rand. In der Regel trägt es den Namen Berechtigungen. Manchmal wird er auch ein wenig an das jeweilige Element angepasst, sodass das Register auch schon mal Beitragsberechtigungen oder Kategorieberechtigungen heißt. Das ist je nach Element etwas unterschiedlich, ändern am Register selbst aber nichts.

2 Die Benutzergruppen

Im Register selbst finden Sie links eine Auflistung mit allen Benutzergruppen Ihres Joomla-Systems. Sie bilden den Ausgangspunkt für alle Berechtigungen. Die Rechte werden nämlich nur pro Benutzergruppe vergeben und niemals pro Einzelbenutzer. Wählen Sie also am linken Rand die gewünschte Benutzergruppe aus, für die Sie die Zugriffsrechte bearbeiten möchten. Hier gilt wie immer, dass ganz oben die Öffentlichkeit steht und die Ränge der Benutzerkonten nach unten hin steigen – und somit auch die Berechtigungen.

3 Die Aktion

Ganz wichtig ist natürlich die Spalte *Aktion*, weil Sie damit festlegen, um welche Aktion oder Funktion es überhaupt geht. Dafür sind in dieser Spalte alle Funktionen für das jeweilige Element aufgelistet, z. B. das Erstellen neuer Inhalte, das Bearbeiten fremder Inhalte, das Konfigurieren des Moduls usw. Wählen Sie hier die Aufgabe aus, für die Sie die Rechte bearbeiten möchten. Natürlich variiert die Liste je nach geöffnetem Element. So lassen sich bei einem Beitrag natürlich andere Rechte setzen als bei einem Modul oder bei einer Komponente. Insgesamt sieht das aber immer ganz ähnlich aus, und zwar wie folgt:

- **Konfigurieren** – Dieses Recht erlaubt den Benutzern, innerhalb des jeweiligen Elements die Schaltfläche OPTIONEN zu betätigen und damit die Einstellungen zu ändern.

- **Administrationszugriff** – Hiermit legen Sie fest, ob die jeweiligen Benutzer dieses Element überhaupt öffnen und verwenden dürfen. Das ist vor allem für Module und Komponenten wichtig.

- **Erstellen** – Hiermit erlauben Sie den Benutzern, neue Elemente zu erstellen, z. B. Beiträge, Kategorien, Links usw.

- **Löschen** – Diese Aktion erlaubt das Löschen von Inhalten, z. B. von Beiträgen, Kategorien usw. Das Recht bezieht sich auf eigene und fremde Inhalte.

- **Bearbeiten** – Hiermit erlauben Sie den Benutzern das Bearbeiten der Inhalte in diesem Bereich. Auch dieses Rechte bezieht sich auf eigene und fremde Inhalte.

- **Status bearbeiten** – Diese Funktion erlaubt den Status eines Elements zu verändern, z. B. gesperrte Beiträge zu veröffentlichen oder sie zu archivieren.

- **Eigene Inhalte bearbeiten** – Dieses Zugriffsrecht ist besonders für Beiträge sehr sinnvoll. Möchten Sie nicht, dass jemand generell die Inhalte bearbeiten und löschen kann, können Sie ihm dieses Recht aber zumindest für seine eigenen Inhalte einräumen.

4 Die Einstellung

In der Spalte *Neue Einstellung* geben Sie an, wie Sie die Berechtigung setzen möchten. Sie können die jeweilige Funktion also erlauben oder verbieten. Klicken Sie dafür auf die Auswahlliste der zu bearbeitenden Aktion und wählen Sie die gewünschte Option aus.

- **Erlaubt** – Hiermit erlauben Sie der gewählten Benutzergruppe die Aktion in dieser Zeile.

- **Verweigert** – Mit dieser Auswahl verbieten Sie der gewählten Benutzergruppe die Aktion in dieser Zeile.

- **Vererbt** – Hiermit legen Sie die Berechtigung nicht explizit fest, sondern übernehmen sie vom übergeordneten Element. So legen Sie z. B. fest, dass Unterkategorien einfach die Rechte der übergeordneten Kategorie übernehmen sollen.

5 Die effektiven Rechte

Damit Sie immer die Übersicht behalten, zeigt Ihnen die Spalte *Errechnete Einstellung* genau an, was Sie mit der aktuellen Konfiguration bewirken. Sie sehen also, welche Rechte diese Gruppe jetzt effektiv besitzt. Das ist vor allem durch das Vererben durch mehrere Ebenen nicht immer eindeutig. Die effektiven Rechte lassen sich aber erst nach dem Speichern verlässlich anzeigen.

Vererbte Rechte innerhalb der Zweige

Sie kennen bereits das Prinzip der Rechte-Vererbung von den Zugriffsebenen und der Sichtbarkeit der Beiträge her. Es besagt, dass wenn eine Benutzergruppe etwas Bestimmtes darf, dann darf es natürlich auch die ihr übergeordnete Benutzergruppe. Das ist bei diesen Zugriffsrechten selbstverständlich auch so. Erlauben Sie z. B. einem Autor etwas zu bearbeiten, vererbt sich dieses Recht auch auf die Editoren und von denen wiederum auf die Publisher. Diese Vererbung gilt auch hier nur innerhalb derselben Zweige.

8.3.2 Die globalen Systemrechte verwalten

Mit der Rechteverwaltung können Sie nun für fast jedes Element ganz individuelle Berechtigungen festlegen. Das macht in der Praxis natürlich kaum Sinn, denn zum einen ist das sehr viel Arbeit und zum anderen verlieren Sie sehr schnell den Überblick. Deshalb bietet Ihnen Joomla in der Systemkonfiguration eine globale Einstellung der Rechte an. Damit legen Sie also grundsätzlich fest, wer Beiträge erstellen darf, wer Kategorien bearbeiten soll, wem Sie die Verwaltung der Module erlauben usw. Diese Rechte gelten dann für das gesamte Joomla-System und für alle Elemente. Mit einer guten Planung müssen Sie dann nur noch in Einzelfällen die Rechte individuell setzen. Das spart viel Arbeit und macht die Verwaltung komplexer Webseiten viel übersichtlicher.

1. Klicken Sie dafür im Hauptmenü oben links auf den Punkt SYSTEM und wählen Sie den Unterpunkt KONFIGURATION aus.

2. In der Systemsteuerung werden Ihnen daraufhin in der linken Spalte alle Joomla-Elemente aufgelistet. Auf diese Weise lässt sich jedes Element einzeln konfigurieren.

3. Wählen Sie in der Liste das gewünschte Element aus. Dadurch werden im rechten Bereich die verfügbaren Optionen angezeigt. Wechseln Sie dort in das Register BERECHTIGUNGEN, um die globalen Zugriffsrechte zu steuern.

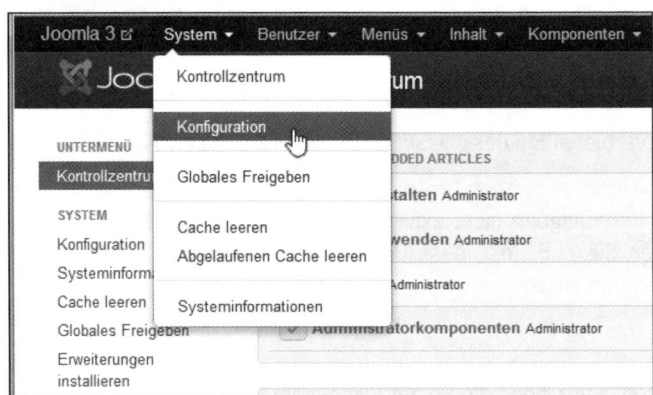

Abbildung 8.35: Die Systemkonfiguration öffnen

- **Konfiguration** – Dieser Abschnitt beinhaltet die grundlegende Joomla-Konfiguration, z. B. wer sich auf der Seite anmelden darf, wer auf der Admin-Oberfläche usw.

- **Banner** – Diese Berechtigungen beziehen sich auf die Banner-Komponente. Legen Sie fest, wer die Banner erstellen, bearbeiten und verwalten darf.

- **Cache** – Dies steuert den Joomla-Cache. Legen Sie fest, wer die Einstellungen für den Cache verändern darf.

- **Freigeben** – Hiermit steuern Sie die grundsätzliche Freigabe-Komponente und wer etwas daran verändern darf.

- **Kontakte** – Dieser Eintrag bezieht sich auf die Kontakte-Komponente. Sie steuern hier, wer die Kontakte erstellen, bearbeiten und verwalten darf.

- **Beiträge** – Dies ist sicherlich eine der wichtigsten Gruppen, weil Sie hiermit die allgemeinen Berechtigungen für die Inhalte bzw. Beiträge festlegen. Steuern Sie, wer Beiträge erstellen, bearbeiten oder löschen darf.

- **Suchindex** – Hiermit steuern Sie, wer die Suchindex-Komponente konfigurieren darf.

- **Installationsverwaltung** – Diese Berechtigungen steuern, wer in Joomla Erweiterungen installieren darf. Dies sollte immer den Administratoren vorbehalten bleiben.

- **Joomla!-Aktualisierung** – Diese Einstellungen steuern, wer die Aktualisierungs-Komponente verwenden darf. Weil es sich um die Joomla-Updates handelt, sollte dies nur den Administratoren erlaubt sein.

- **Sprachen** – Diese Berechtigungen steuern die Verwaltung zusätzlicher Sprachen in Joomla.

- **Inhalt: Medien** – Hiermit legen Sie fest, wer den Medien-Manager in Joomla verwenden darf. Weil damit die Bilder für Beiträge und Kategorien hochgeladen werden, sollten die Rechte zu den Beitragsberechtigungen passen.

- **Menüs** – Legen Sie fest, wer in Joomla die Menüs erstellen, bearbeiten und löschen darf. Das sollte immer den Administratoren vorbehalten sein.

- **Nachrichten** – Diese Funktionen steuern den Zugriff auf die Nachrichten-Komponente. Sie legen also fest, wer das interne Nachrichtensystem von Joomla nutzen kann.

- **Module** – Steuern Sie hiermit, wer die Module in Joomla erstellen, bearbeiten und verwalten darf. Behalten Sie dieses Recht den Administratoren vor.

- **Newsfeeds** – Hiermit steuern Sie die Newsfeed-Komponente, also wer neue Feeds erstellen und freigeben darf.

- **Plugins** – Hierüber werden die Plug-Ins zentral gesteuert. Sie können festlegen, wer die Plug-Ins konfigurieren, bearbeiten und freigeben darf.

- **Umleitungen** – Dies steuert die Umleitungen-Komponente. Sie legen fest, wer neue Umleitungen erstellen und bearbeiten darf.

- **Suche** – Diese Berechtigungen beziehen sich auf die Such-Komponente und die Statistiken von Joomla.

- **Templates** – Diese Einstellungen steuern, wer in Joomla die Templates und somit das Design verändern und verwalten darf.

- **Benutzer** – Diese Berechtigungen steuern die Benutzerverwaltung. Sie legen also fest, wer neue Benutzer anlegen und bestehende bearbeiten darf.

- **Weblinks** – Dies steuert die Weblinks-Komponente, mit der Sie sich eine Linksammlung erstellen können.

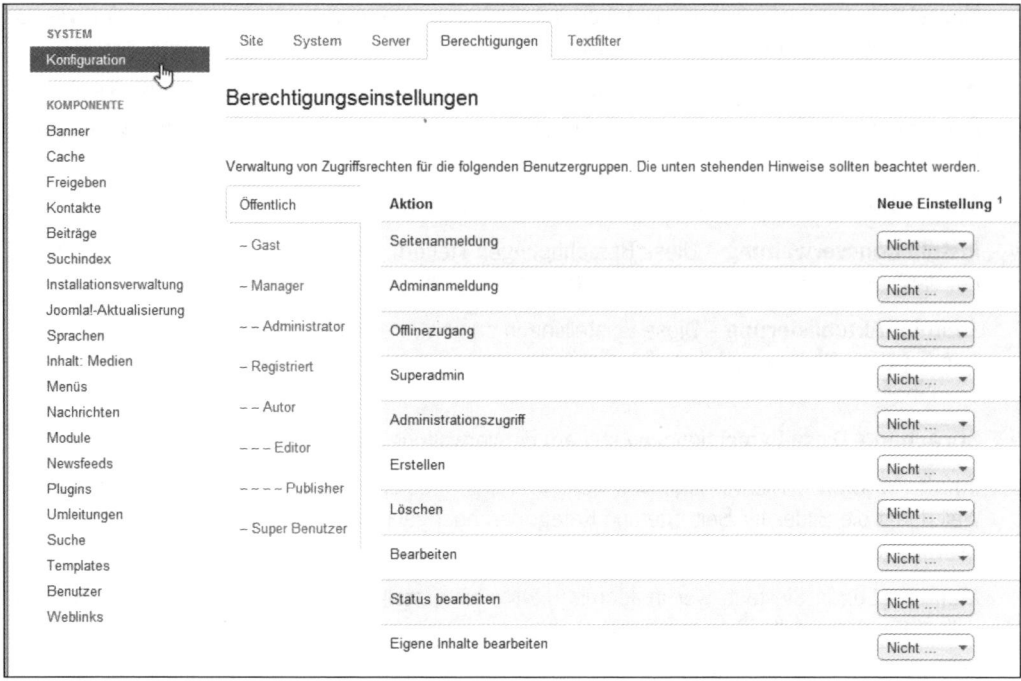

Abbildung 8.36: Die globalen Berechtigungen festlegen

Das sieht auf den ersten Blick nach sehr viel Arbeit aus. Das wäre es auch, wenn Sie jede Berechtigung einzeln überprüfen und bearbeiten würden. In vielen Fällen ist das nicht notwendig, denn Joomla ist mit sehr guten Standardeinstellungen ausgestattet. Damit können Sie Ihre Webseite sofort online gehen lassen und müssen nicht mit Problemen rechnen. Die Standardrechte sind eher restriktiv als locker gesetzt, sodass die Benutzer im Zweifelsfall eher zu wenig als zu viel können. Fehlt dann im Arbeitsalltag etwas, lässt sich das mit wenigen Mausklicks zusätzlich freischalten.

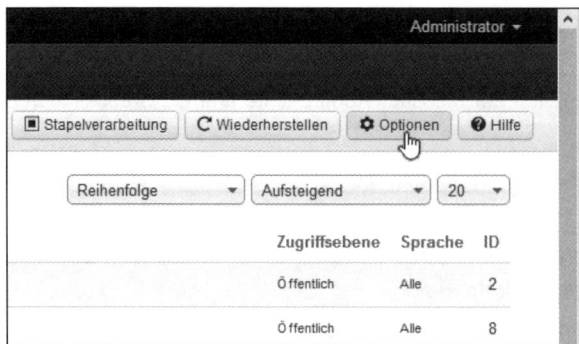

Abbildung 8.37: Über die Optionen direkt in die Systemkonfiguration

Die meisten dieser Konfigurationen bzw. Berechtigungen lassen sich übrigens auch direkt aus der jeweiligen Komponente heraus öffnen. Befinden Sie sich z. B. in der Auflistung der Beiträge oder der Übersicht der Kategorien, müssen Sie nur oben rechts auf die Schaltfläche Optionen klicken. Sie kommen dadurch direkt in die jeweilige Gruppe in der Systemkonfiguration. Nach dem Speichern und Schließen gelangen Sie wieder zurück in die Beitrags- oder Kategorienverwaltung.

8.3.3 Rechte für einzelne Beiträge setzen

Die Beiträge stellen die wichtigsten Elemente auf Ihrer Webseite dar. Immerhin fasst Joomla unter diesem Begriff sämtliche Inhalte zusammen. Deshalb ist es sehr wichtig, die Zugriffsrechte dafür genau zu kontrollieren. Wer darf neue Beiträge erstellen, bestehende bearbeiten oder auch überflüssige löschen?

Weil dies besonders wichtig ist, sollten Sie sich in der Systemkonfiguration im Abschnitt Beiträge die gesetzten Rechte ganz genau anschauen. Ihnen stehen dabei die üblichen Aktionen wie Erstellen, Löschen, Bearbeiten, Eigene Inhalte bearbeiten usw. zur Verfügung. Beachten Sie dabei, dass sich diese Rechte automatisch auf sämtliche Inhalte beziehen. Es gibt also keine Unterscheidung zwischen den einzelnen Beiträgen oder auch den Kategorien. Eine Benutzergruppe darf sämtliche Inhalte bearbeiten oder eben nicht. Legen Sie hier deshalb möglichst gut überlegte, allgemein gültige Berechtigungen fest.

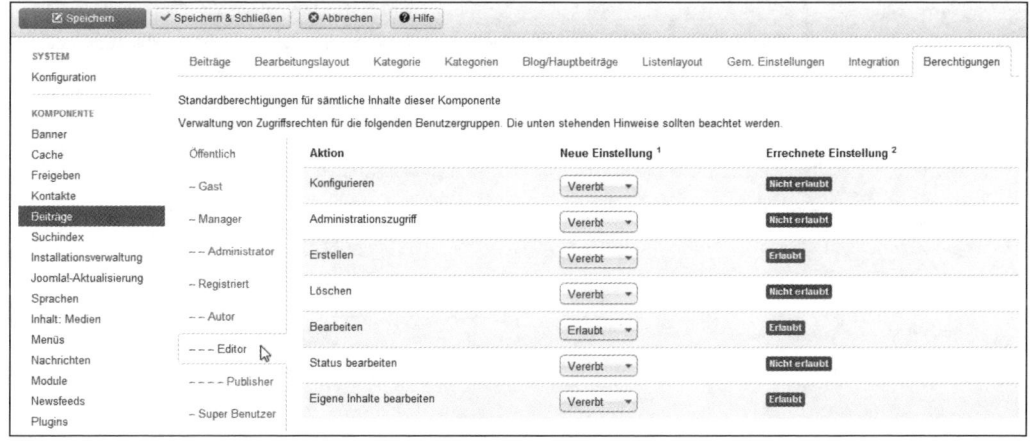

Abbildung 8.38: Die globalen Beitragsrechte in der Systemsteuerung

Gut gewählte globale Berechtigungen sorgen dafür, dass Sie im Alltag kaum noch Arbeit mit dieser Konfiguration haben werden. Doch es wird immer wieder Beiträge geben, für die Sie gern ganz spezielle Rechte vergeben möchten. Manchmal ist es einfach notwendig, mehr Rechte einzuräumen oder bestehende zu entziehen.

- Normalerweise erlauben Sie Ihren Autoren und Publishern natürlich das Bearbeiten von Beiträgen. Den Willkommenstext auf der Startseite möchten Sie davon vielleicht ausnehmen.

- Vielleicht gibt es einzelne Artikel, die aus rechtlichen Gründen oder als Archivmaterial nicht mehr verändert werden sollen.

- Möchten Sie Ihren einfachen registrierten Benutzern den Umgang mit Joomla beibringen, können Sie ihnen die Bearbeitung einzelner Artikel erlauben. So lernen sie den Editor kennen.

- Sicherlich gibt es noch viele weitere Beispiele, bei denen mehr oder weniger Rechte notwendig sind.

Joomla bietet hierzu die Möglichkeit, die Rechte für einen einzelnen Beitrag anzupassen. Sie überschreiben damit die globalen Einstellungen in der Systemsteuerung. Das lässt sich später auch nur im Beitrag selbst wieder rückgängig machen. Sie müssen also sehr genau aufpassen, in welchen Beiträgen Sie spezielle Rechte vergeben, weil sich das später nicht mehr nachvollziehen oder irgendwo auflisten lässt.

1. Öffnen Sie den gewünschten Beitrag wie gewohnt zur Bearbeitung.

2. Wechseln Sie am oberen Rand in das Register BEITRAGSBERECHTIGUNGEN.

3. Wählen Sie in der linken Spalte die Benutzergruppe aus, für die Sie die Berechtigungen verändern möchten.

4. In einer Liste sehen Sie die drei Aktionen LÖSCHEN, BEARBEITEN und STATUS BEARBEITEN. Wählen Sie wie gewohnt die gewünschten Rechte für die jeweilige Aufgabe aus.

5. Zuletzt speichern Sie den Beitrag. Die neuen Berechtigungen sind sofort wirksam.

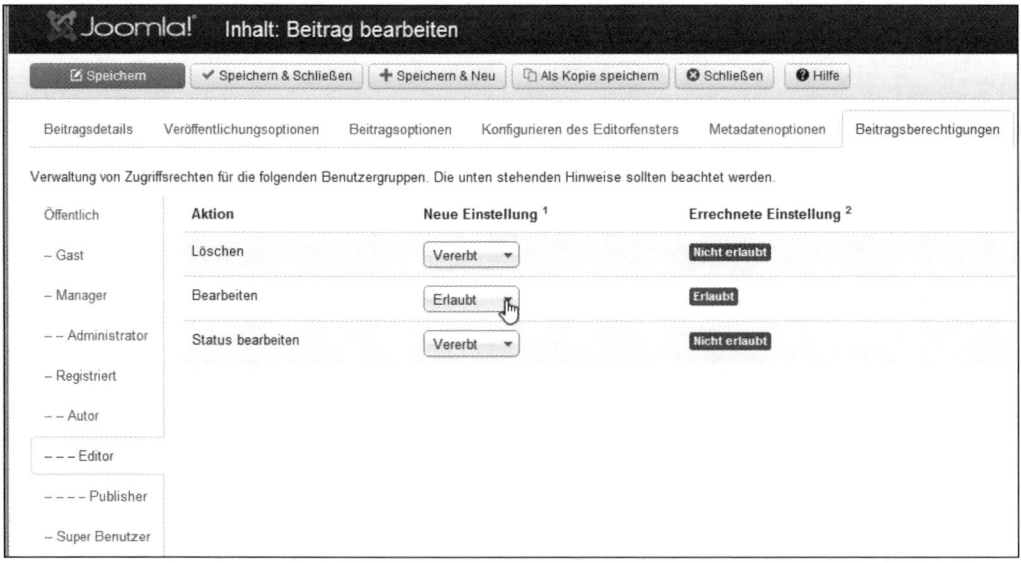

Abbildung 8.39: Berechtigungen für einzelne Beiträge festlegen

8.3.4 Rechte für einzelne Kategorien setzen

In den vorherigen Abschnitten haben Sie in der SYSTEMKONFIGURATION unter BEITRÄGE die globalen Zugriffsrechte für Inhalte und Kategorien festgelegt. Im letzten Abschnitt haben wir uns sogar angesehen, wie man die Rechte für einen einzelnen Beitrag anpassen kann. Das kommt in der Praxis vielleicht eher selten vor. Bei den Kategorien hingegen ist es oft nicht wünschenswert, eine globale Konfiguration für alle Kategorien festzulegen. Immerhin geben Ihnen Kategorien die Möglichkeit, Ihre Webseite in verschiedene Bereiche oder Abschnitte einzuteilen. Das sollten Sie sich für die Verteilung der Rechte zunutze machen.

- Einfache registrierte Benutzer haben eigentlich keine Schreibrechte. Geben Sie eine Kategorie für die Gruppe *Registriert* frei, z. B. um Vorschläge, Manuskripte oder andere Ideen einzureichen.

- Weisen Sie einzelne Kategorien den Benutzerrängen zu. So dürfen einfache Autoren vielleicht die Kategorie mit den Blogs bearbeiten, wichtige Magazin-Artikel bleiben den Publishern vorbehalten.

- In einem größeren Online-Magazin gibt es immer mehrere Rubriken wie z. B. *Nachrichten*, *Reise*, *Wirtschaft*, *Technik* usw. Erstellen Sie für jede Textrubrik eine eigene Kategorie. Anschließend erstellen Sie gleichlautende Benutzergruppen und erlauben diesen jeweils nur in der eigenen Kategorie zu arbeiten.

- Sicherlich fallen Ihnen für Ihre Webseite noch viele weitere Möglichkeiten ein, bei denen individuelle Schreibrechte sinnvoll sind. Meist lässt sich das gut mit den Benutzergruppen kombinieren.

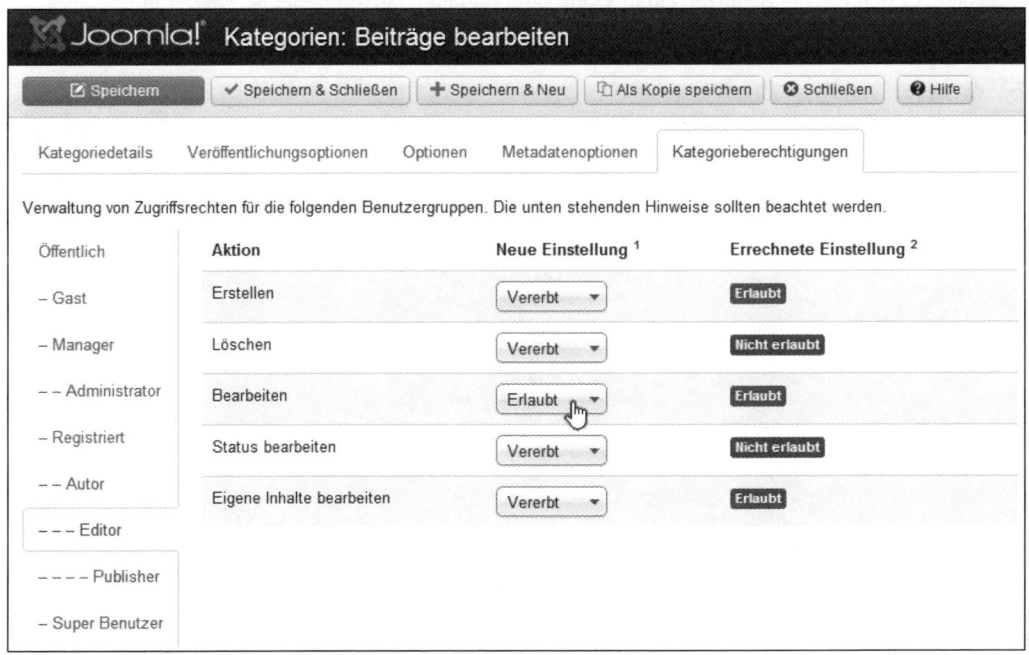

Abbildung 8.40: Zugriffsrechte für einzelne Kategorien

1. Um die Berechtigungen für einzelne Kategorien anzupassen, gehen Sie zunächst über das Hauptmenü in den Bereich INHALTE.

2. Wählen Sie dort am linken Rand die Funktion KATEGORIEN aus, sodass diese in der Mitte aufgelistet werden.

3. Klicken Sie auf den Namen der gewünschten Kategorie, sodass diese zum Bearbeiten geöffnet wird.

4. Im Register KATEGORIEBERECHTIGUNGEN finden Sie nun die gewohnte Rechteverwaltung.

5. Öffnen Sie links die BENUTZERGRUPPE, gehen Sie in die Zeile mit der gewünschten *Aktion* und setzen Sie unter *Neue Einstellung* die notwendigen Rechte.

6. Zuletzt müssen Sie diese Kategorie nur noch mit den Schaltflächen am oberen Rand wie gewohnt speichern.

8.4 Fragen

1. Was ist ein Benutzer, eine Gruppe und eine Zugriffsebene? In welchem Verhältnis stehen diese zu einander?

2. Welches sind die vier Standard-Zugriffsebenen und welche Rechte beinhalten sie?

3. Wie erlauben Sie die Benutzerregistrierung oder schalten diese bei Bedarf wieder ab?

4. An welchen Stellen lassen sich die Zugriffsrechte für Joomla-Elemente setzen?

5. Was sind »vererbte« Zugriffsrechte?

SIE LERNEN IN DIESEM KAPITEL,

- SO FUNKTIONIEREN TEMPLATES
  IN JOOMLA
- DIE EIGENE WEBSEITE MIT
  TEMPLATES GESTALTEN
- INHALTE ÜBER MODUL-
  POSITIONEN PLATZIEREN
- TEMPLATES INDIVIDUELL
  ANPASSEN

9 Design und Layout mit Templates steuern

Inzwischen haben Sie alle Bereiche Ihrer Webseite mit Joomla im Griff. Das Erstellen und Verwalten der Inhalte geht nun leicht von der Hand und über die Menüs und deren Optionen können Sie die Anzeige umfangreich steuern, z. B. als Liste, Blog, Tabelle usw. Aber das grundsätzliche Design und Layout Ihrer Webseite hat sich bisher noch nicht geändert. Alles entspricht den sehr schlichten Joomla-Standards – das ist weder besonders schön noch individuell. Deshalb beschäftigen wir uns in diesem Kapitel mit den Joomla-Templates. Damit verändern Sie das gesamte Aussehen Ihrer Webseite mit nur wenigen Mausklicks. So wird aus dem Joomla-Baukasten eine komplett individuelle Webseite.

9.1 Neue Templates für Joomla installieren

Damit Sie Ihrer Joomla-Webseite ein neues Aussehen geben können, benötigen Sie neue Template-Pakete. Diese müssen Sie anschließend in Ihrem System installieren und aktivieren. Damit Sie das schnell im Griff haben, schauen wir uns die Templates an sich, ein paar interessante Webseiten sowie den Installationsvorgang in diesem Abschnitt genau an. Danach sieht Ihre Webseite bereits vollkommen anders aus – und das mit nur wenig Arbeit.

9.1.1 So funktionieren Templates

Ein Content Management System wie Joomla zeichnet sich dadurch aus, dass sämtliche Inhalte in einer Datenbank gespeichert werden. Herkömmliche HTML-Dokumente gibt es nicht mehr. Wird die Webseite im Browser aufgerufen, verbindet sich die Joomla-Software mit der Datenbank, ruft dort die gewünschten Beiträge ab, stülpt ihnen die Formatierungen des Templates über und gibt das Ergebnis dann als HTML- und CSS-Code an den Webbrowser aus. Ein Template ist also ein zentrales Paket, in dem sämtliche Formatanweisungen für die gesamte Webseite per HTML und CSS gespeichert sind. Das macht die Handhabung im Alltag natürlich sehr einfach, denn mühevolles Formatieren einzelner Elemente fällt komplett weg.

Natürlich können Templates mehr, als nur HTML- und CSS-Anweisungen zu verwalten. In einem Template stecken auch der Hintergrund, die Logo-Grafik, Schaltflächen, Symbole und vieles mehr. Und damit das Ganze auch vernünftig funktioniert, werden Templates in der Sprache PHP geschrieben. Dadurch lassen sich die Menüs, Module, Plug-Ins usw. problemlos einbinden. Das hat den Vorteil, dass sich innerhalb eines Templates per PHP so ziemlich jedes Design und jede Funktion einprogrammieren lassen. Im Gegenzug sind aber mindestens PHP-Grundkenntnisse notwendig, wenn ein vorhandenes Template umgestaltet werden soll.

Templates für öffentliche Webseite

Die öffentliche Webseite von Joomla, also das Frontend, stellt natürlich den wichtigsten Bereich dar. Diesen Bereich will jeder Webmaster umgestalten und an die individuellen Wünsche anpassen. Deshalb gibt es dafür auch die meisten Templates im Internet. Achten Sie immer darauf, dass diese explizit als *Frontend*-Templates deklariert sind. Sie können problemlos mehrere Templates in Ihrem Joomla-System installieren und beliebig zwischen diesen wechseln. Das ist so einfach wie das Wechseln der eigenen Kleidung, sodass Sie mühelos mit mehreren Templates experimentieren können.

Abbildung 9.1: Ein komplett neues Design mit Templates

Templates für die Admin-Oberfläche

Für die meisten Anwender sind nur die Templates für die öffentliche Webseite interessant. Die Admin-Oberfläche bekommt sowieso kein Besucher zu sehen, sodass hier Funktionalität vor Design geht. Vor allem möchte man sich schnell in den gewohnten Menüs zurechtfinden. Joomla bietet Ihnen aber durchaus die Möglichkeit, auch in der Admin-Oberfläche ein neues Template zu installieren. Ob Sie das mögen, ist eine reine Geschmackssache. Achten Sie darauf, dass die Templates explizit für das *Backend* ausgewiesen sind.

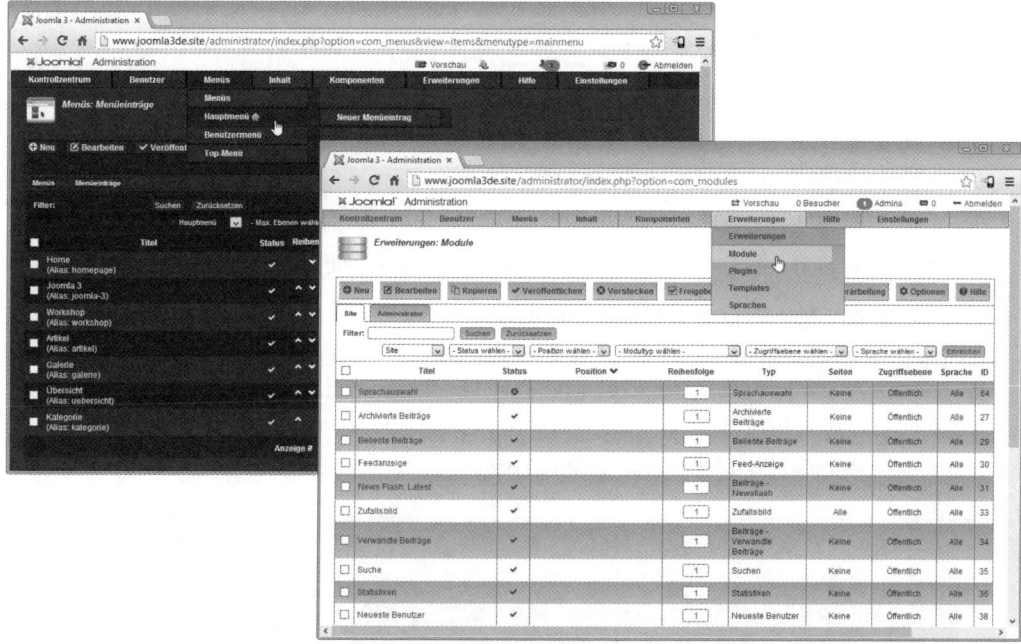

Abbildung 9.2: Die Admin-Oberfläche per Template anpassen

9.1.2 Templates im Netz finden

Jetzt wollen Sie natürlich aus den vielen tollen Templates eines für Ihr Joomla auswählen und somit Ihrer Webseite ein ganz neues Design geben. Leider ist dieser Schritt gar nicht so einfach, denn Sie müssen die neuen Templates erst einmal finden. Es gibt keine zentrale Anlaufstelle, bei der alle Templates gesammelt sind. Das bietet die offizielle Joomla-Homepage nur für Erweiterungen an, aber nicht für Templates. Weil sich auch sonst kaum eine zentrale Stelle gebildet hat, müssen Sie selbst auf die Suche gehen.

Richtig gute Designs und Templates zu erstellen, ist eine Menge Arbeit und letztendlich entscheiden sie über Erfolg und Misserfolg einer Webseite. Deshalb ist das Angebot an kostenfreien Templates deutlich kleiner als z. B. bei den Erweiterungen. Und selbst wenn Sie fündig werden, ist oft nicht das Wunsch-Design dabei. Sie müssen also in jedem Fall einiges an Zeit und Geduld investieren, um über die gängigen Suchmaschinen das richtige Template zu finden. Immerhin ist Joomla 3 noch sehr neu und es dauert immer ein wenig, bis neue Templates erstellt oder vorhandene angepasst wurden. Beachten Sie unbedingt, dass das Template explizit für Joomla 3.x ausgewiesen sein muss. Ältere Templates aus Joomla 2.x oder gar 1.x funktionieren nicht oder nur sehr eingeschränkt und können zu ernsthaften Problemen führen.

Hier ein paar Tipps, die Ihnen die Suche erleichtern sollen:

- Im offiziellen Joomla-Forum gibt es ein Unterforum für Templates. Hier sind oft gute Links zu finden. Suchen Sie dort nach Empfehlen und Hinweisen.

  http://forum.joomla.org

- Joomla-OS ist eine deutschsprachige Joomla-Seite. Sie bietet die deutsche Version des Joomla-Pakets, viele Tipps und eine der besten Template-Sammlung im Internet.

  http://www.joomlaos.de/joomla_template_galerie.html

- Diese Webseite bietet eine kleine Sammlung, mit wirklich aufwändig gestalteten Templates. Es werden sehr viele freie und auch günstige kommerzielle Templates angeboten.

  http://www.globbersthemes.com/templates-demo/

- Hier finden Sie eine sehr große Sammlung von kommerziellen und kostenfreien Templates.

  http://www.joomla-mart.com/joomla-3-0-templates/

- Auf dieser Seite finden Sie eine recht große Sammlung ausgefallener Designs – viele sind kostenlos und manche kostenpflichtig. Leider sind viele Templates noch nicht auf Joomla 3 aktualisiert, aber das kommt hoffentlich noch.

  http://www.joomlart.com/joomla/templates/showcase

Abbildung 9.3: Joomlaos.de – gute, kostenfreie Templates

Haben Sie auf einer Webseite das richtige Template gefunden, sind Sie schon fast am Ziel. Als Erstes müssen Sie das Template von der Webseite auf Ihren Computer herunterladen. Suchen Sie dafür auf der Anbieterseite nach dem dazugehörigen Download-Link oder einer entsprechenden Schaltfläche. Klicken Sie diese zum Herunterladen an.

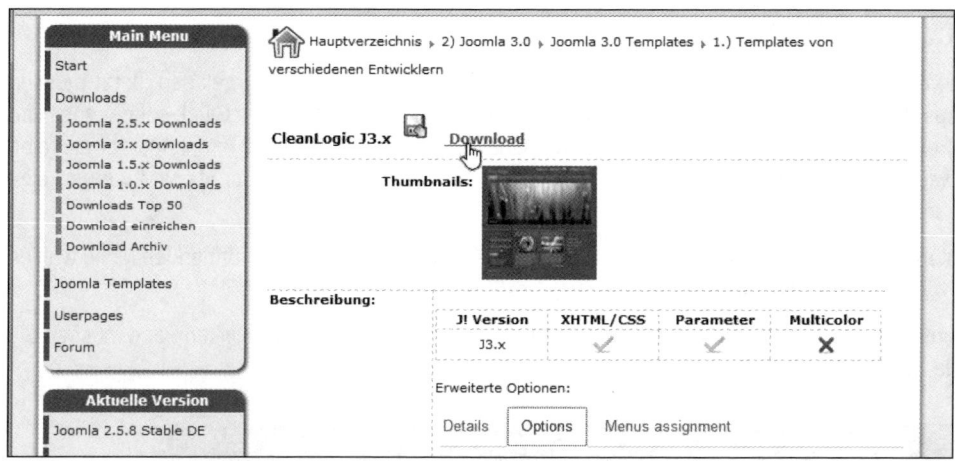

Abbildung 9.4: Das Template herunterladen

Genau wie die Erweiterungen, stellen Joomla-Templates immer Zip-Container dar. Die Webseite wird Ihnen nun also anbieten, eine Zip-Datei herunterzuladen. Akzeptieren Sie dieses Angebot, wird sich ein Fenster zum Speichern öffnen. Wählen Sie das gewünschte Verzeichnis und betätigen Sie die Schaltfläche Speichern.

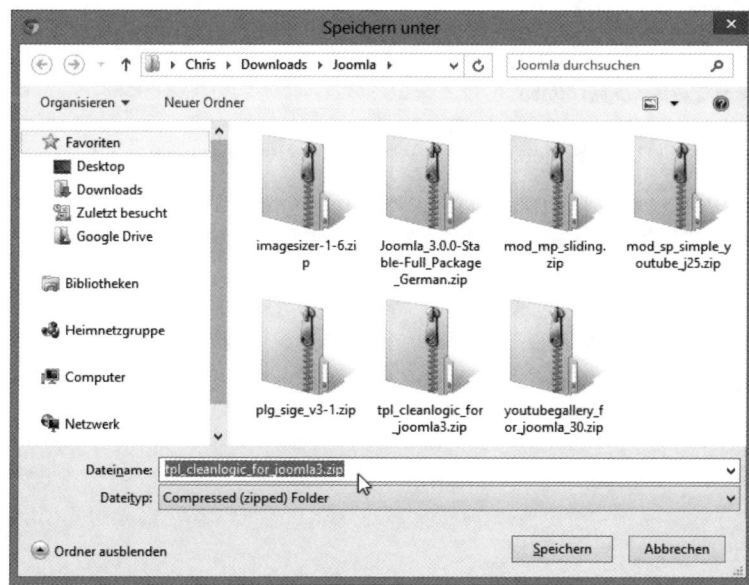

Abbildung 9.5: Die Template-Datei speichern

Jetzt liegt das Template auf Ihrer lokalen Festplatte. Laden Sie nach Belieben noch weitere Templates herunter. Sie können später alle auf einmal in Joomla installiert und der Reihe nach ausprobiert werden. Sie dürfen die Zip-Dateien aber nicht öffnen, entpacken oder verändern. Es handelt sich dabei um fertige Installationsdateien, die so wie sie sind von Joomla verarbeitet werden.

9.1.3   Neue Templates installieren

Sie haben im Internet also ein neues Joomla-Template gefunden und heruntergeladen. Jetzt müssen Sie dieses nur noch auf Ihrer Webseite installieren und aktivieren. Das geht zum Glück sehr schnell und einfach, denn der Vorgang ist vollautomatisiert. Dabei verarbeitet Joomla die Templates auf dieselbe Weise, wie andere Erweiterungen auch. Deshalb kennen Sie den Vorgang bereits und werden sich sofort zurechtfinden.

1. Klicken Sie im Hauptmenü von Joomla auf den Punkt ERWEITERUNGEN. Im sich öffnenden Menü wählen Sie wieder die Option ERWEITERUNGEN aus.

2. Sie gelangen in den Verwaltungsbereich für die Joomla-Erweiterungen. Am linken Rand müssen Sie in die Funktion INSTALLIEREN wechseln.

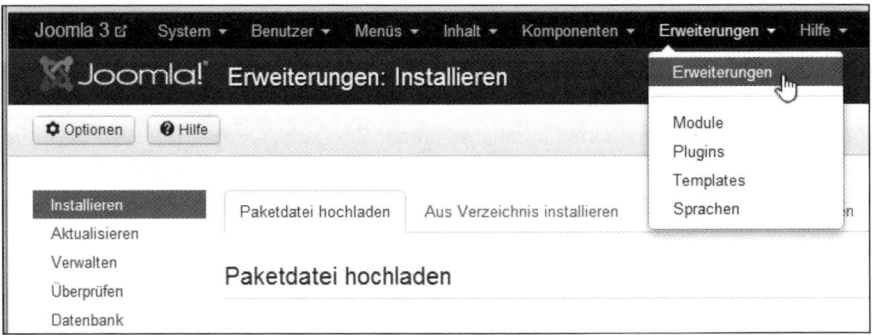

Abbildung 9.6: Die Verwaltung der Erweiterungen öffnen

3. Im Register PAKETDATEI HOCHLADEN, klicken Sie jetzt auf die Schaltfläche DATEI AUSWÄHLEN.

4. Dadurch öffnet sich ein Explorer-Fenster. Wechseln Sie damit in das Verzeichnis, in dem Sie die heruntergeladenen Template-Dateien gespeichert haben. Wählen Sie die gewünschte Datei aus.

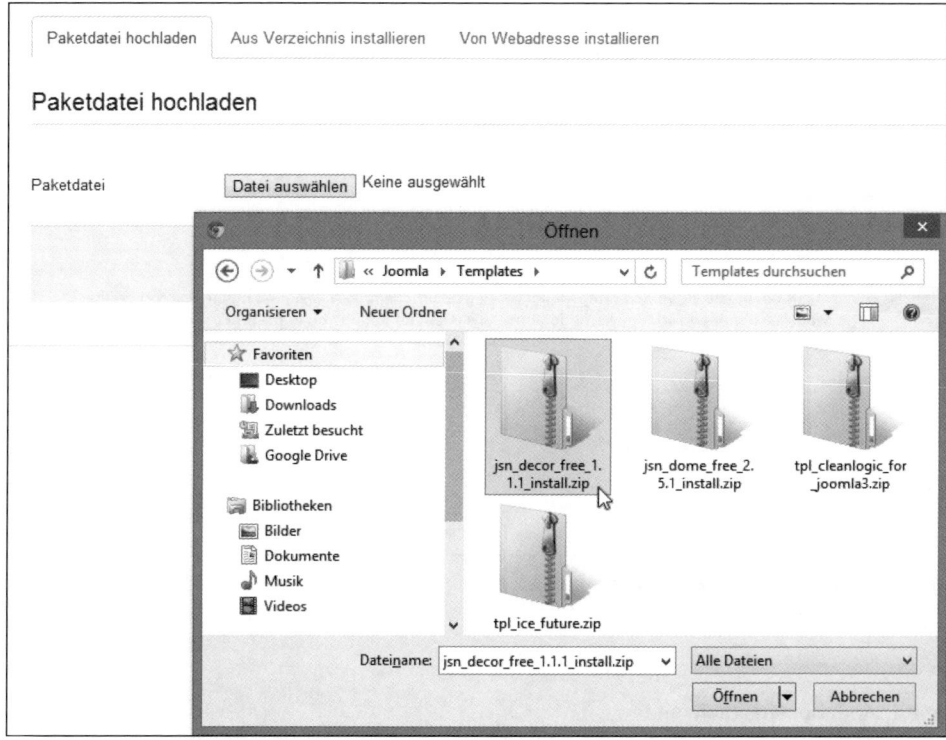

Abbildung 9.7: Die Template-Datei auswählen

5. Die ausgewählte Datei wird nun mit ihrem Namen angezeigt. Jetzt klicken Sie auf die Schaltfläche Hochladen & Installieren, um diese Datei an Ihr Joomla zu schicken und die Installation zu starten.

Abbildung 9.8: Das Template hochladen

6. Der ganze Vorgang dauert nur wenige Momente. Anschließend wird Ihnen Joomla die erfolgreiche Installation mit einer kurzen Meldung bestätigen. Das war schon alles – Ihr Template ist einsatzbereit.

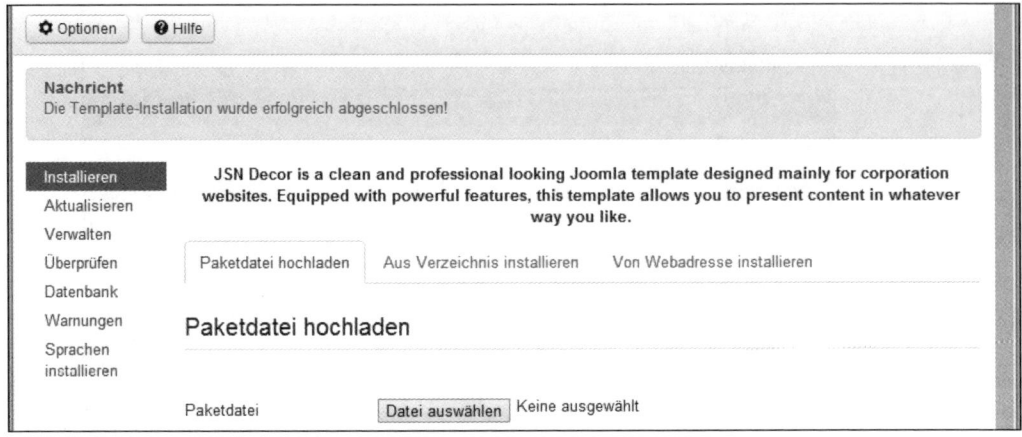

Abbildung 9.9: Die Installation war erfolgreich.

Andere Installationsmöglichkeiten

Joomla bietet Ihnen für das Installieren von Erweiterungen neben dem Hochladen der Paketdateien auch die Installation aus einem Verzeichnis auf dem Webserver oder die Installation über eine URL von einem externen Server an. Diese Möglichkeiten haben wir bereits bei der Verwaltung der Joomla-Erweiterungen betrachtet. Natürlich lassen sich auf diese Weise auch Templates installieren, aber in der Praxis kommt das sehr selten vor. Sie werden fast nur auf herunterladbare Zip-Container treffen, die Sie auf die hier beschriebene Weise installieren müssen.

9.1.4   Installierte Templates verwalten

Nachdem Sie ein oder mehrere Templates in Joomla installiert haben, möchten Sie diese natürlich auch verwenden. Dazu gibt es in Joomla einen eigenen Verwaltungsbereich, der nur für die Templates vorgesehen ist. Damit organisieren Sie Ihre installierten Templates und aktivieren das gewünschte für die Webseite. Wählen Sie dafür im Hauptmenü den Punkt ERWEITERUNGEN/TEMPLATES aus. Nun gelangen Sie in den Template-Verwaltungsbereich.

Abbildung 9.10: Die Template-Verwaltung öffnen

Der Verwaltungsbereich für die Templates ist ganz ähnlich aufgebaut, wie bei den anderen Joomla-Inhalten. Sie können die Templates mit den Menüs anzeigen, sortieren, aktivieren usw. Dabei stehen Ihnen die gewohnten Elemente wie Symbolleiste, Filter, Auflistung usw. zur Verfügung.

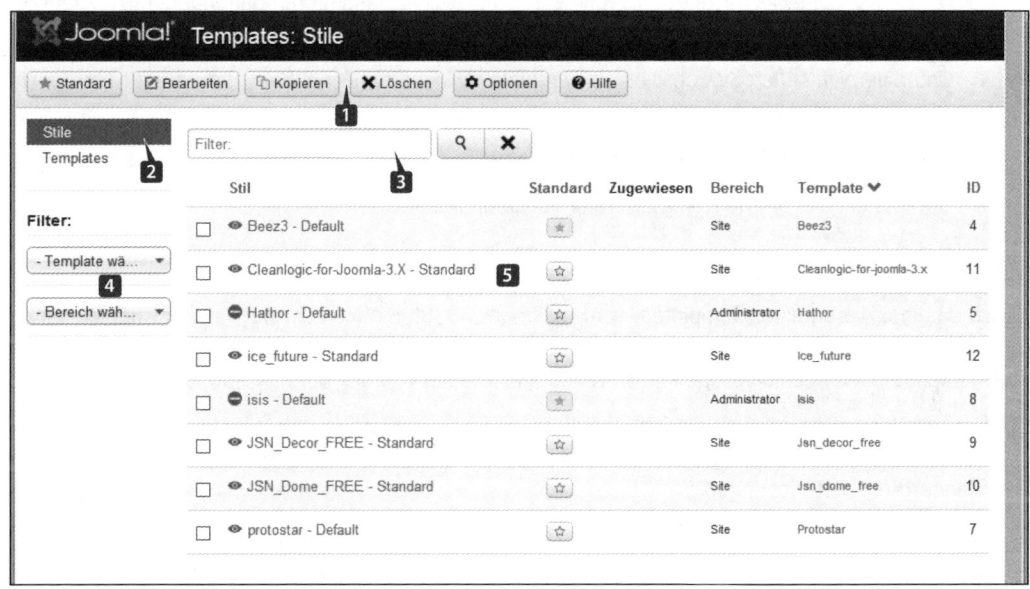

Abbildung 9.11: Die Verwaltungsoberfläche

1 Im oberen Bereich befindet sich die *Symbolleiste* mit den Schaltflächen für die wichtigsten Verwaltungsfunktionen.

- Mit der Schaltfläche STANDARD wird ein Template für die Verwendung aktiviert.

- Die meisten Templates lassen sich mit der Schaltfläche BEARBEITEN und so in der Darstellung anpassen.

- Templates lassen sich auch kopieren, bearbeiten und als neuer Stil speichern. Überflüssige Stile löschen Sie direkt wieder.

- Die Schaltfläche OPTIONEN führt Sie in die Systemkonfiguration zu den globalen Einstellungen.

- Mit der Schaltfläche HILFE gelangen Sie zum Joomla-internen Hilfetext.

2 Ein Template kann mehrere Designs enthalten, sogenannte Stile. Mit diesen Links wechseln Sie zwischen den tatsächlich verwendbaren *Stilen* und den installierten *Template*-Dateien.

3 Mit dem *Suchfeld* durchsuchen Sie die Liste der Templates.

4 Mit dem *Filter* wählen Sie aus, welche Templates in der Liste angezeigt werden sollen, z. B. nur Templates für die Webseite oder nur für die Admin-Oberfläche.

5 Diese Liste zeigt Ihnen alle installierten Templates bzw. deren Stile an.

- In der ersten Spalte *Stil* steht der Name.

- Die Spalte *Standard* zeigt an, ob dieses Template gerade verwendet wird.

- Die Spalte *Zugewiesen* zeigt an, wenn ein Template nur bestimmten Seitenbereichen zugewiesen wurde.

- Unter *Bereich* sehen Sie, ob dies ein Template für die öffentliche Webseite oder für die Admin-Oberfläche ist.

- Die Spalte *Template* zeigt bei Stilen den Namen des zugrundeliegenden Templates an.

- Die *ID* stellt die interne Nummerierung von Joomla dar.

Das gewünschte Template aktivieren

Durch das Installieren eines Templates, wird dieses nicht automatisch aktiviert und auf der Webseite verwendet. Das müssen Sie in jedem Fall selbst erledigen. Schließlich kann es sich dabei auch um ein Test-Template oder einen unfertigen Entwurf handeln. Diesen Vorgang überlässt Joomla deshalb Ihnen.

1. Das von Joomla gerade verwendete Template wird als *Standard-Template* bezeichnet. Sie müssen sowohl für die öffentliche Webseite (Frontend) als auch für die Admin-Oberfläche (Backend) ein Standard-Template festlegen.

2. In der Template-Verwaltung zeigt die Spalte *Standard* mit einem gelben Stern an, welches Template gerade verwendet wird. Sie sehen also einen gelben Stern für die Webseite und einen gelben Stern für den Admin-Bereich.

3. Um ein inaktives Template zum Standard-Template zu machen, müssen Sie in der Spalte *Standard* auf den grauen Stern des Templates klicken. Dadurch wird er gelb und somit das Template aktiv.

4. Alternativ können Sie auch einen Haken vor das Template setzen und die Schaltfläche STANDARD betätigen.

Joomla wird jetzt sofort das neue Template aktivieren. Es dauert nur wenige Momente, und schon ist Ihre Webseite mit einem neuen Aussehen ausgestattet. Öffnen Sie am besten sofort ein neues Browserfenster oder einen neuen Browser-Tab und überprüfen Sie das Ergebnis. Alle Ihre Inhalte, Menüs, Bilder usw. werden in das neue Template gesetzt und erscheinen in einem komplett neuen Design.

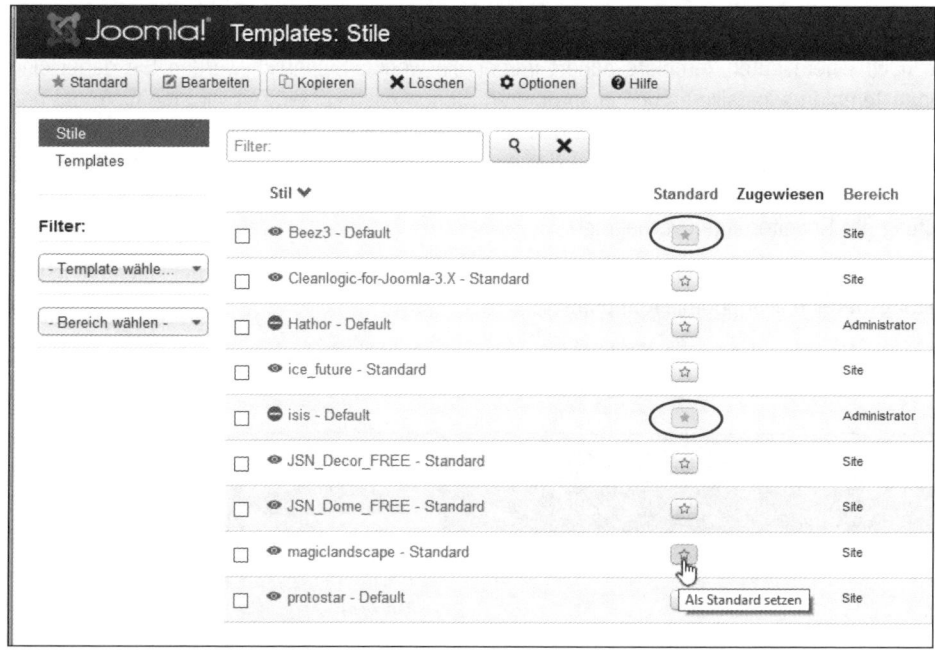

Abbildung 9.12: Die Standard-Templates wählen

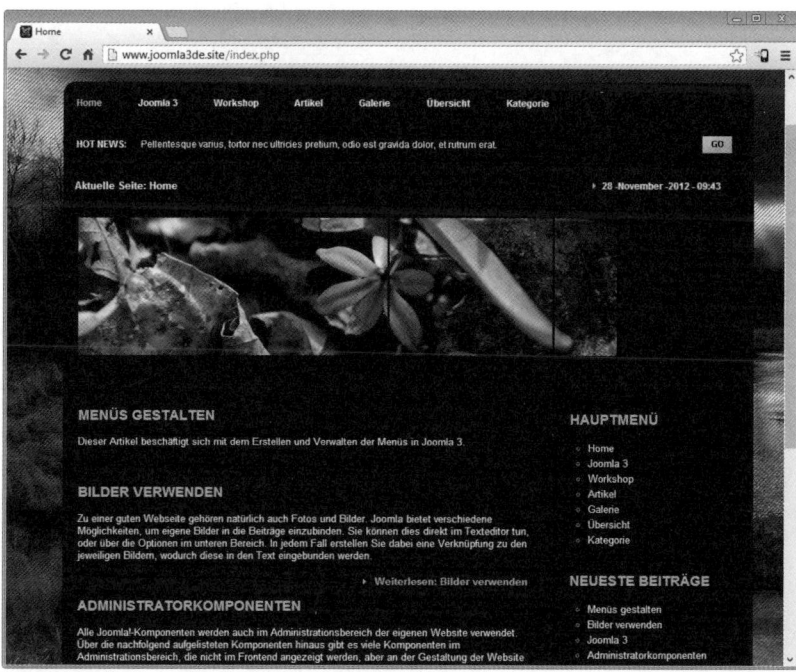

Abbildung 9.13: Die Webseite im ganz neuen Design

Überflüssige Templates wieder löschen

Die Suche nach einem guten Template dauert immer ein wenig. Sicherlich werden Sie dabei eine ganze Menge Templates installieren und ausprobieren. Schon nach kurzer Zeit wird die Liste mit den Templates ziemlich lang. Damit Sie hier nicht den Überblick verlieren, können Sie überflüssige Templates jederzeit wieder löschen. Allerdings läuft das nicht über die LÖSCHEN-Schaltfläche in der Template-Verwaltung. Die ist nur für kopierte Stile zuständig. Stattdessen müssen Sie den Löschvorgang über die Verwaltung der Erweiterungen vornehmen.

1. Wählen Sie im Hauptmenü den Punkt ERWEITERUNGEN/ERWEITERUNGEN aus. Dadurch gelangen Sie in den Verwaltungsbereich aller Joomla-Komponenten.

2. In der linken Spalte müssen Sie die Funktion VERWALTEN anklicken, sodass Ihnen in der Mitte alle installierten Erweiterungen aufgelistet werden.

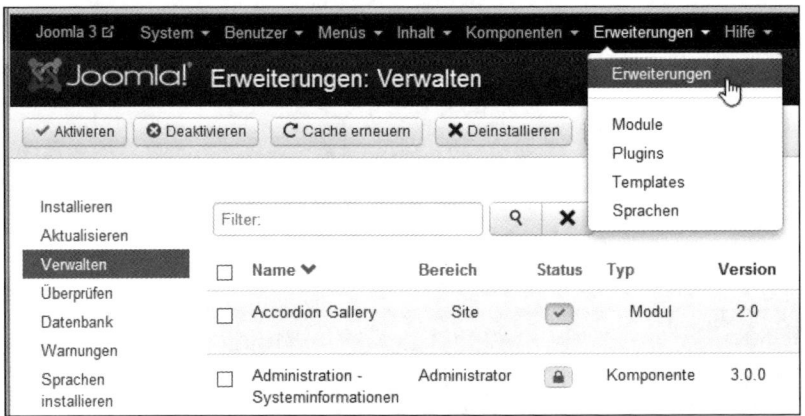

Abbildung 9.14: Die Verwaltung der Erweiterungen öffnen

3. Die Liste der Erweiterungen ist ziemlich lang und übersichtlich. Wählen Sie deshalb links bei den Filtern als *Typ* den Eintrag *Template* aus. Dann zeigt die Liste in der Mitte nur noch Template-Erweiterungen an.

4. Nun markieren Sie in der Liste das zu löschende Template mit einem Haken in der ersten Spalte – also vor dem Namen des Templates.

5. Klicken Sie jetzt auf die Schaltfläche DEINSTALLIEREN und schon wird das Template komplett aus Ihrem Joomla-System gelöscht.

Abbildung 9.15: Das Template deinstallieren

9.2 Die Templates individuell anpassen

Inzwischen wissen Sie, wo Sie neue Templates im Internet finden und wie diese in Joomla installiert werden. Auch das Verwalten der vorhandenen Templates und das Aktivieren für die Webseite stellt kein Problem mehr dar. Im einfachsten Fall haben Sie damit bereits alles Notwendige getan und sind mit dem neuen Aussehen Ihrer Seite zufrieden. Meistens ist es leider nicht so einfach, denn kaum ein Template lässt sich ohne zusätzliche Anpassungen verwenden. Dieser Abschnitt zeigt Ihnen, wie Sie Ihre Templates bearbeiten und an Ihre Webseite anpassen.

9.2.1 Die Einstellungen der Templates anpassen

Jedes Joomla-Template lässt sich bearbeiten, sodass sich das Aussehen verändert. Der Umfang dieser Möglichkeit hängt ganz vom jeweiligen Template ab. Von Joomla aus gibt es keinerlei Vorgaben, sodass jeder Entwickler beliebig viele Optionen einbauen kann. Deshalb sollten Sie in jedem Fall einen Blick in Ihr Template werfen und so die Möglichkeiten austesten.

Gehen Sie dafür mit ERWEITERUNGEN/TEMPLATES in die Template-Verwaltung. Dort werden Ihnen in der Mitte alle installierten Templates aufgelistet. Jetzt klicken Sie auf den verlinkten Titel des Templates, um es zu öffnen. Sie können es auch mit einem Haken markieren und dann die Schaltfläche BEARBEITEN betätigen. Sie wechseln in beiden Fällen in das Bearbeitungsfenster.

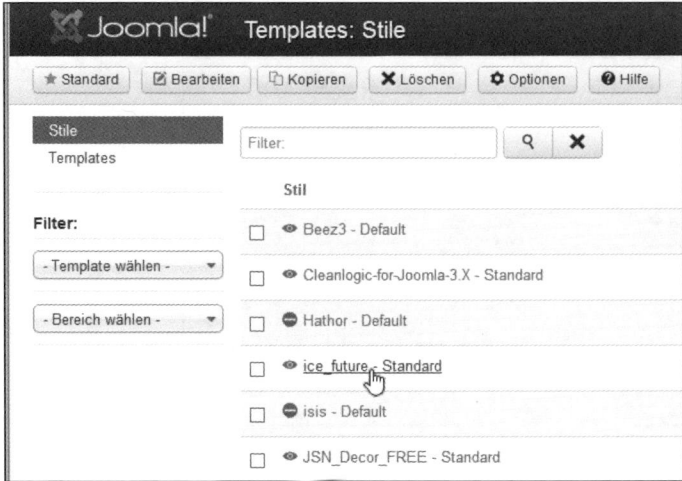

Abbildung 9.16: Ein Template zur Bearbeitung öffnen

Die Design-Optionen bearbeiten

Sie gelangen nun in das Bearbeitungsfenster des Templates. Dort finden Sie am oberen Rand verschiedene Register für die Anpassung. Dabei stellen die Register DETAILS, OPTIONEN und MENÜZUGEHÖRIGKEIT feste Standards dar. Die Entwickler können aber zusätzlich Register einbauen, falls dies zur Konfiguration notwendig ist.

1. Gehen Sie als Erstes in das Register DETAILS. Dort werden Ihnen die grundlegenden Informationen zu diesem Template angezeigt, z. B. der Name, ob es für die Web- oder Admin-Seite gedacht ist, wie die Joomla-ID lautet usw.

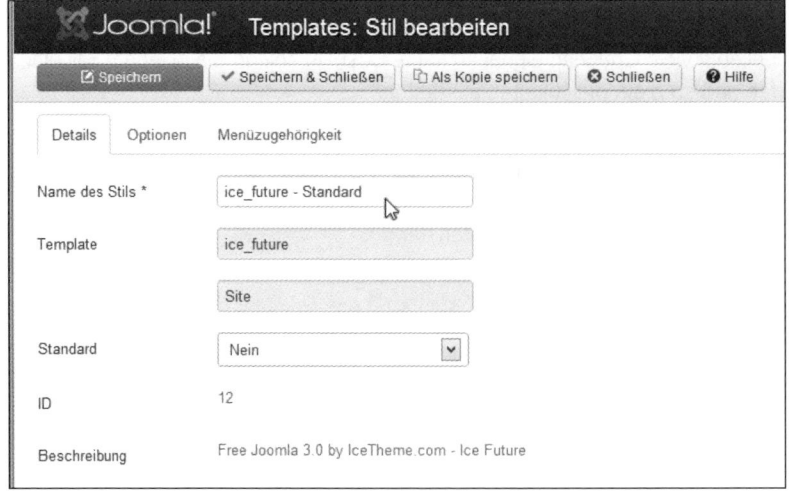

Abbildung 9.17: Basisdaten wie Name und ID

2. Alle Angaben sind fest vorgegeben und lassen sich nicht bearbeiten. Sie können im Feld *Name des Stils* lediglich den angezeigten Titel ändern.

3. Mit der Option *Standard* lässt sich dieses Template außerdem aktivieren oder deaktivieren.

4. Wechseln Sie nun in das Register OPTIONEN. Dort finden Sie weitere Einstellungen, mit denen sich das Aussehen oder die Darstellung des Templates anpassen lässt. Weil es hier keine Vorgaben von Joomla gibt, sieht das Register mit seinen Optionen bei jedem Template anders aus.

5. In der Regel finden Sie hier Auswahllisten für verschiedene Stile, ein Eingabefeld für das Seiten-Logo, können die Seitenbreite, die Hintergrundfarbe oder ein Farbschema aussuchen.

6. Solche grundlegenden Optionen gibt es bei fast allen Templates. Probieren Sie die vielen Einstellungen einfach aus, speichern Sie diese und überprüfen Sie das Ergebnis sofort auf der Startseite.

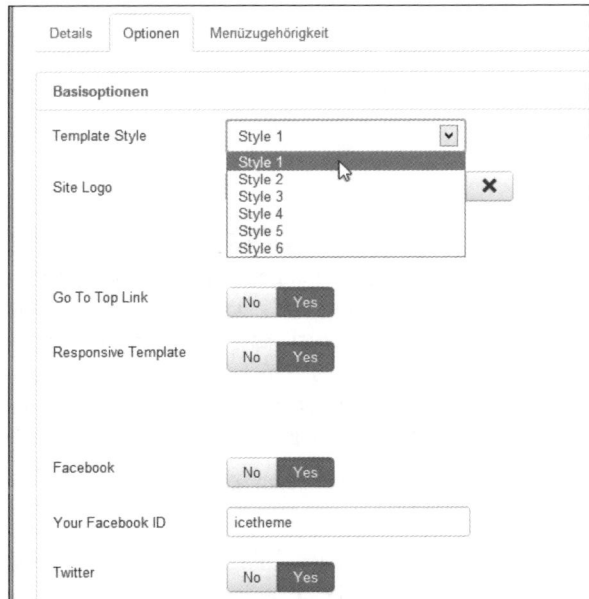

Abbildung 9.18: Die Design-Optionen bearbeiten

7. Manche Templates gehen hier allerdings noch deutlich weiter. Vor allem die guten kostenpflichtigen Templates bieten eine ganze Fülle an Registern, Gruppen und Konfigurationen. Damit lässt sich das Template bis ins kleinste Detail anpassen.

Bietet Ihr Template eine solche Fülle an Optionen, ist das eine tolle Sache. So verpassen Sie Ihrer Seite nicht einfach ein fertiges Design, sondern können es wie bei einem Baukasten selbst zusammenstellen. Das erspart Ihnen weitere Anpassungen in der CSS- oder PHP-Datei. Dazu ist nämlich einiges an Wissen und Erfahrung notwendig, um den Code von HTML, PHP und CSS korrekt zu bearbeiten.

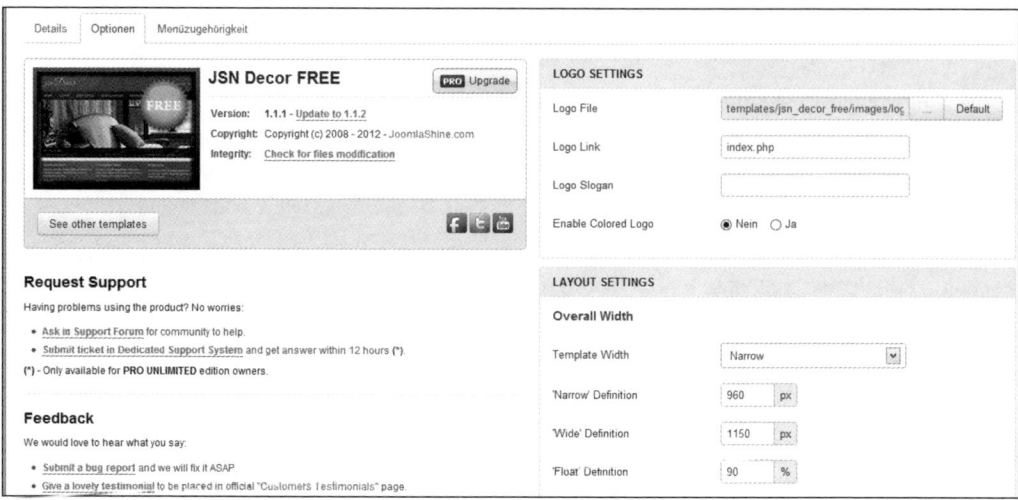

Abbildung 9.19: Templates mit umfassenden Optionen

Das Template im Menü zuweisen

In Joomla können Sie jedes beliebige Template für Ihre Webseite aktivieren. Welches Template dabei gerade verwendet wird, legen Sie über die Option STANDARD fest. Das damit gewählte Template gilt dann automatisch für alle Bereiche der Webseite. Joomla bietet Ihnen aber auch die Möglichkeit, einzelne Seiten von diesem Standard abweichen zu lassen. Sie können also abweichend vom globalen Template einem einzelnen Menüeintrag oder einem Seitenbereich ein eigenes Template zuweisen. Wechselt ein Besucher z. B. in die Fotogalerie oder in einen Workshop, präsentiert sich die Seite in einem anderen Design. Kehrt der Besucher auf die Startseite zurück, zeigt Joomla wieder das *Standard*-Template.

1. Wechseln Sie dafür in das Register MENÜZUGEHÖRIGKEIT. Dort werden Ihnen alle in Joomla erstellten Menüs und Menüeinträge aufgelistet.

2. Um das gerade geöffnete Template einem Menüeintrag zuzuordnen, müssen Sie lediglich einen Haken vor den Eintrag setzen. Sie können problemlos beliebig viele Einträge markieren.

3. Die Schaltfläche AUSWAHL UMKEHREN hilft Ihnen dabei, schnell alle Menüeinträge zu aktivieren bzw. zu deaktivieren.

Diese Menüzuweisung wird sofort aktiv, sobald Sie das Bearbeitungsfenster über die Schaltflächen SPEICHERN bzw. SPEICHERN & SCHLIESSEN verlassen. Wechseln Sie danach auf Ihre öffentliche Webseite und testen Sie die neue Einstellung sofort aus. Sobald Sie einen der markierten Menüpunkte öffnen, schaltet Joomla das Template um und zeigt diesen Bereich in einem eigenen Design. Beachten Sie hierbei, dass diese Einstellung in jedem Fall das Standard-Template überschreibt. Selbst wenn Sie Ihrer Webseite ein ganz anderes Standard-Template zuweisen, bleiben die markierten Menüeinträge bei diesem speziellen Design. Sie müssen das ggf. im Bearbeitungsfenster wieder rückgängig machen bzw. bearbeiten.

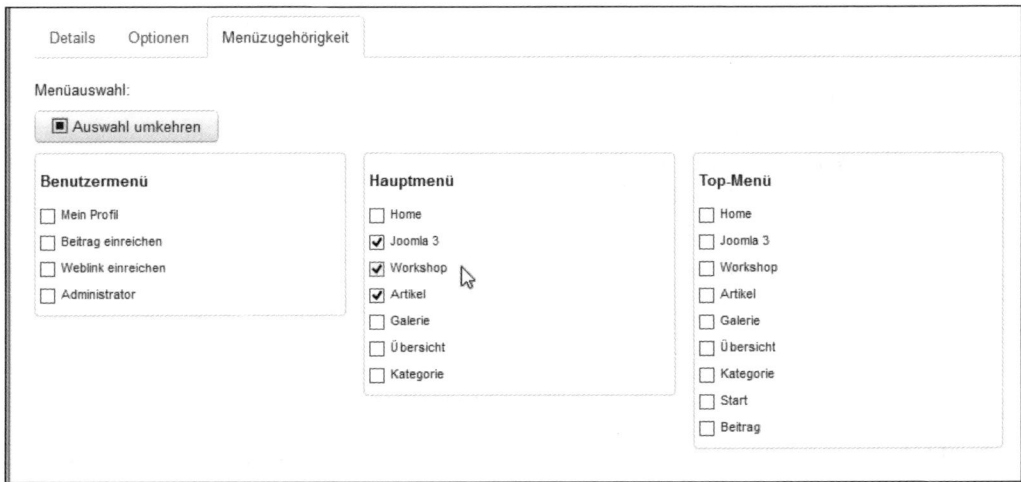

Abbildung 9.20: Das Template einem Menüeintrag zuordnen

Um Sie daran zu erinnern, dass diesen Menüeinträgen ein spezielles Template zugewiesen wurde, zeigt Joomla in der Template-Übersicht in der Spalte *Zugewiesen* passende Informationen an. Sie müssen nur mit der Maus über den grünen Haken fahren, damit sich ein Fähnchentext öffnet.

Abbildung 9.21: Der Hinweis in der Template-Übersicht

9.2.2 Die Modulpositionen einblenden

Die Joomla-Module lassen sich wie eine Art Container oder Baustein sehen. Sie lassen sich auf der öffentlichen Webseite an eine beliebige Stelle setzen, sodass Sie damit das Aussehen der Seite individuell gestalten. Schieben Sie das Hauptmenü in die linke oder in die rechte Spalte, setzen Sie Artikellisten in den Header, blenden Sie Bilder unter dem Logo ein uvm. Alle Module lassen sich beliebig verschieben. Damit das funktioniert, gibt es in Joomla Modulpositionen. Diese sind von 0 (Null) an aufwärts durchnummeriert und stehen jeweils für einen bestimmten Abschnitt auf der Webseite. Das jeweilige Modul weisen Sie dann z. B. *Position-8* zu.

Das Problem dabei ist nur, dass Sie anhand der Nummer überhaupt nicht erkennen können, wo sich diese Modulposition befindet. Viele Templates vergeben deshalb inzwischen Kurzbeschreibungen wie z. B. **Footer**, **Outline**, **Top** usw. Das hilft ein wenig, ist aber auch nicht wirklich aussagekräftig. Dazu kommt, dass nicht jedes Template auch jede Position beinhaltet. Das liegt in der Kreativität des Designers.

Damit Sie im Alltag vernünftig mit den Modulpositionen arbeiten können, lassen sich diese auf der Joomla-Seite einblenden. Dann gibt es keine Verwechselungen mehr, weil Sie ganz klar sehen, wo Ihr Modul wirklich erscheinen wird.

1. Wählen Sie im Hauptmenü den Punkt ERWEITERUNGEN/TEMPLATES aus, sodass Sie in die Template-Verwaltung gelangen.

2. Dort klicken Sie oben rechts auf die Schaltfläche OPTIONEN. Dadurch wechseln Sie in die Systemkonfiguration mit den globalen Template-Einstellungen.

Abbildung 9.22: Die Template-Optionen öffnen

3. In der Systemkonfiguration wechseln Sie nun in das Register TEMPLATES.

4. Sie können diesen Bereich auch öffnen, indem Sie im Hauptmenü den Punkt SYSTEM/KONFIGURATION und dann in der linken Spalte die Gruppe TEMPLATES auswählen.

5. Hier finden Sie nun die Funktion VORSCHAU VON MODULPOSITIONEN. Wählen Sie die Option AKTIVIERT aus.

Abbildung 9.23: Die Modulpositionen einblenden

6. Speichern Sie die Änderung mit der Schaltfläche SPEICHERN & SCHLIESSEN. Sie kommen in die Template-Verwaltung zurück.

Um die Modulpositionen auf Ihrer Webseite anzuzeigen, müssen Sie die normale URL um einen kurzen Befehl erweitern. Dieser weist Joomla an, die Positionen einzublenden.

- Der Befehl lautet tp=1 und muss mit einem ? (Fragezeichen) als Abfrage an die URL gehängt werden.

- Sie müssen dabei in jedem Fall die Datei *index.php* in der URL verwenden. Die reine Domäne funktioniert nicht.

- Der vollständige Befehl für die Startseite lautet dann z. B. *http://www.joomla3de.site/index.php?tp=1*.

- Einzelne Unterpunkte lassen sich ebenfalls aufrufen, indem Sie deren Alias in die URL mit einbauen, z. B. *http://www.joomla3de.site/index.php/meine-artikel?tp=1*.

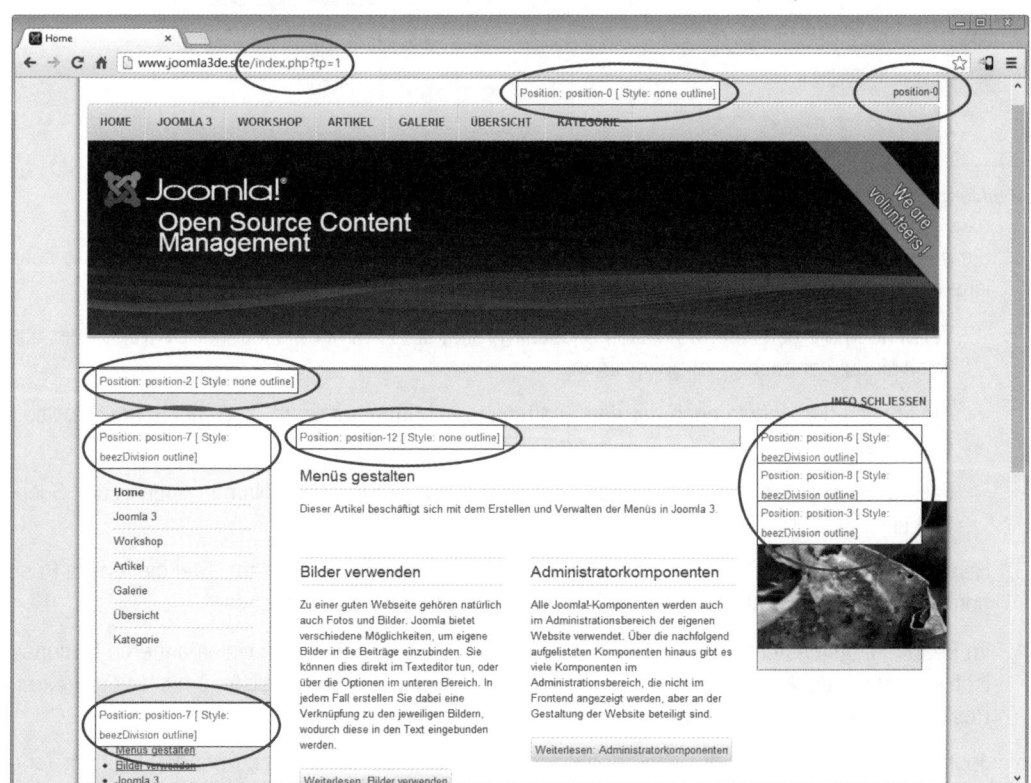

Abbildung 9.24: Die Modulpositionen auf der Webseite

9.2.3 Die Module im Template anordnen

Durch die Anzeige der Modulpositionen sind Sie in der Lage, die Inhalte Ihrer Webseite genau zu platzieren. Sie können jedes Modul an jede beliebige Position setzen. Ob Sie das machen möchten, hängt sehr vom verwendeten Template und Ihrem persönlichen Geschmack ab. Viele Templates halten sich stark an die Joomla-Strukturen, sodass Ihre Inhalte von Anfang an gut positioniert sind und vernünftig aussehen. Es gibt aber auch genug Templates, die die Positionen komplett durcheinanderwürfeln und Ihre Inhalte somit an sehr merkwürdige Stellen setzen. Dann müssen Sie die Module neu positionieren.

1. Um Ihre Module zu verwalten und neu zu positionieren, müssen Sie zunächst in die Modul-Verwaltung gehen. Öffnen Sie dafür im Hauptmenü den Punkt ERWEITERUNGEN/MODULE.

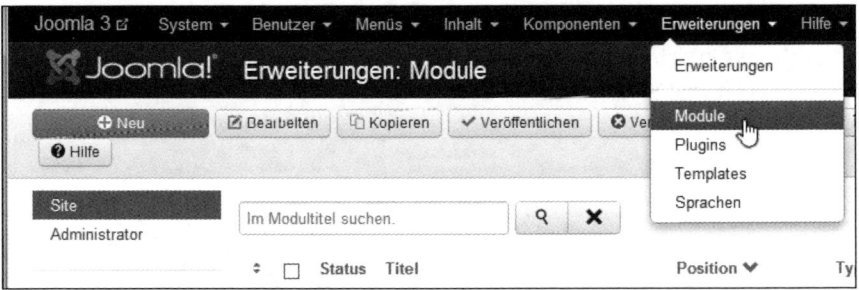

Abbildung 9.25: Die Modul-Verwaltung öffnen

2. Sie gelangen nun in die Liste mit allen verfügbaren Modulen in Ihrem System. Weil die Liste sehr lang ist, kann es schwierig sein, das gewünschte Modul zu finden.

   – Verwenden Sie den Filter am linken Bildschirmrand, um z. B. nur Menüs, nur Beiträge oder nur Such-Module angezeigt zu bekommen.

   – Sie können die Module auch mit den Spaltenüberschriften sortieren, z. B. nach Titel, Position oder Typ.

   – Falls Sie das gewünschte Modul gar nicht finden, tippen Sie seinen Namen oben in das Suchfeld ein.

3. Haben Sie das gewünschte Modul gefunden, sehen Sie rechts neben dessen Titel die jetzige Position auf der Webseite. Klicken Sie auf den Titel, um das Modul zu bearbeiten.

4. Im Bearbeitungsfenster wechseln Sie in das Register DETAILS. Neben den vielen anderen Optionen ist hier jetzt nur die Auswahlliste *Position* interessant. Klicken Sie auf die Liste, um alle verfügbaren Positionen angezeigt zu bekommen.

5. Joomla versucht Ihnen die Auswahl möglichst einfach zu machen und zeigt bei den eigenen Templates die Positionen mit einer kurzen Beschreibung an, z. B. *Rechts oben* oder *Mitte links*. Letztendlich sollten Sie aber immer von der Positionsnummer ausgehen, die Sie vorher auf der Startseite mit eingeblendeten Modulpositionen abgelesen haben.

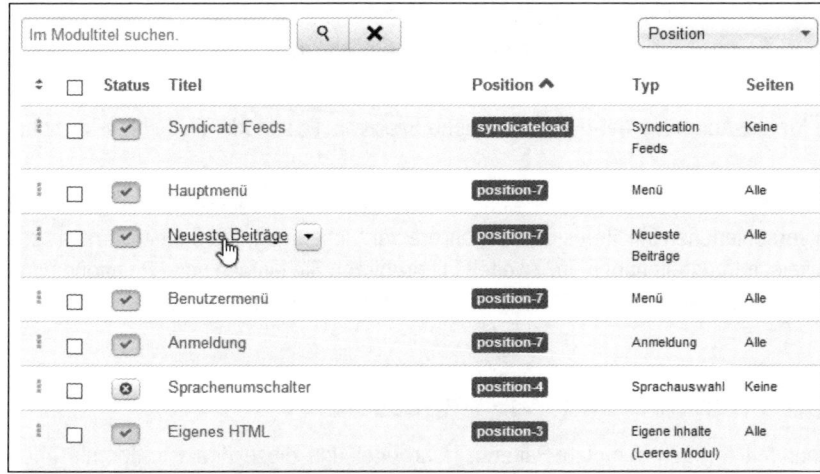

Abbildung 9.26: Das gewünschte Modul auswählen

6. Nicht jedes Template stellt jede Position zur Verfügung. Deshalb listet Joomla die Positionen jetzt auch pro Template auf. Gehen Sie in der Liste zur Ihrem verwendeten Template. Der Name wird in Grau dargestellt. Darunter finden Sie alle in Ihrem Template verfügbaren Positionen.

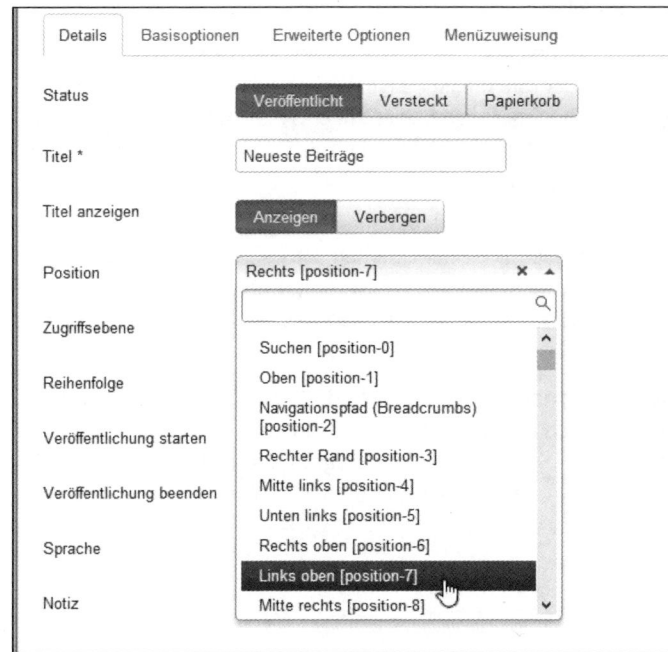

Abbildung 9.27: Die Position auswählen

7. Falls sich in der gewünschten Position bereits andere Inhalte befinden, können Sie diese beliebig ordnen. Dafür dient die Auswahlliste *Reihenfolge*. Geben Sie an, nach welchem Eintrag dieses Modul angezeigt werden soll.

8. Zuletzt speichern Sie die Änderung mit der Schaltfläche SPEICHERN. Das Modul wird sofort verschoben.

Am besten gehen Sie jetzt direkt auf Ihre Startseite und schauen sich das Ergebnis an. Bei sehr vielen Positionen und vielen verschiedenen Inhalten sind oft mehrere Versuche nötig, bis Sie ein vernünftiges optisches Zusammenspiel hergestellt haben. Im Zweifelsfall probieren Sie einfach neue Positionen und Reihenfolgen aus. Schließlich können Sie die Module beliebig verschieben, bis Sie vollends zufrieden sind.

9.2.4   Templates per CSS und PHP anpassen

Bis jetzt haben Sie nur mit fertigen Template-Paketen gearbeitet und diese direkt in Joomla übernommen. Das ist für den Einstieg vollkommen in Ordnung und selbst wenn Sie bereits viel Erfahrung mit Joomla und der Template-Verwaltung haben, müssen Sie diese nicht unbedingt anpassen. Viele Joomla-Anwender genießen die Einfachheit der Template-Verwaltung und sind dankbar für die vielen Designs. Haben Sie vorher bereits viel mit Webseiten gearbeitet und kennen sich mit HTML und CSS bestens aus, reichen Ihnen die Vorgaben eines Templates vielleicht nicht mehr aus. Stattdessen möchten Sie Anpassungen vornehmen, den HTML-Code optimieren, die Farben in CSS verändern oder auch mit ganz neuen Grafiken und Elementen arbeiten.

Das ist durchaus möglich, denn die Joomla-Templates bestehen aus ganz normalem HTML mit CSS. Allerdings ist das Ganze in PHP-Skripte verpackt. Sie müssen sich also ein wenig mit Skript-Sprachen auskennen und dabei ganz vorsichtig sein. Schon minimale Fehler in der Syntax führen dazu, dass das Template oder auch die gesamte Webseite nicht mehr funktionieren. Die Template-Anpassung ist also wirklich nur für erfahrene Webentwickler zu empfehlen.

Joomla installiert sämtliche Templates in das Verzeichnis *templates* auf Ihrem Webserver. Dabei besitzt jedes Template ein eigenes Unterverzeichnis mit seinem Namen. Das sorgt für Ordnung und die Elemente der verschiedenen Designs werden nicht miteinander vermischt. Dabei besitzt jedes Template mehrere Unterverzeichnisse. Darin sind z. B. die Bilder gespeichert, eigene CSS-Dateien oder was das Template noch an Elementen benötigt.

Weil sich diese Dateien auf dem Webserver befinden können, sollten diese nicht direkt bearbeitet werden. Stattdessen ist es sinnvoll, sie erst auf die Festplatte des lokalen Computers zu kopieren. Legen Sie sich hierfür einen eigenen Ordner an, in den Sie mit Ihrem FTP-Programm alles hineinkopieren. Verändern Sie dabei auf keinen Fall die Strukturen oder Bezeichnungen der Ordner und Dateien. Joomla könnte sie dann nicht mehr richtig verarbeiten.

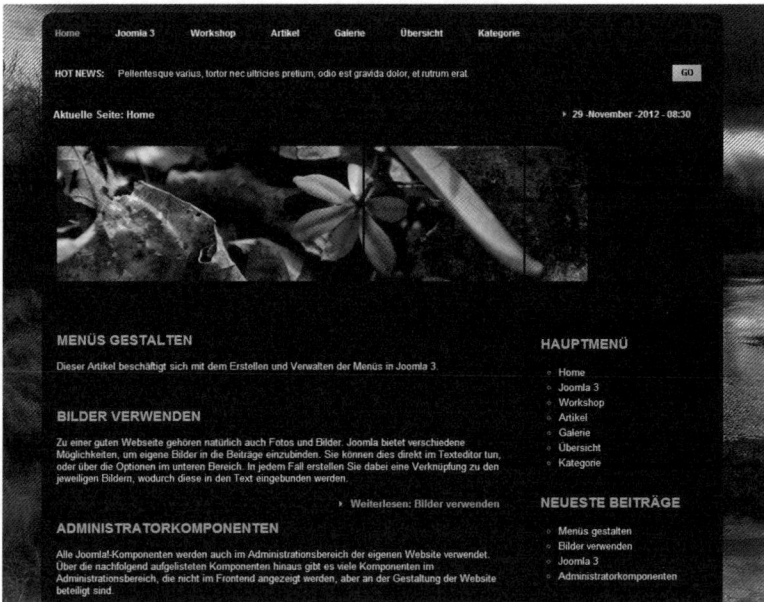

Abbildung 9.28: Den Code der Templates auf Wunsch anpassen

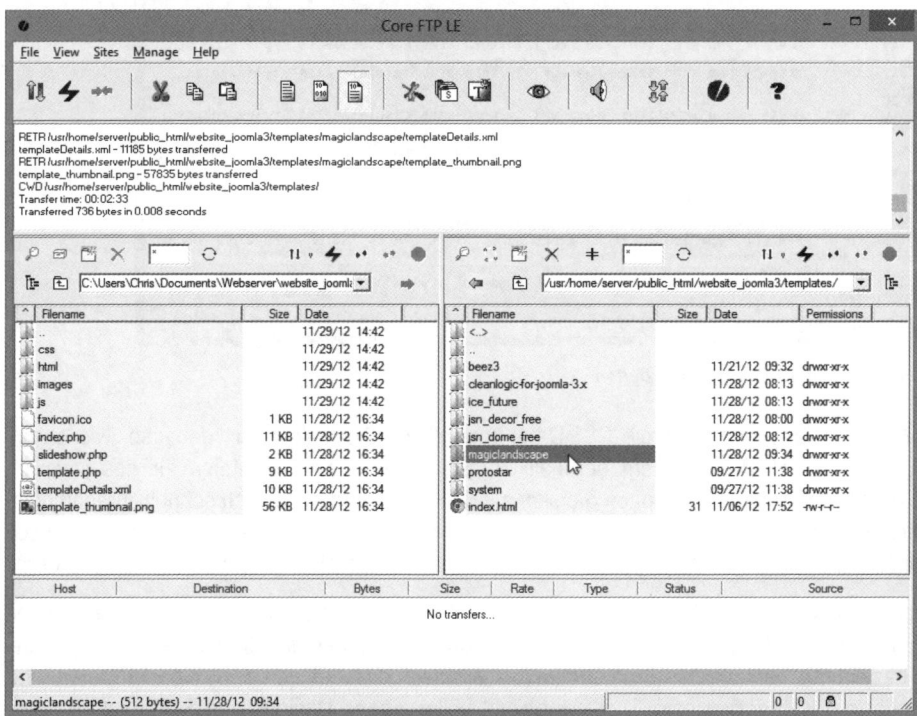

Abbildung 9.29: Die Template-Dateien auf den Computer kopieren

Die wichtigste und zentrale Datei für ein Template heißt *index.php* und liegt im Oberverzeichnis des jeweiligen Templates. Sie steuert alle Elemente und wird von Joomla direkt aufgerufen und integriert. Sie können sie in einem einfachen Texteditor öffnen. Die Datei besteht vor allem aus PHP- und HTML-Code. Verfügen Sie über Grundkenntnisse in HTML und in der Skript-Programmierung, werden Sie sich schnell zurechtfinden.

- Die Datei *index.php* stellt ein ausführbares PHP-Skript dar.
- Innerhalb der Datei wird das Design mit herkömmlichen HTML- und CSS-Befehlen erzeugt.
- Die PHP-Bereiche werden jeweils durch die Befehle `<?php` und ?> geöffnet und geschlossen.
- Dazwischen befindet sich reiner PHP-Code, der nur mit entsprechenden Kenntnissen bearbeitet werden sollte.
- Wichtig ist, dass Joomla seine Inhalte, Module und Plug-Ins ebenfalls über PHP-Befehle einbaut.
- Verändern Sie die Joomla-Befehle, lässt sich das Template komplett umstellen. Das ist aber viel Arbeit und erfordert tiefgehende PHP-Kenntnisse.

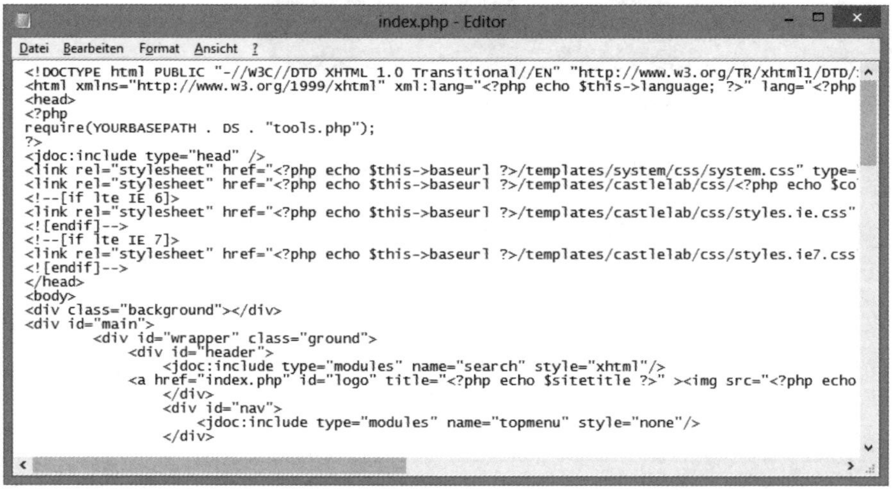

```
index.php - Editor
Datei  Bearbeiten  Format  Ansicht  ?
<!DOCTYPE html PUBLIC "-//W3C//DTD XHTML 1.0 Transitional//EN" "http://www.w3.org/TR/xhtml1/DTD/:
<html xmlns="http://www.w3.org/1999/xhtml" xml:lang="<?php echo $this->language; ?>" lang="<?php
<head>
<?php
require(YOURBASEPATH . DS . "tools.php");
?>
<jdoc:include type="head" />
<link rel="stylesheet" href="<?php echo $this->baseurl ?>/templates/system/css/system.css" type=
<link rel="stylesheet" href="<?php echo $this->baseurl ?>/templates/castlelab/css/<?php echo $co
<!--[if lte IE 6]>
<link rel="stylesheet" href="<?php echo $this->baseurl ?>/templates/castlelab/css/styles.ie.css"
<![endif]-->
<!--[if lte IE 7]>
<link rel="stylesheet" href="<?php echo $this->baseurl ?>/templates/castlelab/css/styles.ie7.css
<![endif]-->
</head>
<body>
<div class="background"></div>
<div id="main">
        <div id="wrapper" class="ground">
            <div id="header">
                <jdoc:include type="modules" name="search" style="xhtml"/>
            <a href="index.php" id="logo" title="<?php echo $sitetitle ?>" ><img src="<?php echo
                </div>
                <div id="nav">
                    <jdoc:include type="modules" name="topmenu" style="none"/>
                </div>
```

Abbildung 9.30: Die Datei index.php bearbeiten

Ein Großteil des Designs wird über die CSS-Datei kontrolliert. Sie funktioniert genauso, wie es bei jedem herkömmlichen HTML-Dokument der Fall ist. Sie finden alle CSS-Dateien für das jeweilige Template in dem Unterordner *css*. Kennen Sie sich mit CSS aus, werden Sie sich schnell zurechtfinden und die Definitionen verstehen. Beachten Sie hierbei, dass es sich bei den meisten Namen und Klassen um fest definierte Joomla-Bezeichnungen handelt. Sie können diese also nicht ohne Weiteres ändern.

Einige Templates besitzen ein Unterverzeichnis namens *html*. Darin befinden sich keine herkömmlichen HTML-Dateien, sondern die Layouts für bestimmte Joomla-Komponenten. Sie werden als Template-Overwrites bezeichnet, weil sie das Standard-Layout ersetzen. Das können z. B. die PHP-Dateien für die Artikel oder die Kategorien sein. Das ermöglicht völlig eigene Designs und Seitenaufteilungen, wie sie mit herkömmlichen HTML- und CSS-Änderungen nicht möglich sind. Öffnen Sie eine dieser

```
                        template.css - Editor                    –  □  ×
Datei  Bearbeiten  Format  Ansicht  ?
#header ul.menu li a:link,
#header ul.menu li a:visited
{
color:#E67B1C;
border:0;
padding-bottom:10px;
padding-left:25px;
padding-right:15px;
padding-top:7px;
background-image:url("../images/arrow.gif");
background-repeat:no-repeat;
}

#header ul.menu li a:hover,
#header ul.menu li a:active,
#header ul.menu li a:focus
{
color:#72C718;
background-image:url("../images/open-arrow.gif");
background-repeat:no-repeat;
}

#header ul.menu li.active a:link,
#header ul.menu li.active a:visited
{
color:#fff;
border-right:solid 1px #237D85;
```

Abbildung 9.31: Die Template-Dateien auf den Computer kopieren

Dateien, werden Sie mit sehr komplexem Code konfrontiert. Diese Layout-Dateien bestehen ebenfalls aus reinem PHP-Code und sind in der Regel noch komplizierter als die Index-Datei. Sie brauchen also wirklich fundierte PHP-Kenntnisse, um hiermit sinnvoll arbeiten zu können. Hier ist also äußerste Vorsicht geboten, denn schon kleinste Fehler führen schnell zu einer unbrauchbaren Darstellung. Arbeiten Sie zur Sicherheit immer mit Kopien.

```
                        default_articles.php - Editor               –  □  ×
Datei  Bearbeiten  Format  Ansicht  ?
<?php foreach ($this->items as $i => &$article) : ?>
<tr class="cat-list-row<?php echo $i % 2; ?>">

        <?php if (in_array($article->access, $this->user->getAuthorisedViewLevels())) : ?>

                <td class="list-title">
                        <a href="<?php echo JRoute::_(ContentHelperRoute::getArticleRoute($article->slug,
                                <?php echo $this->escape($article->title); ?></a>
                </td>

                <?php if ($this->params->get('list_show_date')) : ?>
                <td class="list-date">
                        <?php
                        echo JHtml::_(
                                'date', $article->displayDate, $this->escape(
                                        $this->params->get('date_format', JText::_('DATE_FORMAT_LC3'))
                                )
                        ); ?>
                </td>
                <?php endif; ?>

                <<?php if ($this->params->get('list_show_author', 1)) : ?>
                <td class="list-author">
                        <?php if(!empty($article->author) || !empty($article->created_by_alias)) : ?>
```

Abbildung 9.32: Die Datei für das Artikel-Layout bearbeiten

> **Weitere Template-Bearbeitung**
>
> Dieser Abschnitt hat Ihnen jetzt natürlich nur einen Mini-Einblick in die Template-Bearbeitung gewähren können. Es ist einfach eine absolute Grundvoraussetzung, dass Sie sich sehr gut mit HTML und CSS auskennen und mindestens Grundkenntnisse in der Skript-Sprache PHP mitbringen. Ohne diese können Sie hier wirklich nur Schaden in Joomla anrichten. Und selbst wenn Sie sich damit bestens auskennen, stellt die Template-Programmierung für Joomla ein so breites Thema dar, dass man darüber ein eigenes Buch schreiben kann. Möchten Sie tiefer in das Thema einsteigen, gibt es auf der Joomla-Homepage eine gute Einführung sowie einige Buchempfehlungen.

9.3   Fragen

1. Was ist ein Template und was beinhaltet es alles?

2. Was müssen Sie beim Installieren neuer Templates beachten?

3. Wie legen Sie das neue Layout fest?

4. Was sind Modulpositionen?

5. Wie lassen sich Templates individuell umarbeiten?

10 Optimierung und Pflege

SIE LERNEN IN DIESEM KAPITEL,

- SEO - GRUNDLAGEN DER SUCH-
MASCHINENOPTIMIERUNG

- DIE EIGENE SEITE FÜR SUCH-
MASCHINEN AUFBEREITEN

- DIE SYSTEMEINSTELLUNGEN
INDIVIDUELL ANPASSEN

- DATENSICHERUNG FÜR DIE
WEBSEITE

Bisher betreiben Sie Joomla lediglich mit den Standardeinstellungen, was für den Anfang auch völlig in Ordnung ist. Das System bietet aber eine ganze Reihe weiterer Einstellungen, mit denen sich das System, die Datenbank oder die Anzeige der Inhalte verbessern bzw. an die eigenen Wünsche anpassen lässt. Außerdem sollten Sie unbedingt einen Blick auf die Suchmaschinenoptimierung (SEO) werfen, denn damit beeinflussen Sie, wie gut Ihre Seite bei Google & Co. gefunden wird. Und für den Notfall sollten Sie immer ein Backup Ihrer Datenbank besitzen.

10.1 Suchmaschinenoptimierung – SEO

Heute entscheiden die Suchmaschinen in großem Maße über den Erfolg oder Misserfolg einer Webseite. Ihre Homepage und die Inhalte können erstklassig sein und trotzdem bringt Ihnen das überhaupt nichts, wenn Sie bei Google, Bing, Yahoo & Co. nicht gefunden werden. Natürlich spielen direkte Links, Mundpropaganda und soziale Netzwerke eine große Rolle, doch die meisten Besucher kommen einfach über die Suchmaschinen.

Aus diesem Grund ist es wichtig, dass Ihre Webseite suchmaschinenfreundlich ist. Das bedeutet, dass die Inhalte sauber, aufgeräumt und leicht lesbar zur Verfügung gestellt werden. Man spricht dabei von Suchmaschinenoptimierung oder auch von Search Engine Optimization (SEO). Je besser Ihre Daten für die Suchmaschinen aufbereitet werden, desto leichter können die Inhalte in den Index aufgenommen werden, erscheinen bei den richtigen Suchanfragen und Sie erhalten mehr Besucher. SEO ist nicht nur für professionelle Seiten sehr wichtig. Jede Webseite, die im Internet richtig gefunden werden will, muss sich mehr oder weniger mit diesem Thema befassen. Zum Glück bringt Joomla gleich mehrere Funktionen mit, mit denen Sie Ihre Inhalte schon mit wenigen Mausklicks deutlich besser präsentieren können. Gerade weil das so einfach ist, sollte niemand darauf verzichten.

Abbildung 10.1: Joomla für die Suchmaschinen optimieren

10.1.1 SEO in Joomla aktivieren

Joomla besitzt eine eigene Optimierungsfunktion, die völlig unabhängig vom Webserver oder den Möglichkeiten des Hosters funktioniert. So lassen sich schon mit einfachsten Mitteln deutlich schönere Links und Artikelinformationen generieren. Im Idealfall sollte dies die Standardeinstellung in Joomla sein, denn es gibt überhaupt keinen Grund, darauf zu verzichten. Gehen Sie dafür wie folgt vor:

1. Wählen Sie im Hauptmenü den Punkt SYSTEM/KONFIGURATION aus.

2. Dadurch gelangen Sie in die Systemkonfiguration von Joomla. Wechseln Sie dort in das Register SITE.

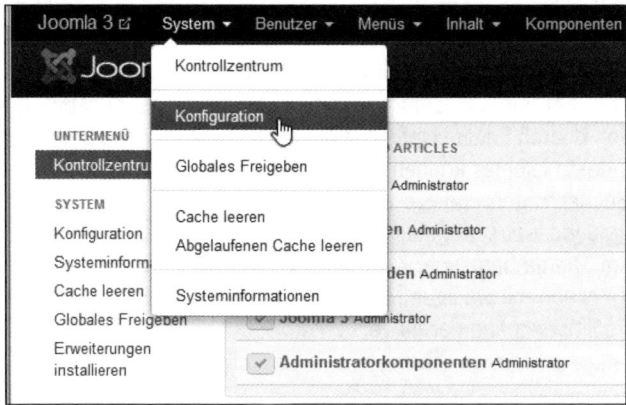

Abbildung 10.2: Die Systemkonfiguration öffnen

3. Im rechten Bereich finden Sie den Abschnitt *Suchmaschinenoptimierung (SEO)*. Er beinhaltet alle wichtigen Optionen für diese Aufgabe.

   – Suchmaschinenfreundliche URL

   – URL-Rewrite nutzen

   – Dateiendung an URL anfügen

   – Unicode Aliase

   – Seitenname auch im Titel

4. Passen Sie diese Einstellungen an Ihre Wünsche und Bedürfnisse an. Damit diese wirksam werden, müssen Sie die Änderungen mit der Schaltfläche SPEICHERN abspeichern.

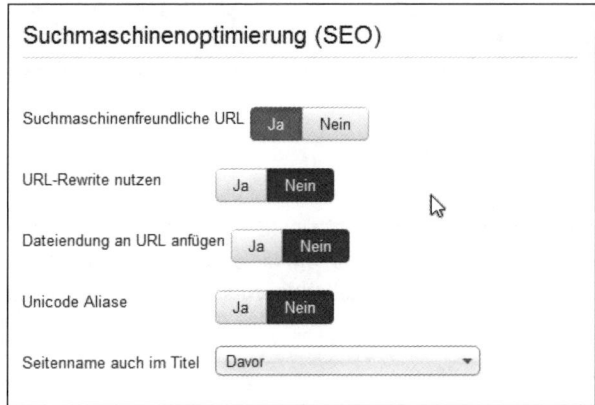

Abbildung 10.3: Optionen für die Suchmaschinenoptimierung

Suchmaschinenfreundliche URL

Alle Links zu Joomla-Inhalten stellen komplizierte Datenbankabfragen mit mehreren Parametern dar. Da werden Kategorien und Beiträge abgefragt, Filter gesetzt und Suchbegriffe übermittelt. Alle diese Daten finden sich in den URLs wieder, die im Browser angezeigt werden und die auch die Suchmaschinen analysieren. Das sieht überhaupt nicht gut aus und kann weder von den Besuchern noch von den Suchmaschinen vernünftig gelesen werden. Joomla bietet die Möglichkeit, diese Parameter für die Datenbankabfrage zu verstecken und stattdessen einen deutlich vereinfachten Link aus dem Alias zu erzeugen. Weil das gut aussieht und mit diesem einen Schalter zu aktivieren ist, sollten Sie nicht darauf verzichten. Setzen Sie die Option SUCHMASCHINENFREUNDLICHE URL auf JA.

Abbildung 10.4: Mit und ohne suchmaschinenfreundlicher URL

URL-Rewrite nutzen

Die Option URL-REWRITE ist eine Funktion des Webservers. Damit lässt sich die Anzeige der URL noch deutlich stärker vereinfachen. Allerdings ist das eine eigene Konfiguration, die an anderer Stelle vorgenommen werden muss. Lassen Sie diese Option deshalb erst einmal abgeschaltet – wir schauen uns das im nächsten Abschnitt genauer an.

Dateiendung an URL anfügen

Wie Sie wissen, stellen Joomla-Beiträge keine tatsächlichen HTML-Dokumente dar. Stattdessen sind sie lediglich eine Abfrage in der Datenbank. Das wissen Ihre Besucher natürlich nicht und finden es vielleicht verwirrend, wenn alle Links nur zu so merkwürdigen Zielen führen. Das können Sie ändern, indem Sie Joomla anweisen, alle Seiten wie herkömmliche HTML-Dokumente aussehen zu lassen. Dann fügt Joomla jeweils die Endung *.html* an. Technisch bringt das überhaupt keinen Vorteil, es sieht nur für die menschlichen Besucher besser aus – den Suchmaschinen ist das egal. Aktivieren Sie dafür die Option DATEIENDUNG AN URL ANFÜGEN mit der Auswahl JA.

Abbildung 10.5: Die Inhalte wie HTML-Dokumente aussehen lassen

Unicode Aliase

Damit im Internet alle Server und Benutzer miteinander kommunizieren können, wird dort der einheitliche ASCII-Zeichensatz verwendet. Er ist schlicht gehalten und beinhaltet nur die Buchstaben von A–Z, die Ziffern von 0–9 sowie ein paar wenige Satz- und Sonderzeichen. So gibt es bei der Kommunikation weltweit keine Probleme, aber die Sonderzeichen vieler Länder werden ignoriert. Inzwischen gibt es bessere Zeichensätze, die viel umfangreicher sind und auch mit internationalen Sonderzeichen umgehen können. So sind z. B. auch deutsche Umlaute kein Problem. Joomla kann für Ihre Inhalte, die Aliase und die Links entweder den strengen ASCII-Code verwenden oder den moderneren Unicode. Der Unicode kann bereits mit sehr vielen internationalen Sonderzeichen umgehen und ist auf den meisten modernen Computern längst Standard. Es ist aber nicht garantiert, dass jeder Computer und jeder Browser damit umgehen kann. Möchten Sie diesen neuen Zeichensatz nutzen, wählen Sie bei der Option Unicode Aliase die Einstellung Ja aus.

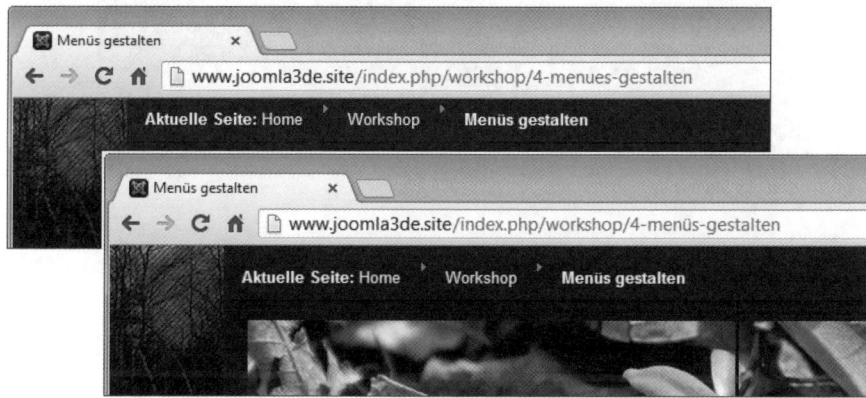

Abbildung 10.6: Internationale Zeichen verwenden

Seitenname auch im Titel

In jeder HTML-Datei gibt es das Attribut TITLE, welches den Titel des aktuellen Dokuments angibt. Dieser Titel wird auch von allen Browsern oben in der Titelleiste oder im geöffneten Register angezeigt. Weil der Besucher und auch die Suchmaschinen diese Information an vielen Stellen sehen, sollte sie immer passend sein. Joomla setzt in das TITLE-Attribut automatisch den Titel des aktuellen Beitrags oder der aktuellen Kategorie. Sie haben aber auch die Möglichkeit, zusätzlich den Namen Ihrer Webseite zu integrieren. Dann steht in der Titelleiste nicht nur *Artikelüberschrift*, sondern *Webseite – Artikelüberschrift*. Wählen Sie dafür in der Liste *Seitenname auch im Titel* die gewünschte Option aus – entweder Nein, Davor oder Danach.

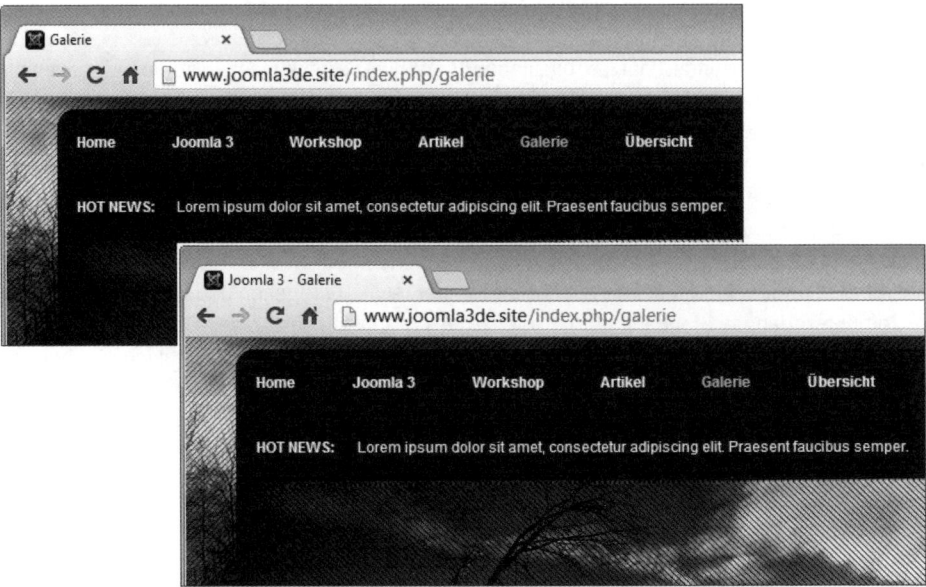

Abbildung 10.7: Den Namen der Webseite einblenden

10.1.2 SEO mit der Apache Rewrite-Engine

Die Joomla-interne Optimierungsfunktion bringt schon eine ganze Menge Vorteile. Insgesamt sehen die URLs zu den Kategorien und zu den Beiträgen bereits viel einfacher und unkomplizierter aus. Menschen und Maschinen können sie viel besser lesen. Joomla unterstützt noch eine weitere Form der URL-Verbesserung und zwar die sogenannte Rewrite-Engine. Dabei handelt es sich um eine Funktion des Webservers, die URL intern umzustellen, sodass sie noch einfacher aussehen. Dabei kann Joomla den Webserver nur anweisen, diese Vereinfachung vorzunehmen. Ob dies wirklich geschieht und welche Funktionen dabei zur Verfügung stehen, hängt vom jeweiligen Webserver und dessen Konfiguration ab. Joomla unterstützt dabei den Apache Webserver und auch Microsoft Internet Information Services (IIS).

Im Hauptverzeichnis Ihrer Joomla-Installation finden Sie hierfür zwei Konfigurationsdateien für den Webserver – *htaccess.txt* (Apache Webserver) und *web.config.txt* (Microsoft IIS). Die Konfigurationsdatei für den Microsoft Webserver IIS muss nicht bearbeitet werden und ist sofort einsatzbereit. Die Apache-Datei benötigt hingegen noch ein paar Änderungen.

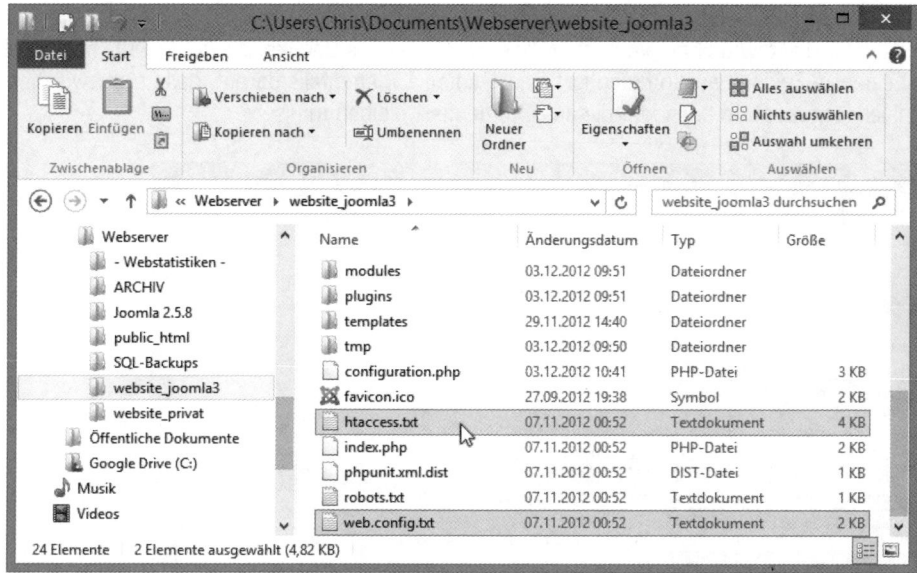

Abbildung 10.8: Die Rewrite-Dateien im Joomla-Verzeichnis

1. Öffnen Sie die Datei *htaccess.txt* mit einem einfachen Texteditor. Sie sehen darin viele leicht kryptische Befehle. Ignorieren Sie diese einfach und nehmen Sie keinesfalls irgendwelche Änderungen vor.

2. Ganz oben finden Sie den Befehl, zur Aktivierung der Rewrite-Engine. Er ist am Anfang auskommentiert und muss aktiviert werden. Entfernen Sie das #-Symbol in dieser einen Zeile.

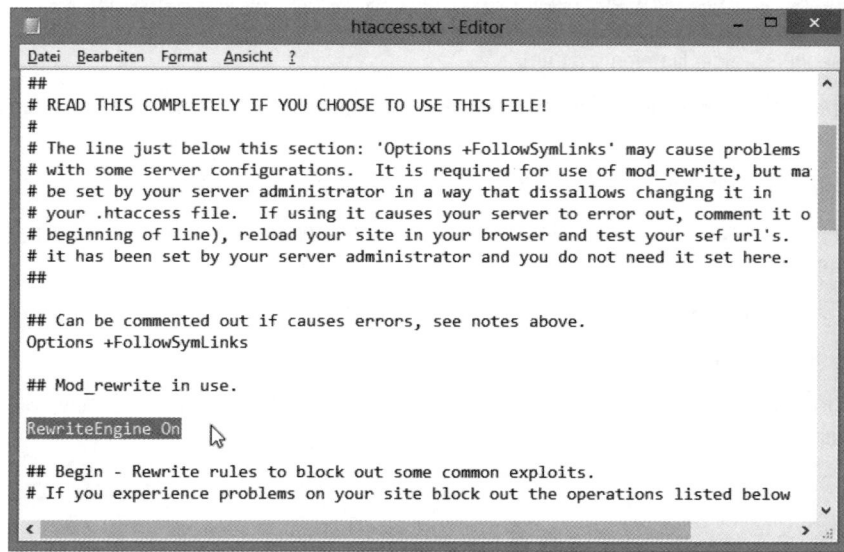

Abbildung 10.9: Die Rewrite-Engine einschalten

3. Jetzt gehen Sie an das Ende der Datei. Dort finden Sie im Abschnitt *Joomla! Core SEF Section* die Anweisungen für die Rewrite-Engine. Achten Sie darauf, dass alle Befehle, die mit *Rewrite* beginnen nicht mit einem **#**-Zeichen auskommentiert sind. Achten Sie ebenfalls darauf, dass sich zwischen den Befehlen Kommentare befinden, die auskommentiert bleiben müssen.

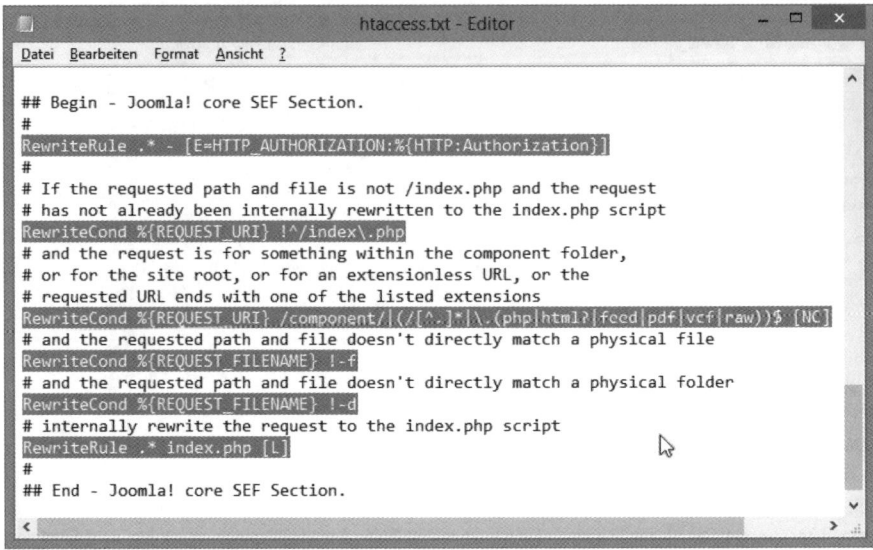

Abbildung 10.10: Die Rewrite-Befehle aktivieren

4. Speichern Sie die Datei im reinen Textformat. Jetzt ist sie einsatzbereit.

5. Zur Sicherheit haben die Konfigurationsdateien am Anfang geänderte Namen. Damit wird verhindert, dass aus Versehen die Konfiguration des Webservers durcheinandergebracht wird. Um sie zu verwenden, benennen Sie die Dateien jetzt um.

    – Die Datei *htaccess.txt* muss in *.htaccess* umbenannt werden – achten Sie auf den Punkt am Anfang.

    – Die Datei *web.config.txt* muss in *web.config* umbenannt werden.

6. Öffnen Sie Ihr FTP-Programm und laden Sie die Konfigurationsdatei für Ihren Webserver hoch – also entweder für Apache oder für IIS.

    – Verwenden Sie für die Übertragung unbedingt den ASCII-Modus.

    – Sie müssen die Dateien in das Oberverzeichnis von Joomla kopieren.

    – Falls sich dort noch die Dateien mit den Originalnamen und Einstellungen befinden, können Sie diese löschen.

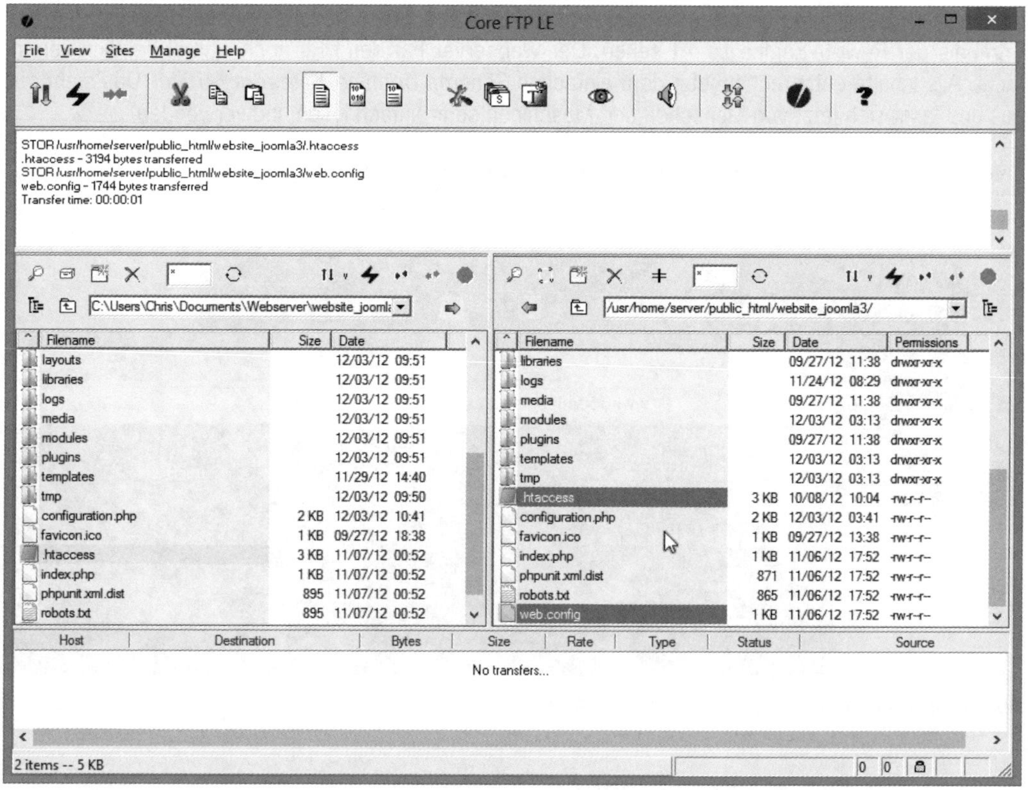

Abbildung 10.11: Die Konfigurationsdateien hochladen

7. Nun gehen Sie mit SYSTEM/KONFIGURATION in die Grundeinstellungen von Joomla. Dort müssen Sie jetzt die Option URL-REWRITE NUTZEN einschalten, in dem Sie die Einstellung JA auswählen.

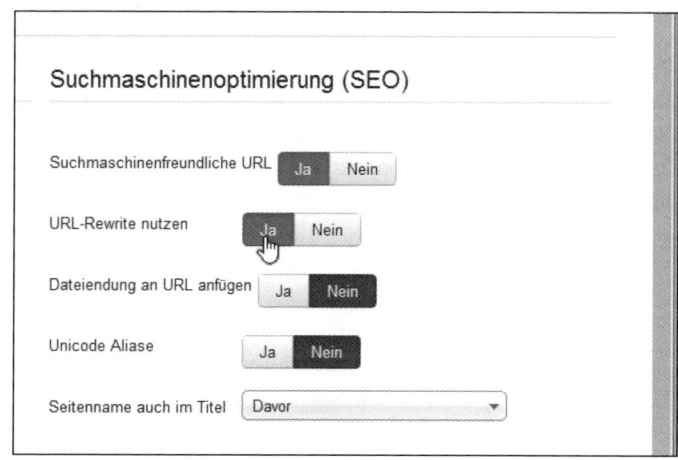

Abbildung 10.12: Die Rewrite-Engine einschalten

Öffnen Sie anschließend ein neues Browserfenster und besuchen Sie Ihre Webseite. Sie werden das Ergebnis der Rewrite-Engine sofort sehen. Der Webserver hat den URL noch einmal deutlich vereinfacht. Alle Inhalte entsprechen jetzt dem einfachen Schema *Domäne/Kategorie/Artikel*. Das sieht gut aus und lässt sich jetzt von Menschen und Maschinen sehr einfach lesen und verwenden.

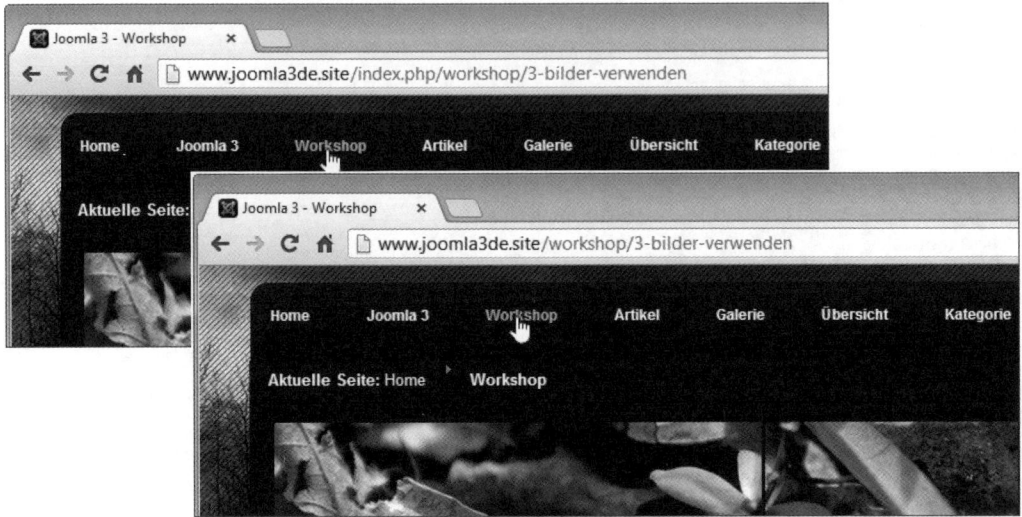

Abbildung 10.13: Die URL mit und ohne Rewrite-Engine

10.1.3 Die Robots-Datei nutzen

Alle großen und kleinen Suchmaschinen schicken Suchprogramme in die ganze Welt, um das Internet nach neuen Seiten abzusuchen und diese in den eigenen Index aufzunehmen. Diese Suchhelfer werden meist als Crawler, Spider oder ganz allgemein als Robot bezeichnet. Diese Robots sind sehr neugierig und dringen in jeden Winkel der Webserver ein, um so ein möglichst vollständiges Inhaltsverzeichnis der Seite zu erhalten.

Um diesen Vorgang bewusst zu steuern, gibt es die Datei *robots.txt*. Mit ihr können Sie steuern, auf welche Verzeichnisse die Suchmaschinen bei ihrem Besuch zugreifen dürfen und auf welche nicht. Auf diese Weise sorgen Sie dafür, dass sich die Suchmaschinen nicht in Ihre Konfigurationsdateien, die Templates und ähnlich wichtige Dateien des Systems verirren und diese analysieren. Eine Robots-Datei gehört auf jeden Webserver und alle Suchmaschinen fragen sie auch als Erstes ab, um so die Besonderheiten der jeweiligen Webseite zu berücksichtigen.

Sie äußern lediglich Wünsche

Beachten Sie hierbei unbedingt, dass die Anweisungen in der Robots-Datei lediglich als Wünsche zu werten sind. Sie bitten die Suchmaschinen also, nur bestimmte Dateien und Inhalte in den Index aufzunehmen. Daran halten sich auch fast alle großen Suchmaschinen, weil sie kein Interesse haben, nutzlose Informationen in die eigene Datenbank aufzunehmen. Eine Barriere stellt die Robots-Datei aber keinesfalls dar. Alle Informationen im Internet sind bedingungslos öffentlich. Möchte jemand jedes Detail Ihrer Webseite analysieren, können Sie überhaupt nichts dagegen tun.

Joomla 3 bringt bereits eine fertige Robots-Datei mit. Sie können diese auf Wunsch noch ein wenig bearbeiten und anschließend direkt auf dem Webserver verwenden. Sie finden die Datei im Oberverzeichnis der Joomla-Installation unter dem Namen *robots.txt*.

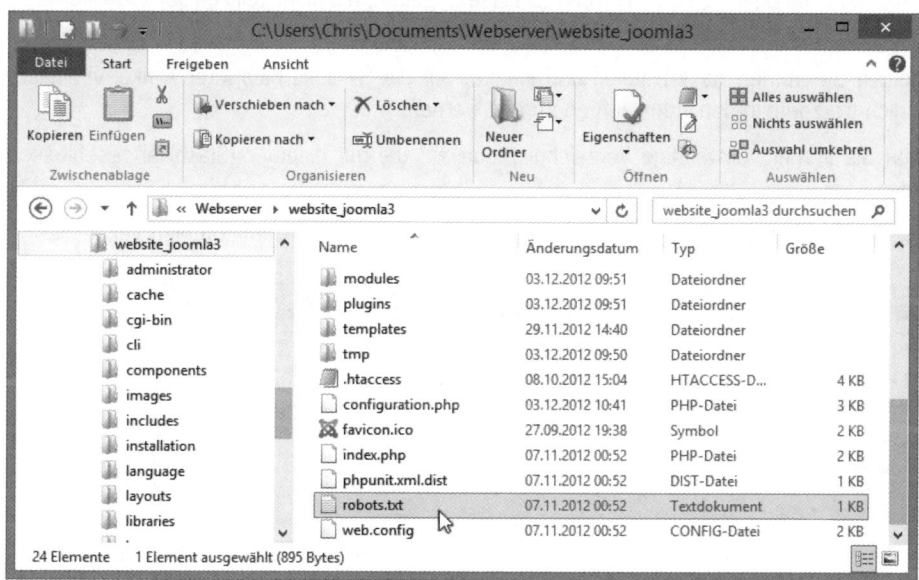

Abbildung 10.14: Die Robots-Datei im Joomla-Verzeichnis

Öffnen Sie die Robots-Datei mit einem einfachen Texteditor. Im oberen Bereich sehen Sie zunächst diverse Hinweise und Anmerkungen, die mit dem #-Zeichen auskommentiert sind. Darunter beginnen dann die eigentlichen Befehle für die Suchmaschinen. Dabei kennt die Robots-Datei nur zwei wirklich wichtige Befehle bzw. Parameter.

1. Mit dem Befehl `User-agent:` geben Sie an, für welche Suchmaschine der Befehl gelten soll.

   – Mit dem Platzhalter * (Stern) gilt die Anweisung für sämtliche Suchmaschinen.

   – Sie können aber auch einzelne Suchmaschinen angeben, wenn Sie für diese spezielle Anweisungen wünschen.

   – Jede Suchmaschine hat dabei eigene Namen, z. B. Googlebot für Google, msnbot für Microsoft Network bzw. Bing, Slurp für Yahoo usw.

   – Suchen Sie den Robot-Namen einer bestimmten Suchmaschine, besuchen Sie am besten deren Homepage und werfen einen Blick in die Hilfe.

2. Mit der Anweisung `Disallow:` legen Sie fest, welche Verzeichnisse Sie für diese Suchmaschine ausschließen wollen.

   – Geben Sie hier alle Verzeichnisse an, die nicht durchsucht werden sollen, z. B. sämtliche Installations- und Verwaltungsverzeichnisse.

   – Sie können auch beliebige andere Verzeichnisse angeben, die nicht Teil von Joomla sind, z. B. ein eigenes Download-Verzeichnis o. Ä.

   – Beachten Sie immer, dass Dateien und Inhalte, auf die Sie innerhalb Ihrer Artikel verlinken, natürlich trotzdem in den Index aufgenommen werden.

   – Geben Sie immer vollständige Verzeichnispfade an, die mit einem / (Slash) abgeschlossen werden.

   – Tragen Sie nicht das (/) ein, sonst wird der Zutritt für sämtliche Seiten komplett verwehrt.

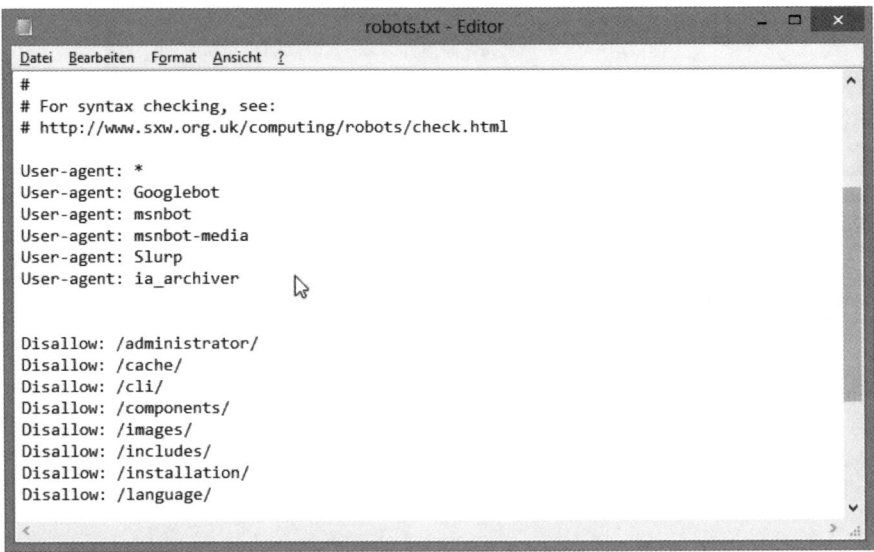

Abbildung 10.15: Die Robots-Datei bearbeiten

Haben Sie die Robots-Datei angepasst, müssen Sie die neue Version nur noch auf den Webserver kopieren. Nehmen Sie hierzu Ihr FTP-Programm und laden Sie die Datei hoch. Sie muss in jedem Fall im Oberverzeichnis Ihrer Webseite bzw. von Joomla stehen. Wählen Sie als Übertragungsmodus dabei ASCII, weil es sich um eine reine Textdatei handelt. Beim nächsten Besuch werden die Suchmaschinen die Datei automatisch auswerten.

10.2   Das System pflegen und optimieren

Bisher läuft Ihr Joomla mit den Grundstellungen, so wie diese vom Installationsprogramm festgelegt wurden. Oftmals reicht das auch aus, doch mit anderen oder besseren Einstellungen können Sie häufig noch mehr aus Ihrer Webseite herausholen. Passen Sie hierfür die Joomla-Grundeinstellungen an, aktivieren Sie die Suchmaschinenoptimierung und halten Sie Ihr System mit Updates auf dem neuesten Stand. Dieser Abschnitt zeigt Ihnen, wie das geht.

10.2.1 Die Grundeinstellungen anpassen

Während der Installation mussten Sie für Ihr Joomla, den Webserver und die Datenbank verschiedene Konfigurationsdaten angeben. Zusätzlich hat das Installationsprogramm verschiedene Einstellungen für das System vorgenommen. Damit läuft Ihr Joomla bisher unverändert. Oftmals lassen sich diese Einstellungen noch optimieren. Dafür werfen wir jetzt einen Blick in die grundlegende Joomla-Konfiguration. Vielleicht haben sich auch einfach ein paar Daten geändert, z. B. der Datenbankserver. Diese können Sie in den folgenden Menüs ebenfalls beliebig ändern.

Wählen Sie im Hauptmenü von Joomla den Punkt SYSTEM/KONFIGURATION aus. Dadurch gelangen Sie in die bereits bekannte Systemkonfiguration. Wählen Sie ganz links im Abschnitt *System* den Punkt KONFIGURATION. Dadurch erscheinen im rechten Fensterbereich verschiedene Register mit allen Joomla-Einstellungen.

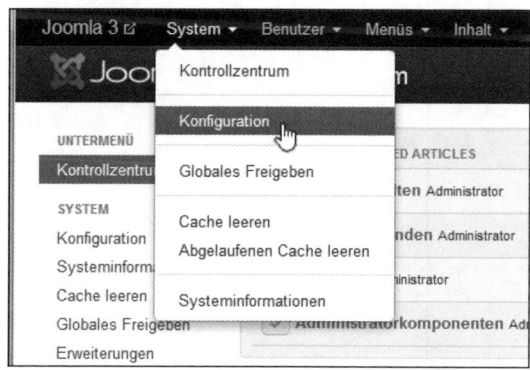

Abbildung 10.16: Die Systemkonfiguration öffnen

Website

Gehen Sie als Erstes in das Register S<small>ITE</small>. Dort finden Sie verschiedene Abschnitte mit Einstellungen zu Ihrem Server. Zuerst schauen wir uns den Abschnitt Website an.

1. In das Feld *Name der Website* tragen Sie den sichtbaren Titel für Ihre Webseite ein.

2. Falls Sie zwischendurch Wartungsarbeiten vornehmen oder die Seite ohne Besucher testen wollen, können Sie mit der Option *Website offline* die öffentliche Webseite vorübergehend deaktivieren.

   – Dazu passend wählen Sie unter *Offline-Text* eine Option aus, z. B. *Eigenen Text* benutzen.

   – Dann können Sie im Feld *Eigener Text* eine beliebige Offline-Nachricht für Ihre Besucher eintippen.

   – Zusätzlich können Sie mit *Offline-Bild* eine Grafik auf der Informationsseite einblenden.

3. Haben Sie in Ihrem System verschiedene Texteditoren installiert, können Sie mit der Liste *Editor* einen Standardeditor für Benutzer vorgeben.

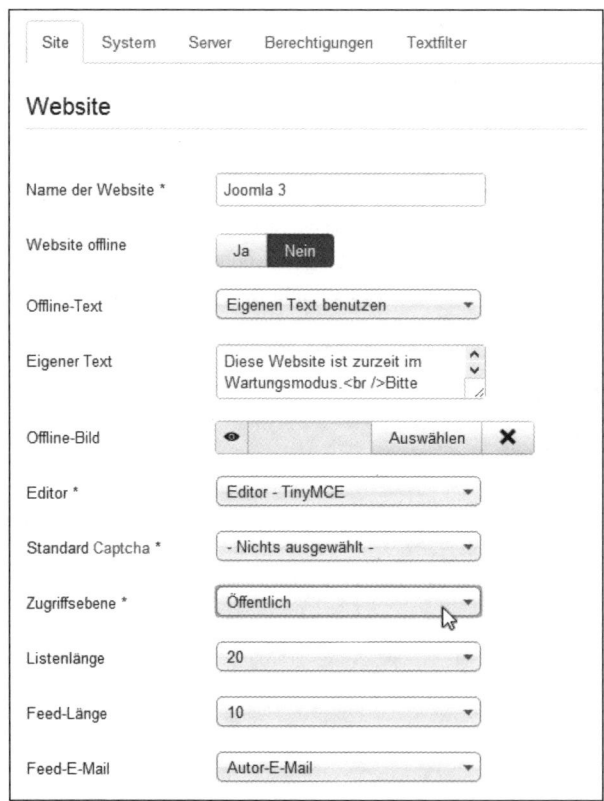

Abbildung 10.17: Grundeinstellungen für die Website

4. Will sich ein Benutzer neu anmelden, hat er sein Passwort oder seinen Benutzernamen vergessen, können Sie den Vorgang mit einem sogenannten *Captcha* absichern. Das ist eine Zeichenfolge, die der Benutzer als Sicherheitscode abtippen muss. So sollen Massenattacken von Servern und Skripten verhindert werden.

5. Mit der Auswahlliste *Zugriffsebene* legen Sie den Standard für alle neuen Inhalte fest. Dieser gilt automatisch, wenn der Autor nichts anderes angibt.

6. Mit der Auswahl *Listenlänge* geben Sie an, wie lang Beitragslisten per Standard sein sollen, wenn im Menülink nichts anderes angegeben wird.

7. Genau so sieht es mit der *Feed-Länge* aus. Dieser Wert gibt den Standard für Feeds an, wenn nichts anderes festgelegt wurde.

8. Mit dem Punkt *Feed-E-Mail* geben Sie an, welche E-Mail-Adresse in den Feeds angegeben werden soll, z. B. die des *Autors*, die der Webseite oder gar keine.

Suchmaschinenoptimierung (SEO)

Im rechten Bereich dieses Registers finden Sie den Abschnitt *Suchmaschinenoptimierung*. Damit verbessern Sie die Ansicht und Durchsuchbarkeit Ihrer Webseite für die großen Suchmaschinen wie Google & Co. Weil das etwas mehr Hintergrundwissen und Konfiguration benötigt, wird das in einem eigenen Abschnitt betrachtet.

Globale Metadaten

Im unteren Bereich dieses Registers finden Sie den Abschnitt *Globale Metadaten*. Wie Sie bereits wissen, bieten Metadaten zusätzliche Informationen für die Suchmaschinen an. Obwohl Google, Bing, Yahoo & Co. überwiegend den tatsächlichen Inhalt der Seite analysieren, sollten Sie zumindest die globalen Metadaten ausfüllen. Sie werden dann für die gesamte Webseite und alle Unterseiten verwendet.

1. Geben Sie im Feld *Meta-Beschreibung* eine kurze Beschreibung Ihrer Webseite ein. Viele Suchmaschinen nutzen diesen Text in der Ergebnisliste. Dies entspricht dem Befehl `meta name="description"`.

2. In das Feld *Meta-Schlüsselwörter* geben Sie ein paar treffende Stichwörter für Ihre Webseite ein. Dies entspricht dem Befehl `meta name="keywords"`.

3. Mit der Auswahlliste *Robots* geben Sie an, ob Ihre Webseite in den Index aufgenommen werden soll (*index/noindex*) und ob die Suchmaschine auch den Links folgen darf (*follow/nofollow*). Dies entspricht dem Befehl `meta name="robots"`.

4. Im Feld *Inhaltrechte* können Sie einen Hinweis zum Copyright eingeben. Dies entspricht dem Befehl `meta name="rights"`.

5. Mit der Option *Autor-Meta-Tag anzeigen* können Sie entscheiden, ob unter jedem Artikel standardmäßig der Autor angezeigt werden soll. Dies entspricht dem Befehl `meta name="author"`.

6. Zuletzt legen Sie mit der Option *Joomla!-Version anzeigen* fest, ob in den Metadaten auch eine Angabe zu Joomla als CMS und dessen aktueller Version erscheinen soll.

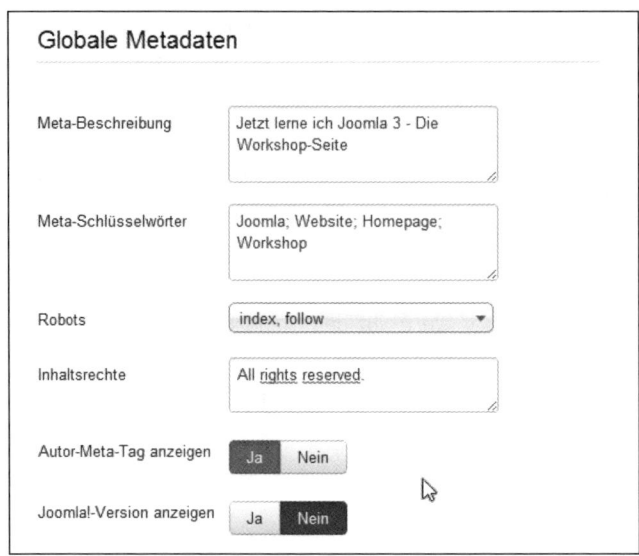

Abbildung 10.18: Die Metadaten festlegen

Cookies

Zusätzlich finden Sie in diesem Register den Abschnitt *Cookies*. Joomla setzt bei allen Besuchern nämlich per Standard ein paar Cookies. Damit werden nicht-persönliche Daten gespeichert, wie z. B. das Datum des letzten Besuchs. So lassen sich bei bestimmten Komponenten z. B. die neuesten Artikel markieren und einiges mehr. Normalerweise versucht Joomla, die Cookie-Daten selbst zu ermitteln. Falls auf Ihrem Server mehrere Webseiten und Domains laufen, kann das fehlerhaft sein.

1. Damit Joomla in den Browsern die korrekte Domäne speichert, können Sie im Feld *Domaincookie* die Domäne Ihrer Webseite eingeben.

    – Lassen Sie dabei Zusätze wie *http* oder *www* weg.

    – Setzen Sie einen ».« (Punkt) vor die Domäne, um auch Unterdomänen/Subdomains einzuschließen.

2. Direkt darunter geben Sie im Feld *Cookie-Pfad* an, für welche Pfade auf dem Webserver dies gelten soll. Lassen Sie das Feld frei oder geben Sie hier / (Slash) für das Oberverzeichnis ein.

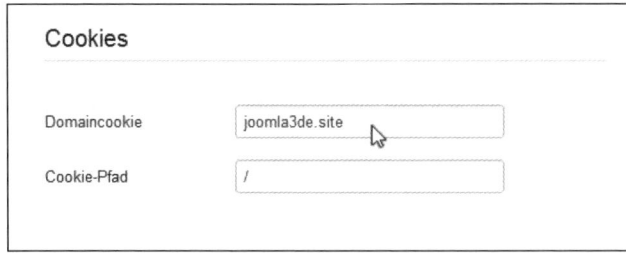

Abbildung 10.19: Die Cookie-Einstellungen

System & Fehlersuche

Wechseln Sie in das Register SYSTEM. Dort finden Sie verschiedene Abschnitte, die den alltäglichen Arbeitsablauf von Joomla beeinflussen. Falls Sie sich mit diesen Daten nicht auskennen, nehmen Sie hier keine Veränderungen vor.

1. Wichtige Systemereignisse werden von Joomla in einer Protokolldatei mitgeschrieben. Im Feld *Protokollverzeichnis* geben Sie an, wo Joomla diese Datei ablegen soll. Per Standard ist dies das Verzeichnis *logs*.

2. Immer wenn Sie in einem Joomla-Abschnitt oben rechts auf die Schaltfläche HILFE klicken, zeigt Joomla interne Hilfetexte an. Mit der Option *Hilfeserver* können Sie angeben, von wo diese Texte abgerufen werden sollen. Derzeit gibt es hier allerdings noch keine echten Alternativen.

3. Die beiden Optionen *System debuggen* und *Sprache debuggen* sind eigentlich nur für Entwickler interessant. Damit gibt Joomla im Frontend und im Backend ausführliche Informationen über die Verarbeitung der Seiten, der PHP-Skripte und der Datenbankabfragen aus. So lassen sich Fehler im System oder in Komponenten finden. Für aktive Webseiten ist das überhaupt nicht geeignet.

Abbildung 10.20: Die Systemkonfiguration öffnen

Zwischenspeicher & Sitzung

Normalerweise ruft Joomla sämtliche Inhalte und Elemente in Echtzeit aus der Datenbank, verarbeitet sie und gibt sie an den Webbrowser des Besuchers aus. Bei sehr großen Webseiten mit vielen Besuchern und somit hohem Datenverkehr, kann das viel Zeit in Anspruch nehmen. Die Besucher müssen also immer ein wenig warten, bis der Server die vielen Anfragen verarbeitet hat. Das lässt sich mit einem Cache ändern. Dazu speichert Joomla die bereits abgerufenen Webseiten als herkömmliche HTML-Dokumente auf der Festplatte. Diese können dann ohne echte Datenbankabfrage an die Besucher geschickt werden. Dabei aktualisiert Joomla diese Dokumente in regelmäßigen Abständen, damit sie nicht veraltete Informationen beinhalten.

1. Wählen Sie in der Liste *Cache* aus, ob Sie diese Cache-Funktion grundsätzlich aktivieren möchten. Sie können dabei zwischen *Normales Caching* und *Erweitertes Caching* auswählen.

2. Beim *Cache-Speicher* wählen Sie aus, wo Joomla diese Daten speichern soll. Allerdings ist hier systembedingt nur die Option *Datei* möglich, sodass Sie gar nichts ändern können.

3. Bei *Cache-Dauer* geben Sie an, wie lange diese Dokumente gültig sein sollen, bevor Joomla sie erneuert.

Der Abschnitt *Sitzung* hat nichts mehr mit dem Dokumenten-Cache von Joomla zu tun. Hier stellen Sie die Sitzungsdaten für die angemeldeten Joomla-Benutzer ein.

4. Im Feld *Gültigkeit* geben Sie an, nach wie vielen Minuten Inaktivität Joomla einen Benutzer automatisch anmelden soll. Das ist eine wichtige Sicherheitsfunktion, damit sich bei Abwesenheit oder Verbindungsabbrüchen niemand das Benutzerkonto aneignen kann.

5. Beim *Cache-Speicher* geben Sie an, wie Joomla angemeldete Benutzer während ihrer Arbeit identifizieren soll. Neben den herkömmlichen Cookies können Sie hier in der Datenbank Sitzungsschlüssel (Sessionkeys) speichern lassen.

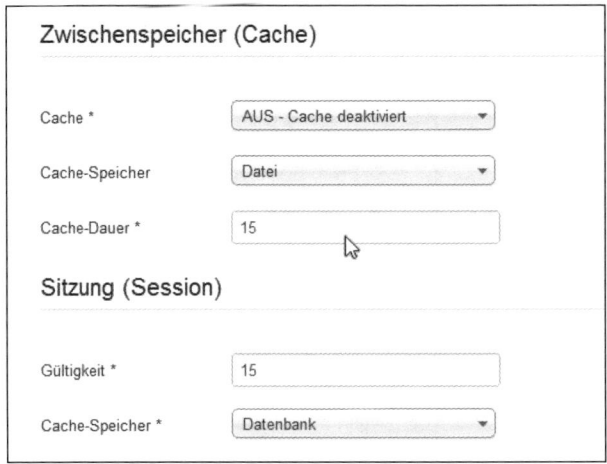

Abbildung 10.21: Die Cache-Optionen anpassen

Server & Zeitzone

Das Register *Server* ist ziemlich umfangreich und bietet alle wichtigen Serverkonfigurationen an. Hier müssen Sie sehr aufpassen, denn dies sind die Daten, die Sie bereits bei der Installation angegeben haben.

1. Mit der Option *Tempverzeichnis* geben Sie an, wo Joomla temporäre Dateien ablegen darf, z. B. für die Installation von Erweiterungen, bei Uploads usw. Das Standardverzeichnis lautet *tmp* und es gibt nur wenige Gründe, dies zu ändern.

2. Unterstützt Ihr Webserver die *GZIP-Komprimierung*, lassen sich die Inhalte komprimieren und beim Besucher wieder entpacken. Das verkleinert die Datenpakete und die Übertragungsdauer, ist aber meist unnötig.

3. Läuft etwas auf dem Server schief, gibt Joomla eine Fehlermeldung aus. Über die Option *Fehler berichten* steuern Sie den Detailgrad dieser Meldungen.

4. Besitzt Ihr Webserver ein SSL-Zertifikat, können Sie über die Option *SSL erzwingen* festlegen, dass z. B. der Admin-Bereich nur noch über diese verschlüsselte Verbindung aufgerufen werden kann.

5. Ganz wichtig ist das Feld *Serverzeitzone*. Damit wählen Sie aus, mit welcher Zeit der verwendete Webserver läuft. Das ist vor allem wichtig, wenn Sie einen ausländischen Provider nutzen, damit Datum und Uhrzeit korrekt umgerechnet und angezeigt werden.

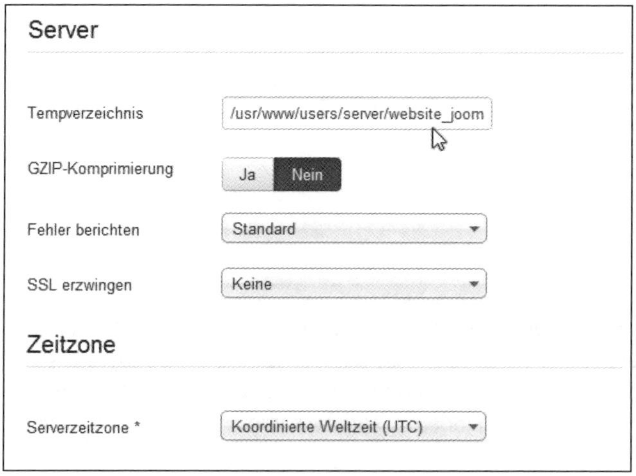

Abbildung 10.22: Server und Zeitzone

Datenbank

Zu den wichtigsten Einstellungen überhaupt gehören die Angaben im Abschnitt *Datenbank*. Damit geben Sie an, mit welchem Datenbankserver sich Joomla verbinden soll, um sämtliche Inhalte zu speichern und abzufragen. Sie haben dies bereits bei der Installation angegeben und mit diesen Informationen läuft Ihr Joomla in diesem Augenblick. Ändern Sie hier nur etwas, wenn sich auch die Konfiguration Ihres Web- oder Datenbankservers geändert hat. Ansonsten wird Joomla danach nicht mehr richtig funktionieren.

1. Geben Sie unter *Typ* an, mit welchem Datenbankserver Sie arbeiten. Bei den meisten Hostern ist dies *MySQLi.*

2. In das Feld *Server* geben Sie die Domäne Ihres Datenbankservers ein. Mit ihm stellt Joomla die Verbindung her.

3. Für den Zugriff benötigen Sie einen Benutzernamen. Tragen Sie ihn in das Feld *Benutzer* ein.

4. Auf dem Datenbankserver läuft eine Datenbank, die Ihnen gehört und für Ihr Joomla eingerichtet wurde. Diesen Namen müssen Sie in das Feld *Datenbank* eintragen.

5. Weil eine Datenbank sehr viele Tabellen und Einträge besitzen kann, gibt Joomla allen Tabellen ein *Präfix*. So lassen sie sich besser unterscheiden. Verwenden Sie z. B. das Präfix *jo3_*, erhalten alle Tabellen einen Namen in der Form *jo3_content.*

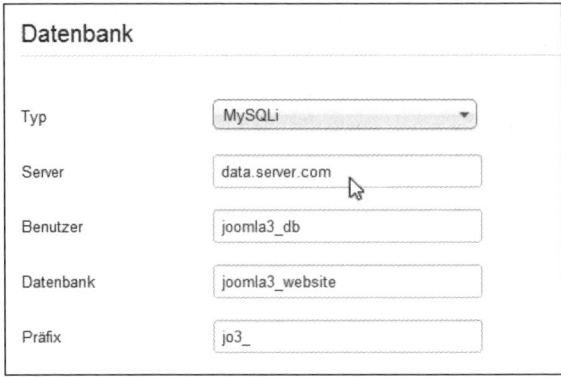

Abbildung 10.23: Die Datenbank konfigurieren

FTP

Werden mit Joomla Erweiterungen installiert oder Bilder für Beiträge hochgeladen, so geschieht dies unter der Benutzerkennung des Webservers. In vielen Fällen ist das der Benutzer *nobody* oder *anonymous*. Das bedeutet, dass diese Dateien nicht wirklich Ihrem Benutzerkonto zugeordnet werden. Um das zu ändern, können Sie einen FTP-Zugang konfigurieren, sodass sämtliche Dateioptionen unter Ihrem Namen ablaufen.

1. Mit der Option *FTP aktivieren* schalten Sie den internen FTP-Client von Joomla ein.

2. Geben Sie im Feld *Server* die Adresse Ihres Webservers ein, über den der Upload läuft.

3. In das Feld *Port* geben Sie die Port-Nummer des FTP-Servers ein. Meist ist dies Port 21.

4. In die Felder *Benutzername* und *Passwort* geben Sie Ihre Anmeldedaten für das FTP-Konto ein.

5. Das *Root-Verzeichnis* ist das Oberverzeichnis für das FTP-Konto. Geben Sie hier einen / (Slash) ein oder das tatsächliche Unterverzeichnis von Joomla.

Abbildung 10.24: Der FTP-Zugang

Mailing

Ihr Joomla-System verschickt gelegentlich E-Mails. Das können Informationen für den Administrator sein, Registrierungsbestätigungen für neue Benutzer, Massenmails usw. Für diese E-Mails benötigt Joomla eine Mail-Konfiguration. In den meisten Fällen hat sich Joomla diese Informationen während der Installation selbst herausgesucht, sodass Sie hier nur etwas ändern müssen, wenn dies system-bedingt notwendig ist.

1. In der Liste *Mailer* müssen Sie angeben, ob die E-Mails mit der PHP-internen Funktion verschickt werden sollen, mit dem Standardprogramm Sendmail oder per herkömmlichem SMTP.

2. In die Felder *Absenderadresse* und *Absendername* geben Sie an, was bei diesen E-Mails als Absen-der genannt werden soll. Häufig wird dafür eine allgemeine Kontakt-Adresse verwendet.

3. Verwenden Sie das Programm Sendmail, müssen Sie im Feld *Sendmailverzeichnis* den Pfad dazu eintragen. Nur so kann Joomla mit dem Programm kommunizieren.

4. Möchten Sie herkömmliches SMTP zum Versenden verwenden, aktivieren Sie dies mit der Option *Ja*. Anschließend müssen Sie darunter verschiedene zusätzliche Daten angeben.

   − Wählen Sie, ob die STMP-Verbindung mit *SSL* oder *TLS* verschlüsselt werden soll.

   − Direkt darunter geben Sie den *Port* an. Für unverschlüsselte Verbindungen ist dies in der Regel die Nummer 25.

   − Verlangt der SMTP-Server eine Anmeldung, tragen Sie den *Benutzernamen* und das *Passwort* in die entsprechenden Felder ein.

   − In das Feld *Server* tragen Sie die Adresse des STMP-Servers ein.

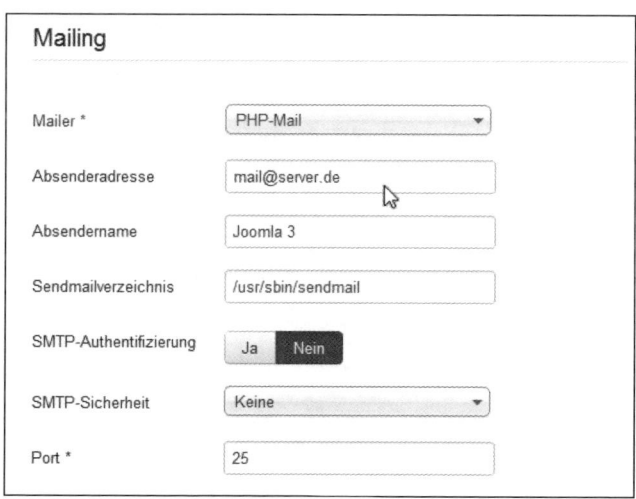

Abbildung 10.25: Joomla-Mails konfigurieren

Berechtigungen

Im Register BERECHTIGUNGEN finden Sie Optionen für die globalen Benutzerrechte. Damit stellen Sie z. B. ein, welche Benutzergruppe sich an der Admin-Oberfläche anmelden darf, wem es grundsätzlich erlaubt ist, Inhalte zu erstellen und zu verwalten, wer Installationen vornehmen darf usw. Das ist eine sehr grundlegende und wichtige Konfiguration. Deshalb haben wir uns diesen Abschnitt bereits in Kapitel 8, Benutzerverwaltung und Zugriffsrechte, im Detail angeschaut.

Textfiltereinstellungen

Wechseln Sie in das Register TEXTFILTER, finden Sie dort den großen Abschnitt *Textfiltereinstellungen*. Dahinter verbirgt sich ein Filter für die Arbeit im Texteditor von Joomla sowie andere Eingabefelder. Sie können also bestimmte Schlüsselwörter definieren, die von den Benutzern nicht verwendet werden dürfen oder explizit verwendet werden müssen. Diese Funktion dient dazu, dass die Benutzer keine »bösen« Wörter in ihren Texten verwenden oder dass jemand versucht schadhaften Code einzuschleusen.

- **Blacklist** – Mit dieser Option sind alle Begriffe erlaubt, außer denen auf der Blacklist genannten.

- **Whitelist** – Hierbei sind alle Begriffe verboten, außer den explizit auf der Liste genannten.

- **Kein HTML** – Hierbei werden keine Begriffe gefiltert, sondern HTML-Code.

- **Keine Filterung** – Bei dieser Option erfolgt keine Filterung.

Dieser Textfilter ist ganz ähnlich aufgebaut, wie die Rechteverwaltung von Joomla. Am linken Rand sehen Sie die verschiedenen Benutzergruppen und direkt dahinter weisen Sie diesen anhand der Auswahlliste eine Art von Filter zu. In die hinteren Felder tippen Sie anschließend die Begriffe oder Attribute ein, die Sie verbieten oder erlauben möchten.

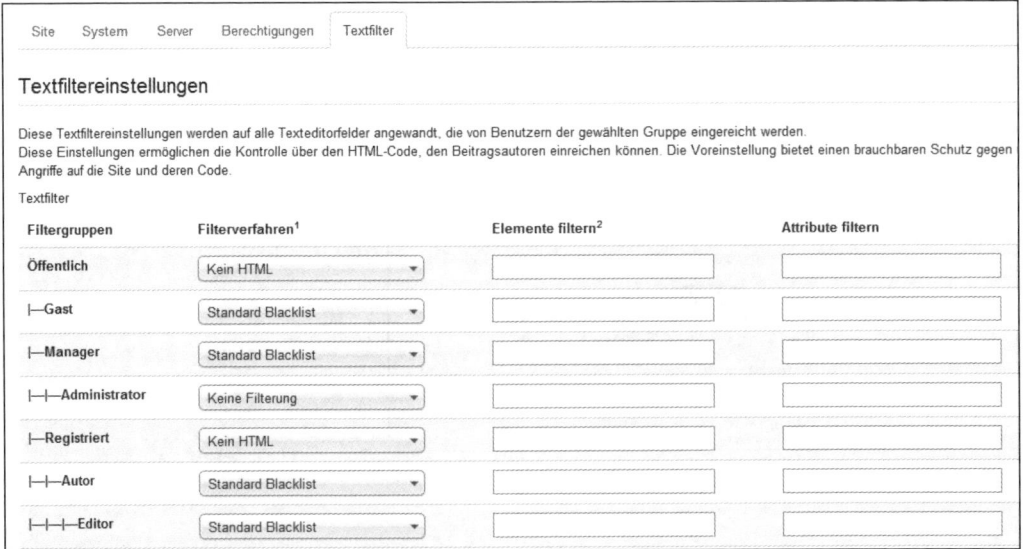

Abbildung 10.26: Begriffe und Code gezielt filtern

Sichern Sie Ihre Systemeinstellungen

Mit den Optionen in der Systemkonfiguration können Sie sehr tief in Joomla eingreifen. Alleine mit den Server- und Datenbankeinstellungen kontrollieren Sie den kompletten Zugriff auf die Inhalte. Falls hier etwas schiefgeht, ist plötzlich Ihr gesamtes Joomla lahmgelegt. Deshalb sollten Sie vorher immer eine Sicherungskopie der Datei *configuration.php* erstellen. Im Notfall können Sie diese zurückkopieren und Ihr Joomla läuft wieder.

10.2.2 Joomla aktualisieren

Joomla wird ständig verbessert und weiterentwickelt. Deshalb veröffentlichen die Entwickler in unregelmäßigen Abständen neue Versionen und Updates. Sie bessern kleine Fehler aus, beheben Sicherheitsprobleme, bringen neue Funktionen mit oder verbessern Joomla im Allgemeinen. Diese Aktualisierungen sollten Sie in jedem Fall installieren, damit Ihre Webseite aktuell und sicher ist. Häufig bringen diese Updates auch gleich eine neue Joomla-Version mit, z. B. Joomla 3.0.2 oder Ähnliches. Um Ihnen die Aktualisierung so einfach wie möglich zu machen, besitzt Joomla eine eigene Update-Funktion. Damit ist das Einspielen der Updates so einfach wie auf Ihrem Desktop-PC.

1. Öffnen Sie im Hauptmenü von Joomla den Punkt KOMPONENTEN. In der Liste der installierten Komponenten wählen Sie JOOMLA!-AKTUALISIERUNG aus.

Abbildung 10.27: Die Aktualisierungskomponente öffnen

2. Daraufhin gelangen Sie in die Update-Verwaltung. Falls Joomla nicht bereits selbst nach Updates gesucht hat, klicken Sie oben links auf die Schaltfläche CACHE LEEREN, damit Joomla im offiziellen Server nach Updates fragt.

3. Sobald ein Update gefunden wurde, wird Ihnen dies in der Liste angezeigt.

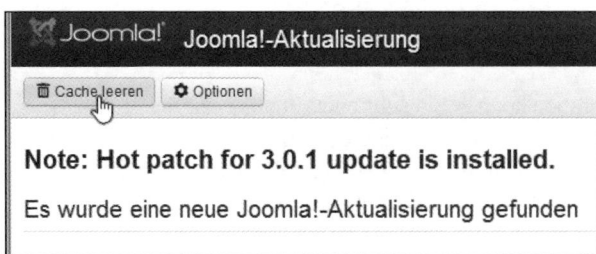

Abbildung 10.28: Nach einem Update suchen

4. Wählen Sie als Installationsmethode die Option DATEIEN DIREKT SCHREIBEN aus, lädt Joomla die Dateien direkt über den Webserver herunter und schreibt sie in die Verzeichnisse auf dem Server. Bei dieser Vorgehensweise werden die Dateien und Verzeichnisse mit den Rechten des Webservers versehen. Das ist die typische Methode auf den meisten Webservern. Arbeiten Sie bzw. Ihr Provider mit einem sogenannten CGI-Wrapper, erfolgt die Installation mit den Rechten Ihres Benutzerkontos.

5. Alternativ können Sie auch die Option DATEIEN MIT FTP SCHREIBEN auswählen. Das ist notwendig, wenn der Webserver nicht mit Ihren persönlichen Schreibrechten ausgeführt wird und somit keine neuen Dateien erstellen darf. Dann müssen Sie in der Joomla-Systemkonfiguration einen FTP-Zugang konfigurieren, dessen Benutzerrechte dann für die Installation angewendet werden.

6. Zuletzt klicken Sie auf die Schaltfläche AKTUALISIERUNG INSTALLIEREN, um den Vorgang zu starten.

Abbildung 10.29: Die Aktualisierung starten

7. Der Vorgang läuft jetzt vollautomatisch ab. Joomla lädt die notwendigen Dateien vom offiziellen Server herunter und installiert sie auf Ihrem Webserver. Dabei sehen Sie eine Statusanzeige mit dem Fortschritt. Am Ende wird Ihnen die erfolgreiche Aktualisierung bestätigt.

8. Manche Aktualisierungen verändern sehr viel an der Admin-Oberfläche, den Menüs und den Verknüpfungen. Deshalb ist es eine gute Idee, sich einmal vollständig von der Admin-Oberfläche abzumelden. Bei der nächsten Anmeldung wird dann die aktualisierte Oberfläche komplett neu in den Browser geladen.

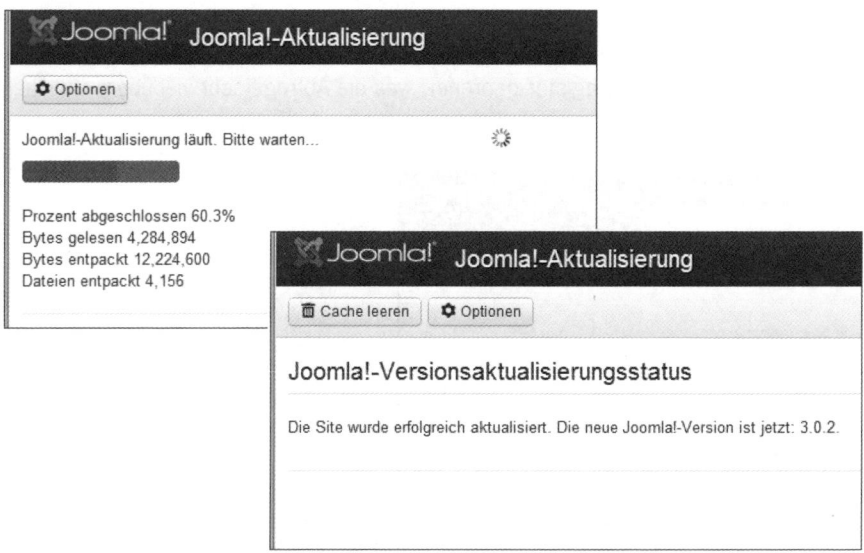

Abbildung 10.30: Joomla wird aktualisiert.

Notwendige Rechte für PHP und den Webserver

Damit Joomla diese vollautomatische Installation durchführen kann, sind einige Zugriffsrechte auf dem Webserver notwendig. Damit auf dem Webserver geschrieben werden kann, muss Joomla mit den Rechten des lokalen Benutzers ausgeführt werden. Meist wird dabei vom CGI-Wrapper gesprochen. Das ist eine Funktion, die Ihre Programme unter Ihrem persönlichen Benutzernamen ausführt und nicht mit dem sonst üblichen Public- oder Nobody-Profil. Außerdem müssen Sie in PHP den Zugriff auf fremde Webseiten sowie das Schreiben von Dateien erlauben. Das regeln Sie über die Datei *php.ini*. Achten Sie vor allem auf die Option *allow_url_fopen*, die aus Sicherheitsgründen meist abgeschaltet ist. Sie können diese Rechte nach dem Update problemlos wieder abschalten und somit die Sicherheit wieder erhöhen.

10.2.3 Wichtige Systemeinstellungen auslesen

Damit Ihr Joomla immer perfekt läuft, müssen der Webserver, die PHP-Engine und die Datenbank optimal konfiguriert sein. Vor allem, wenn Ihr Provider Ihnen die Möglichkeit gibt, eigene Konfigurationen zu erstellen, z. B. über die Dateien *.htaccess*, *php.ini* usw. Besonders bei solchen Anpassungen sollten Sie die aktuellen Veränderungen im System genau im Auge behalten. Deshalb bietet Ihnen Joomla eine ausführliche Informationsfunktion an. Sie analysiert den kompletten Webserver und listet Ihnen die Ergebnisse in übersichtlichen Registern auf. Das ist sowohl für die optimale Konfiguration als auch bei der Fehlersuche sehr hilfreich.

Wählen Sie im Hauptmenü den Punkt SYSTEM/SYSTEMINFORMATIONEN aus. Dadurch gelangen Sie in einen eigenen Bereich, der sämtliche Informationen und Daten Ihres Webservers und der Joomla-Installation auflistet. Die Daten sind in verschiedene Register geordnet, was die Abfrage sehr viel übersichtlicher macht.

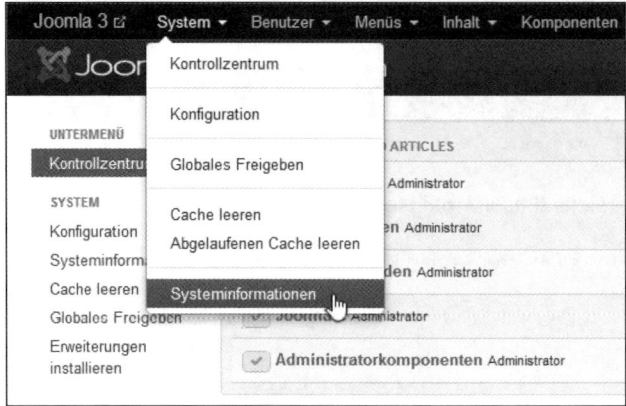

Abbildung 10.31: Die Systeminformationen öffnen

1. Das Register SYSTEMINFORMATIONEN bietet Ihnen eine allgemeine Übersicht des Webservers, der PHP-Engine, der Datenbank und der aktuellen Joomla-Installation. Das ist sehr gut, wenn Sie auf die Schnelle die wichtigsten Informationen auf einen Blick benötigen.

2. Sehr viel detaillierter sieht es im Register PHP-EINSTELLUNGEN aus. Dort ist die aktuelle PHP-Konfiguration in allen Einzelheiten aufgelistet. Das ist wichtig, wenn Sie bestimmte Funktionen für ein Modul benötigen oder typische Sicherheitsprobleme überprüfen möchten. Hier sehen Sie genau, welche PHP-Optionen aktiviert sind und welche nicht.

3. Das Register KONFIGURATIONSDATEI listet Ihnen die gesamte Joomla-Installation auf. Das ist für einen schnellen Überblick ganz praktisch. Letztendlich wird Ihnen aber nur der Inhalt der Datei *configuration.php* aufgelistet, sodass Sie diese Daten auch in der Systemkonfiguration oder in der Datei selbst nachsehen können.

4. Sehr interessant ist das Register VERZEICHNISRECHTE. Es listet Ihnen alle Joomla-Verzeichnisse auf und welche Schreibrechte dort aktuell gesetzt sind. Fehlen irgendwo die Schreibrechte, kann Joomla nicht richtig ausgeführt werden. Sind hingegen zu viele Rechte gesetzt, kann dies ein Sicherheitsrisiko darstellen. Im Idealfall arbeiten Sie sowieso mit einem CGI-Wrapper, sodass sich diese Probleme erst gar nicht ergeben.

5. Ganz rechts gibt Ihnen das Register PHP-INFORMATIONEN detailliert Auskunft über die aktuelle PHP-Installation. Das ist wichtig, wenn Sie wissen möchten, welche Module und Komponenten Ihr Hosting-Provider in PHP eincompiliert und aktiviert hat. Darauf haben Sie letztendlich keinen Einfluss, wissen aber, welche Funktionen Ihnen zur Verfügung stehen.

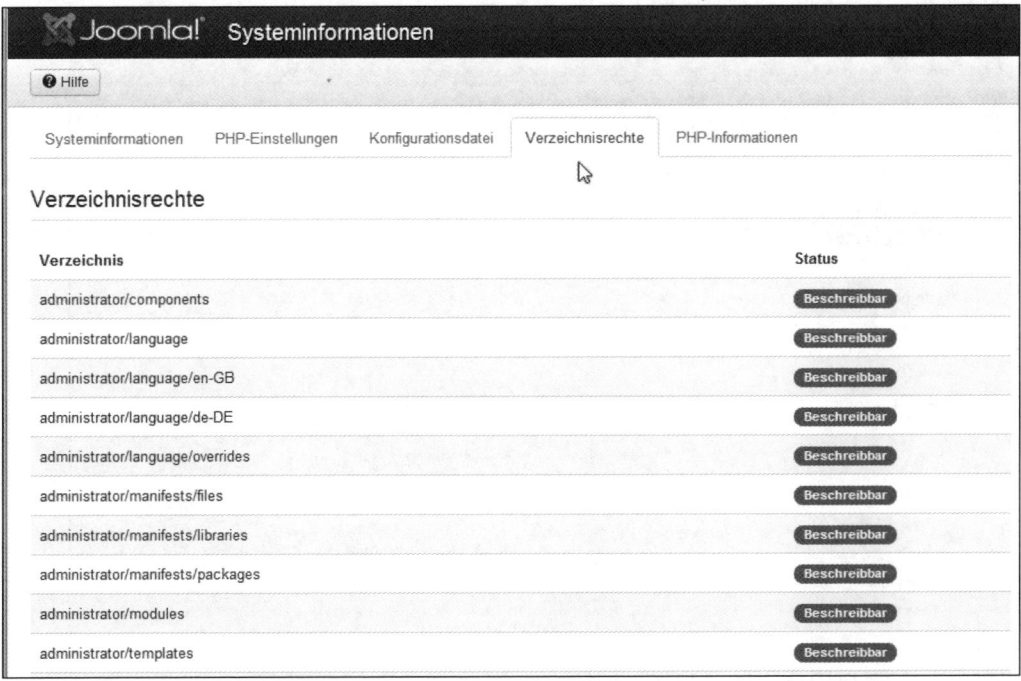

Abbildung 10.32: *Allgemeine System- und Serverinformationen*

Abbildung 10.33: *Verzeichnisrechte für Joomla*

10.2.4 Backups der Webseite erstellen

Zu einer guten Webseite gehört auch eine gute Datensicherung. Nachdem Sie viel Arbeit und Zeit in Ihr Projekt gesteckt haben, wäre es doch überaus schade, wenn Sie alles durch ein Unglück wieder verlieren. Letztendlich sind Webserver und Datenbanken eben ganz normale Computer. Da gehen Festplatten kaputt, es können Dateien versehentlich gelöscht werden, ein Programm speichert falsch, überschreibt Dateien und vieles mehr. Dazu kommt natürlich, dass Ihr Webserver öffentlich zugänglich ist. Und leider gibt es immer irgendwen, der irgendwie versucht, sich Zugang zu verschaffen und die Seite zu kompromittieren oder zu beschädigen.

Da gibt es nur eine Lösung: Erstellen Sie ein Backup Ihrer Webseite!

Manuelle Backups erstellen

Die einfachste Form des Backups besteht darin, dass Sie die Dateien des Webservers auf Ihren lokalen Computer kopieren. Dann besitzen Sie auf Ihrer Festplatte ein identisches Abbild der Webseite, welches Sie im Notfall teilweise oder vollständig zurückkopieren können. Dabei besteht das Backup aus zwei Teilbereichen – den Joomla-Dateien in den Verzeichnissen und den Inhalten in der SQL-Datenbank.

Das *Datenbank-Backup* lässt sich bei allen modernen Hosting-Providern über die eigene Verwaltungs-oberfläche erstellen. Gehen Sie dazu mit Ihrem Webbrowser auf die Seite Ihres Providers. Melden Sie sich mit Ihrem Kundenkonto an, gelangen Sie in eine Admin-Oberfläche. Hier verwalten Sie in der Regel Ihre Domänen, die Postfächer usw. Es gibt normalerweise auch einen Abschnitt für die eigenen Datenbanken. Suchen Sie nach einer Sicherungs- bzw. Backup-Funktion. Das ist meist schon mit wenigen Mausklicks getan und bringt eine SQL-Datei hervor. Diese laden Sie sich auf Ihren Computer herunter und schon ist die Datenbank gesichert.

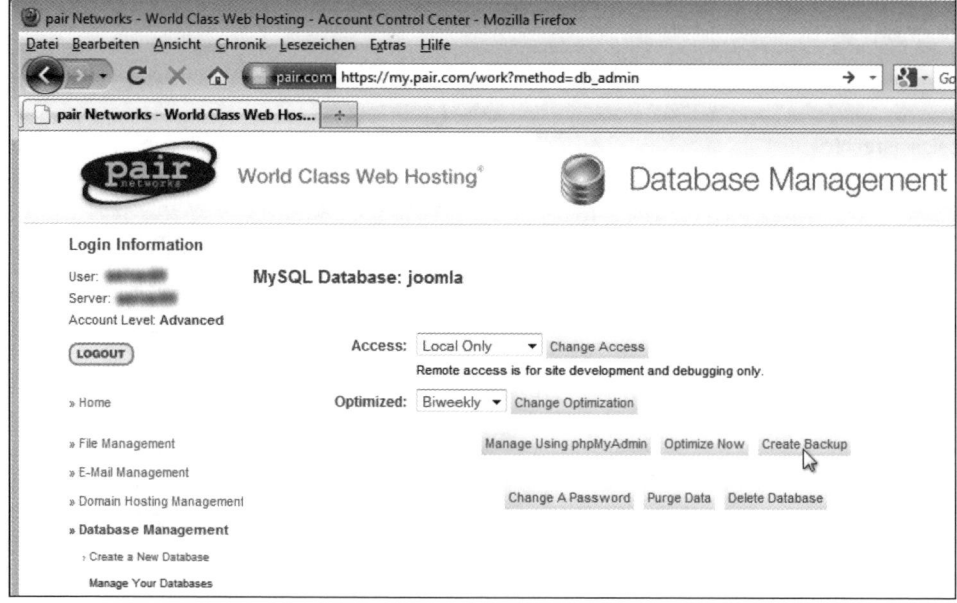

Abbildung 10.34: Die Datenbank sichern

Die *Joomla-Dateien* lassen sich ebenfalls recht unkompliziert sichern. Dazu müssen Sie sich lediglich mit Ihrem FTP-Programm bei Ihrem Webserver anmelden. Sie bekommen dann automatisch die Verzeichnisse aufgelistet und können diese direkt vom Webserver auf die eigene Festplatte sichern. Das ist zwar unkompliziert, aber nicht unbedingt bequem. Joomla besteht aus sehr vielen Einzeldateien, was das Herunterladen selbst bei sehr schnellen Datenverbindungen ziemlich langwierig machen kann. Viel besser ist es, das Joomla-Verzeichnis vorher auf dem Webserver zu komprimieren, z. B. mit *gzip* oder einfach mit *tar*. Diese eine große Archivdatei lässt sich dann unkompliziert und schnell auf die eigene Festplatte sichern.

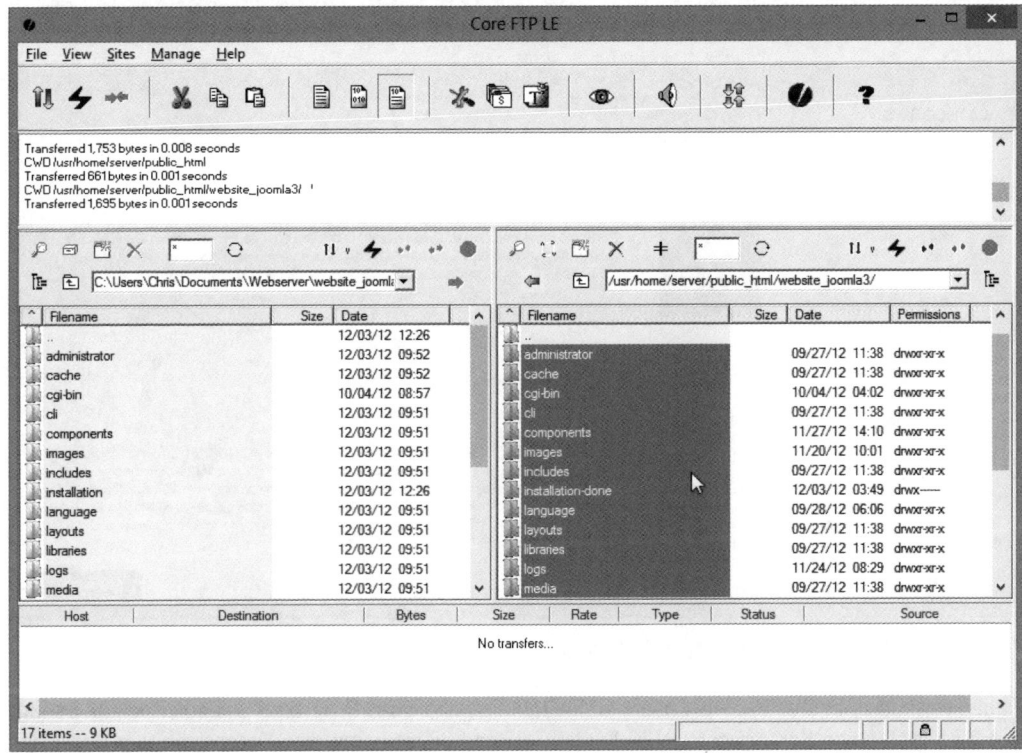

Abbildung 10.35: Die Joomla-Dateien sichern

Automatische Backups erstellen

Für die eigene und private Homepage reicht das manuelle Sichern der Dateien und der Datenbank in vielen Fällen völlig aus. Sobald die Joomla-Webseite aber wächst, viele tausend Beiträge besitzt und Sie mit einem ganzen Team daran arbeiten, müssen bessere Backup-Strategien her. Mit dieser Aufgabe haben sich auch schon viele andere Entwickler beschäftigt, sodass es inzwischen komplette Backup-Komponenten für Joomla gibt. Diese integrieren sich vollständig in Joomla und bieten mit wenigen Mausklicks Sicherungen der Datenbank oder des kompletten Systems. Auch regelmäßige, automatische Sicherungen sind überhaupt kein Problem.

Auf der offiziellen Joomla-Seite finden Sie im Verzeichnis der Erweiterungen eine eigene Kategorie namens *Site Security* und der Unterkategorie *Backup*. Sie können die Seite auch mit dem direkten Link öffnen. Er lautet: *http://extensions.joomla.org/extensions/access-a-security/site-security/backup*

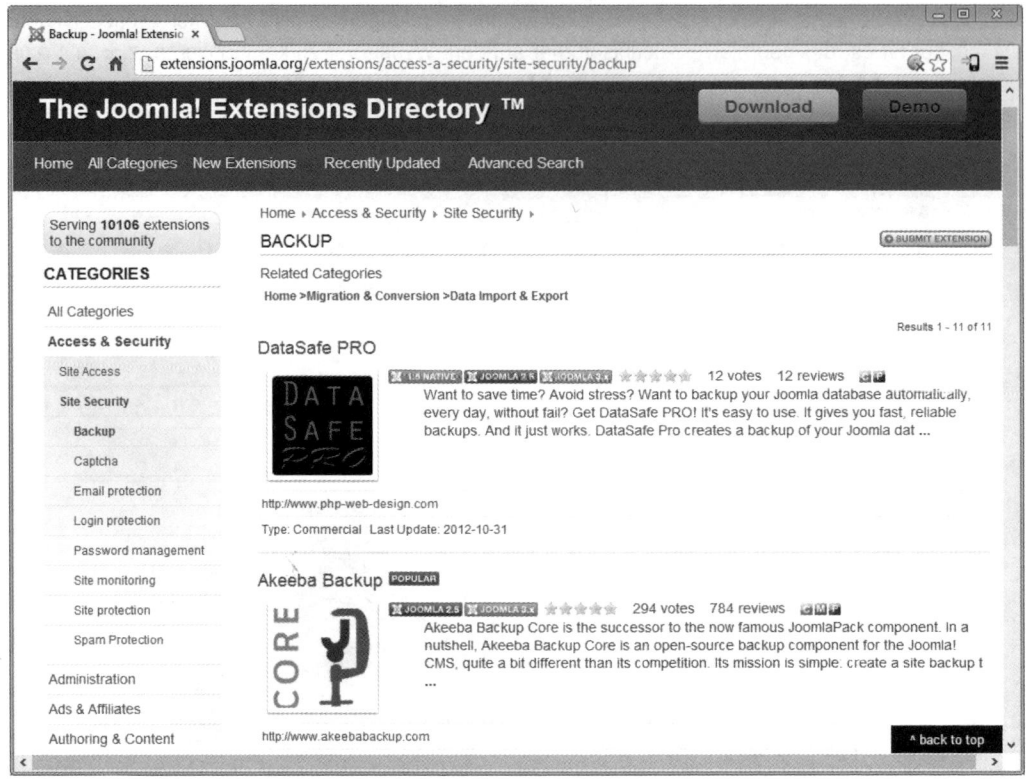

Abbildung 10.36: Joomla-Erweiterungen für Backups

Zu den vermutlich besten Backup-Lösungen für Joomla gehört das Programm Akeeba Backup. Es fügt sich als vollständige Komponente in Ihr System ein und bietet somit eine Datensicherung direkt aus Joomla heraus. Akeeba lässt sich ganz individuell konfigurieren, sodass z. B. nur bestimmte Bereiche der Webseite gesichert werden oder auch die komplette Joomla-Installation inkl. Datenbank, Templates & Co. Ist die Konfiguration einmal erstellt, genügt ein Mausklick, um das regelmäßige Backup zu starten. Auf Wunsch stellen Sie auch eine vollautomatische Sicherung in regelmäßigen Abständen ein.

Obwohl das Programm so viele professionelle Funktionen bietet, ist Akeeba Backup kostenlos. Es gibt auch eine deutsche Sprachdatei, die sich als Paket installieren lässt. Bei so viel Komfort gibt es keinen Grund mehr, keine Backups der eigenen Webseite zu erstellen. Akeeba Backup gehört einfach auf jede Joomla-Webseite. Sie erhalten das Programm im Verzeichnis der Erweiterungen oder direkt auf der Akeeba-Homepage. Die Adresse lautet *https://www.akeebabackup.com*.

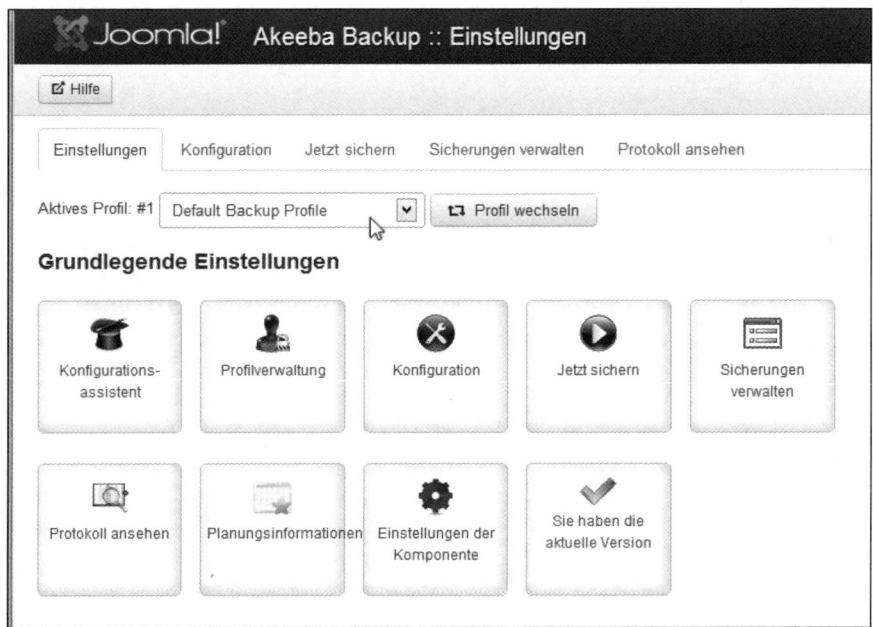

Abbildung 10.37: Die Akeeba-Oberfläche in Joomla

10.3 Fragen

1. Wofür steht »SEO« und was steckt dahinter?

2. Welche Vorteile bringt die Joomla-eigene SEO-Funktion?

3. Was ist eine ReWrite-Engine und was bringt sie?

4. Wo legen Sie die Meta-Daten für Ihre Webseite fest?

5. Wie erstellen Sie ein Backup Ihrer Webseite?

Anhang A: Antworten zu den Kapitelfragen

Kapitel 1

1. Was unterscheidet ein CMS von einer herkömmlichen Webseite?

   Auf einer herkömmlichen Webseite bestehen die Inhalte aus vielen einzelnen Textdateien, welche in Html geschrieben wurden. Dabei gibt es für jede Seite bzw. Unterseite ein eigenes Html-Dokument. Es handelt sich also um tatsächlich vorhandene Einzeldateien, die auch geöffnet und bearbeitet werden können. Bei einem Content Management System befinden sich auf dem Server nur die Programmdateien des CMS. Die Inhalte werden vollständig in einer Datenbank gespeichert und dort verwaltet. Es gibt also keine tatsächlichen Html-Dokumente mehr. Das CMS ruft bei Bedarf die Inhalte aus der Datenbank ab, generiert daraus in Echtzeit eine Html-Seite und gibt diese für den Besucher aus.

2. Warum ist Joomla ein »nicht-seitenbasiertes« CMS?

   Joomla speichert die Inhalte in der Datenbank nicht als vollständige Webseiten ab. Stattdessen befinden sich in der Datenbank viele verschiedene Objekte wie z.B. Artikel, Kopfzeilen, Menüs, Links, Layout-Anweisungen usw. Ruft ein Besucher eine Webseite ab, wird diese aus den vielen Elementen sozusagen in Echtzeit zusammengebaut. Durch eine entsprechende Konfiguration lassen sich diese Objekte ständig anders kombinieren und somit ganz neue Webseiten generieren. Zusätzlich unterliegen die Inhalte in Joomla keiner Hierarchie. Diese bauen nicht aufeinander auf und vor allem die Inhalte bzw. Beiträge unterliegen keiner festen Organisationsstruktur. Stattdessen lassen sich die Inhalte anhand von Kategorien sortieren, aber jederzeit auch wieder beliebig umorganisieren.

3. Kennen Sie noch andere Content Management System?

   Joomla gehört sicherlich zu den beliebtesten und besonders weit verbreiteten Content Management Systemen. Es gibt aber noch viele andere Systeme auf dem Markt. Einige davon werden ebenfalls als OpenSource kostenfrei angeboten, andere Profi-Systeme müssen kostenpflichtig erworben werden. Das bekannteste System für persönliche Blogs ist sicherlich WordPress. Dazu kommen professionellere System wie Typo3 und Drupal sowie diverse SAP-basierte Systeme für große Unternehmen und Konzerne.

Kapitel 2

1. Welche Systemvoraussetzungen muss Ihr Webserver für Joomla erfüllen?

   Im Idealfall ist auf dem Server ein Unix installiert, wie z.B. Linux, FreeBSD, Solaris usw. Ein Windows-Server-System ist auch in Ordnung, aber nicht die erste Wahl. Als Webserver-Software ist Apache optimal, auf Windows-Servern werden hingegen auch die Internet-Information-Services (IIS) von Microsoft unterstützt. Des Weiteren muss eine aktuelle Version von PHP installiert sein, sowie eine Datenbank wie z.B. MySQL zur Verfügung stehen. PostgreSQL und MSSQL funktionieren ebenfalls.

2. Welche Hilfsprogramme/Werkzeuge benötigen Sie für die Installation?

   Sie benötigen in jedem Fall ein FTP-Programm, mit dem Sie die Installationsdateien von Ihrem lokalen Computer auf den Webserver übertragen. Für alle weiteren Schritte reicht ein normaler Webbrowser wie Firefox, Chrome, Internet Explorer aus. Für einige Aufgaben ist ein Telnet-Client hilfreich, aber nicht zwingend notwendig.

3. Was steckt hinter den Begriffen »ASCII-« und »Binär-Modus«?

   Hinter den Begriffen »ASCII« und »Binär« stecken zwei Übertragungsmodi aus der FTP-Technik. Sie beschreiben, wie mit den Dateien bei der Übertragung umgegangen werden soll. Genauer gesagt bezieht sich dies auf den Absatz- bzw. Zeilenumbruch innerhalb der Daten. Im ASCII-Modus müssen alle Dateien übertragen werden, die aus purem Text bestehen, z.B. TXT-, CSS-, HTML- oder PHP-Dateien. Im Binär-Modus werden alle Dateien übertragen, die keinen reinen ASCII-Text enthalten, also z.B. Fotos, Musik, Videos usw. Werden die Dateien im falschen Modus übertragen, sind sie in der Regel beschädigt und können nicht mehr verwendet werden. Diese Probleme gibt es nur bei einer Übertragung zwischen Windows und Unix, aber nicht innerhalb einer der beiden Systemwelten.

Kapitel 3

1. Was versteht Joomla unter den Begriffen »Frontend« und »Backend«?

   Als »Frontend« bezeichnet Joomla den öffentlich sichtbaren Bereich der Webseite. Dieser wird den Besuchern automatisch angezeigt, sobald sie die Adresse der Webseite öffnen. Das »Backend« stellt den nicht-öffentlichen Verwaltungsbereich der Webseite dar. Er kann nur über eine spezielle Adresse geöffnet werden, ist passwortgeschützt und den Administratoren vorbehalten.

2. Welche Vorteile bringt eine Benutzeranmeldung im Frontend?

   Eine Benutzeranmeldung im Frontend bringt vor allem drei große Vorteile mit sich:

   – Bestimmte Inhalte lassen sich auf diese Weise so veröffentlichen, dass sie nur von bestimmten Personen gesehen und gelesen werden können, z.B. interne Artikel.

   – Autoren und Mitarbeiter können sich so bei Joomla anmelden und die Artikel pflegen. Dabei ist kein Zugang zur wichtigen Admin-Oberfläche (Backend) notwendig.

   – Über spezielle Erweiterungen und Komponenten lassen sich Verbindungen zu anderen Benutzersystemen und Foren ermöglich. Sie benötigen Ihre Mitglieder nur ein Benutzerkonto für verschiedene Online-Systeme.

3. Wie lautet die URL der Admin-Oberfläche?

Die Admin-Oberfläche liegt innerhalb der Joomla-Installation im Unterverzeichnis »/administrator/«. Deshalb lautet die URL der Admin-Oberfläche auch »http://www.domain.de/administrator/«.

4. Welche Funktionen stehen Ihnen in der Admin-Oberfläche zur Verfügung?

In der Admin-Oberfläche werden sämtliche Inhalte organisiert, also vor allem Beiträge, Kategorien, Links, Bilder, Kontakte usw. Dies ist eingeschränkt auch mit einer Anmeldung auf der öffentlichen Webseite möglich. Darüber hinaus ermöglicht die Admin-Oberfläche alle Verwaltungsaufgaben für die Webseite. Dazu gehört unter anderem das Erstellen und Verwalten von Menüs, die Installation zusätzlicher Erweiterungen, die Verwaltung von Benutzern, Gruppen und Zugriffsrechten, das Festlegen des Layouts per Template sowie sämtliche Konfigurationen des Joomla-Systems. Aufgrund dieser umfassenden Möglichkeiten sollte nur den tatsächlichen Verwaltern der Zugriff auf die Admin-Oberfläche gewährt werden.

Kapitel 4

1. Welches sind die Mindestangaben, die zum Erstellen eines Beitrags notwendig sind?

Beim Erstellen eines neuen Beitrags müssen mindestens drei Angaben gemacht werden, damit der Beitrag gespeichert und verarbeitet werden kann. Das sind der Titel, der auf der Webseite angezeigt wird, die Kategorie, in welcher der Beitrag organisiert ist sowie ein minimaler Inhalt im Texteditor, der als Beitrag angezeigt werden kann. Alle anderen Felder sind optional oder werden vom System bei der ersten Speicherung automatisch ausgefüllt.

2. Wie legen Sie fest, dass ein Beitrag erst später veröffentlich werden soll?

Erstellen Sie dazu einen neuen Beitrag oder öffnen Sie einen bestehenden im Bearbeitungsfenster. Wechseln Sie nun am oberen Rand in das Register »Veröffentlichungsoptionen«. Dort finden Sie im rechten Bereich das Feld »Veröffentlichung starten«. Tippen Sie dort das gewünschte Datum ein oder klicken Sie auf das Kalendersymbol, um das gewünschte Datum auszuwählen. Mit dem Feld »Veröffentlichung beenden« lässt sich die Veröffentlichungsdauer auch zum Ende hin begrenzen.

3. Was ist ein Haupteintrag und wie wird er erzeugt?

Als »Hauptbeiträge« bezeichnet Joomla alle Beiträge und Artikel, die auf der Startseite angezeigt werden. Dort listet Joomla nur Inhalte auf, die von Ihnen explizit für die Anzeige auf der Startseite deklariert wurden. Beim Erstellen oder Bearbeiten eines Beitrags können Sie hierzu im Bearbeitungsfenster die Option Haupteintrag auf »Ja« setzen. Sie befindet sich ganz rechts neben dem Editor. Alternativ können Sie in der Beitragsverwaltung in der Spalte »Status« das Stern-Symbol für alle Hauptbeiträge aktivieren. Wählen Sie im Menü »Inhalt/Hauptbeiträge« aus, um alle aktivierten Hauptbeiträge anzuzeigen.

4. Wie unterscheiden sich die Funktionen »Weiterlesen« und »Seitenumbruch«?

Mit beiden Funktionen lässt sich ein längerer Beitrag in eine Vorschau und einen Haupttext bzw. in mehrere Seiten aufteilen. Ihre Funktionsweise und vor allem der Einsatzbereich ist aber sehr unterschiedlich. Die Weiterlesen-Funktion wird vor allem im Blog-Layout verwendet, um eine kurze Vorschau des Artikels zu bieten. Klickt der Besucher auf den Titel oder die Weiterlesen-Schaltfläche, gelangt er zum Gesamtartikel. Wird der Artikel auf andere Weise eingebunden, z.B. direkt im Menü, hat die Weiterlesen-Funktion keine Wirkung und es wird immer der gesamte Artikel angezeigt.

Mit dem Seitenumbruch lässt sich ein längerer Artikel in mehrere Bildschirmseiten unterteilen. Der Besucher sieht innerhalb des Artikels ein Inhaltsverzeichnis sowie Navigationsschaltflächen zum vor- und zurückzugehen. Diese Seitenorganisation bleibt in jedem Fall erhalten, unabhängig davon, wie der Artikel im Menü eingebunden wird. Im Gegenzug gibt es aber keine Textvorschau, wenn der Artikel im Blog-Layout eingebunden wird.

5. Was ist ein »Beitragsbild« und was ein »Inhaltsbild«?

Ein »Inhaltsbild« ist ein beliebiges Foto oder eine Grafik, die Sie innerhalb eines Beitrags einbinden. Das können Sie mit der Bild-Schaltfläche des Editors tun oder mit der erweiterten Bild-Funktion von Joomla, welche sich unter dem Editorfenster befindet. Bei diesen Bildern stehen Ihnen verschiedene Möglichkeiten zur Gestaltung und Verlinkung zur Verfügung. »Beitragsbilder« sind hingegen Fotos oder Grafiken, die als eine Art Titelbild hinterlegt sind. Für sie befinden sich unter dem Editor die beiden Felder »Einleitungsbild« und »Beitragsbild«. Geben Sie dort ein Bild an, fügt es Joomla an eine festgelegte Position am Anfang des Textes sowie innerhalb des Textes ein. Sie haben dabei kaum bzw. keinen Einfluss auf die Größe, das Layout oder evtl. Verlinkungen.

Kapitel 5

1. Welche Funktion übernehmen die Kategorien in Joomla?

Weil Joomla ein nicht-seitenbasiertes Content Management System ist, gibt es zwischen den Beiträgen keinerlei Verknüpfungen und Hierarchien. Damit diese nicht zusammenhanglos sind, gibt es in Joomla Kategorien. Diese Kategorien bilden das zentrale Werkzeug bei der Organisation der Inhalte. Jeder Beitrag muss zwingend einer Kategorie angehören. So lassen sich die Inhalte strukturieren, gruppieren und zusammen veröffentlichen. Die Beiträge lassen sich jederzeit in neue Kategorien einsortieren. Kategorien können problemlos ineinander verschachtelt werden.

2. Welche Funktion hat der Alias einer Kategorie?

Der Alias einer Kategorie stellt eine Art Kurzbezeichnung dar. Sie wird in allen URLs, Links und Verknüpfungen verwendet. Aus diesem Grund muss jede Kategorie einen Alias besitzen. Außerdem darf dieser innerhalb des gesamten Systems nur ein einziges Mal verwendet werden.

3. Welche Layouts können Sie einer Kategorie zuweisen und wo?

Eine Kategorie kann auf der Webseite als Liste oder als Blog dargestellt werden. Sie können das beim Erstellen oder Bearbeiten einer Kategorie einzeln festlegen. Wechseln Sie dazu in das Register »Optionen« und wählen Sie unter »Alternatives Layout« entweder den Punkt »Liste« oder »Blog« aus. Häufig ist es jedoch einfacher, die endgültige Darstellung über den Menüeintrag zu bestimmen.

4. Wie legen Sie die allgemeine Darstellung der Kategorien fest?

Wählen Sie im Hauptmenü den Punkt »Inhalt/Kategorien« aus. Dadurch gelangen Sie in die Kategorienübersicht. Betätigen Sie jetzt oben rechts die Schaltfläche »Optionen«, um in die Kategorieoptionen zu gelangen. Damit lässt sich das Aussehen der Kategorien über viele Register und Funktionen festlegen. Weil dies systemweite Einstellungen sind, beziehen sie sich immer auf alle Kategorien. Eine individuelle Anpassung ist über den Menüeintrag möglich, mit dem die Kategorie im Frontend geöffnet wird.

5. Wie können Sie mehrere Kategorien auf einmal bearbeiten?

Möchten Sie mehrere Kategorien auf einmal bearbeiten, verschieben oder eine Option ändern, ist dies mit der Stapelverarbeitung möglich. Gehen Sie hierzu mit dem Menüeintrag »Inhalt/Kategorien« in die Kategorienübersicht. Markieren Sie in der Liste alle zu bearbeitenden Kategorien mit einem Haken. Anschließend klicken Sie auf die Schaltfläche »Stapelverarbeitung« und wählen in diesem neuen Fenster die gewünschten Bearbeitungen aus.

Kapitel 6

1. Was versteht Joomla unter »Menüs« und »Menüeinträgen« und wie sind diese miteinander organisiert?

In Joomla ist die Menünavigation mehr als einfach nur eine Ansammlung von Links. Stattdessen sind mehrere Menüs, Untermenüs und Funktionen durch die Menüeinträge möglich. Um das zu ermöglichen kennt Joomla Menüs und Menüeinträge. Dabei stellen die Menüs lediglich Gruppierungen dar, denen typische Namen wie »Hauptmenü«, »Top-Menü«, »Benutzermenü« usw. gegeben werden können. Diese Menügruppen sind aber weitestgehend funktionslos und beinhalten lediglich die Menüeinträge. Die Menüeinträge stellen die tatsächlichen Links auf die Inhalte von Joomla dar. Sie können zwischen den Menüs problemlos hin- und herkopiert werden.

2. Was ist ein »Menüeintragstyp«?

Menüeinträge sind in Joomla nicht einfach nur Links zu Inhalten, sondern immer Funktionen zum Anzeigen von Elementen. Deshalb muss beim Erstellen eines neuen Menüeintrags immer angegeben werden, was für ein Inhalt dargestellt werden soll. So kann z.B. ausgewählt werden, ob Beiträge, Kontakte, Kategorien, Newsfeeds usw. dargestellt werden. Innerhalb der verschiedenen Inhalte gibt es noch weitere Unterteilungen der Menüeintragstypen, z.B. nach der Art der Darstellung, der Kategorie usw.

3. Welche Funktionen können alle in einem Menüeintrag stecken?

Ein Menüeintrag stellt im Grunde eine Datenbankabfrage dar, über welche die Inhalte abgefragt, gefiltert und in ihrer Darstellung gesteuert werden. Ein Menüeintrag bestimmt also zunächst, was für ein Inhalt dargestellt werden soll, z.B. Beiträge. Danach wird festgelegt, welche Kategorie oder welche Einträge man anzeigen will. Anschließend erfolgt die Auswahl des Layouts, z.B. Liste oder Blog. Die Layout-Auswahl eröffnet schließlich weitere sehr detaillierte Optionen. So lassen sich z.B. die Titelanzeige, Beschreibungen, Verlinkungen, Spaltenanzahl, Beiträge pro Seite, Navigationselemente, Symbole für E-Mail und Druck sowie viele weitere Anzeigeelemente gezielt ein- oder ausblenden. Über einen Menüeintrag lässt sich also der gesamte Inhalt inkl. seines Layouts kontrollieren.

4. Was benötigen Sie, um ein Menü auf der Webseite sichtbar zu machen?

Menüs und Menüeinträge lassen sich nicht direkt bzw. selbständig auf der Webseite anzeigen. Stattdessen muss für Sie ein eigenes Modul erstellt werden. Ein Modul kann in diesem Zusammenhang als eine Art Container verstanden werden, welcher das fertige Joomla-Element in die Webseite einbindet. Über Modulpositionen lässt sich bestimmen, an welcher Stelle auf der Webseite das Menü angezeigt wird.

5. Wie legen Sie die Startseite fest?

Erstellen Sie hierzu einen neuen Menüeintrag oder öffnen Sie einen bestehenden im Bearbeitungsfenster. Im rechten Bereich finden Sie die Option »Standardseite«. Wird diese auf »Ja« gesetzt, wird dieser Menüeintrag automatisch zur Startseite. Er wird nun immer von Joomla geöffnet und angezeigt, wenn die Webseite direkt aufgerufen wird. Es kann immer nur eine Standardseite pro Joomla-Installation geben und diese muss öffentlich freigegeben sein. Ansonsten akzeptiert das System die Änderung nicht.

Kapitel 7

1. Wozu sind Erweiterungen in Joomla da?

Mit Erweiterungen lassen in Joomla ganz neue Funktionen einbauen, die das System von Haus aus nicht mitbringt. Das können ganz kleine Zusatzfunktionen sein, größere Werkzeuge zum Anzeigen und Verarbeiten der Inhalte oder auch komplett neue Bereiche wie Bibliotheken, Foren, Online-Shops usw.

2. Wie unterscheiden sich Plug-ins, Module und Komponenten?

Plug-ins bringen in der Regel eher kleine Funktionen oder Werkzeuge mit sich. Sie erweitern bestehende Funktionen oder verändern diese. Vor allem werden Plug-ins aktiviert, bevor die Inhalte gespeichert oder auf der Webseite angezeigt werden. Somit sind sie optimal, um die Inhalte zu modifizieren. Module bringen in der Regel größere Funktionen mit sich und haben in der Admin-Oberfläche eine eigene Konfiguration. Mit Modulen lassen sich auch ganz neue Inhalte erstellen und verarbeiten. Sie lassen sich auf der Webseite frei platzieren. Die größte Art von Erweiterung stellen die Komponenten dar. Sie bringen meist so große und neue Funktionen dar, dass Sie in einem ganz eigenen Bereich verwaltet und konfiguriert werden. Somit überschneiden sie sich weniger mit der Joomla-Basis, und arbeiten ein Stück weit parallel dazu.

3. Was können Sie mit den Standardmodulen von Joomla tun?

Joomla selbst besteht im Grunde aus vielen verschiedenen Modulen. Selbst die Basis-Funktionen wie z.B. das Anzeigen von Beiträgen, Kategorien, Bannern, die Menüs, die Suche usw. stellen Module dar. Weil diese Module den Kern von Joomla bilden, werden sie häufig auch als »Core« bezeichnet. Das macht Joomla sehr flexibel, weil sich alle Module über ein Konfiguration anpassen lassen. Verändern Sie also die Optionen der Core-Module, passen Sie die grundlegenden Eigenschaften von Joomla an, z.B. die Anzeige der Artikel oder der Menüs. Dadurch lassen sich die Grundeigenschaften von Joomla leicht verändern, im Gegenzug lässt sich das System aber auch mit wenigen Mausklicks durcheinander bringen.

4. Welche Erweiterungen bringt Joomla bereits mit?

In Joomla sind bereits ein paar Komponenten vorinstalliert, die zusätzlichen Funktionen bereitstellen. Diese erweitern die Möglichkeiten des Systems über das übliche Verarbeiten von Beiträgen hinaus. Dazu gehören eine Bannerverwaltung, ein Adressbuch für Kontakte, ein internes Nachrichtensystem, Newsfeeds (RSS), eine Suchfunktion für die Webseite, ein Umleitungsmodul sowie eine Verwaltung eigener Weblinks bzw. Linklisten.

5. Was ist eine Mehrsprachige Webseite unter Joomla?

In Joomla 3 wurde ein System für mehrsprachige Webseiten eingeführt. Es geht von einer parallelen Verwaltung der Inhalte in mehreren Sprachen aus. Dabei muss jeder Inhalte mehrfach erstellt werden – also in jeder der gewünschten Sprache einmal. Diese Inhalte werden miteinander verknüpft, so dass das System weiß, dass es sich um den selben Inhalt in verschiedenen Sprachen handelt. Durch diese Verknüpfungen kann eine mehrsprachige Webseite besonders einfach verwaltet werden. Außerdem ist sichergestellt, dass die Webseite in allen Sprachversionen identische Inhalte und Beiträge bereitstellt.

Kapitel 8

1. Was ist ein Benutzer, eine Gruppe und eine Zugriffsebene? In welchem Verhältnis stehen diese zu einander?

Der Begriff »Benutzer« bezeichnet ein einzelnes Benutzerkonto unter Joomla. Mehrere Benutzer können in Gruppen zusammengefasst werden. Das ist notwendig, weil sich das Rechtesystem von Joomla auf Gruppen bezieht und nicht auf einzelne Benutzerkonten. Es wird also immer definiert, was eine Gruppe dar und nicht der individuelle Anwender. Das wird jeweils über die Zugriffsebenen festgelegt. Sie bestimmen, wer einen Inhalt sehen darf und wer nicht. Die Zugriffsebene muss für Beiträge, Kategorien, Menüs und alle anderen Inhalte festgelegt werden.

2. Welches sind die vier Standard-Zugriffsebenen und welche Rechte beinhalten sie?

   - **Öffentlich** – Dies ist die unterste Zugriffsebene, die keinerlei Einschränkungen kennt. Jeder Besucher der Webseite kann diesen Inhalt sehen – anonym und ohne Anmeldung. Diese Zugriffsebene hat keine Untergruppen und vererbt somit keine Rechte an andere Benutzer.

   - **Gast** – Mit dieser Zugriffsebene werden die Inhalte ebenfalls für die Öffentlichkeit dargestellt. Der Unterschied besteht aber darin, dass Sie die Inhalte auf Wunsch für registrierte Benutzer verbergen können. Das macht zwar nur selten Sinn, kann aber ganz praktisch sein, z. B. bei einer Aufforderung zur Registrierung, spezieller Werbung usw. Die Zugriffsebene »Gast« hat keine Untergruppen und vererbt somit keine Rechte.

   - **Registriert** – In diese Zugriffsebene fallen alle Besucher, die ein Benutzerkonto auf Ihrer Webseite haben und angemeldet sind. Deshalb haben hier in jedem Fall die drei Zweige »Registriert«, »Manager« und »Super Benutzer« Zugriff auf die Inhalte. Die Rechte werden automatisch an die Untergruppen vererbt, sodass diese nicht extra aktiviert werden müssen.

   - **Spezial** – Diese Zugriffsebene beinhaltet alle aktiven Mitarbeiter der Webseite. Das umfasst den Zweig »Manager« sowie registrierte Benutzer ab der Ebene »Autor«. Die »Super Benutzer« dürfen sowieso alles. Auf diese Weise sind die Inhalte nur für Mitglieder der Webseite, des Vereins oder der Firma sichtbar. Registrieren sich auf der öffentlichen Webseite neue Benutzer, erlangen diese nicht automatisch Zugriff auf die Inhalte dieser Ebene.

3. Wie erlauben Sie die Benutzerregistrierung oder schalten diese bei Bedarf wieder ab?

Wählen Sie hierzu im Hauptmenü den Punkt »Benutzer/Benutzer« aus. Dadurch gelangen Sie in die Liste aller vorhandenen Benutzerkonten. Nun klicken Sie oben rechts auf die Schaltfläche »Optionen«. Jetzt gelangen Sie in die Systemkonfiguration für Benutzer. Wählen Sie bei der Option »Benutzerregistrierung« den Punkt »Nein« aus.

4. An welchen Stellen lassen sich die Zugriffsrechte für Joomla-Elemente setzen?

   Die Zugriffsrechte lassen sich in Joomla auf verschiedenen Ebenen setzen. Die kleinere Ebene überschreibt dabei automatisch die Anweisungen der größeren.

   Wählen Sie im Hauptmenü den Punkt »System/Konfiguration« aus, erhalten Sie eine Liste aller Joomla-Elemente. Wählen Sie in dieser Liste ein beliebiges Element aus, z.B. Beiträge, Kategorien usw. Anschließend können Sie im Register »Berechtigungen« die Rechte dafür festlegen. Dies sind immer die allgemeinen Systemrechte, die für alle Elemente gelten.

   Sie können die Zugriffsrechte auch für die einzelnen Elemente definieren. Öffnen Sie dazu z.B. einen Beitrag, eine Kategorie, ein Menü usw. Im Bearbeitungsfenster wechseln Sie in das Register »Berechtigungen«. Dort legen Sie die Zugriffsrechte nur für dieses eine Element fest. Diese Rechte überschreiben automatisch die allgemein im System festgelegten Rechte.

5. Was sind »vererbte« Zugriffsrechte?

   Unter der Bezeichnung »vererbte« Zugriffsrechte versteht man, dass die Rechte eine übergeordneten Elements automatisch auf die darunter liegenden Elemente übertragen werden. Das ist in der Regel unvermeidlich und auch nur logisch. Erlauben Sie z.B. alle registrierten Benutzern, einen bestimmten Artikel zu lesen, gilt das automatisch auch für alle Autoren und Manager. Sie sind der Gruppe »Registriert« untergeordnet. Außerdem würde es keinen Sinn machen, wenn ein höherrangiger Benutzer weniger lesen dürfte als ein niederrangiger Benutzer. Zugriffsrechte können auch für andere Elemente wie z.B. Kategorien oder Menü vererbt werden. Darf eine Benutzergruppe die Beiträge einer bestimmten Unterkategorie lesen, gilt das automatisch auch für die darüber liegende Kategorie. Zum einen ist der Weg durch die Hierarchie sonst nicht machbar, zum anderen besitzen übergeordnete Kategorien meist weniger Wichtigkeit.

Kapitel 9

1. Was ist ein Template und was beinhaltet es alles?

   Ein Template ist ein Design-Packet für Joomla. Es wird wie eine Maske oder ein Kleidungsstück über die Webseite gestülpt und gibt ihr sofort ein neues Aussehen. In einem Template befinden sich verschiedene Elemente. Die Struktur und das Layout werden über die Datei »index.php« gesteuert. Dazu kommt die gesamte Formatierung in Form einer CSS-Datei. Natürlich enthalten Templates in der Regel auch Grafiken, Hintergründe, Logos, Schaltflächen und vieles mehr. Templates können auch sogenannte »Overwrites« beinhalten. Das sind Vorlagen für die Anzeige von Beiträgen, Kategorien, Blogs, Listen usw. Auf diese Weise lassen sich auch diese Elemente ganz neu gestalten.

2. Was müssen Sie beim Installieren neuer Templates beachten?

   Obwohl Joomla 3 die derzeit aktuellste Version ist, sind die Vorgängerversionen 1.x und 2.x immer noch sehr verbreitet. Für sie gibt es immer noch sehr viele Templates. Allerdings sind diese überhaupt nicht mit Joomla 3 kompatibel. Sie müssen unbedingt darauf achten, dass das Template explizit für Joomla 3 entwickelt wurde. Die meisten Templates werden zwar für das Frontend gestaltet, aber es gibt auch eine Menge Templates für das Backend. Sie müssen also zusätzlich genau darauf achten, für welchen Bereich von Joomla das Template erstellt wurde.

3. Wie legen Sie das neue Layout fest?

Wählen Sie hierzu im Hauptmenü den Punkt »Erweiterungen/Templates« aus. Dadurch erhalten Sie eine Liste aller im System installierten Templates. Um nun ein Template zu aktivieren, müssen Sie in der Spalte »Standard« auf den Stern klicken. Das Template mit dem gelben Stern ist das derzeit aktive Layout. Sie können ein Standard-Templates für das Frontend und für das Backend definieren.

4. Was sind Modulpositionen?

In Joomla werden die Elemente anhand von Modulen auf der Webseite eingebunden. Damit sich die Module genau an die gewünschte Stelle setzen lassen, gibt es sogenannte Modulpositionen. Das sind Bereiche, die der Template-Entwickler in seinem Modul explizit ausgewiesen hat. Typische Modulpositionen sind oben, unten, rechts, links, Menü, Fußzeile usw. Die Modulpositionen sind durchnummeriert und lassen sich so in der Konfiguration auswählen. Verlängern Sie die URL der Webseite um die Abfrage »?tp=1« werden die Menüpositionen auf der Webseite eingeblendet.

5. Wie lassen sich Templates individuell umarbeiten?

Joomla installiert sämtliche Templates in das Verzeichnis »templates« auf Ihrem Webserver. Dabei besitzt jedes Template ein eigenes Unterverzeichnis mit seinem Namen. Die meisten Templates besitzen weitere Unterverzeichnisse, z. B. für die Bilder, die CSS-Dateien usw. Um ein Template zu verändern, müssen diese Dateien bearbeitet werden. Die zentrale Datei heißt »index.php« und in ihr laufen alle Konfigurationen des Templates zusammen. Dazu gibt es meist ein Unterverzeichnis »css« mit sämtlichen Style-Sheets sowie eine Verzeichnis »html« mit evtl. Overwrites.

Kapitel 10

1. Wofür steht »SEO« und was steckt dahinter?

Die Abkürzung »SEO« steht für »Search Engine Optimization« was auf Deutsch »Suchmaschinenoptimierung« bedeutet. Heutzutage gelangen die meisten Besucher über Suchmaschinen wie Google, Yahoo und Bing auf die einzelnen Webseiten. Deshalb ist es für eine Webseite besonders wichtig, mit richtigen und möglichst vollständigen Informationen im Datenbestand dieser Suchmaschinen geführt zu werden. Dieses »Aufhübschen« und sich den Suchmaschinen möglichst übersichtlich anzubieten, nennt man SEO.

2. Welche Vorteile bringt die Joomla-eigene SEO-Funktion?

Weil Joomla ein nicht-seitenbasiertes CMS ist, wird jede Webseite in Echtzeit aus der Datenbank abgerufen und zusammengebaut. Dazu sind komplizierte Befehle und Abfragen notwendig, welche zwangsläufig im URL der Seite auftauchen. Das sieht nicht gut und ist für die Suchmaschinen auch viel zu kompliziert. Joomla besitzt deshalb eine eingebaute Technik, mit der sich diese komplizierten Befehle verstecken lassen. Stattdessen werden deutlich lesbare Namen von Kategorien und Beiträgen in den URLs angezeigt. Das macht die Verwendung der Seite für Suchmaschinen und auch menschliche Besucher deutlich klarer und übersichtlicher.

3. Was ist eine ReWrite-Engine und was bringt sie?

Bei jedem Abruf einer Webseite werden bestimmte Befehle an den Webserver geschickt. Der verarbeitet diese Befehle und gibt das Ergebnis an den Webbrowser zurück. Moderne Webserver-Systeme wie z.B. Apache können diese Abfragen bearbeiten, umändern und in neuer Form zurückgeben. Mit einer ReWrite-Engine werden vor allem viele System- und Verwaltungsaufgaben durchgeführt. Sie lässt sich aber auch für die Suchmaschinenoptimierung verwenden, indem die URLs der Webseite umgeschrieben werden. Auf diese Weise lassen sich z.B. Skripte, Abfragen, Formulardaten usw. verdecken.

4. Wo legen Sie die Meta-Daten für Ihre Webseite fest?

Jede Webseite benötigt gute und vollständige Meta-Daten, weil diese von den Suchmaschinen gelesen und ausgewertet werden. In Joomla können Sie für fast jeden Beitrag und jede Kategorie eigene Meta-Daten vergeben. Soviel Detailarbeit ist oft nicht notwendig, aber auf allgemeine Meta-Daten für die Webseite sollte niemand verzichten. Wählen Sie dafür im Hauptmenü den Punkt »System/Konfiguration« aus. Im Register »Site« finden Sie unten den Abschnitt »Globale Metadaten«. Tragen Sie dort die wichtigsten Informationen zu Ihrer Webseite ein.

5. Wie erstellen Sie ein Backup Ihrer Webseite?

Leider bringt Joomla selbst keinerlei Funktion zum Sichern der eigenen Webseite mit. Deshalb müssen Sie das Backup manuell durchführen. Alle Datenbanken bieten eine Export- oder Backup-Funktion an. Diese finden Sie in der Regel in der Verwaltungsoberfläche Ihres Hosting-Kontos. Dies ist sicherlich das wichtigste Backup, denn in der Datenbank sind alle Ihre Inhalte gespeichert. Die Joomla-Dateien können Sie per FTP sichern oder »zippen« Sie auf dem Server das gesamte Joomla-Verzeichnis in ein Archiv. Sehr viel leichter geht es, wenn Sie in Joomla eine Backup-Komponente installieren, z.B. »Akeeba Backup«. Es bietet eine komfortable Sicherung über das Backend von Joomla.

Stichwortverzeichnis

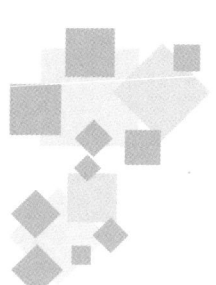

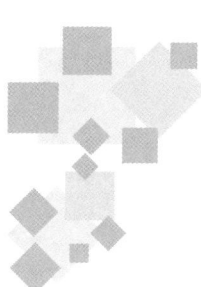

- Steigen Sie ein in die faszinierende Welt der App-Programmierung
- Lernen Sie, wie Sie Ihre Ideen Schritt für Schritt umsetzen
- Bauen Sie Apps für Android-Smartphones und -Tablets

Dirk Louis beginnt zunächst mit den **Grundlagen der Programmierung** und macht seine Leser mit der **Entwicklungsumgebung Eclipse** bekannt, bevor er Schritt für Schritt in die Entwicklung von Android-Apps einsteigt. Er zeigt, wie man Codes testet und auch, wie fortgeschrittene Features und Funktionen von Android oder Smartphone genutzt werden. Jedes der im Buch behandelten Themen wie z.B. Datenspeicherung oder Grafikausgabe wird anhand einer Beispiel-App erklärt.

Dirk Louis
ISBN 978-3-8272-4818-3
29.95 EUR [D], 30.80 EUR [A], 40.20 sFr*
480 Seiten
http://www.mut.de/24818

Mehr Bücher & Video-Trainings auf **www.mut.de**

*unverbindliche Preisempfehlung